你一定爱读的
中国战争史

5

黄新兴 著

台海出版社

图书在版编目（CIP）数据

你一定爱读的中国战争史．东汉／黄新兴著．— 北京：台海出版社，2021.6
ISBN 978-7-5168-2987-5

Ⅰ．①你… Ⅱ．①黄… Ⅲ．①战争史—中国—东汉时代—通俗读物 Ⅳ．① E291-49

中国版本图书馆 CIP 数据核字（2021）第 078129 号

你一定爱读的中国战争史·东汉

著　　者：黄新兴

出 版 人：蔡　旭　　　　　　　　　责任编辑：俞滟荣
装帧设计：杨静思　　　　　　　　　策划编辑：谭兵兵

出版发行：台海出版社
地　　址：北京市东城区景山东街 20 号　　　邮政编码：100009
电　　话：010 - 64041652（发行，邮购）
传　　真：010 - 84045799（总编室）
网　　址：www.taimeng.org.cn/thcbs/default.htm
E - mail：thcbs@126.com

经　　销：全国各地新华书店
印　　刷：重庆长虹印务有限公司
本书如有破损、缺页、装订错误，请与本社联系调换

开　　本：787毫米×1092毫米　　　　　1/16
字　　数：321千　　　　　　　　　　　印　张：23
版　　次：2021年6月第1版　　　　　　印　次：2021年9月第1次印刷
书　　号：ISBN 978-7-5168-2987-5

定　　价：99.80元

序

展开中华上下五千年的历史画卷，许多个朝代，无数个政权，其间分分合合，聚散无常。战争便是这一切的背后推手。

上古时代炎黄与蚩尤决胜的涿鹿之战，奠定了中华文化的道统；夏商周之间嬗代的"汤武革命"，论证了"天道有常"的历史周期律；春秋战国周代分封制的崩盘，喻示着没有任何一个特权阶级是可以永恒不变的。

秦皇廓清六合，为封建王朝之滥觞；群雄竞逐秦鹿，开将相无种之先河；汉武帝通西域、击匈奴，成就了"汉武盛世"；东汉末分三国、争正统，首开天下三分之格局。

西晋之际的八王相争、北方游牧民族内迁、永嘉南渡，刷新了三个历史第一：西晋成为第一个国祚不足百年的大一统王朝，北方游牧民族第一次在中原地区建立政权，东晋成为第一个具备前朝正统的偏安政权。

南北分裂三百余年，最终在隋朝手中复归统一，中华沉寂近四百载，得以在唐朝之际扬威异域。

五代承唐末藩镇之遗祸，割据分裂五十余载。宋祖思唐末五代之殷鉴，启"以文驭武"之国策，结果武备不振，两宋亡而元朝始。

及至元末，红巾之军首倡义帜，群雄豪杰乘势而起。明太祖朱元璋龙飞淮甸，定鼎应天，一十五年而肇纪立极，遣将北伐，直捣黄龙，恢复汉家故地。

II

　　逮及明末，烽烟四起，清立明亡。清朝成了中国历史上最后一个封建
王朝。

　　以上种种历史事件，多因战争而起，亦因战争而终。战争吞噬着一切，
又在创造新的辉煌。无论是中原农耕文明圈与北方游牧文明圈之间的持久冲
突，还是历代王朝内部的压迫与反抗，在不断引发新战争的同时，又促使中
华文明在血与火的考验中发展壮大，一步一步演变成今天的模样。

　　在史书以及形形色色的小说笔记的渲染下，战争故事看起来极具戏剧性，
或让人血脉贲张，或让人拍案叫绝。但本质上，它残酷而暴虐，既不风光，
也不浪漫，因为战争总是伴随着血流成河、尸横遍野、瘟疫横生，"白骨露于
野，千里无鸡鸣"。

　　随着人类历史逐渐迈进一个个新阶段，战争的规模也在不断扩大，从数
千人、数万人的战斗升级为牵涉数十万、数百万人的大决战。尤其古代交战，
除了战场上的死伤，还伴随攻城之后的烧杀抢掠。每次浩劫之后，最显而易
见的恶果便是人口的大幅度减少。东汉鼎盛时期人口 6500 万，经过汉末的各
种战乱，到了三国时期仅存 800 多万。唐朝天宝十四载的人口为 8050 万，一
场"安史之乱"，短短几年下来，人口就锐减至 1700 多万。明朝万历年间，
中国的人口过亿，但经过明末清初的战乱，到顺治九年，全国人口仅存 1448
万，可谓是十不存一。其中尤以四川最为惨烈，到康熙三十六年发布《招民
填川诏》时，全省人口仅剩 9 万，成都的大街上尽是老虎出没。

　　战争不因胜败结局不同而改变嗜血的本质。汉武时期穷兵黩武远征匈奴，
在极大地压迫了匈奴人的生存空间的同时，也给当时的汉人百姓带来了沉重
的负担，引起了社会的极大不满。战争的破坏性巨大，以至于人们会发出"宁
为太平犬，莫作乱离人"的辛酸感慨。

　　但悲哀的是，人类社会始终无法回避战争。普鲁士著名军事理论家克劳
塞维茨曾在他的著作《战争论》中说过："战争，无非是政治通过另一种手段

的延续。"中国古代最著名的军事著作《孙子兵法》则说:"兵者,国之大事,死生之地,存亡之道,不可不察也。"《中国军事百科全书》对"战争"一词进行了更详细的释义:"战争是用以解决民族和民族、国家和国家、阶级和阶级、政治集团和政治集团之间矛盾的最高斗争形式,是政治通过暴力手段的继续。"

一切战争的背后,都不过是政治的角逐和较量,当政治遇到不能解决的问题时,往往以战争来达到目的。通常来看,战争的起因反映了政治、经济等方面的矛盾发展,而战争的结果则反映了一个势力乃至一个时代的综合实力。

有人的地方就有江湖,战争的种子在人的私欲中萌芽。战争确实能让一些人获得他们想要的东西,然而,一旦战争爆发,它只会朝着一个极端的方向发展,不到无仗可打时,并不会自动停下来。秦始皇灭六国,为的就是结束中原各国之间无休止的征伐。可是六国既灭,他又将战争的触角深入了南方的丛林与北方的大漠。最终,更大的战乱在他死后的短短几年内爆发,曾经强大到不可一世的秦王朝轰然倒下。

早在两千多年前,我们的祖先就看清了战争与和平的辩证关系。先秦兵家经典《司马法·仁本第一》有言:"故国虽大,好战必亡。天下虽安,忘战必危。"

想要预防战争、遏制战争,首先得了解战争。固然,现代战争无论在技术水平上还是规模上都是古代战争无法比拟的,但这并不意味着古代战争已经失去了研究探索的价值——在时间的验证下,它更便于我们提纲挈领地总结历史发展的基本规律。有赖于中华民族对历史虔诚而谦恭的态度,自古及今的各段历史多被完美地记录了下来,后人们才能将这些点滴尽数披阅。这是文化自信的内核,是无价的瑰宝。神州大地上的长达数千年的战争史,用前人的胜败兴亡为后人留下了无数政治智慧和血的教训。

从远古的石峁古城开始，我们的先民修筑了非常复杂的防御工事。中华大地上星罗散布的文明雏形，经过战争的不断兼并和壮大，形成了夏商周这样的广域王权政治核心。周王朝向各地派遣军事集团，在诸侯的带领下修筑城堡、控制战略要地，逐渐实现对周边荒野之地的军事控制，形成诸侯国的雏形，这种模式被后世称为"分封制"。

分封制虽然扩大了周王朝的统治疆域，同时也给诸侯纷争埋下隐患。车战是这个时代的主要战争模式，兵车也成为衡量大国实力的硬指标。增强国力、开展外交、发展生产，列国的政治家们对其重要性的认知从朦胧到清晰，并将其作为政策进行长期贯彻。

从秦始皇时代开始，中央集权社会俨然成形，但对于地方的设置到底是实行分封制还是郡县制产生了无数复杂的争论。与此同时，四方边疆出现扰动，内部贫富不均、天灾人祸愈演愈烈。

秦汉两朝北击匈奴，南征百越，西通西域，东并朝鲜，初步奠定了中国的基本疆域，卫霍封狼居胥，窦宪燕然勒石，成为后世开疆拓土的标杆。虽然中途历经三国鼎立、北方游牧民族内迁、南北对峙这长达三百年的乱世，然而一个新的高峰又在大一统的隋唐帝国升起，煌煌巨唐，赫赫功业，直至近现代，海外仍有不少地区将中国人称为"唐人"。

大唐相继灭掉突厥、高昌等势力，控制西域，对外扩张也在天宝年间达到鼎盛，可随之而来的八年"安史之乱"，又拉开了其后两个多世纪藩镇动乱和五代乱世的序幕。赵氏宋朝有鉴于武人尾大不掉的经验教训，采取了矫枉过正式的"以文抑武"，终致在敌人来犯时往往抬不起头来，伴随着屡战屡败及其带来的恶果，民族的精神内核逐渐转为内在。

而闭关锁国带来的更大的灾难，你我已经都知道了。

越熟读历史，你越能从中领略，历代中国人为了赢得战争和平息战乱付出了多么巨大的代价，也越发能明白中华民族对太平盛世的强烈执念从何而来。

战争当然是残酷的、反人类的，但战争历史却可以是精彩的、引人深思的。《孙子兵法》有云："兵者，诡道也。"意思就是说，用兵的人要讲谋略。纵观中国历史上的诸多战争，其中不乏奇谋妙计，后人在回顾的时候，往往也会回避战场上真刀真枪的厮杀，而对战场之外精彩的谋略对决津津乐道。

古代史书的编纂模式，一般是以年代为顺序的"编年体"，或者是以人物传记为中心的"纪传体"。还有一种以事件为中心的写法称为"本末体"。本末体虽然是以事件为中心，但对战争的描写还是相对简单的。

现代人如何通过几千年的文字与古人产生共情呢？《你一定爱读的中国战争史》给出的答案是：在保证原意不变的基础上，以当代最流行的文风和笔法将文字、情节再加工，使冰冷的条款式记载变得鲜活，这也是我们编撰这套丛书的初衷。就譬如汉赋、唐诗、宋词、元曲、明清小说，随着历史进程的滚滚向前，中华民族的文学体裁经历了由简至繁、由"雅"至"俗"的转变，这种转变无疑是积极正面的，因为它顺应了时代，使越来越多的人能够无障碍地了解中华文化。同理，做到绝大多数人喜闻乐见，大俗即大雅，这也是编撰者们斗胆提笔写这套书的信心所在。

本系列图书涉及春秋、战国、秦朝、西汉、东汉、三国、两晋、南北朝、隋朝、唐朝、五代十国、北宋、南宋、元朝、明朝和清朝等不同时期的重要战争事件。一方面，选取最具有代表性的各场战役，记述那些在残酷战争中涌现出来的英雄、枭雄和"狗熊"们，把那些政治家们的雄才大略、经天纬地，军事家们的战略战术、狠心仁心，野心家们的阴险毒辣、丧心病狂，以及战乱之苦，统统剖析出来。另一方面，在笔法上尽量采取一种相对轻松的方式，力求通过精妙笔力的裁剪，用轻快而不失风趣的语言，如同"蒙太奇"手法那般，拼贴出一幅幅精华战争集锦，以并不沉重的方式向各位读者呈现厚重的战争主题。

丛书的每一卷都有其独立性，脉络清晰，可以从第一卷先秦时代看起，也可以从其他任意朝代切入，每一卷都相对独立又相互关联。虽然所有战役都有史料来源，所有观点都是以史为据，但本系列图书并不追求大而全，只想通过作者们通俗风趣的语言，将一场场精彩绝伦、酣畅淋漓的战役，将各个朝代在战场上绽放光芒的名将一一展现。读者们如果看完能了解一些旧事，认识一些故人，并因此激起对历史的兴趣，就再好不过了。

周书灿①

2020 年 12 月

---

① 周书灿：1967 年生，河南省新密市人，1992 年—1998 年先后在河南大学、南开大学师从著名历史学家唐嘉弘、朱凤瀚教授攻读历史学硕士、博士学位，先后供职于河北师范大学、河南大学、湘潭大学，2004 年被破格聘为教授，2006 年 8 月至苏州大学工作，现为苏州大学社会学院教授，苏州大学第三批东吴学者，博士生导师。

目录

目
录

第一章

一战摧大敌

星星之火

地皇二年（21年）对王莽来说是恼人的一年，坏消息一个接着一个：王莽的皇后因病去世；对西南句町国用兵进展不顺；派去讨伐"赤眉"的人马损失惨重。没想到，荆州也出事了。王莽翻开荆州官府六百里加急送上的奏折，差点没晕倒过去，里面写着：荆州牧率领的两万官军被"绿林毛贼"打得大败亏输。

将时间线拉回到天凤四年（17年），这一年荆州地区暴发特大旱灾，而王莽正在为改制不顺和匈奴入侵的事情焦头烂额，没多余的心思考虑赈灾问题。王莽不会想到，这场特大旱灾会在六年后要了他的命。

农民种地没收成，当官的催要赋税却越来越急。在原籍活不下去的农民只好自发组成流民大军往山野草泽跑，靠吃荸荠（俗称马蹄）为生。在饥民中，王匡和王凤两兄弟特别善于调处纠纷、分配食物，很快就聚起数百人的队伍，直接拉上绿林山（今湖北省大洪山）落草为寇。

当时，许多亡命之徒慕名投奔绿林山，其中就包括未来东汉的两位开国功臣——马武和王常。别看他俩后来威风八面，那时还是朝廷的通缉犯。马武很早就参与了反对王莽的暴动，失败后为逃避追捕只好亡命绿林山。王常则快意恩仇，杀掉了害死弟弟的凶手后也往绿林山躲。

到了地皇二年，绿林军已经具备与官军掰手腕的实力，成为荆州官府最头痛的反抗势力。眼看荆州局势越来越坏，荆州牧决定亲率两万奔命兵围剿绿林军。

奔命兵是指郡县常备军中的机动部队，碰到紧急事件可以随叫随到，比一般的常备军要骁勇善战。在荆州牧看来，官军占据人数优势和战斗力优势，剿灭绿林军只是时间问题。

以往打的都是人数少、战斗力差的小股讨伐部队，现在真正要跟正规军作战，绿林军内部议论纷纷、军心浮动。危急时刻，王匡、王凤两人果断决定：把全军拉出绿林山，主动迎击官军。

正面列阵决战，对实力弱小的绿林军而言肯定是送死，选择主动迎击官军的王匡、王凤两人其实早有谋划：敲头斩尾，在官军进剿绿林山的必经之路云杜县（今湖北省荆门市京山县）山区设伏，另派马武带部分兵力绕到官军后方断其退路。

为什么选择在云杜县打伏击？原来，王匡、王凤是新市人，新市距离云杜县很近，云杜县哪里地势险要，哪里适合打伏击，二人再熟悉不过了。

骄横的荆州牧一心想着尽快踏平绿林山，万万想不到自己离失败已经不远了。两万官军正如王匡、王凤预料的那样，大摇大摆地进入绿林军的伏击圈。

放！山上顿时万箭齐发、万石齐落，两万官军被打得晕头转向。哪里来的敌人？许多官军没搞清楚这个问题就命丧黄泉。见官军阵型已乱，绿林军从山上直冲山下，和官军激烈厮杀。绿林军尽管装备和人数并不占优，但是士气旺盛，而官军经受伏击后早已军心涣散，战场形势很快就一边倒，刚才官军还是军容齐整，现在就只剩散兵游勇了。

三十六计走为上。知道大势已去的荆州牧丢下数千具尸体和全部辎重，带领残兵败将往北突出绿林军包围圈。

突围后，荆州牧还没来得及喘口气，又碰到马武的斩尾部队截击。擒贼先擒王，马武不愧为一员猛将，自己直接杀入中军，一戟钩翻了荆州牧的座驾马车，荆州牧跌落沟里，身边的卫士死的死逃的逃，哪里还顾得上这个讨伐军统领的安危。眼看着荆州牧就要上西天了，然而，马武突然收起了大戟，放了荆州牧一马。其中的原因令人哭笑不得：马武这落草的土包子没见过世面，在战场上真遇到了荆州地区最大的官，反而被其官威所震，不敢下手了。捡回一条命的荆州牧连滚带爬跑出了激烈厮杀的战场。

取得云杜大捷后，绿林军乘胜攻克了云杜县城，并且追击两百多里，横扫了竟陵（今湖北省潜江市）、安陆（今湖北省孝感市云梦县）等地。此次出击作战，不仅打破了官军对绿林山的围剿，还缴获了一大批粮食、物资，绿林军迅速扩大到五万余人，荆州官府再也不是绿林军的对手了。

老天爷注定不让绿林军发展太顺，地皇三年（22年）夏天，离云杜大捷只过了一年，绿林山上突发瘟疫。得了瘟疫的士兵一个接着一个倒下，一个月时间里，五万多人的绿林军只剩下两万多没有病倒的残兵。恐惧笼罩在每一位绿林军士兵心头。

对两千年前中国普通农民而言，别说什么传染病治疗之类的高深理论，就连得了什么病都不知道。迷信的王匡、王凤等绿林军领导人见到大批士兵病死，苦思冥想后得出了一个可怕的结论：绿林山上有瘟神！赶紧跑！

要跑也不能大家一起朝同一个方向跑，这样干目标太大，很容易被官军撵着乱窜。王匡、王凤与马武、王常等几个首领一合计，还是决定分兵到山下发展：王匡、王凤、马武三人率主力向北转移，往南阳郡（郡治宛县在今河南省南阳市）发展，号"新市兵"；王常率偏师万余向西南转移，往南郡（郡治江陵在今湖北省荆州市江陵县）发展，号"下江兵"。从此，少了一支占山为王的草寇，多了数支纵横中原的虎狼之师。

话分两头，先说实力较强的"新市兵"。新市兵以猛虎下山之势直扑豫州境内①，进攻两百多里外的随县（今湖北省随州市），接着又转战舂陵（今湖北省襄阳市枣阳市吴店镇），极大地鼓舞了早就对王莽不满的地方豪杰。地皇三年七月，随县平林人陈牧、廖湛发动千余人在当地起事，三个月后，西

---

① 随县属于南阳郡，南阳郡当时在豫州，名为豫州前队。

汉宗室刘縯（yǎn）也发动春陵子弟七八千人响应，义军一下就扩充了万余人。

作为汉景帝的直系后人，刘縯这一支混得一代不如一代。远祖刘发因为生母地位卑微，直接被老爹汉景帝扔去彼时又远又穷的长沙国当王爷。这王爷生了许多儿子，其中一个儿子刘买因为不是嫡长子，按照《推恩令》规定只能降为侯爷，封在春陵（今湖南省永州市宁远县柏家坪镇，不是上文提到的那个春陵）。刘买的儿子刘外和孙子刘回还算争气，刘外当上了郁林郡（郡治布山在今广西壮族自治区贵港市）太守，刘回不仅担任过巨鹿郡（郡治巨鹿在今河北省邢台市平乡县）都尉，还带领家族跟随族兄春陵考侯刘仁从湖南春陵搬到了相对富庶的南阳白水乡，并把白水乡改名为春陵，整个家族的命运因此改变。刘回的儿子刘钦混得就远不如父辈祖辈，只当了个南顿县（今河南省周口市项城市南顿镇）县令。刘钦的大儿子刘縯甚至连一官半职都没混到，而且什么爵位也没有，只能继承先辈的田产，在春陵当一名普通地主。

然而刘縯是个胸怀大志的人，并不安于在农村当一名小地主，他不仅身上流淌着汉高祖的血液，心里也无时无刻不想着以汉高祖为榜样：推翻王莽，再建大汉，做汉高祖第二。

为了光复大业，刘縯耗尽家产结交志同道合的英雄才俊，南阳豪族李通、李轶兄弟，以及邓晨（刘縯二妹刘元之夫）都与他交好。只是三弟刘秀，不知道搞什么鬼，整天想着种地卖粮，不过这也不算什么大问题。

刘縯不知道，他那看似整天忙着种地卖粮的傻弟弟，却在宛县和李通兄弟一道谋划大事：在立秋那天，趁郡县长官在宛县检阅骑士的机会，劫持前队大夫（南阳郡太守）甄阜和属正（南阳郡都尉）梁丘赐，号令骑士们举兵造反！

事关重大，刘秀赶紧和李轶一道返回春陵，向刘縯报信。没承想，刘秀离开宛县后不久，行动计划就被远在长安的李通父亲李守泄漏了，李通在宛县的六十四名族人全部被杀，李通本人则提前开溜，侥幸逃过一劫。

当新市兵进攻春陵时，刘縯觉得起事的机会来了，立刻带领宾客响应。

刘伯升（刘縯字伯升）造反这个爆炸性新闻很快传遍了整个春陵乡，一向和刘縯交好的人顿时慌了神：谋反那可是株连九族的大罪啊！甚至有人绝望地哀号："刘伯升杀我啊！"

就在这时，人们惊奇地发现，平日里谨慎敦厚的青年——刘秀，头戴大帽，着深红色外衣，佩戴长剑，一副武官模样，也跟着造反了。大家不会想到，这名年轻人将通过十五年的努力，彻底终结这民不聊生的乱世。

但那会儿没人关心乱世啥时候结束，对当时的义军而言，最直接的问题是，新市、平林、春陵三支武装力量共两万多人马往哪儿发展。

义军头头们经过商议，决定把重心放在南阳郡。南阳盆地南接襄阳，北连关东地区除洛阳外最为繁华的颍川郡（郡治阳翟在今河南省许昌市禹州市），西边是秦岭余脉，东边是桐柏山。进可向北威胁洛阳，动摇王莽根基，向南夺取襄阳，图谋荆州；退可撤往东西两侧的巍峨群山：南阳郡实在是最理想的根据地。

目标定了，接下来就是行动。地皇三年十一月，两万义军首次联合行动。柿子先拿软的捏，第一个倒霉的就是新野县（今河南省南阳市新野县）的长聚乡（今湖北省襄阳市枣阳市太平镇寺庄村），因为此时的义军缺少武器装备（连刘秀本人也只能骑牛作战），根本不适合进攻大城。

不巧，新野县尉也知道义军要拿长聚乡开刀，亲自带兵防守。然而在没有城墙，只有木栅栏的长聚，仅靠新野县这点兵力如何抵挡两万多气势汹汹的敌人？结果并不意外，义军毫不费力就拿下了长聚据点，取得了联合作战开门红，新野县尉也成了义军联合作战后杀掉的第一位朝廷命官。

听说义军打下了长聚，杀了新野县尉，隔壁的湖阳（今河南省南阳市唐河县湖阳镇）县尉慌了——翻看地图，义军的下一个目标很可能是毗邻长聚的唐子乡。事不宜迟，湖阳县尉赶紧带兵到唐子乡，挖好壕沟，建好栅栏，准备应敌。

正当湖阳县尉紧张地构想着即将来临的唐子乡保卫战时，门外小吏高亢的通报声打断了他的思绪："报！江夏郡吏某前来我乡公干。"也许是把全部思绪都放在如何排兵布阵上了，湖阳县尉并没有感觉到哪里不对劲。"哦，知道了，我出去迎接他一下。虽然是战时，但总不能把官场礼仪给耽误了。"

湖阳县尉带着几个警卫和随从，在离唐子乡据点不远处热情地迎接"江夏郡吏"，然而，令人惊愕的一幕出现了，那名"郡吏"直接从袖子里掏出利刃，捅了县尉。原来，为了尽快拿下唐子乡，义军派将领刘终假扮江夏郡吏，刺杀了湖阳县尉。

还没等县尉身边的人反应过来，四面八方突然出现大批义军，失去领导的官军犹如无头苍蝇一般各自为战，没过多久，义军占据了唐子乡。

胜利的喜悦很快在你争我夺中烟消云散。春陵子弟兵和其他两支人马为了争夺战利品剑拔弩张，其他两支人马甚至准备武力进攻春陵兵。眼看内斗一触即发，素来低调的刘秀站了出来，将刘家人缴获的战利品悉数交出，任由新市、平林两军士兵分配。本来要内讧的军头们顿时欢天喜地，谁也没注意到，全程都在呵呵傻笑的刘文叔（刘秀字文叔）一直拳头紧握。

两战两胜后，义军头头们不再满足于攻打乡镇据点，他们把下一个进攻目标对准了地处湖阳县与新野县之间的棘阳县（今河南省南阳市南）县城。

拿下棘阳县城的难度要远远高于长聚乡和唐子乡两个防守薄弱的小据点，别的不说，棘阳县城可是有正儿八经的城墙的。根据考古发现来看，棘阳故城城墙南北长九百八十米，东西宽三百五十米，其他配置则可参考隔壁的新都故城遗址——城墙高三米半，城基厚四米，外有城壕深两米半、宽六米，设有东西南北四门。可谓是小而坚。这种城墙碰到装备精良、战斗力强的正规军，可能不堪一击，然而要对付没有啥攻城器械和缺乏攻城经验的义军，那是绰绰有余。

守备棘阳的县长（五千户以下的县城，最大的官称为县长）岑彭也是这么认为的，作为本地人兼朝廷命官，他有义务也有责任保卫棘阳。但是形势比人强，义军杀了隔壁两名县尉的消息在棘阳城内引起了巨大恐慌，守军战斗力顿时少了一半。

　　该来的还是来了，两万多义军挟两战两捷之势猛扑棘阳县城。士气正旺的义军冒着箭雨冲到城墙底下，众多不怕死的士兵等云梯一搭好就拼命往上爬，不一会儿，越来越多的义军登上了城墙，棘阳城防崩溃了。

　　留得青山在不怕没柴烧，县长岑彭见到情况已经极端不利，带着宾客和家人脚底抹油——溜了。义军胜利攻陷棘阳县城。

　　如果就此认为岑彭不过是一名贪生怕死的无能官僚，那就大错特错了。不久之后，岑彭将在宛县一雪之前兵败棘阳的耻辱。再后来，他将成为终结乱世的方面大帅，在云台功臣榜中占据一席之地（位列第六名）。

　　短短一个月内就三战三捷，义军头头们有点飘飘然了，王匡、王凤、刘縯、陈牧等人接下来制订了一个更为冒险的计划——向南阳郡郡治宛县进攻！为了显示自己英勇善战，刘縯还主动请缨，率领七八千名春陵子弟兵打头阵。他认为，如果自己在攻下宛县的战斗中立下大功，就有很大概率掌握未来义军的话语权，离成为汉高祖第二的宏伟目标又近了一步。轻敌的刘縯不会料到，他的这一决定差点给春陵子弟兵带来灭顶之灾。

　　刚躲过兵变危机（上文提到李通和刘秀密谋发动宛县兵变失败），自己底下三名官吏又被义军打得两死一逃，前队大夫甄阜和属正梁丘赐对义军恨得牙痒痒。二人先拿逃回宛县的棘阳县长岑彭开刀，抓了岑彭的老妈和老婆儿子，命令岑彭带宾客作战，戴罪立功。接着，二人又集结了南阳郡数万官军，亲自率领南下讨伐义军。

　　得知义军主动向宛县进攻的消息，甄阜和梁丘赐两人笑得狰狞：你们自己来送死，倒是给我们省力了。在义军北上的必经之地——距离宛县只有不到四十里的小长安聚（今河南省南阳市宛城区瓦店镇），数万官军早已布好阵，如饿狼一般等待着猎物到来。义军则一路上高高兴兴——宛县，五都①之一，

---

　　① 除长安外的五座大城市，分别是洛阳、宛县、临淄、成都、邯郸。

数不清的财富等着瓜分。为了在宛县多捞点，义军甚至携家带口，丝毫察觉不到危险来临。

两万多义军前进了七十多里，到达小长安聚。等候多时的甄阜一声令下，身披铠甲，手持长戟、长戈、短刀、盾牌等精良军械的官军，摆着整齐的长阵，在弓箭手的掩护下杀向义军。只打过三场小规模战斗、手上没多少正规兵器的春陵子弟兵首当其冲。

会战成了单方面屠杀，战场成了惨烈的修罗场，义军自顾不暇，哪里管得上家属。未来的东汉开国皇帝——刘秀，此时也狼狈地骑着从新野尉那里缴来的马往南跑，路上救了妹妹刘伯姬。而二姐刘元为了不连累刘秀，拒绝与刘秀一同上马，刘秀眼睁睁地看着自己的二姐和侄女们被追兵杀害。刘秀的二哥刘仲也在此役中死于官军刀下。一天之内，包括刘秀二姐二哥在内，数十名春陵刘氏族人死在战场上，这对刘家人的打击极为沉重。

小长安聚之战，义军损失惨重，被迫退到棘阳县城休整。还没等义军从败仗中喘过气来，又一个惊人的消息传来：甄阜和梁丘赐正率领十万大军向棘阳城杀来！

在取得小长安聚大捷后，轮到甄阜和梁丘赐主动进攻义军了。为确保一战而胜，甄梁二人再次在南阳郡下达了总动员令，集结了比前一次更多的兵力，号称十万人，气势汹汹地杀奔义军根据地棘阳。为了表明血战到底的决心，甄梁二人还效法项羽和韩信，把全军辎重单独放在蓝乡（今河南省南阳市新野县东），主力部队则在黄淳水和沘（bǐ）水两条河流之间扎营，并烧掉了通往宛县的所有桥梁，可以说是破釜沉舟、背水一战，不灭"流贼"誓不罢休。

本来小长安聚之战义军就损失惨重，这会儿又要面对装备精良、战斗力强悍的十万官军，王匡、王凤、陈牧等义军首领们顿时慌了，想带着各自的队伍离开棘阳，分散到各处去。刚经受丧失亲人痛苦的刘縯此时却极为冷静，坚决反对分头行动，主张重整旗鼓，再战强敌，毕竟眼下荆襄地区规模比较大的义军只有他们这一支，如果全军分散，正好被官军各个击破。

正当双方为去留问题争执不下时，好消息来了——王常等人率领五千下江兵到达了距棘阳县城只有百余里的宜秋聚（今河南省南阳市唐河县东南）。这对处于困境中的义军来说无异于雪中送炭。

自从离开绿林山，王常的下江兵一路流年不利。原来，王莽得知绿林军残兵分兵下江后，大喜，认为剿灭"流寇"的时机到了，派遣纳言大将军严尤、秩宗大将军陈茂带领百余名官吏到荆州募兵，彻底攻灭流民军。

这两人来头都不小。严尤年轻时是王莽的同学，常常在同窗好友面前自比为战国名将乐毅、白起。王莽当了皇帝，自然没忘记把老同学提携上高位，任命严尤为讨秽将军。严尤果然没令王莽失望，直接诱杀了高句丽侯驺（zōu），把人头送到了长安城，替王莽挣足了征服四方的面子。此人足智多谋，很快就成为阻碍义军纵横中原的强劲对手。陈茂则是新朝的老臣，早在汉平帝时期就是执金吾候，天凤二年（15年）担任大司马，第二年，因为出现日食，陈茂被王莽当成替罪羊，免去了职务。又过了六年，他才复出，和严尤一道前往荆州。

严尤、陈茂二人通力合作，很快招募并训练出一支能征善战的军队。柿子先拿软的捏，严陈二人把目标对准了西进南郡的王常偏师，于是挥师南下，在进入南郡的必经之路——蓝口聚（今湖北省钟祥市磷矿镇）堵截王常。

下江兵跋涉一百多里，到达蓝口时，突然遭遇官军袭击。这股官军训练有素，打起仗来有章有法，完全不同于在云杜之战中一战即溃的官军。绿林军哪里见过这个阵势，很快大败，哀号声、痛哭声响彻整个战场。

王常也不是吃素的，见到情况已经万分危急，果断放弃了前往南郡建立根据地的计划，率领残部往东北狂奔二百五十里，转进到荆州和豫州交界处——随县娄溪，总算甩开了官军追击。清点队伍，只剩下一些散兵了。为了恢复元气，王常等人只得重操旧业，依托附近的石龙山、三钟山，劫掠往来的商旅，攻打附近的村镇，消灭官军散兵，没几个月又发展到了五千余人。

　　总窝在山沟沟里也不是个事儿，正当王常等人思考下一步行动计划时，新市军在南阳地区三战三捷的消息传到耳中。于是王常拉出山里全部人马，向北疾进。

　　得知下江兵北进的消息后，急于一雪云杜之战的耻辱，一心想戴罪立功的荆州牧赶紧派兵到豫州地界，在下江兵的必经之路上唐乡（今湖北省随州市唐县镇）堵截，幻想着能复制蓝口大捷。然而云杜之战后，荆州牧底下就没多少善战之兵了，奔命兵已经丧失殆尽，剩下的残兵败将也根本不是王常的对手，官军在上唐乡被下江兵打得大败。

　　但人算不如天算，待下江兵赶到宜秋聚时，恰逢义军小长安聚之败。成丹、张卬（áng）等首领顿时改变了主意，王常也开始犹豫不决。

　　在这危急关头，刘伯升顾不了那么多了，带着他的弟弟刘秀、老朋友李通前往宜秋聚，劝说素无交往的下江兵将领们联合抗敌。刘伯升拿出了结交南阳豪杰才俊的本事，很快就征服了下江兵首领王常，王常不仅赞同与其他三支队伍一起联合作战，还认定："现在刘氏又兴盛起来，就是真正的君主。我确实想为汉朝献身付出，辅助（刘氏）成就大功业。"

　　王常这一表态给刘秀留下了深刻的印象，若十年后，刘秀还时常当着诸位功臣的面称赞已经成为山桑侯的王常："此家率下江诸将辅翼汉室，心如金石，真忠臣也！"

　　尽管一心想单干的成丹、张卬等人对王常的决定颇有不满，但王常毕竟是下江兵首领，首领发话了，他们只能照办。

　　目前形势依然对义军不利——联合后的义军也就一万多人不到两万人，官军可是号称十万之众，敌我兵力五比一。怎么打？刘伯升对此早有谋划，他发现官军虽然人多，但是有几个致命的弱点：

　　一是骄横——骄兵必败！小长安聚之战后，甄梁二人一直认为消灭义军指日可待，官军从上到下都很轻视义军，防备十分松懈。

　　二是分散。官军号称十万，却分成三个部分，甄梁二人各带一部，又有部分人马在几十里外的蓝乡护卫辎重，正好给了义军各个击破的机会。

第三就只能怪甄梁二人食古不化了，非要把部队安排在两条河流之间扎营，还烧毁了通往宛县的桥梁，可以说是把占据绝对优势的兵力安排在死地，只要部队被义军突袭打乱，全军将直接崩溃。

反观义军，下江兵同意合作后，全军士气大振，而且自小长安聚之战后，上至将军下至士卒都知道接下来的战役输不起，必须搏命了。

结合官军与义军各自的优势劣势，刘伯升和其他义军首领经过商议，决定以快打多，各个击破！

为了鼓舞士气，刘伯升大宴全军将士，算是开了战前动员会，然后休整三天，决战时间定在除夕夜。

正当官军在军营里欢度除夕时，义军战士分成六部，趁着夜色向官军辎重所在地——蓝乡衔枚疾进。不得不说义军选择的决战时间非常巧妙——谁又会料到敌人在除夕夜全军出击？蓝乡的官军轻敌到连斥候都不派，对即将到来的灭顶之灾一无所知。借助夜色，义军悄悄摸入蓝乡大营，官军经过一晚上的狂欢早已进入梦乡，很快，熟睡的官军纷纷被渗透进来的义军斩杀。不费吹灰之力，十万官军的全部辎重就落入义军手中。

更加艰巨的任务在后边。义军很快重新分配兵力，从左右两翼进攻官军大本营：兵力相对较少的下江兵从东南攻击实力较弱的梁丘赐部，刘伯升带着其他三支人马从西南进攻官军主力甄阜部。双方约定，正月初一一早，同时进攻。

甄梁二人此时也犯了和蓝乡官军一样的错误：不派斥候，也不安排兵力通宵值班。

天刚蒙蒙亮，睡眼惺忪的官军哨兵简直不敢相信自己的眼睛：不知从哪冒出来的人马正在快速向大营奔来。"不好啦！敌人杀过来了！"哨兵们赶紧分头通知其他人起来作战，然而为时已晚，作战欲望极盛的义军很快突入了甄梁二人大营。

这一战，义军可以说是豁出去了，玩命砍杀官军以报小长安聚之仇。不少官军猝不及防，倒在了血泊中。然而官军毕竟兵力占优，反应过来后迅速操起武器与突入的义军展开血战。面对训练有素、装备精良的正规军，义军突击优势逐渐消失，只能选择和官军正面硬碰。

狭路相逢勇者胜，惨烈的战斗从清晨一直持续到中午吃饭时间（食时），实力相对较弱的梁丘赐部在五千下江兵的猛攻下首先顶不住了。"梁都尉的大军败了！"看到梁部败退的惨状，前一秒还在浴血奋战的甄阜部士兵也纷纷丢盔弃甲，往宛县方向逃去。

不幸的是，由于甄梁二人之前自作聪明，搞背水一战的把戏，因此黄淳水上没有一道桥梁通往宛县，数万逃兵只得跳进汹涌而又寒冷的河水里游泳过河，不是被义军斩杀就是淹死在黄淳水里，官军主帅、前队大夫甄阜和属正梁丘赐也在逃亡过程中被愤怒的义军砍下了头颅。此战，义军大胜！

此时，从荆州赶来增援的严尤、陈茂所部听说南阳郡官军大败的消息后大为恐慌，丧失了和义军作战的勇气，反而迅速向宛县转移，似乎忘记了就在几个月前，他俩刚在蓝口大破下江兵。如果让严尤、陈茂逃到宛县，那么要拿下宛县就会难上加难，刘伯升等义军将领们顾不上欢庆黄淳水之战的胜利，就迅速率领得胜之师堵截严陈所部。

深谙骄兵必败道理的刘伯升面对战斗力较强的对手，决心效法项羽，下令烧毁了战斗中缴获的全部辎重，砸烂了部队里的所有大锅，敲着战鼓向严陈所部进发。不是刘伯升等人"神经过敏"，实在是严尤、陈茂二人太难对付了，下江兵几个月前才吃了大亏。对付强敌就必须断绝士卒后路，激发他们杀敌求胜的斗志。

如果说前边甄阜和梁丘赐两人是轻敌，那么刘伯升等义军将领们就是高估敌人了。在宛县以南六十里的淯阳（今河南省南阳市宛城区瓦店镇附近），一心求胜的义军追上了严陈二部官军。见到了敌人，刚打完胜仗没多久又被主帅逼上绝路的义军极度兴奋，在咚咚战鼓声的鼓舞下，仿佛打了鸡血一般杀向官军阵中。兵熊熊一个，将熊熊一窝，严陈二人只想撤到宛县，麾下的官军也是斗志全无，在义军不要命的冲杀下，官军很快就顶不住了。此时，主帅严尤、陈茂二人竟然丢下部队，东逃汝南。主帅都逃跑了，底下小兵还打什么？纷纷各自逃命。在斩首三千多人后，义军再胜官军。

黄淳水和淯阳两战极大地震动了荆豫二州，不到一个月，义军就发展到十多万人。

义军人变多了，一个现实问题摆在眼前——谁当首领？过去都是二王、陈牧、王常、刘伯升五人共同决策，兵少的时候可以抱团，现在大家的家底都厚了，谁也不服谁，为了义军的存亡，还非得选出个首领不可。

很快，因为选首领的问题，义军内部明显分为了两大派。

王常和南阳帮不用多说，自然拥护刘伯升。王常早早就认定跟着刘伯升能成大事；南阳豪杰则基本上是在刘伯升的带领下起事的，自然要选他当首领。

绿林诸将和陈牧却并不喜欢刘伯升——刘伯升为人刚毅威严，做事果断，总是想让其他人跟他走。绿林军和平林军说到底只是一群草莽英雄，根本不希望有个"大家长"管着自己。于是他们决定提前拥护更始将军刘玄为帝。

其实刘玄还是刘伯升的远亲呢。还记得前边提到的封在春陵的侯爷刘买吗？他就是刘玄和刘伯升共同的祖先。虽然如此，刘玄却并没有刘伯升那样的宏图大志，他之所以要造反，原因和王常差不多。弟弟被仇家害死，刘玄纠集宾客想报仇，不巧，大仇还没得报，就因为底下宾客犯事被官府盯上了，要抓刘玄。刘玄本人跑了，官府倒也干脆，直接抓了他老爹。碰到这种情况，一般人肯定陷入两难了，自首就身陷囹圄甚至没命，不自首吧，老爹要遭罪。但是刘玄想出了个法子——诈死！为了演得更逼真一些，还让人帮忙发丧，把自己的灵柩送回老家。官府一看，犯罪嫌疑人都死了，这案子也不用办了，于是刘玄老爹顺理成章地被放回了家。代价就是，刘玄作为春陵有头有脸的刘家人，只能隐姓埋名逃亡外地了。

刘玄运气还不错，在逃亡一段时间后，转机来了。前边提到，绿林军进入南阳郡，平林人陈牧起兵响应，正在平林避难的刘玄把心一横，加入了陈牧的平林军。陈牧对他倒还不错，直接委任他为安集掾（yuàn）。义军壮大后，刘玄又被提拔为更始将军。他做梦都没想到自己会被拥立为皇帝，更想不到几年后自己会死于非命。

绿林诸将之所以想到让刘玄当皇帝，最主要的原因还是刘玄和他们关系好，而且为人随和，不像刘伯升那般刚正不阿。刘玄当皇帝，他们依旧可以自由地喝酒吃肉。至于陈牧，那更不用说——部下当皇帝，自己将来的好处还会少吗？

二王和张卬、陈牧等人虽然已经决定让刘玄当皇帝，但总得告诉盟友刘伯升一声，哪知道刘伯升得知后坚决反对。理由很简单："现在虽然我们有十万多人了，但实力还很弱小，地盘都没打下几块，骤然推出一个皇帝来，这不是让我们成为众矢之的吗？还有，天下也不只我们一家起事的，山东还有赤眉大军，万一他们也立个姓刘的当皇帝，怎么办？不如先称王。"

刘伯升分析得有理有据，大部分人都表示赞同，王匡和马武直接表态支持先称王。先称王、后称帝，似乎已经成为共识，然而，新市军的头头张卬第二次对刘伯升的提议唱起了反调。张卬直接拔剑击地道："做事情，若是抱着怀疑态度，就一定不能成功。今天这项决定，不允许有第二种想法！"

话都说到这份上了，原本坚持要先称王的刘伯升也只好服从。地皇四年（23年）二月初一，义军在淯水（今白河，在河南省南阳市南）边的沙滩上设立坛场，举行登基大典，刘玄正式即皇帝位，国号为汉，年号更始，大赦天下。

几天前还是和大家称兄道弟的更始将军，现在突然被兄弟们拥立为更始皇帝，怎么都想不通自己为何成为皇帝的刘玄面对坛下黑压压的人群，紧张不已，举着手连话都说不出来。

底下的义军头头们则喜气洋洋，忙着封官许愿。绿林军的创始人王匡、王凤自不必说，分别当了定国上公和成国上公，位列诸将之上，就连他俩的老部下朱鲔（wěi）也被委任为大司马。才带一千人入伙的陈牧托部下的福，获封大司空。就连一直反对刘玄称帝的刘伯升，也被任命为大司徒。其他将领都被委任九卿或将军，刘秀此时为太常偏将军。

底下很多人不会想到，当下看起来畏畏缩缩的皇帝，会在不到两年时间内让他们命丧黄泉。

登基大典办了，官也封了，接下来就该干正事了。更始政权一方面以皇帝的名义向各路豪杰致书，扩大政权影响力；另一方面动真格的，由刘伯升率主力围攻宛县，其他将领发兵向四周扩张。

王常率领的下江兵向东进攻，先后攻略了汝南郡（郡治平舆在今河南省驻马店市上蔡县西南）、沛郡（郡治相县在今安徽省淮北市西北），从南阳郡打到了淮河流域。王凤和刘秀率领的部队战果更大，向北先后攻占了昆阳（今河南省平顶山市叶县昆阳镇）、定陵（今河南省漯河市舞阳县北）、郾县（今河南省漯河市郾城区西南），从南阳盆地直接打到了伊洛河谷，新朝的陪都——洛阳已经暴露在义军面前。刘秀等人没想到，两个月后，小小的昆阳城将成为与王莽四十万大军决战的主战场。

现在，唯一没取得任何进展的就是宛县了。有一个在当时并不起眼的小人物粉碎了义军速破宛县的设想，这人就是正在戴罪立功的前棘阳县长——岑彭。在宛县，他将第一次充分展现自己的指挥才能。

黄淳水之战，官军损失惨重，一直被甄阜安排打头阵的岑彭虽然也受了伤，却奇迹般地带着残余宾客逃出生天。回到宛县后，一心想洗刷耻辱的岑彭与前队贰（前队大夫的副手）严说合作，把宛县防务布置得井井有条。

这回轮到两战两胜的义军骄傲轻敌了。两支正规官军都被消灭了，还有什么能阻挡义军横扫南阳呢？很快，兵临宛县的义军将士兴奋地向高大坚固的宛县城墙发起了冲击。然而，迎接义军的不是白旗，而是箭雨和石块。义军首次进攻，连城墙边都没摸到，不服输的刘伯升再次组织兵力多次进攻。

为了攻城，刘伯升本人可以说是使出了浑身解数：专门翻看兵书，制造"高科技"武器——攻城斗车。部队里有一位司马犯法当斩，刘伯升觉得直接杀掉有点可惜，干脆让他戴罪立功，坐在攻城斗车上充当攻城先锋。但是，在岑彭出色的防守下，斗车也不管用了，数万义军猛攻宛县几个月，居然毫无进展。

眼下，义军主力被牵制在宛县，其他部队则分散在南阳周边的战线上，对刘玄称帝大为恼怒的王莽觉得有机可乘，动员了四十二万大军直扑昆阳，夹击围攻宛县的义军。义军与朝廷军队的决战即将来临！

决战昆阳

新朝的大臣们这些天明显感觉到，自从听到刘玄称帝的消息，他们的皇帝陛下就变得有些不太正常了。

某次朝会，大臣们突然发现，坐在龙椅上的人从"白头翁"变成了"黑发男"。一项纪录就此诞生——王莽成为中国历史上第一位染发的皇帝。

老婆已经死了好几年，王莽却不顾目前遍地狼烟的窘况，在全国搞起了选美，选出了杜陵史氏当皇后。皇后也就一个，其他没当上皇后的美女怎么办呢？简单啊，直接比照周礼，把美女分成三等，后宫佳丽瞬间扩充了一百二十人。

美女有了，那就开始好好享受。一向以正人君子形象示人的王莽公开跟宠信的方士——涿郡昭君一道，在后宫以试验方术为名日夜淫乐。以前那位小心谨慎的道德楷模终于露出了"真面目"。

如果以为王莽已经决定沉湎女色、自暴自弃，那就大错特错了，他只不过是在玩稳定人心那一套把戏。在声色犬马的掩护下，王莽开始抓紧备战：先安排大司徒王寻率兵十万镇守洛阳，又授予堂弟、大司空王邑军政大权，让他迅速与大司徒王寻会合，共同负责围剿更始政权。

别看王邑是王莽的亲戚，他可有十分丰富的军事经验。居摄二年（7年），西汉前丞相翟方进的儿子翟义打着讨伐王莽的旗号，拥护严乡侯刘信在东郡（郡治濮阳在今天河南省濮阳市濮阳县）起兵，没多久就发展到了十多万人，连关中地区都有三十二个县起兵响应，战火甚至烧到了未央宫前殿，搞得王莽十分紧张，整天抱着小皇帝孺子婴在群臣面前痛哭流涕。危急时刻，王邑率部东灭翟义，西平反叛诸县，总算稳定了局势。

叛乱平定后，王邑的声望如日中天，这下堂哥王莽坐不住了，决定好好杀杀堂弟的威风。在庆功宴上，王莽非但没有好言赞扬王邑的战功，反而斥责王邑没抓住严乡侯刘信，罪不可恕。本来想着领赏的王邑一听，直接在堂哥面前挥剑自刎以证清白，可把王莽吓了一跳。万幸的是没砍到要害，命保住了，只是在脖子上留下恐怖的疤痕。后来，尽管王邑在新朝建立后担任了三公之一的大司空，却是位高权不重——当摆设。

此次王莽也是急眼了，重新起用闲居家中十五年的王邑，并且花了一个月时间征召各郡国挑选出来的锐卒，号"虎牙五威兵"，由各郡大尹（即太守）率领，装备和战斗力比普通郡国兵要高一大截，就连警卫营垒的武士也是挑身高一丈、腰大十围的"大块头"担任。这还不算，又招募了自称懂兵法的六十三家数百人担任幕僚和军官。连动物也被"动员"起来了，老虎、豹子、犀牛、大象等猛兽统统被抓来给部队壮威。

地皇四年（更始元年）五月，各路大军和动物陆续抵达颖川郡，连打了败仗龟缩在汝南郡的严尤、陈茂也率兵出来与大部队会合。据史书记载，号称百万的王莽大军足足有四十二万人！《汉书》的作者班固感叹道："车甲士马之盛，自古出师未尝有也。"

坐拥四十二万大军的王邑和王寻首先把目光对准了离颖川郡治阳翟一百二十多里的中原重镇——昆阳。

昆阳位于南阳盆地与豫东平原的交汇地带，往西南走一百二十里就是中原南下荆襄的必经之地——方城垭口，过了方城垭口再往西南不到一百里就是宛县。如果官军顺利打下昆阳，那么在五至七天内就能实现夹击更始军主力的目标。而且从地图上看，昆阳也是距离阳翟最近的更始军据点，拿下昆阳，对提振官军士气意义极大。

更始军也不傻，看出了官军的意图，安排刘秀率数千人提前赶到阳翟附近的阳关聚阻击官军。然而，刘秀很快发现情况不对——官军队伍连绵不绝、一望无际，在太阳的照射下，铠甲闪闪发亮。

不好，有危险！刘秀当机立断，率部迅速撤离阳关聚，退至百余里外的昆阳城，打算凭借坚城固守。

当时，驻扎在昆阳城的更始军将领不仅有成国上公王凤、廷尉大将军王常，还有骠骑大将军宗佻、五威将军李轶等。别看名号叫得震天响，这些将帅手下人马加上刘秀所部兵力，一共才八九千人。敌我兵力对比是五十比一！

得知前来讨伐自己的官军人数居然如此之多，昆阳城里的更始军将帅极度恐慌，他们哪里遇到过这种阵势，纷纷借口担忧家属安危，打算逃跑。刚从阳关聚前线撤回、亲眼见到王莽大军军容之盛的刘秀，却力阻弃城，主张固守昆阳："我们本来就缺兵少粮，面对强大的敌人，只有团结一致才有希望取胜，现在援军远在二百多里外的宛县，根本没法增援我们，如果大家各奔东西，后果就是昆阳立马被拿下，我们在一天之内全部完蛋！"

当时刘秀仅仅是太常偏将军，级别并不高，在他之上还有将军、大将军，最高决策者则是更始二公之一的王凤。看到一个偏将军居然公开唱反调，除了王常以外的更始军将帅们怒火中烧，纷纷斥责刘秀："刘将军，你怎么敢这么跟我们说话？敌众我寡你还想让我们守城，这不是等死吗？"

好心被当成驴肝肺，刘秀却并未继续据理力争，而是笑着离开了议事厅。

眼看着放弃昆阳城已成定局，突然，侦察兵从城外赶回，气喘吁吁地向急于逃跑的诸将报告了一个可怕的消息：官军已经在城北列阵数百里，一眼望去看不到头，士兵们有的在摆放攻城器械，有的在修筑围城营垒，更多的人则在向昆阳城其他方向运动。如此看来，只要城内军队一逃跑，立马就会被官军主力追上并全歼。

不得不说官军的动作真是迅速，不到三天时间，先头部队就从阳翟赶到昆阳城下。这下更始将领们是真跑不掉了，只能硬着头皮死守昆阳城，但光靠死守也仅能将九千守军的性命续上几天。如何才能解数十万官军之围呢？

之前，城内将领中只有刘秀一人主动提出要死守昆阳，眼下其他人也只能向他询问应对之策了。守军头头们硬着头皮把被骂得狗血淋头的刘秀请回了议事大厅。

刘秀早已胸有成竹，立刻提出了一套作战方案：主力凭借坚城消耗和迟滞官军，自己带少数人去定陵、郾县搬救兵，内外夹击，一举打破官军包围圈！这个计划极为冒险，先不考虑能否顺利从官军长围中突围，即使刘秀突围成功，并且把定陵、郾县的更始军队拉过来，援军也只有万把人，城内城外兵力加起来，撑死就两万人，对比四十二万敌军仍然处于极端劣势。可其他人也没辙了，王凤只好同意了刘秀的提议，决定在当天夜晚派刘秀突围求援。

黄昏刚过，抵达昆阳城下的官军已达十万之众，并且彻底将城池的北、东、西三面给围死，但更始军惊讶地发现：城南居然还没完全合围。机不可失！趁着夜色，守军悄悄打开了南城城门，刘秀、宗佻、李轶等十三人带着城内九千兄弟的殷切期盼，迅速离开了昆阳城，消失在茫茫夜色中。

突围行动比想象中要顺利得多，在求援小分队偷偷穿过官军包围圈缝隙时，由于目标实在是太小了，加上天色已晚，负责围困城南的官军根本没有发觉任何动静。时间就是生命，十三名勇士在往南突出官军重围后，又迅速折向东，直奔一百里外的定陵和郾县。救兵早到一天，城内兄弟就能多活几个。

对守军来说，真正的考验才刚刚开始。第二天，王邑、王寻开始指挥官军对昆阳城发起总攻。

官军真是"财大气粗",不仅一口气修筑了百余座军营,把小小的昆阳城重重围困起来,官军的军旗也是漫山遍野的,步骑兵扬起的灰尘遮天蔽日。守军真正见识到了什么叫人多势众。数千个战鼓一敲,声音震天动地,连在数百里外都听得到,真正诠释了什么叫先声夺人。登上高达十余丈的云车,直接对昆阳城形成居高临下之势,守军的一举一动被看得一清二楚。庞大而又坚硬的冲车直接撞击城墙,连撞城门都省了,官军的弓箭手仿佛有用不完的箭,让城内守军和百姓真正体会到了什么叫箭如雨下,打个水都要背着门板出门,以免被天量的弓箭射中。

地上攻得如火如荼,地下攻势也没放弃,官军组织人马挖地道,即使不能挖进城内,也要挖塌城墙。

然而,坐拥绝对兵力、资源和各种攻城器械的官军在狂攻几天后,愣是打不下小小的昆阳城。王邑和王寻像输红了眼的赌徒一般继续安排部队攻城,严尤、陈茂作为官军中仅有的两个头脑清醒的将领,坐不住了,劝说王邑:"我们有四十二万人啊,敌人撑死了不会超过一万,即使留数万人马围攻昆阳也绰绰有余了,其余部队应大张旗鼓地向宛县城进发,与敌军主力决战,敌军一旦消灭敌军主力,要拿下小小的昆阳城哪里还在话下?"

严陈二人一语道破了官军目前的困境:昆阳终归是小城,别说官军来了四十万人,即使来四百万人,也只能分批调派部队进攻昆阳。假设东南西北四面均派一万人进攻,那么还有三十八万人无所事事,这对坐拥绝对兵力优势的官军来说是极大的浪费。

可令人无法理解的是,两名统帅似乎跟小小的昆阳城过不去,又一次拒绝了严陈二人的正确意见。就这样,四十二万大军陪着自以为胜券在握的主帅一道,继续围攻昆阳城。

日子一天天过去,尽管昆阳城还没被攻破,但是形势对守城者极为不利:城内守军在官军多种手段的打击下伤亡惨重,而且粮食也快吃完了。守城的王凤等人不知道自己还能支撑多久，援军能否到来也是未知数，于是将领们紧急开了碰头会，得出了一致意见——直接投降！

天上果真掉下了馅饼，还没等官军破城，城内就派人给王邑、王寻送上降书——只要保住我们的性命，昆阳城就让给你们了。

按正常人的想法，碰到敌人献城投降，直接接受就是了，官军将领严尤、陈茂则提出了一条更为毒辣的计策：借着敌人投降的机会，围三缺一，放昆阳的守军出城，让他们去宛县散布百万官军南下的消息，消磨更始军主力的斗志，达到不战而屈人之兵的目的。

攻城为下，攻心为上。如果官军照办，那么历史将会被改写。出人意料的是，官军主帅王邑不仅拒绝了严、陈的提议，还做出了令人瞠目结舌的决定——不接受守军投降，攻城战照打不误。

王邑给出的理由也相当可笑："我率领百万之师，必须灭掉经过的每一座敌城。在屠灭昆阳后，大军踏着敌人的尸体，前军高声放歌，后军翩翩起舞，岂不快活？"

仔细一想，也难怪，王邑毕竟远离军队十五年了，一下子指挥那么多人，就像破落户突然发了一笔横财，想到处炫耀一番。可惜，他的这一错误决策直接断了官军取胜的希望。

这下投降也投不了了，城内更始将帅知道，城外官军是要把他们全部弄死才罢休。城内守军战斗意志又坚定了，即使城破，也要让官军磕坏一颗牙。

当时的人喜欢一句名言："天予不取，反受其咎。"意思就是老天爷给你机会你不要，那别怪老天爷对你不客气。这句话很快在二王那里应验了，在多次浪费取胜的机会后，老天爷终于要"惩罚"他们了。

深夜，已经打了一整天仗的官军士兵沉浸在梦乡中，突然，一块块巨大的陨石从天而降，像长了眼睛似的，不偏不倚正好砸在官军大营中。

白天，正当官军准备对昆阳发起新一轮攻势时，士兵们惊奇地发现，头顶上出大事了：只见天空的云彩似乎被哪个法术高明的人施了法，变成了一座座轰然倒塌的高山。这在迷信的古人看来，是结结实实的衰气。士兵们仗也不打了，赶紧趴在地上躲避衰气。

经历了这两件"大事"后，官军的士气低落到了极点，攻城速度也放缓了。

此时，昆阳城内，上到王凤，下到普通百姓，都已经濒临崩溃，他们唯一的指望就是十三骑能尽快带来援军，结束这该死的攻城战。

这边守军对援军望眼欲穿，那边刘秀等人搬救兵的行动却并不顺利。刘秀等人到达郾县、定陵后，很快命令当地守军全部出动，增援昆阳。但令刘秀始料未及的是，守卫郾县、定陵的将官面对增援令，反应出奇地一致——坚决不去！在这来还有金银珠宝、安逸的生活，到了昆阳面对几十万大军，大概率是回不来了，还是留在这里苟且偷生吧。

刘秀并没有气馁，他看出了底下人的小九九，直接站了出来，慷慨陈词，动员大家："你们这点财物算什么啊？跟我去打败敌人，四十多万大军的辎重军饷全有了。如果我们失败了，命都没了，更别提你们现在那点可怜的家底了。"底下人听完后，权衡一番利弊，觉得有道理。干就干！打赢了，几十万人的装备粮饷全有了；打输了，二十年后又是一条好汉！不去的话，只能窝窝囊囊地挨打。

六月初一，在昆阳被围半个多月后，援军终于抵达昆阳外围。刘秀主动请缨，率领千余名精锐骑兵打头阵，在距离官军大营四五里的地方摆开阵势，准备冲击敌营。

听到侦察兵的报告后，王邑几乎笑出了声。就这么点人也敢挑衅百万大军？于是随手安排了数千人去抵挡。

两军对垒，更始军这边一名将领突然拍马直冲敌阵，手起刀落，一下子就杀死了数十名官军，更始军士气大增，纷纷争先恐后地朝敌人杀去，终于杀退了第一拨敌军。这名一马当先的将领不是别人，正是先锋将刘秀。

见到刘秀那么拼命，一贯瞧不起他的将领们既惊讶又高兴："之前看刘将军见到一点敌人就害怕得要命，没想到如今见到那么多敌人竟表现得如此勇猛，真是稀奇啊。刘将军都那么能打，咱们也不能落后，赶紧冲上去帮忙！"

趁着官军后退的当口，援军主力及时跟进，会同刘秀猛冲猛打，连胜官军，一下子就斩首近千人。首战告捷极大地鼓舞了更始军的士气——原来敌人也没那么强大嘛，打胜仗还是有希望的——个个胆气益壮，无不以一当百。

紧接着，刘秀又玩了一个小把戏——造谣。他安排使者前往昆阳城中报信，使者还没入城就被官军"发现"，"吓"得扔下信件逃跑了，官军捡起敌人遗留的信件，如获至宝，迫不及待地献给王邑、王寻看。二王一看，顿时脸色大变，上边赫然写着："宛下兵到。"这意味着更始军主力已经赶到了官军外围！摸不清情况的二王也不敢轻举妄动了。

刘秀很清醒。他明白，敌人太多了，开头消灭的千把人对四十二万官军来说，只是九牛一毛，假情报也只能稳住官军一小段时间，一旦官军回过神来，发现所谓"宛下主力"不过几千人，那么援军将会遭受灭顶之灾。作为以寡击众中"寡"的一方，必须想出一招制敌的法子。

在仔细观察敌军阵势后，刘秀准备"擒贼先擒王"，他盘点了一下兵马，组织了一支三千人（《论衡》中记载为五千人）的敢死队，直冲城西官军主帅大营！

这又是一次赌博，奇袭成功自不必说，万一失败，他和麾下三千人将有去无回。可现在战况紧急，由不得他继续犹豫了！三千人的敢死队在刘秀的带领下，由城东向城西迂回，踏上了擒"王"的征途。

听说有不怕死的来攻打自己，王邑终于忍不住了，哈哈大笑："这年头，自不量力的人实在太多了，这些人确定不是来送死的？"

为了狠狠地教训这些不知死活的人，王邑和王寻决定亲自率领一万精兵迎战刘秀。紧接着，为了避免主帅出击后大部队陷入混乱状态，王邑又下令：没有主帅的命令，各部不得轻举妄动。

这是王邑在此战中做出的最后两个错误决策。这两个错误将在几个时辰内直接葬送四十二万大军。

王邑和王寻以为自己的一万精兵一到，敌人将不堪一击，然而接下来的战况完全出乎他们的预料。

三千敢死队有刘秀这个身先士卒、以一当百的勇将做榜样，个个都跟打了鸡血似的，见到官军就猛砍猛杀。反观官军这边，长达半个多月的围城战早已消磨了他们的斗志，前段时间陨石落地、"衰气"来袭更是削弱了他们坚持战斗的信心。很快，在敢死队的奋勇冲杀下，二王统率的一万精兵迅速崩溃，连统帅都顾不上了，四散奔逃。主帅王邑跑得及时，副帅王寻就没那么幸运了，还没逃回大营就被杀红了眼的敢死队一刀毙命。其他营垒的官军则受制于不得妄动的命令，眼睁睁地看着主帅的队伍被击溃，敌人杀进营地，这对官军的士气又是一次沉重打击。

被围困大半个月的昆阳城守军见到城下打得如火如荼，也趁机大开城门，杀出城外，狠狠地出了一口恶气。

失去统一指挥的几十万大军看到主帅被敌人暴打的惨状，不约而同地做了一件事——逃跑！从各郡征召来的士兵纷纷往自己家方向跑，局面顿时乱成一团。

"冲啊！杀啊！"更始军两面夹击，士兵冲锋时的叫喊声震动天地。战斗很快成了单方面的屠杀，官军被更始军一路追杀，加上逃跑时自相践踏，死伤惨重，伏尸百里。

此时，老天爷又给了官军第三击：先前还是晴空万里，霎时间就狂风大作、电闪雷鸣、屋瓦皆飞、暴雨如注，北距昆阳不到二十里的滍川（今沙河）水位暴涨。急于逃命的官军士兵争先恐后地跳入河水中，很快被汹涌的水流吞没，数万人被淹死，滍川因此很快被堵塞。

有句老话叫"一将功成万骨枯"，对昆阳之战的官军士兵来说，则是"一将惨败万骨枯"。打了大败仗的官军主帅王邑，以及将领严尤、陈茂踏着堆在滍川中的死尸，才勉强渡过已经暴涨的河流，逃出追杀。四十二万大军里回到洛阳的，只有王邑在长安招募的数千"勇敢士"。

终于打赢了！无论是苦苦支撑的昆阳守军，还是搏命击敌的援军，都在为这场来之不易的巨大胜利感到庆幸。援军也的确如刘秀动员时所说，发了一笔大大的横财：官军遗弃在昆阳城外的物资多得惊人，更始军组织人力累死累活搬了一个多月还没搬完，只得把剩下的战利品一把火烧掉。

作为更始军与官军的一次战略决战，昆阳之战彻底改变了当时全国的局势，王莽在此战中几乎失去了所有生力军，离灭亡已经不远了。

一千六百多年后，清初著名的思想家、史学家顾炎武在重温《后汉书》时，对这场以少胜多的战役感慨万千，挥笔写道："文叔能读书，折节如儒生。一战摧大敌，顿使海宇平。"只是他效忠的朱明政权已无力回天，再也出不了像刘秀那样的中兴之主了。

打完昆阳之战的更始军将士还没来得及好好欢庆胜利，又一个好消息传来——宛县已破！

从正月初到五月底，面对兵力和士气均占绝对优势的更始军队，岑彭不知道挫败了多少次敌军进攻，精力和智力已经基本耗尽，纵然有天大的本事也支撑不住了，城内由于缺粮也已经进入"人相食"的悲惨境地。而四十多万官军主力在两百里外的昆阳城下白白耗了半个月！终于，在五月二十八日这一天，已经撑到极限的岑彭下令开门投降，更始大军浩浩荡荡地进入朝思暮想的大城市——宛县，更始帝迅速将其定为国都。

进城后，面对双手沾满更始军鲜血的降将岑彭，诸将纷纷喊杀。眼看着岑彭就要成为王莽的"忠臣"，对岑彭颇为欣赏的刘伯升站了出来，主动为眼前这位跟自己打了五个月仗的对手求情："岑彭作为南阳郡的官员，为王莽坚守城池那么久，是个大忠臣啊。我们这些干大事的，就应该表彰这种忠臣，现在不但不能杀他，反而还得册封他。"

更始帝绝非昏庸无能之辈，听了刘伯升这话也觉得有道理，力排众议，册封岑彭为归德侯。

事实证明，刘伯升眼光的确独到，后来，岑彭发挥自己的全部聪明才智为刘秀夺取半壁江山，成为两汉交替时期一颗耀眼的将星。

最后再简单说说严尤和陈茂的命运。逃出生天后，这两人再也不愿意为愚蠢的上级卖命了，直接就近投奔在汝南起事的西汉宗室刘望（又名刘圣），很快被委任为丞相和大司马，眼看着事业就要焕发第二春，但精明了一辈子的两人却在乱世中再一次跟错了人。更始元年十月，更始帝派军剿灭了刘望政权，严陈二人因此被诛，此时距离昆阳之战结束不到半年。

渐台之围

自昆阳之战后，坏消息像雪片般飞到王莽面前，许多郡县在不到一个月的时间里突然冒出了一堆反王莽的势力，新朝的统治已经岌岌可危。

如果说这些都是外患的话，那么内忧同样可怕，这不，王莽刚刚惊险地挫败了一起未遂政变。

卫将军王涉（王莽七叔王根的儿子）和大司马董忠是朝中的"识时务者"，他俩可不愿意陪这位整天爱作秀又刚愎自用的皇帝一起完蛋。方士西门君惠的话更是让他俩眼前一亮："近期，有彗星扫过皇宫上空（意思是宫廷将发生变乱），种种迹象表明，刘氏应当复兴，刘秀当为天子。"

你以为王涉和董忠会跑去投靠更始军将领刘秀吗？错了，人家看上的是新朝国师、嘉新公刘秀。

说起这位刘秀，也许他的原名刘歆更为出名。作为古文经学和目录学开创者之一，他的学术成就在两汉时期几乎无人可匹，连一千九百年后的现代史学大家顾颉刚都称赞他是"学术界的大伟人"。

在古代，"学而优则仕"。刘歆也未能免俗，早早认定王莽是真命天子的他，在前半生不遗余力地利用毕生所学为王莽登基造势。投桃报李，新朝建立后，刘歆被任命为国师，位列四辅，是新朝除了王莽以外最有权势的四人之一。

西汉末年，谶（chèn）纬之学流行，坊间流传着各种来源不明的神秘预言。最火的预言书当属《赤火伏》，里面有一条真假难辨的预言：刘秀当为天子。

早已改名为刘秀的国师刘歆看到这条预言欣喜万分。食古不化的王莽都能当皇帝，自己作为正牌刘家人，为啥不能当？

除了这条预言外，刘歆还与王莽有杀子之仇：始建国二年（10 年），大司空甄丰的儿子甄寻利用符命谋权失败，被王莽诛杀，此事牵连到刘歆的两个儿子——刘棻（fēn）、刘泳，他们均被王莽杀了。

为了夺位和报仇，刘歆一直在等待机会。

官军在昆阳惨败后，机会终于来了。卫将军王涉和大司马董忠主动上门找到刘歆，宣称要拥立他登位，劫持王莽到南阳投靠更始政权。

作为王莽堂弟的王涉还大胆抖出一条惊天"家丑"：王莽的爹从小身子骨就不好，王莽的妈酗酒无度，恐怕现在台上这位皇帝，压根就不是王家人！（暗指王莽父母没有生育能力，不可能生王莽）

这简直与天意相合！刘歆兴奋不已。

当时，政变方几乎掌握了长安城的全部兵权：宫廷禁军由卫将军王涉统率，精锐的卫戍部队则由大司马董忠控制。政变似乎十拿九稳，但不知道是不是书读多了变迂腐了，刘歆一直坚持等太白金星出现才肯发动政变，这一拖，就出事了。

为了争取更多兵力参与政变，董忠将政变图谋向司中大赘（主管宿卫宫殿门户）孙伋（jí）和盘托出。没想到这个孙伋极其不靠谱，回到家后又把事情透露给老婆，偏偏他老婆是云阳侯陈邯的妹妹，陈邯也很快得知了政变计划，大为恐慌，作为王莽的死党，他立即决定告密。得知大舅子要告密，为了保命，孙伋很快跟陈邯一道向王莽举报了政变图谋。

掌握了全部政变计划的王莽先发制人，下诏让刘歆、董忠、王涉三人入宫觐见。这三人刚入未央宫正殿，很快被中黄门（太监）逮捕，想挥剑自杀的董忠迅速被中黄门杀死。董忠被杀后，王莽还觉得不解气，让虎贲（bēn）

用斩马剑将董忠尸体割成碎块，盛在竹器中，高呼"反贼出来了"。他还下令逮捕董忠的家族，无论男女老少，全部残忍处死。而刘歆和王涉资格老、地位高，王莽为了掩饰内部分崩离析的境况，仅让他俩自杀了事。

一场几乎要了王莽命的宫廷政变就这样被粉碎了。然而，这场政变对王莽的打击，甚至比昆阳之战的惨败更为致命，试想一下，自己的堂弟和亲信都谋反了，还能信任谁呢？心灰意冷的王莽不但无心处理已经糜烂的局势，还动起了退位的念头。他把刚在昆阳吃了大败仗的王邑从洛阳召回，准备传位于王邑。如果此事办成，王莽将是中国历史上第一个主动退位的太上皇。

想着马上就要当皇帝了，王邑心里别提多高兴了。但是，他还是高估了老哥的下限。当王邑兴冲冲地赶到宫中时，得到的不是传位诏书，而是任命其为大司马的敕令——贪恋皇位的王莽反悔了。

经历一段时间的萎靡后，王莽仿佛振作起来，先后做出几个让群臣和世人眼花缭乱的举动。

面对毒杀汉平帝的指控，王莽召集群臣，从金柜里取出自己为汉平帝祈祷和愿代平帝身死的文书，想证明自己确实是汉平帝的大忠臣。然而群臣一看，心里犯嘀咕：你就是学周公嘛，但周公当年可没篡位，你这学得不彻底啊。王莽还郑重其事地邀请方士张邯当众宣读"王莽之德"，并用一堆歪理阐述大新政权绝对是天命所归。为了提振士气，王莽还命令地方官在关东随意抓了几个无辜的百姓，大张旗鼓地押送回长安，并当众处决，向百姓宣布：看，造反头子刘伯升已经被抓了，我们在关东取得了"大捷"。

这些自欺欺人的把戏充分证明，王莽已经对眼前的乱局毫无办法了，只能靠小把戏来麻痹自己和群臣。

正当王莽陷入内外交困的时候，他最痛恨的造反头子刘伯升，居然先他一步走了，"死"对头终于变成了死对头。

前边说过，刘伯升本人特别喜欢倾尽家产结交英雄豪杰，是个非常讲义气的人，有点类似于《水浒传》里的"及时雨"宋江，因此他在南阳郡黑白两道的名气相当大。加上在黄淳水和淯阳两战中的出色指挥，连远在长安的王莽都知道了他的威名。王莽对他是恨得咬牙切齿，为刘伯升的人头开出了赏黄金十万斤、封五万户侯、位上公的高价。

有了王莽的"认证"，许多地方官点名要刘伯升来受降。比如新野县，平林军连战不下，县令潘临直接放话："得到刘司徒一封亲笔信，我就出城投降。"为了顾全大局，刘伯升只得亲自赶到新野城下，还没等他晓之以理动之以情，守军便开门投降了。

刘伯升威名日隆，刘玄坐不住了。本来，刘伯升就不赞同刘玄当皇帝。刘玄即位后，虽然还是"大方"地册封刘伯升为大司徒，但内心的不满可想而知。更别提自从刘玄称帝，更始政权的代言人似乎一直是刘伯升：王莽悬赏要杀的头号反贼是刘伯升，打下宛县的是刘伯升，各地官员点名要投降的是刘伯升，昆阳之战头功是刘伯升之弟刘秀……日积月累，刘玄对刘伯升的怨恨终于爆发了。

昆阳之战结束后不久，刘玄与绣衣御史申屠建合谋，大会诸将于宛县，计划来个鸿门宴：在招待宴会上，刘玄以举玉佩为号，指示武士袭杀刘伯升。但出乎意料的是，刘玄在宴会上迟迟没有举起申屠建献上的玉佩，一场惊心动魄的谋杀胎死腹中。

其实刘玄一直在寻找机会，寻找一个能光明正大干掉刘伯升而不被世人批评的机会。为此，他安排心腹朱鲔拉拢了李通堂弟、刘伯升好友、昆阳之战十三勇士之一的李轶。一心向往荣华富贵的李轶果然背信弃义，暗中跟着刘玄一起对付刘伯升。可怜的刘伯升还蒙在鼓里，仍然把李轶当成好战友、好兄弟，而他的这位"好战友""好兄弟"将在不久之后要了他的命。

机会很快就来了。有人告密：刘伯升的爱将刘稷在刘玄登基当天口出狂言，认为起兵图大事的明明是老长官刘伯升兄弟，刘玄算老几，居然也能当皇帝。刘玄听到后自然怒不可遏，但转念一想，不如来个一石二鸟，将刺头刘稷和心腹大患刘伯升一同除掉。

先礼后兵，刘玄假意任命刘稷为抗威将军：如果刘稷服从，就能断刘伯升一臂；如果他不听话，就正好借题发挥。对刘氏兄弟绝对忠诚的刘稷果然拒绝了这一任命。刘玄等的就是这一刻，名正言顺地与更始将领一道，率兵数千突袭刘稷军营，把不听话的刺头刘稷抓了起来。得知爱将被捕，刘伯升心急如焚，想都没想就直接当面劝谏刘玄，请求看在刘稷勇冠三军、战功赫赫的分上，放他一马。刘伯升没想到，他的这一举动正中朱鲔、李轶下怀，朱李二人力劝刘玄趁机抓捕刘伯升，已经犹豫过一次的刘玄这回没有心软，刘伯升和刘稷同日遇害。

一代英豪刘伯升就此陨落。一心想推翻新朝的他，没能看到王莽覆亡的那一天。

听闻兄长死讯，刘秀强压住心中的怒火，迅速从父城（今河南省平顶山市宝丰县）前线赶到宛县。

刘玄原以为刘秀会因为刘伯升的死向他抗议，正好，直接一石三鸟、斩草除根。没想到，刘秀实在是太能忍了。回到宛县后，刘秀并没有为哥哥办丧事，而是主动觐见刘玄，为刘伯升和自己的"错误"道歉。刘伯升司徒府的旧部见老领导的弟弟回来了，纷纷跑去诉苦，但刘秀好像"翻脸不认人"了，公开拒绝与他们私谈，并在众人面前大谈自己的缺点和过错。转眼间，刘秀已经回宛多日，但无论是刘玄和更始诸将，还是刘氏兄弟的亲朋故旧，都没看出刘秀有一点点悲伤的样子，很多人认为，刘文叔为了保命，已经彻底认怂了。刘玄也是这么认为的。为了稳住南阳帮，在确定刘秀已经没有任何威胁后，刘玄"不计前嫌"，给刘秀连升两级，从偏将军直接提拔为破虏大将军、武信侯。

"今日的隐忍，只为他日将你们连根拔起。害死我哥哥的凶手们，总有一天我会一个个找你们算总账！"看着兴高采烈的更始君臣，一直在赔笑的刘秀不由得攥紧了拳头。

其实，刘秀在隐忍期间也不是一无所获，重视人才的他网罗了冯异、祭遵、王霸、朱祐、傅俊等青年才俊，连同早早就被纳入麾下的亲信臧宫一道，初步组建了打天下的班子。

这里我们着重谈谈冯异，此人在未来三次担任方面重任，为刘秀克洛阳、收关中、攻陇西立下赫赫战功。在遇到刘秀前，冯异还是新朝颍川郡太守底下的一名属官（颍川掾），负责监督郡南部五个城池，坐镇父城抵抗汉军。昆阳之战后，刘秀率兵乘胜追击，攻打颍川重镇父城，一时半会打不下，只得退屯巾车乡（今河南省平顶山市西留村）。没想到这一退，就把外出巡视的冯异给俘虏了。当时，冯异有不少亲朋好友在刘秀军中，见到有才华的熟人"来了"，纷纷向刘秀保举冯异。正当刘秀想重用冯异时，冯异却给刘秀出了道选择题："我老妈在父城呢，将军如果能放我回去，我愿意献上自己监督的五座城池给您。"刘秀并不担心冯异反悔，非常大度地放冯异回父城。这一举动深深感染了冯异，回去后，以亲身经历力劝父城县官苗萌投降刘秀。就在苗萌准备投降时，刘秀却因刘伯升被杀而匆匆返回宛县。自己未来的主公就这么走了，冯异失望至极，转而与苗萌一道抵抗前来进攻的汉军，一连击退十余次进攻。直到王莽败亡后，奉命去洛阳整修宫殿的刘秀特地路过父城，冯异才高兴地打开城门，献上牛和酒，归顺刘秀。不仅如此，冯异还拉上了他的同乡好友铫（yáo）期、叔寿、段建、左隆等人，其中铫期后来也成了光武帝麾下的一员猛将，位列云台功臣榜第十二名。

刘伯升死后，更始政权中无人能威胁刘玄地位了。内忧已除，接下来就是对付外敌，刘玄开始部署宏伟的北伐计划，准备给予王莽最后一击，让自己从偏居宛县的土皇帝成为君临天下的真命天子。

刘玄判断，自昆阳之战惨败后，王莽在中原的统治已经瓦解，只剩下洛阳孤城一座，而关中是王莽的老巢，必然有重兵把守，凭借目前汉军的实力，恐怕不能稳妥地进取长安。根据这个判断，刘玄做出了作战部署：

北路军以绿林军创始人、定国上公王匡为主帅，统兵十万，北上直捣洛阳；西路军以亲信、在鸿门宴中露过脸的申屠建为主帅，以岳父赵萌、丞相司直（丞相的属官）李松为将，统兵数千，攻打武关（今陕西省商洛市商南县西南），断绝关中增援。

然而，形势的发展远远超出了更始君臣的设想。关中，这个看似王莽统治最稳固的地方，正在酝酿一场惊人的巨变。

更始元年八月，两路大军分别出发。被当成偏师的西路军很快发现，自己没事可干了——武关早已被义士攻占！

前面提到，自昆阳之战官军惨败后，天下郡县突然冒出多股反王莽的势力，宛县以西的析县（今河南省南阳市西峡县）也不例外。析县人邓晔（yè）、于匡听说四十二万官军惨败于昆阳后，意识到天下即将改朝换代，自己建功立业的时候到了，便立刻聚众数百在南乡起事。

当时，析县县令率兵数千人驻扎在县城西北的鄡亭（在今河南省南阳市西峡县西坪镇，鄡音 qiāo），控扼西至武关的必经之路。邓晔见敌众我寡，打起了攻心战，将当前形势向县令分析了一番："现在，天下都在响应更始皇帝，王莽眼看就要玩完了，天命都这么明显了，你还跟着王莽混干吗呢？"县令果然被三言两语吓住了，赶紧带着数千官兵向邓于二人投降。得到析县的全部兵众后，邓于二人的队伍猛增到了数千人。

邓晔和于匡两人并不满足于在县城小打小闹，觉得要干就干大的，于是分别自称辅汉左、右将军，率部直接西攻武关。武关作为沟通中原和荆襄的要隘，历来就是兵家必争之地，邓于二人原以为会在武关和官军来一场激烈的攻防战，没想到，武关都尉朱萌看到数千汉军兵临城下，直接投降了。这下进入关中的大门已经敞开。

看到汉军已经攻陷武关的奏报，王莽简直不敢相信自己的眼睛，顿时惊慌失措、焦虑不已。大司空崔发则提出了一个令人哭笑不得的建议：《周礼》明载，国有大灾时，应该向老天爷痛哭求救，以自己的诚心感动老天爷。

崔发的这个建议这么不靠谱，王莽居然照办了。他带着大臣们到南郊祭坛上，对着苍天集体痛哭，不知道的还以为是办丧事呢。光自己和当官的哭还不行，显得不够有诚意，王莽还强令长安城里的百姓每天早晚各哭一次。为了防止有人敷衍了事，蒙骗老天爷，一贯吝啬的王莽大笔一挥：哭得好的，统统封为郎官。很多百姓为了混个官当当，哭得声嘶力竭，短短几天时间，长安城内就多了五千郎官。

也许还是不够"心诚"，老天爷并没有关照王莽。正当王莽组织群臣和百姓痛哭流涕时，拿下武关的汉军继续西进，进入了豫州右队（弘农郡）地界，距离关中越来越近。

右队大夫（弘农太守）宋纲决心和汉军血战到底。他率领弘农郡（郡治弘农在今河南省三门峡市灵宝市北）剩余的郡县兵主动迎战，企图阻挡汉军进入关中。然而，此时宋纲底下的郡县兵战斗力已大不如前，前文说到，王邑统率关东所有郡县精锐进攻昆阳，几乎全军覆没，弘农的精锐部队也不例外，因此，战斗的结果一开始就注定了。

士气正旺的汉军在湖县（今河南省三门峡市灵宝市西北）遭遇了战斗力低下、士气低落的新军。新军一触即溃，连主帅宋纲都被汉军斩杀。

攻占湖县后，汉军的兵锋直指关中。没办法，王莽只得临时拜九个人为将，统率长安城最精锐的卫戍部队——北军，阻挡汉军进入关中。为了给将军们鼓劲打气，王莽还特地在将军名号前面加了个"虎"字，九将合称"九虎"，希望这九名将领发挥老虎一般的战斗力。

批发官职和将军名号，王莽表现得十分慷慨大方，但是付出实打实的真金白银，王莽却极度吝啬。士兵开拔前，王莽放着宫中天量的财物（《汉书》记载有六十万斤黄金）不发，只给每位参战士兵四千枚铜钱，相对于飞涨了数百倍的物价来说，这无异于杯水车薪。士兵们领着微不足道的赏钱，骂骂咧咧地奔赴前线，"老虎"很快变成了"狗熊"。

自黄河南岸至崤（xiáo）山，有一条长四里、宽两丈、深两丈五尺的宽沟，这条宽沟就是回溪（回溪阪，在今河南省洛阳市洛宁县）。作为从河南进入关中的最后一道防线，回溪北临黄河、南接崤山，地势十分险要。"九虎"想当然地认为，只要坚守住这条"天堑"，就能阻挡汉军。

万万没想到，邓晔、于匡等人并未按"九虎"的设想出牌，而是玩了把正面佯攻、背后迂回的战术。坚守回溪的新军很快遭受了密集箭雨的袭击——邓晔特地率数千弓弩手在正面佯攻，吸引敌军注意力。紧接着，汉军大部队从湖县出发，往南奔袭枣街（今河南省三门峡市灵宝市故县西文底以南）。这招更令新军"九虎"摸不着头脑：敌人在干什么呢？莫非已经放弃进入关中了？正当新军注意力集中在回溪正面和南边的崤山时，于匡突然率领汉军主力迅速向北急进，两渡黄河，直接出现在"九虎"后方。

发现自己后路被抄，早就无心作战的新军士兵直接撒开脚丫子各自逃命，回溪防线瞬间崩溃。"九虎"中有"两虎"逃回长安后被王莽勒令自杀，"三虎"收拾残兵退保京师粮仓（今陕西省渭南市华阴市境内），剩下的"四虎"干脆玩起了失踪。

回溪之战以汉军大胜告终，此战后，王莽再没有一支正规军可以调遣了。

正当邓于二人准备深入关中腹地时，申屠建、李松统率的正牌汉军正好兵临武关。简直是双喜临门！邓晔高高兴兴地打开了武关关门，迎接汉军入关，准备一同光复长安。就这样，申屠建不费吹灰之力摘了桃子，从偏师裨将一跃成为西攻长安的总帅。

好事来得实在是太快了，思路跟不上形势的申屠建突然变得保守起来，并不想全力深入关中，仅派李松率兵两千，跟随邓于二人的数万大军西进，共同围攻长安城外围最后一块坚固的据点——京师仓。

一心想迅速攻下长安的邓于二人这回轻敌了，满以为大军一到，京师仓便会不战而降，但是，这批回溪前线的残兵败将既不玩失踪，也不狂奔长安城，而是占据粮仓死守，凭借坚固的防御工事顽强抵抗汉军，摆出一副要和汉军血战到底的架势。

一直积极进取关中的邓晔和于匡打了退堂鼓：小小的京师粮仓都打不下来，何况长安城，看来我们还是别当炮灰了，老老实实等主力部队到达再图长安，留弘农掾王宪和偏将军韩臣的两支小部队负责打游击就行了。没想到，就是这两支人马少得可怜的偏师，居然撬动了灭亡王莽的巨大杠杆。而邓于二人也因为自己的保守，错失了攻克长安、拿下王莽人头的大好机会。

王宪率兵数百人北渡渭河，北进至频阳（今陕西省渭南市蒲城县）。渭北众多郡县纷纷投降，栎阳县的申砀（dàng）、下邽县的王大等地方土豪甚至把自己的全部人马拉出来，跟着只有数百人的王宪攻城略地。王莽在渭北的统治彻底终结了。偏将军韩臣则向西挺进，直奔距长安只有六十里的新丰县——长安危急！

作为大司马的王邑发现自己身边差不多无人可用了，只得举贤不避亲，推荐他的老部下、妻舅窦融为波水将军，率部抵挡韩臣。作为朝廷的铁杆拥护者，窦融可谓是身经百战，既享受过平定翟义立功受封的荣耀，也品尝过昆阳惨败逃回长安的苦涩滋味。

历史就是这么吊诡，窦融在昆阳城下惨遭失利、狼狈逃亡时，无论如何都想不到，把他杀得片甲不留的敌方头号勇将将是他乃至整个窦家的大贵人。

扯远了。此时，奉命去新丰作战的窦融麾下，不是前线逃回的残兵，就是临时在长安城拼凑的杂牌军，根本没有什么战斗力可言，纵使窦融指挥水平再高，也是心有余而力不足。

面对韩臣所部，窦融所部一触即溃，韩臣一路狂追五十里，不知不觉间居然杀到了新朝的冷宫——长门宫（今陕西省西安市国际港务区三义庄）。没错，就是司马相如《长门赋》里的那个长门宫。汉军离长安城只剩不到十里地了。

得知汉军已经杀到长安附近，长安城外的土豪纷纷行动，一夜之间，茂陵、蓝田、槐里、盩厔（Zhōu Zhì）、阳陵、杜陵等地冒出了一堆拥兵数千的"汉将"。这些"汉将"并不满足于在小县城当土皇帝，而是把部队全部拉到长安城下，想趁着乱世好好把宏伟的长安城，特别是宫城劫掠一番，狠狠捞一笔。

此时，王莽已经无兵可调，只得效法章邯，释放长安监狱内所有囚徒，给他们分发武器，组成囚徒军，由王莽的岳父、更始将军史谌（chén）统率，出城作战。王莽幻想着能复刻秦末章邯统率刑徒军连战连胜的奇迹，然而现实很快给了王莽一记响亮的耳光。史谌率领的囚徒军刚出城渡过渭河就一哄而散，跑得干干净净，更始将军瞬间成了光杆将军。更可恶的是，那批囚徒在逃跑之余，还不忘火烧王莽的宗庙、祖坟，连王莽营建的明堂、辟雍（太学）都未能幸免，所有王莽即位后兴建的建筑都被烧得一干二净。

王莽也不想想，这批囚徒大部分是因为新朝的严刑峻法进去的，怎么可能会真心为他效力？

已经没有任何兵力的长安城面对从周边县城涌来的"汉军"，毫无招架之力。地皇四年（更始元年）九月初一，率兵巡防城门的大司徒张邯惊恐地发现，大批汉军正源源不断地涌入宣平门（长安城东城墙最北面的城门）。固若金汤的长安城崩溃了。张邯本人甚至都组织不了任何有效抵抗，就被蜂拥而至的汉军士兵斩杀。到当日黄昏，长安城内所有的府衙官邸均被城外乱民攻占。

当时，更始政权给王莽人头开出高额的赏赐，吸引了七百名要钱不要命的"勇士"直奔靠近宣平门的未央宫北阙（吏民上书、官员奏事、使节谒见的场所），准备从那里杀入未央宫，砍下王莽人头。不得不说，尽管大势已去，但仍有不少人在作困兽之斗：王邑、王林、王巡、蹛恽（Dài Yùn）等王莽亲信率部死守未央宫北阙，坚决不让乱军攻入宫城。七百名不怕死的勇士与之激战一天，仍未分出胜负。

自汉武帝巫蛊之乱后，繁华的长安城还是第一次经受战火的摧残，许多居民担忧，城内混战再持续下去，自己那点可怜的家产就要被乱军抢走了。如今，让长安城早日恢复太平的唯一办法，就是让罪魁祸首王莽早点投降。

说干就干，九月初二，长安百姓朱弟和张鱼聚集起众多志同道合的人，先烧毁了尚方工场（皇家作坊）的大门，然后又冲到敬法殿（皇帝皇后每年固定祈福之地）前，用斧子劈开了小门，在宫内大喊："反贼王莽，怎么不出来投降？"然而，西汉留下来的皇宫实在是太过宏伟了，宛如巨大的迷宫，这批冲入宫中的人找了半天，也没有发现王莽的踪迹，于是四处纵火，想逼出王莽，整个未央宫霎时火光冲天。王莽本人为了避火，逃到了未央宫北边的宣室殿，没想到，火苗像长了眼睛似的，也跟着窜来，整个宫殿着起了大火。

当宫女们见到一贯威严的皇帝陛下时，简直不敢相信自己的眼睛。只见王莽穿着绀色的衣服，带着玺绶，拿着匕首，喃喃自语："上天把治理国家的使命赋予了我，汉军能把我怎么样？"

前几天汉军还在城外，如今已经杀到未央宫内，一贯颇为自负的王莽不敢相信局面恶化得如此之快，精神已经失常了。

九月初三，天刚蒙蒙亮，仍然忠于王莽的大臣发现了已经精神错乱的皇帝，于是搀扶着他前往渐台（在建章宫前殿太液池中）。渐台上，一千多名王莽最后的"忠臣"准备依靠湖水做最后的抵抗。就连在未央宫北阙激战的王邑等人也奔入渐台。

不得不说，尽管王莽屡次坑王邑，王邑对王莽还十分忠心。王邑的宝贝儿子王睦当时是王莽的侍中，他并不想和老爹一样为王莽殉葬，便脱下官服，准备开溜，王邑喝住了他，强迫他和自己一道守卫王莽。

涌入皇宫内的汉军到处搜寻王莽的踪迹，很快从一个后宫嫔妃那里得知王莽的下落。一传十，十传百，一想起拿下王莽人头的高额赏赐，不管是杀入长安的汉军士兵，还是长安城内卖烧饼的、做屠宰的普通人，纷纷争先恐后地直奔渐台。

屠夫杜吴就是其中一位，做小生意的他对金钱更为狂热——拿下王莽的人头，自己就能实现财富自由了！杜吴没想到，作为一名普通小贩，他会因为杀了王莽而青史留名。

此时渐台上的守军仍在顽强抵抗，向岸边突然射出了大量箭矢，打头阵的汉军士兵猝不及防，纷纷中箭倒地。愤怒的汉军士兵也操起弓弩，与渐台对射了大半天。汉军毕竟人多势众，到了下午，渐台上的守军用光了弓矢，再也不能阻挡汉军登台了。

到了申时（下午6点），登上渐台的汉军士兵越来越多，王莽的死党大批战死，早已精神失常的王莽也在渐台西北角被杜吴一刀杀死。当了十五年皇帝，一心想建设周礼式理想国的王莽，就这样死于屠夫之手。

杜吴当时并不知道他杀死的正是王莽，只是凭尸体上的系印绶带就感觉应该是大官：拿不到王莽人头，拿到这些值钱的东西也可以了。于是高兴地拿着战利品回家。杜吴在回家的路上被汉军校尉公宾就碰上了，公宾就以前曾担任过鸿胪寺（主管礼仪）属官，看到杜吴手上拿的东西，眼前一亮，直觉告诉他，这正是王莽的东西。顺着杜吴的指引，公宾就找到了王莽的尸体，直接砍下了人头。

发现王莽尸体的消息像长了翅膀似的，传遍了长安城的大街小巷，许多人急忙跑到渐台上分割王莽尸体。不一会儿，整具尸体就被争抢一空。

当时，长安城外实力最强的汉军将领正是在渭北攻城略地的王宪，拿到王莽人头的公宾就第一时间出城投奔王宪，并给王宪带来一个好消息：长安城已经被"汉军"攻占！

摘桃子去！打着汉家旗帜的王宪兴冲冲地率部从渭北赶到了长安城，并自称大将军。城内的乱民和各路军头都以为他是更始政权派来接收长安的正牌汉军，纷纷请求并入他的麾下，两三天内，王宪的部队就急剧扩充到了数十万人。在实力扩张的同时，王宪在城中也好好享受了一番皇帝的待遇：王莽的车驾、华服、藏在宫中的金银珠宝等等都被全盘接收，王宪本人则住进了东宫，把王莽遗留下来的嫔妃统统变成了自己的妻妾。

正当王宪在东宫醉生梦死时，九月初六，听闻长安破城的申屠建、赵萌、邓晔、于匡等人火急火燎地赶到长安城，才发现部下已经成为长安城的主人。老子在前线浴血奋战，反倒让小小的弘农掾捡了漏，战利品也给抢了，还有没有王法和尊卑了？四名将帅愤愤不平，心生妒忌，诬陷王宪不交玉玺，收纳宫女，建天子旌旗，给王宪安上意欲谋反的罪名，迅速将其斩首。

在攻克长安一事中立下大功的关中豪杰得知更始政权的正牌大将军来了，喜出望外，都想着在新政权中能受赏封侯。然而，申屠建本人好像比王莽更为残暴：先是斩杀了王莽岳父史谌等一批降臣立威，然后公开宣称，关中地区的豪杰既滑头又不忠心，居然把皇帝给杀了，简直不可信任，别想当什么官了，不灭你们算你们走运。

众豪杰大失所望，纷纷割据郡县，拒不服从申屠建的号令，申屠建对此束手无策。直到第二年二月更始帝迁都长安后下令大赦，关中才稳定了下来。

申屠建等人杀王宪、逼反关中豪杰等一系列行为，表明更始政权并不比已被推翻的王莽政权清明多少。混乱，将成为更始统治时期的主旋律。

第二章

獠牙初现

平王郎

自哥哥刘伯升被杀后，刘秀一直在等待机会，等待一个能离开这群恶心的君臣、独自建功立业的机会。在隐忍了三个月后，机会终于来了。

长安城破、王莽被杀的消息如长了翅膀一般迅速传遍全国，河南、河东、山东等地郡县纷纷宣布效忠在宛县的更始政权。没多久，新朝在河南的最后一座坚城——洛阳也开门投降，刘玄立刻将国都从宛县迁到昔日西汉的东都，俨然成了大汉的继承人。更令刘玄兴奋的是，关东地区与绿林军齐名的义军武装——赤眉军，也向自己俯首称臣。樊崇等赤眉军首领还主动至洛阳，接受更始帝赐给的列侯封号。一夜之间，刘玄几乎成了天下共主。

但是，在黄河以北的冀州、幽州地区，更始政权的影响力就很弱了，尽管派了一批批使者去招抚，仍有许多郡县未向刘玄效忠。铜马、五校、尤来等流民武装各拥众数万，既不臣服于更始政权，也不投靠赤眉军，而是横州跨郡，割据一方，很快便成为更始的心腹大患。此时，刘玄迫切需要一名宗室人物去河北稳定局面。

正当刘玄为巡视河北的人选犹豫不决时，刘秀的族兄、大司徒刘赐站了出来，举荐刘秀。刘赐话音刚落就遭到了驳斥，驳斥他的不是别人，正是害死刘伯升的主谋、大司马朱鲔。理由很简单，也很现实："刘文叔是刘伯升的弟弟啊，我们跟他可是有杀兄之仇，他能力强是强，天知道他到河北以后会不会直接反了，和我们作对呢？"刘玄一听，觉得有道理啊，宁可另外选人，也不能交给仇人来干。让刘秀出巡河北之议就这样搁置了。

天下没有不透风的墙，没多久，此次朝堂争论就被忙着整修洛阳宫府的刘秀知道了。刘秀对此极为失望，此时的他像笼中的鸟儿一般，极度渴望能自由翱翔在这乱世天空。

天无绝人之路，刘秀麾下谋士冯异看出了主公的心思，主动出谋划策："主公要想去河北，还得多拉点关系。正好，左丞相曹竟和他的儿子、尚书曹诩是刘玄跟前的红人，只要我们多给钱，跟他俩搭上关系，去河北一定能成。"刘秀照办了，每天都带着大包小包直奔曹竟府邸，很快和曹竟父子成了"好朋友"。得知刘秀想去河北后，曹竟拍着胸脯保证没问题。果然，委任刘秀为破虏将军、行大司马事招抚河北的诏书，没多久就下达了。

刘秀终于从笼中之鸟变成展翅翱翔的雄鹰。

到了河北，刘秀逐渐显露出杰出的政治才能：每到一地，便废除王莽时代的苛政，恢复西汉官职名称，又释放了一批王莽时代关押的无辜群众；接着认真考察官吏，提拔了一批有能力又廉洁奉公的官员，云台二十八将中的坚镡（xín）、杜茂就是在这时被发掘并委以重任的。巨鹿大族耿家的耿纯在见到刘秀后也认为他很不一般，于是倾心结交。未来，耿纯也因倾尽全族力量支持刘秀而位列云台。

正当刘秀一行巡视到邺城时，老乡、老同学、老朋友、未来云台功臣榜中排名第一的重量级人物——邓禹，骑着快马突然出现在刘秀面前。

王莽执政时期，为了笼络天下儒生，下令太学（皇家最高学府）扩招至上万人。年仅十三岁就能背诵诗书的南阳神童邓禹乘着扩招的春风，到太学就读，和不怎么喜欢学习却喜欢做租驴、运输等小生意的老乡刘秀成为同学。出人意料的是，成绩好的邓禹十分仰慕成绩不太好的刘秀，并且早早就认定刘秀是能成大事的人。更始政权兴起时，许多将领来请邓禹出山当谋士，他一概谢绝。听说刘秀奉命去河北招抚后，他抛家舍业，从新野家中一路狂奔到邺城，追上了刘秀北行的队伍。

十几年后又与老同学重逢，刘秀十分高兴，高兴之余还不忘揶揄邓禹：

"我可是有委任官吏的人事大权，你急急忙忙跑过来，难道是想问我要个官当当吗？"邓禹听罢，先是拍了刘秀一个马屁："我就希望你将来能威震四海，我跟你干，未来也能混个名垂青史。"一语成谶，《后汉书·邓禹传》足足有七千三百多字。

拍完马屁，邓禹认认真真地介绍了当前形势："虽然刘玄名义上是天子，但山东还有赤眉、青犊之流，关中也有很多豪杰反抗朝廷，刘玄压根没法对付他们。更别提刘玄麾下的将领个个都是贪财的庸人，没有一个想着安定国家和百姓的，因此继续跟着刘玄混没有任何前途。不如自己单干，招贤纳士，争取民心，立高祖之业，救万民之命！"

邓禹的话犹如一把火，点燃了刘秀建功立业的雄心壮志。

理想很美好，现实很冷酷。正当刘秀北上至真定（今河北省石家庄市正定县）时，之前还比较平静的河北突然风云大变。

当时，河北盛传赤眉军将北渡黄河剽掠河北。幽州、冀州的豪族一想起来就头大，故赵王干缪（mù，是他的谥号）王刘元之子刘林就是其中一位。刘林的家族在河北名气极大，他的祖先、第一任赵王是汉景帝的儿子刘彭祖。汉武帝将刘彭祖的另一个儿子刘偃封为平干王，但传到刘偃的儿子刘元这一代，封国就被废了，不过他家族势力还在。和南阳的刘伯升一样，刘林很讲义气，颇有游侠之风，在河北名气相当大。

为了对付赤眉势力，已经八十多岁的刘林主动谒见刚到邯郸不久的刘秀，提了个看似不错的主意："赤眉军在黄河东边，只要我们以水代兵，掘开黄河，就能毫不费力地消灭他们。"黄河决口后，下游山东地区将有无数良田被冲毁、大批无辜平民葬身鱼腹……这一狠毒的招数已经突破了刘秀的底线，刘秀断然拒绝。从刘秀处灰溜溜地出来后，刘林决心和刘秀，乃至更始政权决裂。

当时，邯郸城内有一个名叫王昌（又名王郎）的算命先生，算出河北有"天子气"，于是对外宣称自己就是汉成帝的私生子刘子舆，想趁着乱世捞一笔。刚好，交友广泛的刘林和这位冒牌刘子舆是好朋友。刘林决定"变假为真"。

为了保险起见，他还派人到处散布谣言：赤眉军北渡黄河就是要拥立"刘子舆"为帝。果然，一传十，十传百，河北地区的官吏百姓很多都信以为真，认定"刘子舆"就是真命天子。

见时机已到，更始元年十二月的一天，刘林率数百人进入邯郸王宫，直接拥立"刘子舆"为帝，分遣将帅，移檄州郡。很快，幽州、冀州许多郡县纷纷响应。一夜之间，几乎整个河北都成了刘秀的敌人。

还在真定的刘秀为了避敌锋芒，不得不带着随从往北转移，到达卢奴（今河北省定州市）时，遇到了未来的"救星"、上谷（郡治沮阳县在今河北省张家口市怀来县东南）太守耿况的儿子耿弇（yǎn）。

耿况早年和王莽堂弟王伋是同学，凭借这层关系，很快就从郎官被提拔为上谷太守。王莽败亡后，耿况因自己是前朝旧臣，害怕有朝一日太守职务被更始政权撤掉，于是让宝贝儿子耿弇带着丰厚的财物，去洛阳朝见刘玄。

耿弇一行走到宋子县（今河北省石家庄市赵县）时，正好碰到王郎起兵，身边的随从孙仓、卫包劝他就近投靠"刘子舆"。年仅二十一岁的耿弇提了提手中的剑，呵斥道："刘子舆不过就是一个小小的毛贼，只要出动渔阳（郡治渔阳县在今北京市密云区西南）、上谷的精锐突骑，灭他们跟玩似的，你们现在去投靠他，离灭族不远了。""识时务"的孙仓、卫包干脆直接逃跑投奔王郎去了。随从出走后，耿弇并没有灰心丧气，因为他得知，更始政权的代表刘秀目前就在离自己不远的卢奴县。

为新朝廷立功、为父亲保住职务的机会来了！耿弇迅速追上了正在卢奴躲避王郎军队追杀的刘秀一行，对他们说："跟我走，渔阳、上谷郡的突骑可以为主公效力。"

然而，刘秀一行北上走到蓟县（今北京市大兴区）时，才发现这里的百姓似乎不欢迎自己到来，奉命在县城募兵的王霸非但没招到一个兵，反而被街上百姓嘲笑。不光蓟县人不看好刘秀，就连王霸的宾客也不看好刘秀。当初王霸在家乡颍川特地挑了数十名信得过的宾客，跟随自己北渡黄河，为刘秀做事，结果宾客现已逃散一空。

蓟县募兵失败很快让刘秀认清了现实：自己努力奋斗了几个月，在河北的名望居然敌不过"刘子舆"的振臂一呼，还是回长安算了。

耿弇一听就急了："敌人是从南边过来的，你们往南跑不是自投罗网吗？还不如按原计划跟我去上谷，调动突骑出战，很快就能消灭敌人。"

刘秀一听感觉也有道理，准备北上上谷。但是，刘秀的部下冯异、邓禹等人却集体反对北上，他们对这位来路不明的年轻人并不信任，担心被骗。

正当刘秀为北上还是南下而犹豫不决时，突然来了个晴天霹雳：邯郸大军已到城外！

王郎自从起兵，一直将更始政权在河北的总代表刘秀当成眼中钉、肉中刺，欲除之而后快，为此还开出了高额的悬赏：捉到刘秀的，封十万户侯。

悬赏捉拿刘秀的布告很快贴到了蓟县，一心想发家致富的故广阳王刘接心动了——刘秀一行正在蓟县！于是他一边在封地起兵，一边派人在蓟县散布谣言，谎称邯郸的刘子舆大军已经兵临城下。

城内当官的人心惶惶，广阳郡太守等地方高官赶紧出城迎接"大军"。就连刘秀一行也被吓坏了，哪还顾得上什么北上南下，逃命要紧。当时天色已晚，南城门已经关闭，刘秀带领部下猛攻南城门，终于冲出了该死的蓟县县城。

为了躲避王郎军队追杀，刘秀一行在南逃途中不敢入城，一路风餐露宿。到了饶阳城附近的芜蒌亭（今河北省衡水市饶阳县东北），刘秀仅能吃到冯异献上的豆粥。到了饶阳城下，一行人连食物也没了，并且疲乏到了极点。

撑死胆大的，饿死胆小的。刘秀决定来场冒险——假扮邯郸派来的使者。果然，一亮出邯郸使者的身份，饶阳驿站的吏员赶紧提供了丰盛的晚餐。这一吃，差点露出马脚。好在刘秀机智，蒙混过关。

刘秀带着部下一行继续向南，在寒风中昼夜兼程，艰难前进，众人的脸都被正月的冷风刮出一道道裂痕。

到了下曲阳（今河北省晋州市鼓城村）①，不知听谁说王郎的追兵快要到了，众人急忙直奔滹（hū）沱河，想着赶快渡河逃命。但是打前站的小吏发现，滹沱河不但没有结冰，而且连一艘船也没有。仍不死心的刘秀派王霸再探。王霸去看，还是没有结冰，但为了稳住人心，他回禀刘秀："滹沱河冰坚可渡。"

众人高兴地赶紧往滹沱河赶。奇迹出现——滹沱河结冰了，老天爷第一次眷顾饱经磨难的刘秀一行。

过了南宫县（今河北省南宫市西北），走了八百多里后，刘秀一行到了下博（今河北省衡水市深州市下博乡）城西，迷了路。就在这时，老天爷第二次眷顾了刘秀，路边有个穿白衣的老大爷，像是专门等待刘秀一行似的，为刘秀等人指路："信都郡还在效忠长安，离此处也就八十里路程。"

从此，刘秀结束了风餐露宿的逃亡生涯。

当时，河北郡国大部分都投降王郎，只有信都郡（郡治信都在今河北省衡水市冀州区）太守任光、和戎郡（郡治在今河北省邢台市南和区）太守邳肜（Pī Róng）不降。更加令刘秀欣喜的是，任光也是南阳人，还曾经跟随刘秀参加过昆阳大战。隔壁的和戎郡太守邳肜听说刘秀到达信都郡，率领全郡所有兵马与任光会合，反王郎的势力更加壮大。

但是，刘秀的部下真是被河北的反对势力坑怕了，纷纷提议让信都郡的军队护送刘秀一行返回长安。

刚刚赶到信都的邳肜驳斥了这一提议，对刘秀动情地说："别看王郎声势浩大，他只不过是假借刘子舆的旗号才有今天，根基不稳，我们现在坐拥两个郡的兵力，为啥怕他啊？而且主公你的任务是招抚河北，现在空着手返回

---

① 东汉时，滹沱河走北道为主，出灵寿，经真定、下曲阳、深泽、安平、饶阳、武强、入河间、交河，在青县与清河（今南运河）汇流入海。在唐宋及以前时期，滹沱河从无极南部西两河附近经过，即滹沱河北道，亦即今河道。据晋县县志载，"更始二年刘秀在下曲阳冻河头冰渡滹沱河"，至今冻河头村名未变，位于晋州东北隅。

长安有什么用？再说，护送主公回长安的士兵都是河北人，你让他们抛妻弃子远离家乡去关中估计路上都跑光了。"

听了这番话，刘秀西返长安的念头算是打消了，转念又想投奔早已归附更始政权的流民武装城头子路军和力子都军。这两个势力各拥有六七万人马，实力相当强大。

任光为了留住刘秀，不仅向邻近的县城征集了四千兵员，而且向刘秀保证，靠两郡兵马一定能击败王郎。刘秀这才下决心以信都为根据地，打败王郎。

有了根据地和兵员，刘秀终于能一展指挥才华。他任命任光为左大将军、邳彤为后大将军，采取先扫周边、再取邯郸的战术。第一个目标就是信都郡以西一百里内的巨鹿郡属县。

巨鹿郡是河北人口大县，据《汉书·地理志》记载，足足有八十二万人，在冀州仅次于魏郡。如果能夺取巨鹿几个县，对于刘秀而言，不仅能除掉身边的"钉子"，还能扩张队伍。

刘秀的老部下也没闲着：邓禹去征发属县的奔命兵，配合任邳二人进攻巨鹿；冯异去河间一带招兵买马，开展机动作战。

在进攻巨鹿前，任光先让人散布谣言，说刘秀正统率城头子路和力子都的军队从山东入河北平叛，之后又安排游骑在夜晚举着火把，故意在临近信都的堂阳县（信都以西约六十里处，今河北省邢台市新河县）附近奔走。堂阳县令之前就被百万大军入河北平叛的消息吓破了胆，如今又亲眼看到城外有数不清的敌军在运动，二话不说直接开门投降。就这样，不费一兵一卒，刘秀军队就取得了进攻作战的开门红。

夺取堂阳的汉军士气旺盛，紧接着进攻贳县（今河北省辛集市西南，贳音 shì），这个县的县令与堂阳县令一样，在声势威吓下迅速投降。

统率属县奔命兵作战的邓禹也传来好消息：依靠刘秀的影响力，不仅成功征发了数千郡县奔命兵，还攻克了乐阳城（今河北省定州市西）。

数天之内，刘秀军队连拔巨鹿郡数县，极大地鼓舞了反王郎势力：在昌城县（今河北省衡水市冀州区西北）拥兵自保的地头蛇刘植三兄弟直接宣布归顺刘秀；巨鹿大族耿纯之前在蓟县与刘秀失散，得知自己的主公在老家攻城拔寨，毅然率领全族上下两千多人集体投奔刘秀。

在巨鹿取得进展后，刘秀又转移兵锋，向北进攻中山国。形势果然如同邳彤预测的那样，王郎看似声势浩大，实则根基不稳，许多郡县是看在成帝之子"刘子舆"的分上才宣布归顺的，这回碰到拥兵数万的刘秀杀到自己跟前，也就不必给"刘子舆"当忠臣了。没多久，刘秀就毫不费力地攻下了下曲阳、卢奴等县。此时，刘秀麾下已有兵马数万人，离平定王郎更近了一步。

好事一件接着一件，正当前方捷报频传时，支持王郎的重量级人物之一、真定王刘杨宣布率部归顺刘秀。

作为河北地区老牌的刘家王国，真定王国到刘杨这一辈，已经传了六代人了，在冀中地区有着非常大的影响力。尽管王莽上台后把原来刘家人的封国都撤废了，但是刘家人的号召力还在。王莽覆亡后，刘杨趁机起兵，立马就拥有十万人马。随后，作为河北刘姓藩王的他被刘林拉拢，共同支持冒牌"刘子舆"起兵。有了冀州两大实力藩王的支持，王郎才从一个算命先生一跃成为声震河北的"刘子舆"。但现在，刘秀这个外来户只用了几天时间就形成与王郎分庭抗礼之势，刘杨在震惊之余，不得不思考下一步还要不要继续拥戴这个冒牌皇帝。

刘秀也在担心：真定国位于信都郡西边，威胁侧翼，而且刘杨不同于那些传檄而定的州郡官吏，他是真正的地方实力派，搞定他势必要花费较长的时间和较大的代价。其实刘秀和刘杨也是有点关系的，刚归附刘秀的耿纯恰好就是刘杨的外甥，昌成土豪刘植则与刘杨是老朋友。有了这层关系，事情就好办了。刘秀派刘植去真定劝说刘杨归附。

大到当今形势、河北敌我力量对比、未来的前景，小到亲戚和朋友情谊等等，刘植都说了个遍。刘杨则默不作声，像是在思忖着什么。突然，沉默半晌的刘杨发话了，要求刘秀娶他的外甥女郭圣通为妻。急于平定王郎的刘秀立即答应了，亲自上门，到真定与郭圣通完婚。这一刻，他似乎别无选择，只能将对阴丽华的思念深埋心里。

刘杨的归附一举改变了河北的政治版图，支持王郎的重要根基被刘秀挖走后，王郎覆亡已经是时间问题了。

有了刘杨鼎力相助，刘秀的军事行动越发大胆，亲自率兵向邯郸挺进，连克元氏、防子，一直杀到一百六十里外的鄗县（今天河北省邢台市柏乡县固城店镇，鄗音 hào），刘秀军才遇到王郎像样的抵抗。

最开始，王郎是看不起刘秀的：才占据信都一郡的外来户，怎么看都不能闹腾大。万万没想到，刘秀这会儿已经向邯郸进军了，惊慌失措的王郎急忙派将军李恽前去抵抗。刘秀军队连战连捷，士气正旺，还没等李恽赶到，鄗县就被刘秀军攻下了。

狡猾的李恽并没有立即攻城，而是趁刘秀立足未稳，派人潜入城中，寻找反对势力，对其封官许愿。果然，在利诱之下，城内大户苏公决定帮助李恽夺取鄗县，活捉刘秀。得知城中有人自愿当内应，李恽大喜，迅速与苏公商定了具体行动方案。此时，刘秀方面似乎毫无察觉，一切都在按李恽的计划进行。

一天夜里，苏公按约定悄悄打开了南城门，李恽率军迅速从南门入城。正当李恽做着当十万户侯的美梦时，突然，城内伏兵四起，入城的王郎军很快被刘秀军痛击并截成数段。

原来，苏公鬼鬼祟祟的行为很快引起了耿纯的警觉，再结合兵临城下的李恽军队并未直接攻城这一情况，耿纯大胆判断敌人是想里应外合。将计就计，刘秀和耿纯秘密调动部队在城中要道埋伏，只等敌人上钩。

李恽这下惨了，刘秀的人头没捞到，自己倒成了名副其实的"瓮中之鳖"。很快，中了埋伏的王郎军队被刘秀军杀得七零八落，李恽本人也被刘秀军队斩杀。

得知鄗县已失、李恽阵亡，王郎只能让支持他上位的赵国豪族李育亲自出马，率部到距离邯郸一百七十里的重镇柏人县（今河北省邢台市隆尧县西）固守。

李育率部刚到柏人县不久，前方斥候来报：刘秀军两支孤军正朝柏人杀来。"呵呵，都说刘秀善于用兵，我看不过是浪得虚名。"李育主动率部向孤军深入的刘秀军发起突袭，决心给敌人一个下马威。

前边屡战屡胜让刘秀麾下许多将领轻敌了，都认为王郎势力不足为虑，邓禹和朱浮就是其中两位。为了迅速攻下重镇柏人城，这两位将领没好好侦察敌情就率部急速前进，不知不觉间脱离了大部队。还没到柏人城下，前队就一头撞上了李育军，没做好准备的邓朱二人一下子就被打蒙了。可惜，李育并没有给二人任何反应的机会，没多久，轻敌冒进的刘秀军的前队就被杀得大败，邓朱二人率残部逃跑了。

得知前锋因冒进而失利，刘秀并没有气馁，一边宽慰邓禹、朱浮二人，一边收拢败兵，整顿兵马，继续杀奔柏人。

第一战就大败敌军，李育本人越发瞧不起刘秀了，当他得知刘秀军继续向柏人城前进时，又想挟前战大胜之势和刘秀决一雌雄。

见到王郎军居然敢与自己对进，刘秀内心无比激动，自昆阳之战后，他再也没有亲自指挥过野战了，老天爷这回又给了他一次正面迎敌的机会。摆好阵势后，刘秀亲自率兵迎击李育。轻视刘秀的李育这回傻眼了，自己的部队没多久就被整齐列阵的刘秀军击溃，李育本人也赶紧躲进了柏人城固守。

如果提前得知柏人城有多么坚固，李育一定后悔先前盲目出城野战。柏人城北临泜（zhī）水，三面环冈，东北与尧山隔泜水河相望，依山傍水，地势险要，自古就是兵家必争之地。从春秋晋文公开始，一直到汉武帝时期，历朝历代都对柏人城进行加固、扩建，使得柏人成为河北的军事要塞。

刘秀实在没想到，这柏人城太坚固了，围攻了许多天，愣是没打下。这也是刘秀在信都起兵后，碰到的第一个挫折。

打不下柏人城，直接挥师进攻邯郸就要冒着后路被断的风险。这时，有人提议："我们之前在巨鹿已经拿下了好几座县城，如果转攻巨鹿郡，拿下这一经济大郡，那么实力将会得到极大的补充。"刘秀一听，觉得很有道理，于是下令全军向东北折返，进攻巨鹿。很快就攻下了巨鹿重镇广阿（今河北省邢台市隆尧县东）。

在广阿没待多久，斥候突然来报，有一支人数众多的精锐骑兵自北面向广阿县奔来，已直抵城下。众人都以为是王郎的军队，大为恐惧。亲自登上城楼观察情势的刘秀很快发现了一位熟人——耿弇。耿弇见到刘秀后十分激动，直接从马上下来跪拜。刘秀又平添了一支精兵劲旅。

刘秀在高兴的同时也纳闷：这二十来岁的小青年到底如何弄到数千精骑的？

原来，在蓟县与刘秀失散的不光有耿纯，还有耿弇。耿弇见一时半会找不到刘秀，只能回上谷郡，动员老爹出兵帮助刘秀。

其实，耿况暗中早有归附刘秀之心，之前一直在秘密地和亲信、郡长史景丹商量如何帮助刘秀。不巧，王郎也派使者到上谷、渔阳征发两郡的突骑配合作战。当时，"刘子舆"威震河北，上谷郡的大部分官吏都劝耿况同意使者要求，出兵支持"刘子舆"。耿况面临着两难选择。

这时，郡功曹寇恂（xún）和门下掾闵业站了出来，唱起了反调："邯郸的'刘子舆'突然搞得这么大，谁知道背后有啥幺蛾子，很难让我们完全支持他们。倒是大司马刘秀，那可是大名人刘伯升的弟弟，在河北礼贤下士，远近闻名，我看我们可以归附他。"

耿况频频点头，但他还有一个疑问："光靠上谷一郡肯定是没法对抗王郎的，怎么办呢？"

寇恂拍拍胸脯："我愿意去隔壁的渔阳劝说彭宠。渔阳、上谷两郡共同发兵，一定能成大事。"

耿况果断拍板：发兵支持刘秀。

在隔壁的渔阳，同样的争论也在进行中。彭宠麾下的安乐令吴汉、护军盖延、狐奴令王梁等人表态支持刘秀，更多本地的官吏却不同意为"外来户"刘秀雪中送炭，而是想为声势更为壮大的河北"刘子舆"锦上添花。一时间，彭宠本人难于决断，出兵之议搁置了下来，一心想支持刘秀的吴汉失望而归。

老天爷第三次眷顾了刘秀。在回安乐县（今北京市顺义区西北）的路上，吴汉恰好碰到了一位儒生，儒生劝吴汉道："刘秀所到之处天下归心，你有什么理由不支持他呢？"

吴汉灵机一动，想出了一个法子：自己"代"刘秀写了一封命令彭宠出兵的檄书，让儒生假冒刘秀使者带去给彭宠，还让他向彭宠"吹"了刘秀的各种优点。

看到了檄书，又听了"使者"的介绍，彭宠终于下定决心支持刘秀。

正好，上谷郡的寇恂此时也抵达渔阳，将之前对耿况说的话向彭宠重复了一遍，两边一拍即合。由吴汉带队，盖延和王梁担任骑将领，率渔阳两千突骑、一千步兵，南攻蓟县试水。

突骑，顾名思义就是能冲杀敌人军阵的骑兵。西汉时期，边境郡县为了应对匈奴入侵，组建了骑兵，渔阳、上谷两郡也不例外。由于长年累月与外族作战，两郡的骑兵作战能力得到了极大的提高，逐渐成了名震河北的突骑。

精锐骑兵一出马果然不同凡响，在蓟县城外，三千步骑一冲，还没来得及列好阵势的王郎军迅速被击垮，大将赵闳也被突骑斩杀。见主帅阵亡、守城主力被歼，蓟县县令吓得直接开城投降。突骑取得了对王郎作战的开门红。

得知渔阳郡已经发兵，耿况兴奋不已，派亲信寇恂、景丹和儿子耿弇三人，率突骑两千、步兵一千与渔阳军会合，南下进攻王郎，支援刘秀。

六千精锐步骑的战斗力更为恐怖，所过之处如风卷残云一般，对以步兵为主的王郎军大开杀戒，不到一个月就从上谷、渔阳杀到了九百里外的广阿城下，相继攻下了涿郡、中山、巨鹿、清河、河间五郡二十二县，斩杀敌军三万人，其中大将、九卿、校尉等高级将领四百多人。

王郎在冀州的有生力量遭到沉重打击，河北军事实力对比的天平已经倒向了刘秀一方。

在得到精锐突骑的支持后，刘秀大方地论功行赏，任命耿弇、寇恂、景丹、吴汉、王梁、盖延六人为偏将军，仍率领本部兵马，还越权册封六人中战功较多的耿弇、吴汉、盖延、景丹四人为侯。得到将军和侯爷的印信，前来增援的六将个个喜上眉梢。还没打下江山主公就这么大方，打下江山后封赏岂不是越来越多，甚至位列三公九卿……一想起光明的未来，六将心里美滋滋的，辅佐刘秀的动力更加足了。

论功行赏过后，接下来就是继续作战。按原计划，刘秀率兵围攻巨鹿城。但令所有人都没想到的是，巨鹿之战将成为昆阳之战的翻版，只不过刘秀从增援的一方变成了打援的一方。

对比之前的柏人县城，巨鹿的城墙更为坚固。秦末，边军主力王离、涉间等人猛攻巨鹿，赵军愣是死守了三个多月，等来了破釜沉舟的项羽援军。如果说柏人城是难啃的骨头，那么巨鹿就是坚硬的巨钉。

巨鹿守将王饶面对城外的刘秀大军，吃了秤砣铁了心要顽抗到底。依靠着坚固的城墙，守军屡次击退刘秀的进攻，城下逐渐堆起了刘秀军的尸体。刘秀算是认识到了坚城的厉害，不过不要紧，刘秀现在兵力充足，很快，刘秀军就在巨鹿城外建起了长围，打算困死守军。

一转眼，巨鹿城被围已近一个月。这边王饶苦苦支撑，那边王郎也心急如焚。前边说了，巨鹿郡是冀州仅次于魏郡的人口大郡，一旦丧失，王郎控制的区域将缩水一大块，基本上可以说是败局已定。不能坐以待毙！王郎下了血本，派大将倪宏、刘奉率军五万增援巨鹿，同时还玩了一把"围魏救赵"，派人攻打刘秀的老窝——信都郡。

此时，信都城内极度空虚。得知"刘子舆"的军队正杀过来，城内支持"刘子舆"的势力纷纷行动，大户马宠直接打开信都城门，迎接王郎军入城。在里应外合之下，信都城失守了，前线大批将士的家属落入敌人手中。随后，王郎军派人向正在围攻巨鹿的刘秀军散布信都失守、家属被挟持的消息，想扰乱围城军的军心。

眼看着从信都征调出来的部队军心浮动、战斗力大减，刘秀被迫安排信都太守任光带领部分军队去收复信都。然而，任光麾下的将士得知家属被挟持的消息后，斗志全无，走了一半路程就全部溃散，任光霎时间成了光杆司令，只得灰溜溜地回去复命。

怎么办？刘秀此时面临两难选择：如果发重兵去收复信都，那么巨鹿之围就宣告失败；如果继续坚持围困巨鹿，那么麾下信都籍官兵因家人被挟持，肯定也没法打仗了。

没想到，老天爷第四次眷顾了刘秀，没过多久，好消息突然传来：信都郡已经被自己人收复了！

原来，得知刘秀在河北攻城略地后，更始帝刘玄坐不住了：如果刘秀赢了，那么将会依靠河北地盘对自己形成巨大威胁；如果刘秀输了，"刘子舆"更会威胁到自己。思来想去，刘玄决定派重兵去经略河北，这样既压制了刘秀独立的念头，又能尽早消灭王郎，简直是一石二鸟。

在河北战局僵持时，更始政权的尚书令谢躬统领冀州牧庞萌、振威将军马武等六将，率兵数万北渡黄河进攻王郎。

当时，王郎的全部家底都被拉去增援巨鹿和奇袭信都了，邯郸以南压根没多少守备力量，更始重兵集团一到，很快就攻下了冀州人口最多的魏郡，断王郎一臂。紧接着，谢躬又派部分人马进攻信都，刚被王郎军占据不久的信都在更始大军猛攻下迅速易手，危机解除了。

还没等刘秀欢庆胜利，坏消息又来了：倪宏、刘奉率领五万援军已抵达巨鹿长围附近！

兵来帅挡！刘秀亲自率领包括突骑在内的围城军主力迎战敌援。为防止巨鹿城守军趁机出来捣乱，刘秀还留下了相当一部分兵马监视守军。

两军在巨鹿城北边的南絲（luán）遭遇，大战一触即发。

倪宏、刘奉判断，刘秀军队因为要围困巨鹿城，分出来打援的兵力肯定不多，加上之前围攻巨鹿城已逾一月，不仅兵马有所损失，士兵也是极度疲惫，而自己的军队在数量上占据绝对优势，只要自己主动进攻，就一定能打穿敌围，与巨鹿守军会合。

咚！咚！咚！在隆隆战鼓声中，王郎军队凭借人数优势，率先对刘秀军阵地发起进攻。很快，两军陷入了惨烈无比的厮杀中。

刘秀麾下的偏将军铫期勇猛无比，带着部下反冲王郎军阵，手刃五十余人。尽管额头被敌人长矛刺中，血流不止，铫期坚持轻伤不下火线，简单拿头巾包了一下又继续杀敌。身为一名书生的邓禹此时也勇武了一把，跟着刘秀浴血奋战，直接杀退了进攻中军的刘奉部。但是敌人毕竟人多势众，在倪宏、刘奉的不断压迫下，一线的刘秀军支撑不住了，刘秀下令全军后退。

王郎军趁机一拥而上，很快攻下了刘秀的中军大营，缴获了大批辎重装备，连鼓车都缴获了好几辆。倪宏、刘奉乐不可支，认为刘秀已经惨败了。前线的士兵也是这么想的，都在忙着搬运战利品，对敌警惕之心松懈了不少。

这两个人也不好好想想，刘秀的幽州突骑怎么没出动。

刘秀在等待战机，等待一个适合骑兵出击的战机。看到正在争抢辎重的王郎军，刘秀判断时机到了，立刻亮出了自己的预备队——幽州突骑。

四千幽州突骑之前看前线杀得热火朝天，心里直痒痒，恨不得代替步兵上阵杀敌，刘秀却一直没动用这支生力军。在步兵退却后，突骑的求战欲望更加强烈，都想好好教训这些狂傲的敌人。刘秀一声令下，四千突骑乘着战马、挥舞着马刀，如同旋风一般横扫敌阵，倪宏、刘奉麾下的步兵压根来不及组建步兵方阵就被飞奔的骑兵砍杀。不一会儿，最先冲入刘秀中军大营的王郎军士兵已成一具具死尸。

见骑兵反攻已经取胜，刘秀命步兵迅速重整队形，向王郎军发起总攻。在步骑接力打击下，数万王郎军再也形成不了战斗力了，士兵纷纷逃跑。刘秀指挥所部追杀了十余里方才收兵。

此战，刘秀军斩首数千，溃敌数万。从此之后，王郎再也没有实力与刘秀掰手腕了，灭亡只是时间问题。

但巨鹿城守将王饶并不这么认为，尽管援军已经完蛋了，王饶还是决心死守。刘秀指挥部队又猛攻了几天，依旧没有任何进展。这时，智囊耿纯再次提议："巨鹿久攻不下，士兵都很疲惫，而且围攻巨鹿意义并不大，现在王郎的主力已经完蛋了，我们不如直取邯郸，邯郸一破，巨鹿自然不战而降。"

刘秀采纳了这一建议，留将军邓满看着巨鹿守敌，自己率主力向南进军邯郸。

在刘秀率军到来之前，谢躬早已率数万更始军主力将邯郸三面包围，并挥师猛攻。但邯郸作为战国时期赵国都城，比巨鹿更为坚固，"百里周回，九衢交错，三门旁开，层楼疏阁，连栋结阶"。1970 年考古发现，秦汉时期的邯郸城墙宽二十米以上，残高峰值可达十米，郭城周长约十五公里，可以说是固若金汤。当年秦军挟长平大捷之余威进攻邯郸，攻了整整一年，非但没有拿下，反而被前来增援的六国联军击败，邯郸城之坚可见一斑。

谢躬这回可算知道了坚城的厉害。士兵一拨拨地冲锋，连邯郸城墙都没法登上去，更倒霉的是，城内还时不时派兵出来打反击，屡挫更始军。连攻多日后，谢躬被迫停止进攻。

正当谢躬一筹莫展时，好消息来了：刘秀统率的数万生力军已经抵达邯郸城北。

王郎也认为这是好消息。自己凭借防守反击屡败敌军，士气正旺，而刘秀军刚从巨鹿撤围，长途跋涉到邯郸城下，可以说是立足未稳啊，何不放手一搏，打他一个措手不及？

刘秀大军刚在邯郸北面扎好大营，邯郸城门突然大开。大批王郎军杀出城外，猛扑刘秀军营。

刘秀早防着王郎这一手。想以快打乱？没门！只见刘秀军悉数从营中杀出，对王郎军发起反冲。经过激战，没料到敌人会主动出击的王郎军大败，被迫退回城中固守。

"我不服输!"此时的王郎像输红了眼的赌徒,非要跟刘秀军一较高低,几天之后又派了一拨守军出北城进攻刘秀大营。只是,这回不再是以快打乱,而是以卵击石。在刘秀军严密防守下,企图从北城突破的王郎军再次大败而归。"我就不信!"王郎跟刘秀杠上了,继续派了几拨人马出北城突击刘秀大营,结果都一模一样——惨败。这时,王郎发现,自己麾下守城兵马已经所剩无几了。

另一边,三面围城的谢躬军见援军来了,士气大增,又组织了多次攻城作战,城北的刘秀军在击退王郎多拨攻势后,也对邯郸城墙发起冲击。在敌人四面围攻之下,高大坚固的邯郸城岌岌可危。

王郎已经山穷水尽,目前只剩下一个选择:趁着邯郸城还没被攻破,赶紧和刘秀谈条件,以求体面投降。

更始二年(24 年)四月,刘秀正绞尽脑汁地谋划攻城,属下高亢的奏报声打断了他的思绪。

"报!刘子舆使者求见。"

"哦?请他进来。我倒要看看他还能玩什么把戏。"

只见王郎的使者不卑不亢,昂首挺胸,颇为自信地步入刘秀大帐,不知道的还以为他是来宣读诏书呢。

"拜见刘司徒,鄙人乃谏大夫杜威。圣上是汉成帝遗孤,如今天命不在,遂至于斯。愿开城归顺长安,请刘司徒册封其为万户侯。"

刘秀哈哈大笑:"别说你是冒牌的'刘子舆'了,就算汉成帝死而复生,还能得到天下吗?至于万户侯,想都别想,我只能保证让你家'圣上'留全尸。"

"岂有此理!"杜威听罢拂袖而去。

王郎体面投降的幻想化作泡影。刘秀却从中敏锐地发现,邯郸城已经顶不住了。他也不管什么破城妙计了,直接硬攻!刘秀和谢躬率近十万大军开始昼夜不停地四面猛攻邯郸城。王郎也明白，一旦城破，等待他的将是死亡，于是组织剩余的兵力作困兽之斗，双方在城墙上下展开了惨烈的攻防战——城下尸如山积，城上死者累累。

在更始军队猛攻二十多天后，邯郸城内终于有人顶不住了。王郎任命的少傅李立见死守邯郸已经没有任何前途，于是赶紧为自己找好了下家，并立刻献出了投名状——趁着夜色打开邯郸城门。刹那间，大批更始军涌入邯郸。

王郎本人自然不愿意与邯郸城共存亡，当城中乱作一团时，他利用夜色掩护，悄悄地出了城。原以为出城就安全了，没想到，他的一举一动都被大将王霸看在眼里。出城没多远，王霸就迅速带人追上了王郎一行，为避免夜长梦多，直接手起刀落，当了半年天子的"刘子舆"就这样死了。

刘秀在河北的第一个敌人已经消灭，此时的他不再是半年前那位仅有数十名随从的空头"大司马"，而是手握重兵、威震河北的方面大帅。

最后说一件"小"事。攻克邯郸后，刘秀军缴获了大批吏民与王郎私下来往的文书。许多河北籍官员和将军十分恐惧，害怕刘秀会照着文书一个个追究通敌之罪。果然，刘秀召集麾下所有的官吏、将军，当众展示了大批"通敌"罪证。许多之前与王郎有来往的官吏此时懊悔不已，只能绝望地等着被治罪。出乎众人意料，刘秀直接举起火把，将这几大箱子的"通敌"罪证付之一炬，躁动不安的人心从此安定了下来。两百年后，这一招又被另一个军事家——曹操学去了。

铜马帝的诞生

尽管平定了王郎，但刘秀丝毫没有感觉比之前轻松，挡在他前面的还有四大敌人：

一是以鄡县（今河北省辛集市）为根据地，活跃在黄河、滏阳河（即滏水上游，滏音 fǔ）之间的铜马军；二是以射犬（今河南省焦作市博爱县东）为根据地，活跃在冀州西南部的青犊、上江、大肜、铁胫、五幡等流民武装和赤眉军别部；三是以元氏（今河北省石家庄市元氏县西北）为根据地，活跃在冀州中部和北部的尤来、大枪、五幡等部；第四个敌人那就是更始帝派来"协助"自己的谢躬部。

要完成夺取河北作为根据地的目标，刘秀仍有很长的路要走。

正当刘秀准备大展宏图时，刘玄突然祭出了三板斧：册封刘秀为萧王，让他与其他有功将领一同入朝；下令河北所有部队一律复员；委派苗曾为幽州牧，韦顺为上谷太守，蔡充为渔阳太守，同时到北方赴任。

这三条命令如果完全执行，那刘秀所有的努力就付诸东流了。

此时的刘秀却仿佛对此并不关心，而是悠闲地在邯郸赵王宫温明殿里静养。作为一代英豪，刘秀是不会乖乖放弃武力，顶着萧王的头衔空手入朝的。他在试探，试探这群跟着他打王郎的部下，到底是支持他，还是支持远在长安的皇帝。

他并不担心从河南带过来的旧部会反叛他——从蓟县到信都的那段"共患难"经历，早已使他们的心紧紧联系在一起。

在平定王郎后，护军朱祐直接对刘秀明言："长安政治混乱，我看主公有帝王的相貌，这是天命啊！"对于这等"大逆"之言，刘秀表面上大怒："快召刺奸将军（主管军纪）过来，立刻逮捕朱护军。"实际上心里美滋滋的，朱祐的话代表了河南帮真正的态度，因为朱祐和刘縯、刘秀兄弟是从小玩到大的"铁哥们"。而掌握突骑指挥权的幽州帮，刘秀就摸不准了。

对耿弇、寇恂、景丹等突骑将领来说，长安方面更换上谷、渔阳两郡太守的举动已经使他们跟朝廷离心，再回想起在广阿城下封侯拜将的经历，幽州帮直接得出结论：刘秀才是值得他们拥戴的"真命天子"，该表忠心了！

六月的某个白天，刘秀正在温明殿里卧床休息，耿弇闯入殿内，直接来到床前，对刘秀提了一个请求："打了那么多仗，突骑死伤颇多，请让我回上谷补充兵员。"

刘秀是聪明人，很快悟出了耿弇的弦外之音，但仍试探地反问："王郎都平定了，还招兵干什么？"

耿弇毫不遮掩："虽打败了王郎，但天下争霸才刚开始呢！我们可不能听从朝廷命令让士兵复员。想想河北还有铜马、赤眉之类的大股武装，刘玄根本没有能力应付，我看他离完蛋也不远了。"

刘秀听了耿弇的回答心花怒放，很快从床上爬了起来。但他还是想再试探一把："你说了不该说的话，信不信我杀了你！"

见主公还不太相信自己，耿弇干脆直接挑明："大王厚待我如同父子，所以我敢实话实说。百姓之前被王莽害惨了，所以非常思念刘氏，听说汉兵崛起，无不高兴。但是看看现在，刘玄麾下的将帅在关东专擅一方，皇亲国戚在关中胡作非为，明摆着是要走向失败。而大王您名震天下，当前最重要的就是赶紧把江山打下来，别让非刘氏的人给抢了。"

有了幽州帮的坚定支持，刘秀终于吃了定心丸，公然以河北没有平定为由，拒绝前往长安，也拒绝让士兵复员，还委任吴汉和耿弇为大将军，让他俩去幽州征调突骑。

双方离撕破脸不远了。

眼下还有个麻烦事，不仅渔阳、上谷两郡太守已经易主，就连幽州牧也是更始派来的人，这三人明摆着不会同意给刘秀补充一兵一卒。事实也是如此，得知刘秀要征调幽州兵力，幽州牧苗曾暗中命令各郡不得听令。

得到幽州牧压制调兵的消息，吴汉并不慌张，而是带着二十多名骑兵驰赴州牧驻地——无终县（今天津市蓟州区），声称要晋见新任州牧。苗曾大喜，以为吴汉要"弃暗投明"了，赶紧出城迎接。没想到，吴汉直接变脸："来人啊，把州牧给我抓起来，斩了！"苗曾还没弄明白怎么回事就命丧黄泉。

耿弇回到上谷后，也顺利斩杀了刚任太守没多久的韦顺、蔡充。

得知长安派来的官员轻而易举地被斩杀，整个幽州大为震惊，纷纷表示愿意服从调兵命令。

有了充足的兵源，刘秀的河北攻略计划终于可以继续实施了。

第一个要武力征服的敌人就是铜马军。

之所以选择铜马军作为首攻目标，主要有两个原因：一是铜马军势力范围横跨黄河、滏阳河，对信都和邯郸造成严重威胁；二是铜马军是河北地区实力最强的流民武装，麾下足足有数十万人，如果能打败他们，则征服其他流民武装不在话下。

怎么对付他们呢？刘秀苦思冥想，突然，他把目光对准了铜马军的大本营鄡县。铜马军人数众多且势力分散，如果直接攻击老巢，那么活跃在黄河、滏阳河间的大批人马就会聚拢起来增援，凭借现有的精兵，可以一战而定。

八月，包括幽州突骑在内的大批汉军集结在清阳县（今河北省邢台市清河县东南）。为了对付铜马军，刘秀几乎出动了麾下所有部队。看着自己手下十万兵将威严肃穆、杀气腾腾，刘秀不禁意气风发：此行，一定要征服铜马！

清阳县距离鄡县足足有二百四十里，为了避免被铜马军提前发现，汉军特地绕开了滏阳河，挥师向东北急进。很快，汉军主力就直抵鄡县城下。

正如刘秀预想的那样，得知老窝被端，铜马军大惊，纷纷赶往老窝增援。没多久，数十万铜马军就在鄡县城下安营扎寨，与汉军主力对峙，刘秀的第一步目标达到了。

接下来是最关键，也是关系到全军生死存亡的一步：如何消灭数倍于己的敌人？

此时，刘秀并不急于决战，而是命令大军就地坚守大营，当起了"乌龟"，任凭铜马军如何挑战，汉军就是躲在营垒里不出来。原来，刘秀早看出以剽掠为生的铜马军没有稳固的大块根据地，根本供应不了数十万大军长期作战，时间一长，必然缺粮，汉军只需和他们玩消耗即可。

果然，时间一天天过去，鄡县城下的铜马军闹起了饥荒。不甘心坐以待毙的铜马军将领们决定干回老本行，派出大量小股武装外出抄掠给养，企图以战养战，和汉军继续耗下去。

刘秀岂能给铜马军补充粮饷的机会，别忘了，刘秀手上还有一支机动性极强的精兵——幽州突骑。

侦知铜马军外出四处抄掠粮饷后，大批突骑也分散出击，专打敌人抢粮小部队，还派部分兵力切断铜马军运粮线路。很快，派去抢粮的铜马军小股部队不是肉包子打狗有去无回，就是被突骑吓得空手而归。新的粮食没找到几石，旧的补给线还被切断了，数十万铜马军只能靠少量存粮继续撑着，和刘秀主力对峙。

一个多月后，铜马军粮食早已吃完，饿着肚子的士兵精力体力都到了极限，再也撑不住了。跑！一天夜里，数十万铜马军一下子就崩溃了，大批士兵纷纷开溜。

不得不说，作为一个流民武装，铜马军还是比较有组织有纪律的，他们逃跑并不是没有目地瞎跑一通，而是分成两部：一部向正南方向流窜，逃到刘秀军的出发地——清阳县；另外一部则撤离冀州，逃到兖州境内的博平县（今山东省聊城市茌平区西北，茌音 chí）。

相应地，刘秀部署追击行动也是兵分两路：一路由邓禹、王霸率领直奔清阳县；一路由刘秀亲自指挥，向博平追击。

刘秀还是有点轻敌了。

在清阳，率先追上铜马军的王霸满以为能像痛打落水狗一般畅快淋漓地结束战斗，却没想到，铜马军此时爆发出了惊人的战斗力，很快把冒进的王霸打得落花流水。吃了败仗的王霸被迫退入清阳城中固守，很快，打了大胜仗的铜马军就把清阳城团团包围。眼看着清阳城就要被铜马军攻下，危急时刻，之前被王霸远远甩开的邓禹出手了。趁着铜马军主力都在忙着攻城时，邓禹率骑兵从背后狠狠地捅了铜马军一刀。铜马军顿时大乱，更要命的是，混乱中，他们的首领居然被汉军活捉了。

在东边的博平县，刘秀的先头部队也犯了和王霸同样的错误。铫期等人率部狂追四百里，以为可以好好打个顺风仗，不料，逃到博平的铜马军摆好阵势，主动向汉军发起了反攻。仗着人多，铜马军很快就将汉军先头部队击败，铫期等众多将领被迫退到了黄河边。这情形像极了两百年前的背水一战，只不过两百年前韩信是主动置之死地而后生，而这次，汉军是被敌人逼到了绝境。眼看着汉军先头部队就要被铜马军全歼，之前有过手刃五十名敌军战绩的铫期又一次展现了硬汉本色，提着刀迎着敌人大部队杀过去，手起刀落，一连杀伤了多名铜马军。本来已经陷入绝境的汉军士兵见将领如此拼命，纷纷效法，搏命拼杀，这回真正是置之死地而后生了。

关键时刻，铜马军后方却阵脚大乱，刚才还猛如虎的铜马军纷纷丢盔弃甲，四散奔逃。原来，刘秀率领的大部队到了。

在刘秀与铫期等人的前后夹击下，博平之敌向西狂奔，跑了一百七十里后逃到馆陶县（今河北省邯郸市馆陶县）。许多铜马军士兵以为汉军不会追来，终于可以好好休息一番了。孰料，汉军跟幽灵似的，没多久居然又杀到了馆陶城下。大部分流民士兵彻底丧失了抵抗意志，不是丢下武器逃跑，就是集体投降。

就这样，河北地区最大的流民武装——铜马军，已趋于瓦解。

不少铜马军将领想不通，好好的队伍竟不到两个月就崩盘了。不服气的他们率领残余部队又跑到五百五十里外的蒲阳山（今河北省保定市顺平县西北），会合了从东南流窜来的重连、高湖部流民军，企图东山再起。

刘秀是不会给他们东山再起的机会的。很快，十万汉军迅速北上蒲阳，与刚刚形成一点气候的铜马军余部展开决战。

没想到刘秀那么快就率主力杀到自己跟前，铜马军余部傻眼了，只得仓促应战。汉军则以吴汉的五千突骑为前锋，精锐步兵继后，如风卷残云一般摧毁了铜马军的队阵。见败局已定，铜马军余部连同重连、高湖流民军只得全军投降。

令这些投降者没想到的是，他们非但没受到任何惩罚，反而"升官"了：

刘秀不仅让投降的铜马军将领回到原部队，并且全部册封为列侯。这还没完，刘秀像校阅麾下部队一样，独自一人骑马检阅了刚投降的铜马军队伍。看上去，数十万铜马军像是被刘秀收编，而不是投降。

流民出身的铜马军将领们受宠若惊，对这个昔日的敌人感恩戴德，主动向刘秀效忠。

在收编了数十万铜马军后，刘秀一跃成为河北最强大的政治势力。

趁热打铁，解决了铜马军后，刘秀又把目标对准了射犬，那里是青犊、上江、大彤、铁胫等流民武装和赤眉军别部的重要根据地，这些大大小小的流民武装加起来足足有十余万人。要是以前，刘秀肯定因忌惮射犬流民军联军的实力而不敢轻易下手，但在收编了数十万铜马军后，刘秀已经变得十分"阔气"，有足够资本与敌人进行大兵团作战，对付射犬之敌，直接以多打少就完了。

数十万大军在刘秀的统一指挥下，浩浩荡荡地南下射犬。看着连绵数十里望不到头的威武之师，刘秀感慨万千：跟哥哥在舂陵起兵以来，从来没想到有朝一日能拥有这么庞大的军队，将来，这支斗志昂扬的军队一定能跨过黄河，打遍天下，结束这该死的乱世！

得知数十万大军要进攻自己，盘踞在射犬的流民联军慌了，但身经百战的头头们很快回过神来，开始策划反击。

作为汉军的先锋，耿纯部已经前出到距主力数里远的地方，为了避免离大部队太远，耿纯果断下令就地扎营，并命令士兵打起十二分精神认真警戒。

耿纯的预判很快成了现实。依靠斥候的情报，流民军马上发现了战机——耿纯部大营离汉军主力有数里之远。流民军头头们大喜过望，决定拿出看家本领——夜袭，好好"招呼"一下远道而来的"客人"，安排部分人马埋伏在汉军主力增援耿纯部的必经之路上，一旦汉军主力趁夜救援，流民军便能再来一场夜袭，以乱打多。

为什么流民军认为夜袭能打垮敌人呢？这就要介绍一下古代史书中常提

到的"夜惊"了。大家知道，军营是高度戒备的地方，尤其是到了夜里，每个将士的神经都绷得很紧，一有风吹草动，就会有人做出反应。不用说敌人真的来偷袭，就算军营有人无聊地喊一声"敌人来偷袭了"，都会让全军陷入恐慌，从而自相踩踏、不战自溃。

一天夜里，正在营内警戒的耿纯军士兵突然中箭倒地，筹划已久的夜袭开始了。流民军出动大批弓弩手向营内放箭，企图消灭营帐外的警戒部队，然后再发起进攻。

在敌人的箭雨下，耿纯军死伤惨重。面对危局，耿纯先命令营中所有士兵坚守不动，保存有生力量，然后挑选了两千名敢死之士，手持强弩和三支箭矢，趁着夜色悄悄地离开营垒，绕到流民军后方。

见耿纯军一直龟缩不出，流民军头头们哈哈大笑："看来警戒部队已经被杀得差不多了，告诉弟兄们，准备进攻，把营内汉军全部杀死。"

正当流民军做着踩踏汉军的美梦时，突然，后卫之兵纷纷中箭，流民军阵地顿时一片混乱，耿纯军不失时机地敲打军鼓，大喊大叫。战局迅速逆转。黑夜里流民军根本搞不清敌军人数，被强弩射击加鼓声震慑后，纷纷以为汉军主力来了，一下子溃不成军。

耿纯这边打得热闹，而刘秀那边得知消息后却按兵不动——刘秀太了解麾下这位智囊的水平了。

等着埋伏汉军主力的流民军等了一夜，非但没见到一个汉军的影子，反而得知夜袭失利的消息，只得撤退。夜袭就这样被瓦解了。

流民军不会想到，这耿纯军可不是软柿子。这支部队主要由耿氏的族人、宾客、奴仆组成，战斗力不一定很强，但组织度绝对一流，因此在面对敌人夜袭时还能贯彻军令，及时组织反击。流民军算盘打得响，但碰到了耿家军这么个硬钉子，只能吃瘪。

一计不成又生一计，流民军打起了汉军辎重的主意：汉军人多是多，但只要我们把他们的辎重全部拿下，数十万人立马没吃没喝，还不逃跑？数万流民军直奔汉军辎重大营。可惜，这批辎重的主人不是别人，正是猛将铫期。

得知敌人要抄自己辎重，迅速带兵增援的铫期又一次展现了硬汉本色，提着刀冲入流民军中猛砍猛杀，一下子就将数十人砍倒在地，而他本人也身中三刀挂了彩。汉军见主帅那么猛，也跟着不要命地向敌人发起反击。

咱们都是来打家劫舍的，总不能打个辎重把命丢了，还是赶紧跑吧。流民军被迫撤退。

两次"奇袭"都失利了，流民军头头们此时只剩下一个选项：和刘秀大军正面决战。

流民都知道这一战的重要性，一旦失去射犬这块赖以生存的根据地，流民武装将成为朝不保夕的丧家之犬，再次过着到处流亡、吃了上顿没下顿的日子。所以无论如何，一定要守住根据地！

决战的时候到了。双方人马在射犬附近的平原分别摆开，汉军依靠人数优势，率先对流民军发起进攻。一心想保住根据地的流民爆发了惊人的战斗力，奋勇厮杀，一连击退了汉军几拨攻势。大战到中午，流民军阵型依然纹丝不动。刘秀没料到这股流民军居然比铜马军还顽强，开始打起了退堂鼓，召来负责监督诸将作战的都护将军贾复，让他传令诸军暂停进攻，先吃午饭。

贾复这人非常特别，他既不属于早前投奔的南阳帮，也不属于用手上资源助力刘秀的河北帮，结果不仅在云台二十八将中力压多名功臣排名第三，而且在天下平定后还被刘秀委以治国重任，从"打天下"的功臣成功转型为"坐天下"的重臣（刘秀只留了三名功臣在京师为官，贾复就是其中之一）。

最初，贾复跑来投靠刘秀时，身上除了汉中王刘嘉的推荐信，什么也没有。

汉中王刘嘉早年丧父，被刘秀父亲收养，和刘秀兄弟情同手足。更始迁都长安后，刘嘉被册封为汉中王，去汉中镇守。很快，关中大乱，见更始政权没有任何前途，刘嘉的部下贾复劝他脱离更始，自己单干，但刘嘉显然不是背信弃义的人，直接拒绝了贾复的建议。但他也看出，贾复此人志向远大，很不一般，于是修书两封，让他和另一位不愿意为更始卖命的人才陈俊一道，前往河北投靠自己的发小刘秀。

刘秀麾下的老人不乐意了，于是想办法排挤贾复。这不，听说主公要任命贾复为破虏将军，纷纷建议刘秀改任他为鄗县县尉，但刘秀直接宣布：任命不得随意撤除。不久，贾复又因战功卓著升任都护将军。

刘秀没有看错人，在与射犬之敌的决战中，贾复又立下了大功。

听到刘秀暂停进攻、全军吃饭的命令，贾复直接放出豪言："打了胜仗再吃饭！"还没等刘秀反应过来，贾复就呐喊着直接冲进流民军队伍里大开杀戒，任何接近贾复的士兵均被一刀杀死。没过多久，出人意料的一幕出现了：贾复居然率先撕破了流民军防线。

见坚如磐石的敌方防线被撕开，本来已经非常疲惫的汉军顿时士气大增，顺着贾复杀开的口子突入流民军阵中，饥饿和疲劳直接被扔到九霄云外。最终，流民军的防御崩盘了，汉军取得了决战的胜利。

有了铜马军的前例，吃了大败仗的流民军一合计，干脆直接投降刘秀，不仅能保全部众，还能拿到封侯之赏。就这样，曾经横行河北的众多流民军势力不出半月就烟消云散。

拿下了射犬，更始军队控制的河内郡（郡治怀县在今河南省焦作市武陟县）就近在眼前了。已决心和刘玄决裂的刘秀决定乘胜追击，挥师直抵河内郡，拿下这块保存完好的富庶之地。

当时，守卫河内郡的除了太守韩歆外，还有一位前面章节提到的老熟人——岑彭。在救命恩人刘伯升遇害后，岑彭并没有选择跟随刘秀，而是"良禽择木而栖"，投靠了在更始政权里大红大紫的朱鲔，很快就因功被提拔为颍川太守。但岑彭还没来得及摆升官宴，坏消息来了：颍川郡被另一名起兵造反的春陵刘氏族人刘茂攻占。碍于同宗面子，刘玄只得承认了刘茂对颍川郡的占领，这下岑彭无官可当，只能去投奔老朋友、河内太守韩歆。

刘秀大军突然兵临怀县城下，着实把韩歆吓了一跳，冷静下来后，他得出了一个可怕的结论：萧王要"反"！这还了得？韩歆立刻动员城内将士登城固守，打算和刘秀血战到底。岑彭自然不希望自己的老朋友螳臂当车，极力劝说韩歆放下武器。韩歆最初并不想投降，然而形势比人强，当他得知刘秀军有数十万之众时，抵抗的意志瓦解了，被迫献出河内郡投降。

兜兜转转一圈，岑彭又回到刘伯升兄弟麾下。未来，岑彭将为刘秀开疆拓土立下不世之功。

收铜马、克射犬、平河内后，更始派来"增援"刘秀的大将谢躬成了刘秀下一个"猎物"。

俗话说，一山不容二虎。为避免与刘秀发生冲突，谢躬让了一步，主动率领他的数万人到邺城驻扎。他没想到，刘秀早已将其列入"死亡名单"。

早在攻克邯郸后不久，刘秀就有样学样，也摆起了鸿门宴，想在宴会上诛杀谢躬，但因对方实力尚强而作罢。

刘秀也不是没有收获，在宴会后，他向谢躬麾下赫赫有名的黑脸猛将马武发出了邀请，让他统率渔阳、上谷突骑。马武下意识地推辞："我也不是谦虚，水平实在不行啊，你还是另请高明吧。"刘秀不高兴了："将军久为将帅，指挥才能一定比我的部下差吗？"见刘秀如此赏识自己，马武彻底倒向了刘秀，在谢躬败亡后主动跑到刘秀驻地，是云台二十八将中最晚投奔刘秀的功臣。

"谢尚书才能卓著，是真正的官吏啊！"每当想起萧王对自己的夸奖，谢躬就乐不可支。但他身边还是有明白人的，他的妻子就凭女人的直觉，断定刘秀是笑里藏刀，提醒他："你与刘秀长期以来不能相容，而你却相信他的假话，毫无防人之心，终究要受制于人。"谢躬反而呵斥道："女人头发长见识短，懂什么？"

刘秀在率领数十万大军直奔射犬前，"好心"给谢尚书"送了个大礼"："此次出征，我一定能打败射犬之敌。附近的尤来军得知我军大胜的消息后，肯定要逃跑，如果你能截击溃退之敌，那可就立大功了。"谢躬大喜——萧王果然是好人啊，自己吃肉没忘记给同事喝汤。

等到刘秀击败青犊军后，在附近活动的尤来军果然撤到隆虑山（今河南省安阳市林州市）。

立功的时候到了！谢躬留下大将刘庆和魏郡太守陈康驻守邺城，自己率领主力截击尤来军。然而令谢躬没想到的是，自己的部队与"溃退"的尤来军交战，越打越吃力，最后居然惨败，光战死的就有数千人。谢躬见战事不利，只得带数百轻骑灰溜溜地逃回邺城。

进入邺城后，谢躬感觉气氛不对，负责留守的陈康和刘庆并没有出来迎接。还没等他反应过来，提前埋伏好的数千汉军一拥而上，在吴汉的指挥下很快将入城的数百骑士全部俘虏，谢躬本人也被吴汉亲手斩杀。

原来，谢躬中了刘秀的连环计。刘秀先是编个假情报，骗谢躬去对付实力较强的尤来军，自己则暗中派吴汉和岑彭袭击邺城。吴汉事先买通了负责留守的魏郡太守陈康，等吴汉兵临城下，陈康就立刻发动兵变，捉拿大将刘庆和谢躬妻儿，迎接汉军入城。吴汉在城内扎了个口袋，只等猎物上门。

消灭了谢躬后，刘秀在河北的对手只剩下盘踞在元氏的尤来、大枪、五幡部流民军了。

更始三年（25年）正月，在休整了几个月后，刘秀率领全部精锐人马，又一次踏上了征途。踌躇满志的刘秀没想到，最后的敌人远比前面三个敌人难搞得多，自己还险些丧命。

不同于决心死保根据地的其他流民武装，尤来、大枪、五幡、五校等部得知刘秀率大军朝自己杀来后，直接放弃了老巢元氏，主动北撤。汉军一口气狂追四百里，从元氏杀到了北平县（今河北省保定市满城区），一路上汉军连战连胜，士气高昂，全军上下都弥漫着骄傲轻敌的情绪，连统帅刘秀也不例外。没多久，汉军就北渡顺水（今徐河），再败流民军，乘胜轻兵急进。

在后撤了四百里后，流民军见冒进的汉军不但精疲力竭，而且普遍轻视对手，觉得打翻身仗的时机到了，迅速回头，结成战斗阵型，痛击汉军。敌人不久前还在狼狈逃窜，这会儿居然如狼似虎般朝自己杀来，汉军犹如遭遇当头一棒。而流民军被汉军追了那么长时间，肚子里早就憋着一股气，现在有了出气的机会，自然好好地发泄一番。很快，士气旺盛的流民军就将汉军杀得大败。

刘秀本人为了躲避敌人追杀，只得和耿弇一道爬上了一处高地，但追兵依然紧紧咬在后边。眼看着刘秀的性命就要交代在战场上了，这回不是老天爷，而是普通士卒救了他一命：突骑王丰见主公有难，主动让出了自己的马给刘秀。当时情况紧急，刘秀也没法说多少感谢的话，只得拍拍王丰的背承诺："兄弟，我是不会忘记你的。"又回过头来对耿弇说："今天差点被敌人嘲笑了，教训深刻啊。"

正当汉军全线动摇，近乎覆灭之时，刚投奔刘秀不久的黑脸将军马武站了出来，主动承担全军殿后任务。只见他手持大戟，指挥麾下的战士向流民军发起反击。流民军先头部队突遭打击，损失颇重，只得停止追击。

汉军得救了！尽管此战汉军阵亡数千，但刘秀本人和包括耿弇在内的众多将领都顺利突出重围，撤到了临近的范阳城（今河北省保定市定兴县）。

这时，老天爷第五次帮了刘秀一把。打了败仗的汉军在范阳喘息未定，好消息就来了：流民军非但没有趁势猛攻范阳，还连夜北撤了。

只能说，刘秀之前表现得太武德充沛了，收拾铜马、青犊、谢躬等人如同摧枯拉朽，把尤来、大枪、五校等部也给吓住了，尽管他们在顺水北岸打了胜仗，但还是选择见好就收，赶紧躲避刘秀锋芒。

听说流民军北撤，汉军那原本低迷的军心马上振作了起来，休整数日后，他们又在刘秀的带领下踏上了复仇之路。流民军怎么也没想到，汉军打了败仗居然还能追得那么快。双方在安次（今河北省廊坊市西北）展开了激战。

为给死去的弟兄们报仇，汉军个个奋勇争先，很快就把毫无准备的流民军打得大败。这回流民军不是诈败，而是真败了，一路北逃，直接跑到了幽州境内，在渔阳太守彭宠的地盘烧杀抢掠。

　　流民军实在是太会跑了，汉军这样追一路打一路并不能彻底解决问题，就在这时，有一个人向刘秀提出了根除流民军的方略。这人不是别人，正是之前和贾复一道投奔刘秀的陈俊。此时他也因战功卓著被提拔为强弩将军，掌管弓弩部队。

　　陈俊建议："你看敌人跑得那么快，肯定没有任何辎重，后勤全部靠抢，只要我们让他们没法抢，他们自然就溃散了。如何让他们抢不下去呢？很简单，渔阳郡是我们的地盘，只要派骑兵提前通知各个村落好好固守，顺便把敌人的小股劫掠部队给灭了，让敌人捞不到任何粮食，他们定会不战自溃。"

　　刘秀对人才的优待终于得到了回报，陈俊的设想很快变成了现实。习惯跑一路抢一路的流民军突然发现，不仅没地方抢了，而且派去抢掠的部队也成了失踪人口。弄不到粮食，大批流民军士兵纷纷离开队伍，变身为平民百姓。尤来、大枪、五校等军实力大减，已经对刘秀形成不了威胁了。

　　见时机已到，刘秀果断任命吴汉为前敌总指挥，统率耿弇、陈俊、马武等十二名将领对残余的流民军势力发动总攻，双方在潞东（今北京通州区）决战。饿着肚子又军心低落的流民军哪是汉军的对手，一触即溃，撒开脚丫子向北狂奔。汉军则紧追不舍，如同秋风扫落叶一般一路追到俊靡（今河北省遵化市），斩首一万三千余级。

　　流民军只顾着在突骑恐怖的追杀中保住性命，已经形成不了任何有效抵抗了。

　　在俊靡逃出汉军包围圈的流民军非常高兴，以为这下敌人真追不动了，但他们没想到，刚出狼窝又入虎口，在俊靡以北的辽西、辽东碰到了比汉军更为恐怖的敌人——鲜卑、乌桓。这下流民终于明白为啥汉军只追到俊靡了，可惜为时已晚。很快，流民军全军覆没。

　　这边对流民军战事进展顺利，冀州南面也传来捷报：冯异和寇恂一举击败了进犯河内的数万更始军队，并反客为主，包围洛阳。刘秀麾下诸将见时机已到，纷纷劝说刘秀称帝，刘秀最开始还不断"推辞"，后来也"顺应天意"，于更始三年六月在鄗县称帝，国号自然是汉，改年号建武，大赦。

在河北奋斗了一年半时间，刘秀终于完成了从更始政权的行大司马事、持节河北到自建政权的转变。虽然离一统天下还有很长的路要走，但天下九州已得其二，结束乱世只是时间问题了。

复仇之战

自从哥哥被杀，刘秀装了很长时间的软弱，但他内心无时无刻不想报仇。以前示弱是因为实力不济，如今靠着在河北一年多的奋斗，刘秀已拥兵数十万，麾下名臣良将众多。攻占河内郡、斩杀谢躬后，刘秀正式和刘玄撕破脸皮。各方面传来的消息又给刘秀讨伐刘玄提供了定心丸。

刘玄从洛阳迁到长安后，认为天下已定，是时候享乐了，于是把所有的政务交给岳父赵萌和有拥立之功的王匡、张卬，自己在后宫纵情声色。这帮人打天下还凑合，在治天下方面极为低能。可能在绿林山时经常吃不饱饭，赵萌和王匡等人对伙夫厨师极为看重，直接给很多厨师授予官职，他们穿着不合身的官服及绫罗绸缎，在大街上丑态百出。长安城百姓还专门写歌谣讽刺这帮突然变身为权贵的厨子："灶下养，中郎将；烂羊胃，骑都尉；烂羊头，关内侯。"

大家都姓刘，凭什么昏庸无能的刘玄能代表正统？又凭什么能占据关中、河南大片地盘？得知长安政局紊乱后，刘秀内心已经做出了决断。

更始二年冬，又一个消息传来：从山东西进的赤眉军连战连胜，已经进入了陆浑关（今河南省洛阳市嵩县东北）。刘玄急忙让定国上公王匡、襄邑王成丹、淮阳王张卬、丞相李松、抗威将军刘均和大将樊参等将领率兵二十万，分驻黄河南北的弘农郡与河东郡，阻挡赤眉军西进长安。（详见第三章的"攻略关西"一节）

刘秀判断，吞并关中的机会来了。

更始二年十二月，刘秀在北讨尤来、大枪、五校前专门召来老同学邓禹，给他布置了一个特别的任务：率精兵两万，进攻关中。刘秀还给予他极大的特权——可以自选偏将裨将。对关中，刘秀是志在必得。

很快，邓禹就组建起西征军的领导班子：以刚投降刘秀没多久的前河内太守韩歆为军师，李文、李春、程虑为祭酒，冯愔（yīn）为积弩将军，刘秀的舅舅樊崇为骁骑将军，宗歆为车骑将军，邓寻为建威将军，耿忻（xīn）为赤眉将军，左于为军师将军。踌躇满志的邓禹不会想到，这次挑人为将来他在关中的失败埋下伏笔。

从华北平原南部进入关中，最便捷的方式自然是越过太行山进入山西，再从山西渡黄河进入关中。邓禹很快就面临西征途中第一个拦路虎——箕（jī）关。

箕关（今河南济源市西、王屋山南）位于太行八陉（xíng）之一的轵（zhǐ）关陉上，要想翻越巍峨的太行山，从华北平原直接进入运城盆地，就必须拿下箕关。

更始政权委派的河东都尉很早就得知了邓禹大军西进的消息，提前赶到箕关驻守。面对占据有利地形的强敌，邓禹的做法简单粗暴——直接挥兵猛攻。经过十天激烈的战斗，邓禹军队大破守敌，成功拿下了箕关，取得西征开门红。

占领箕关后，邓禹大军马不停蹄继续西进，很快就将河东郡的郡治安邑（今山西省运城市夏县西北）团团包围。

安邑在当时是富庶之地，不仅拥有方圆一百二十里的盐池，还盛产铁矿，汉武帝搞盐铁官营，安邑是全国少有的既设盐官又设铁官的地方。如果能攻下安邑，西征军进攻关中就有了一块物阜民丰的大后方。但同时，安邑早在战国时期就当过魏国的都城，秦灭魏后设立河东郡，一直到西汉时期，安邑一直是河东郡的郡治所在，经历了近五百年的加固和扩建，可说是固若金汤。

打了胜仗的汉军围攻安邑长达五个月，没拿下城池，也没困死守军，战事陷入了僵局。

大家可能会问了，你前边不是说刘玄向河东郡、弘农郡派了十几万大军吗？怎么这会儿连个增援的人都没有？

原因很简单，这支部队面对的赤眉军是一个更为强大的敌人。更始三年正月和三月，赤眉军先后在弘农和菜乡（今河南省三门峡市灵宝市北，菜音 mǎo）大破更始军苏茂、李松部，更始军战死三万多人。紧接着，赤眉军西进湖县，锋芒直指长安。此时，分驻黄河南北的王匡、樊参部成为阻挡赤眉军西进关中的最后希望，没法调来解安邑之围。

但过了三个月，赤眉军丝毫没有继续西进的意思，刘玄放松了警惕，认为赤眉军乃流寇，势必不能长久，而要报杀兄之仇和争夺汉家正统的刘秀才是自己真正的敌人，于是命令与河东郡隔河相望的樊参部增援安邑。

六月，援军终于出动了，大将军樊参率数万人从大阳（今山西省运城市平陆县西南）渡过黄河，准备在背后插攻城的邓禹一刀。

邓禹料定安邑之敌既不敢突围（那样会将战略要地拱手送人），也不敢配合援军夹击自己，于是当机立断，将围城军主力拉去迎击援敌。双方在解县（今山西省运城市临猗县西南）遭遇。打野战正合邓禹之意：他麾下不是机动性极强的幽州突骑，就是无比骁勇的前铜马军，战斗力十分强悍。战场上，邓禹一声令下，突骑居前冲杀，步兵跟进扫荡，很快将樊参的军队杀得大败，樊参本人也被邓禹军斩杀。

樊参全军覆没的消息震动了更始政权，刘玄更是惊得下巴都快掉了，不得不考虑安排更多兵马去解安邑之围，毕竟安邑一失，刘秀的人马就能直接进入关中。

关中外围唯一一支生力军——驻守河东的王匡、成丹、张印部十余万人，成为第二批增援安邑的部队。

面对第二拨援敌，邓禹不顾敌众我寡的形势，决心亲率不到两万人的主力部队与之展开决战。

六月二十四日，双方在安邑城下展开激战，战斗从早上一直打到太阳落山。邓禹方兵精，更始方人多，邓禹原先设想的速战速决打援战变成了拼主力的消耗战。这回，邓禹失算了。

更始军不仅在人数上占绝对优势，而且他们的统帅王匡和成丹、张卬作为绿林老帅，都有丰富的大兵团作战经验。别忘了，本书开头写的第一场胜仗就是王匡指挥的。因此，邓禹麾下兵马虽精，但还是被六倍于己的敌人和经验丰富的敌将打得大败，连刘秀的舅舅、骁骑将军樊崇都战死沙场。邓禹只能率领残兵败将躲进大营，坚守不出。而更始军队见天色已晚，也停止了战斗。

见部队遭到重创，军师韩歆等人纷纷劝说邓禹趁着夜色撤回河北，以免全灭。年纪轻轻就担任方面重任的邓禹拒绝了部下的提议。不取得西征的胜利，他实在没办法给对他寄予厚望的老同学刘秀一个交代。更重要的是，年仅二十四岁的他敢于冒险，还想用麾下的残兵败将再赌一把，争取翻盘。

就在这时，王匡等人出人意料地下令停止进攻。怎么回事呢？

只能说，封建迷信害死人啊。当年六月二十五日是癸亥日，熟悉天干地支的朋友可能知道，癸亥是天干地支组合的最后一位，在古人眼里，癸亥日本来就不怎么吉利，和六月组合在一起，就是六甲穷日，大凶。王匡等人为了规避大凶之日，决定在第二天按兵不动，等凶日过去再消灭邓禹。

否极泰来，邓禹终于获得了宝贵的喘气时间，立刻着手休养士卒、整顿兵马、安抚军心，为大战做好准备。邓禹又判断敌人很可能于明天清晨猛扑大营，命令士兵提前在大营内列好进攻阵型，决心打他们一个措手不及。

正如邓禹所料，二十六日一大早，王匡果然下令全军出击，直奔邓禹军大营，准备一鼓作气消灭邓禹。"冲啊！""杀啊！"更始军士兵呐喊着向邓禹军大营冲锋，但是敌人大营似乎没有任何反应，平静得有些让人发毛。管他呢，敌人可能早就逃跑了。抱着乐观的情绪，更始军士兵很快就冲到了敌方大营前。

咚！咚！咚！震耳欲聋的军鼓声突然在邓禹军营中响起。汉军心里早就想报前天败仗之仇，听闻进攻的号令，如猛虎下山一般对更始军发起攻击。

在汉军有序而又凶狠的反击下，一直想着收割人头的更始军士兵猝不及防，迅速溃退。这时，人数上的优势反而成了负担，前军一溃，后军说什么也不肯再进攻了，也跟着逃跑，十万大军霎时间全线崩溃。对汉军来说，收拾溃兵如同砍瓜切菜一般，仅半天工夫就斩首数万。

主帅王匡、成丹、张卬三人跑得很彻底，直接逃到了长安城，更多的更始官吏为了逃命连表明官位的符节、印绶都不要了，汉军收缴符节六个、印绶五百。但是还是有几个倒霉鬼——抗威将军刘均和河东太守杨宝、持节中郎将弭䜣（Mǐ Dōu），逃跑不及，先后被追兵俘获并当场斩杀。

此战，汉军大胜。一直坚守不降的安邑城守军见连续两批援军都被邓禹干净利落地消灭，吓得赶紧献城投降。

西征半年后，邓禹终于取得了对更始军的实质性胜利。眼下，邓禹只要渡过黄河，就能顺利抵达刘秀朝思暮想的关中平原。可是邓禹并不急于向关中进军，转而在河东郡招兵买马，补充后勤物资，因为征服八百里秦川比拿下河东郡难多了，必须做好万全的准备才能行动。

正当邓禹在河东郡厉兵秣马时，好消息来了，已经称帝的刘秀没忘记在山西前线浴血奋战的老同学，于七月初五派使者册封邓禹为新朝廷的大司徒，位列宰辅。年仅二十四岁便官至宰相，不仅在东汉，即使放眼整个封建社会历史，都是十分罕见的，这充分表明了刘秀对邓禹的信任与支持。接受大司徒的任命后，邓禹感觉身上的担子更重了。

这边刘秀集团干得有声有色，那边更始政权却在大敌当前时陷入内战。

前边提到，王匡、成丹、张卬等人在河东打了大败仗，赔光了更始在关中之外阻挡赤眉军的主力部队，灰溜溜地逃回长安。赤眉军乘虚打进关中，一举推进到华阴（今陕西省渭南市华阴市）、西郑（即郑县，今陕西省渭南市华州区），长安失陷只是时间问题。

才享了不到两年的富贵就面临失败，王匡等原绿林系诸将纷纷后悔来长安了。张卬干脆提议："与其坐困长安孤城，不如派兵劫尽城中财富，东归南阳，以图东山再起。实在不行还可以回绿林山，也快活得很！"张卬这番话得到了其他人的赞同。申屠建、廖湛等人还到宫里劝谏刘玄放弃长安，东归南阳。但刘玄不仅拒绝了这一提议，反而令绿林军将领出镇新丰抵挡赤眉军。只有在长安，刘玄才像个君临天下的皇帝，一旦跑回南阳老家，只能成为流窜一方的草寇，这个落差是刘玄万万不能接受的。

敬酒不吃，那只能把罚酒送上了，张卬、廖湛、申屠建等人拉上了御史大夫隗（wěi）嚣，准备发动政变劫持刘玄东归。但他们不知道，政变图谋很快被刘玄得知。你们不仁就别怪我不义了。刘玄对外说自己身体有恙，召张卬等政变骨干分子入宫，准备把他们全部干掉。张卬等人不知有诈，相继入宫。在关键时刻，高高抬起的屠刀却没有落地，因为隗嚣并未和张卬等人一道入宫。为了尽可能诛杀政变分子，刘玄下令张卬等人暂到外边候着，想等隗嚣到了再立刻把他们全部诛杀。

急急忙忙召入宫，又让在外边候着，傻瓜都知道有诈了。张卬和廖湛拔腿就跑，只有刘玄的亲信申屠建自恃与皇帝的交情，坚决不跑，很快被回过神来的刘玄斩杀。

侥幸逃过追杀的张卬、廖湛等人对刘玄恨得牙痒痒，立刻集结绿林军旧部攻入宫城。刘玄抵挡不住，次日一早，匆忙带着妻子和少数护卫，逃到驻扎在新丰的岳父赵萌那里。经此大难，刘玄对绿林系将领彻底失去了信任，于是召来同样驻扎在新丰的陈牧、成丹，全部斩杀。王匡见势不妙，率军逃往长安。紧接着，刘玄命令非绿林系将领李松与岳父赵萌反攻长安，双方在城内混战一个多月，绿林军大败，刘玄又重新入主未央宫。

刘玄阵营斗得不亦乐乎，邓禹自然不会放过这个大好机会。在休整两个月后，当年八月，邓禹率兵数万从汾阴（今山西省运城市万荣县西南）渡过黄河，进入对岸的夏阳县（今陕西省韩城市南），并以此为前进基地向关中腹地扩张。在衙县（今陕西省渭南市白水县东北），邓禹又轻松击败了左辅 [左冯翊（Píng Yì）] 都尉公乘歆（xī）。此时，更始政权已经没有任何兵力阻挡邓禹南下长安了。

正当邓禹摩拳擦掌准备进攻长安时，赤眉军却抢先一步夺取了长安城，刘玄出逃后不久被俘。形势发生了剧变，邓禹也相应改变了策略。（详见第三章的"攻略关西"一节）

在西征军连战连捷的同时，刘秀在河南又取得了巨大战果——杀害刘伯升的直接"凶手"李轶和朱鲔一死一降。

上文提到，在攻克河内，收拾谢躬后，刘秀挥师北上，向河北地区最后几股流民武装开战。为了防止镇守洛阳的更始大将李轶和朱鲔乘虚偷袭后方，刘秀在北行前直接上了双保险：让寇恂镇守河内郡，让冯异镇守孟津（今河南洛阳市孟津县东、焦作市孟州市西南）。

冯异不愧是名将，觉得在孟津待着被动防御不是个事儿，得主动出击，于是派人潜入洛阳，打听敌人动向。这一打听，好消息果然来了——李轶和朱鲔严重不和！

冯异眼珠子一转，立刻想出了一个计谋——反间计。他给曾跟刘伯升兄弟在舂陵起兵的李轶修书一封，指出："主公马上就要平定河北了，如果你能早点投降，主公不但既往不咎，还能给予高官厚禄，如果你执迷不悟，顽抗到底，那么主公下一步就要围攻洛阳。"

收到书信后，李轶知道现在形势对刘秀有利，很想直接投降，但自己毕竟是害死刘伯升的主谋之一，害怕投降后刘秀会对自己不利，想先立功再投降，于是回复冯异，自己愿意为刘秀"佐国安民"提供"愚策"。自此之后，李轶不再与冯异交锋。

你们不来打我，我偏要出去打你们。得知李轶服软后，冯异抓住时机，向北攻入并州境内，拿下了上党郡两座城池，又挥师南下，渡过黄河，攻取了成皋以东十三座县城。地方豪强纷纷响应，没多久就有十余万人归降。

由于长官不作为，河南郡的地盘大为缩水，更始政权任命的河南太守武勃愤怒了，决定单干，率领本部兵马讨伐投降冯异的各路豪强。刚开始，讨伐还算顺利，但很快，地方豪强的援军来了，率领援军的不是别人，正是大将冯异。冯异当年可是死守孤城、力抗更始大军几个月的名将，对付水平一般的武勃还不简单？在冯异出色的指挥下，汉军在洛阳东边的士乡聚大破更始军，连统帅武勃都被汉军斩杀。此战，李轶全程闭门不出，对武勃军见死不救。

冯异把这一情况汇报给了正在北征的刘秀，刘秀决定给李朱二人决裂再添一把火，将李轶与冯异的通信内容故意泄露给朱鲔。朱鲔果然大怒：原来最近吃了那么多败仗，是因为内部出了叛徒！于是抢先下手杀掉了李轶。

恶有恶报，当年李轶出卖刘伯升时，不会想到两年后自己会被刘伯升的弟弟出卖。

得知长官被杀，李轶的部下害怕受到牵连，纷纷出城投降。洛阳城内的更始军不但实力受到极大削弱，而且军心浮动、士气低迷。

为了给洛阳守军打气，朱鲔急于找回场子，当他侦知刘秀全力北征后大喜：刘秀主力在北，那么河内郡必然空虚，收复失地的战机来了！于是派讨难将军苏茂、副将贾强率三万余人渡过黄河，进攻河内郡南端的温县（今河南省焦作市温县西南）。为了牵制冯异，朱鲔还亲自带数万疑兵佯攻孟津渡口所在的平阴县（今河南省洛阳市孟津县东北）。

为什么朱鲔一定要拿下河内郡呢？一是因为此郡位置十分重要。翻开河南省政区图，今天的焦作市西与山西晋城市接壤，南与郑州市、洛阳市隔河相望，刘秀一方夺取河内郡后，不仅可以向西进取山西省，也可以向南威胁洛阳。二是因为此郡经济发达、物产丰富。据《汉书·地理志》记载，河内郡拥有一百六十万人口，而且盛产铁矿，冶铁业和手工业非常发达，西汉在河内郡不仅设有铁官，还设有管理各种器物制作的工官。加上河内郡较早归附更始政权，所以受战争破坏的程度比较轻。不夸张地说，谁夺取了河内郡，谁就拥有了一块后勤保障基地。

朱鲔的如意算盘打得精，可惜他们没料到，刘秀派去镇守河内的正是"足智多谋，临事果决"（白寿彝在《中国通史》里的评价）的寇恂。

在北征前，刘秀为寻找合适的河内太守而发愁，特地征求老同学邓禹的意见，邓禹极力推荐身为突骑将领的寇恂，认为寇恂文武双全，有治理百姓、驾驭民众的才能，非他不能担此重任，并把寇恂比作汉初名臣萧何。事实证明，刘秀和邓禹并没有看错人。

寇恂在接任河内太守后，迅速采取措施，让全郡进入战时状态：

一是命令各县未雨绸缪，积极训练民兵，一旦战事需要，大批受过训练的士兵就能迅速奔赴前线；二是充分利用河内手工业和林业发达的优势，让人砍伐竹木，加工成数百万支箭；三是最大限度地转运军用物资，寇恂亲自督运，马牛驴不足，就组织人力拉车运粮，到任几个月就向前线提供了两千匹马、四百万斛粮食，甚至文武百官月支的禄米也由他运粮接济。

碰到这么个能文能武的敌人，朱鲔必然要吃大亏。

忙着调度军用物资的寇恂听说更始军来犯，一边下令各县出兵，一边率领周围能调动的所有兵马迅速赶往温县。很多人都觉得这样干太冒险了，纷纷劝寇恂等各县兵马集结完毕再出兵。寇恂摇了摇头："你们有所不知，温县是河内郡的屏障。温县失守，我们就完蛋了。"

次日早晨，两军在温县城下交战。还没开打，寇恂就惊奇地发现，不仅河内郡各县援军来了，冯异也率部来援，这无异于如虎添翼。

冯异作为名将，一眼就看穿了朱鲔佯攻平阴、主攻河内的图谋，直接挥师西进，增援温县。

寇恂见援军军势浩大，决心再加一把火，让底下的士卒大呼："刘公兵到！"

更始军士兵见敌人在对面高兴地放声大呼，不由得想到了最坏的情况：

算上刘秀所率援军，当面之敌起码有数十万人。这哪里还有胜算？于是军心涣散，斗志全无，原本整齐排列的阵型出现松动。

见敌人士气已馁，寇恂抓住时机，率军冲击敌阵，三万更始军没多久就彻底崩盘了，副将贾强当场被杀，一万人当了俘虏，数千人在逃跑过程中淹死在汹涌的黄河里。寇恂和冯异则乘胜追击，直接打过黄河，绕着洛阳武装游行了一圈才返回。

从此，朱鲔一心一意龟缩在洛阳城里，再也不敢出击了。

一转眼到了七月，刘秀不仅称了帝，还扫平了河北境内所有流民武装，下一个进攻目标当然就是洛阳。作为关东地区的政治中心，洛阳的政治地位只有关中的长安才能比拟，拿下了洛阳，刘秀才能宣示自己是真正的汉家天子。

七月下旬，刘秀亲率大军，浩浩荡荡地从邯郸南下，奔赴洛阳。

此次出征，刘秀志在必得，下了血本，兵力高达二十五万人，其中直接用于围攻洛阳的兵力有二十万，其余五万负责在温县南的五社津（今河南省巩义市北）打援，严防荥（xíng）阳以东的更始部队救援洛阳。南征将帅也是名将如云：耿弇、陈俊负责打援；吴汉作为进攻洛阳的前敌总指挥，麾下有大司空王梁、建义大将军朱祐、执金吾贾复、刺奸大将军岑彭、右将军万修、骁骑将军刘植、扬化将军坚镡、积弩将军侯进和偏将军冯异、祭遵、王霸共十一位将军。未来的云台二十八将有十一人参与了洛阳战役。

面对占据绝对优势的汉军，朱鲔会吓得率部逃跑吗？没有。依托坚固的洛阳城，朱鲔铁了心要和仇人干到底。

在火药和大炮发明之前，面对坚固的城墙，攻城一方除了挖地道、推云车和用投石机砸石头外，只能"堆人"——依靠人数优势去冲锋、爬城墙。

洛阳这种"一线城市"，难攻程度比邯郸、宛县高了好几个等级：洛阳全城周长十四公里，宽三十米，每隔一百一十米左右就有一座向外突出的墩台。在发起无数次失败的进攻后，吴汉干脆下令停止进攻——我围死你。这一围就是两个月。

洛阳作为大城市，城内军民众多，在汉军重重围困之下，时间一长就缺粮，更致命的是，不少守军都明白已经突围无望了。到了当年九月，东城守将看到形势已经极端不利，决定给自己留条后路，秘密派人潜出城外，向在东城外驻扎的偏将军坚镡献上了投名状：次日清晨，我负责打开城门，你们汉军可以趁机攻入洛阳。坚镡大喜，立刻向负责围攻东城的建义大将军朱祐汇报，朱祐同意了这份里应外合的作战计划，两人整顿兵马，准备第二天拿下洛阳，获得头功。

第二天拂晓，东城守将果然应约打开了城门，朱祐和坚镡二人迅速率兵进城，一路杀到洛阳城东北角的武库。可惜保密工作做得不到位，朱鲔很快就得知东城守将叛变、汉军大批入城的消息，迅速集结守军主力赶往武库，阻挡汉军继续入城。

或许朱祐和坚镡立功心切，没有告知吴汉和其他攻城部队就单干，因此东城杀得如火如荼，其他三面没有半点动静，朱鲔得以从容调兵增援。最后，汉军由于兵力不足，被迫在早餐时间退出了洛阳城。朱鲔暂时松了一口气。

虽然这次汉军的里应外合之计没有成功，但朱鲔越来越疑心部下的忠诚度了，不知道还有多少人像东城守将一样想着背叛自己呢，朱鲔开始怀疑自己是否有必要死守洛阳。

恰在此时，有人在城下点名要见朱鲔。

不会又是来骂街和挑战的吧？朱鲔登上城墙一看，原来是老部下岑彭。

没想到分别才一年多，昔日部下已成敌方大将了。岑彭闭口不谈招降，而是和朱鲔畅谈过去同僚之谊。最后，岑彭突然话锋一转："我以前受您的恩惠，常想报答。如今更始已经完蛋了，百姓支持的是建武皇帝，您坚守洛阳有什么意义呢？"朱鲔无奈地回复："没办法啊。杀害刘伯升，我是主谋，后边又阻止萧王（刘秀）去河北，罪过太大了，真不敢投降。"

岑彭回营之后，向刘秀转达了朱鲔的顾虑。

此时的刘秀已经不是在南阳那会快意恩仇的豪侠，而是一名懂得权衡利弊的优秀君主，心中早就放下了对朱鲔的仇恨。得知朱鲔的顾虑后，刘秀指着黄河斩钉截铁地说："我向黄河保证，朱鲔如果归降，我绝对不杀他，而且官位爵位一切不变。"

岑彭将刘秀的誓言传达给朱鲔，朱鲔将信将疑，决定试一下老部下，让人从城楼上放下一根绳索，说："如果是真的，你就通过这条绳子上城墙来。"岑彭并不畏惧，直接走近绳索。朱鲔这才相信岑彭的诚意，立刻许诺：五天之后，出城投降。

五天后，朱鲔果然如约率领少量骑兵出城会见岑彭。城下，对刘秀还是有些不放心的他交代部下："你们要坚守洛阳城等我回来。万一我回不来，你们可直接去轘辕关（今河南省洛阳市偃师市东南轘辕山上，轘辕音 huán yuán）投奔郾王尹尊。"之后，朱鲔又命令亲兵把自己绑了起来，与岑彭一同到河阳（今河南省焦作市孟州市西）觐见刘秀。刘秀则不计前嫌，说到做到，立刻亲自帮朱鲔解绑，并命令岑彭护送朱鲔回洛阳。

朱鲔果然被刘秀的宽宏大量所感动，第二天（九月二十六日）一早就率守军出城投降，刘秀任命朱鲔为平狄将军，封扶沟侯。朱鲔后来官至九卿之一的少府，善终。

十月十八日，刘秀正式下诏定都洛阳，开始从局促于河北的"铜马帝"向君临天下的汉家天子转变。

后院起火

正当刘秀在河南前线取得巨大胜利时，河北根据地先后发生了两起叛乱事件。

建武二年（26 年）春，在真定郡百姓中流传着这样一句话："赤九之后，瘿（yíng）杨为主。"有些人立马联想到真定王刘杨脖子上那块赘瘤（瘿）——这句话分明是在说真定王刘杨要当皇帝啊！

看着原来实力和自己差不多的刘秀已经当上皇帝，并且入主洛阳，刘杨心中颇不是滋味：自己的才能以及在河北的威望都不输刘秀，为什么只能屈尊当王呢？趁刘秀忙着指挥主力平定河南，河北相对空虚，刘杨让人在真定散布"赤九之后，瘿杨为主"的传言，为自己起兵造势。

刘杨在后方搞的小动作很快被刘秀得知，刘秀还是有些不相信，派遣骑都尉陈副和游击将军邓隆到真定召刘杨入京。

发觉自己阴谋败露，刘杨干脆拒绝陈副和邓隆入城。陈邓二人只得空手而归。

看来刘杨真的要造反了，但直接派兵讨伐会激化矛盾，而且劳民伤财，得不偿失。思来想去，刘秀把逮捕刘杨的重任交给了刘杨的外甥、前将军耿纯，名义上让耿纯到幽州、冀州宣布新朝廷大赦令，并慰问各处的王侯，实际上要对刘杨下手。

耿纯率领朝廷慰问团到达真定国后并不急于进城，而是住在城外的驿站，坐等刘杨主动上门。

见外甥代表朝廷来慰问自己，刘杨最开始还有所警惕，不仅称病不出，还命令本家俩兄弟——刘让和刘细率兵一万，在驿站周围武装示威，想吓跑耿纯。没想到，耿纯不仅不为所动，反而还派人慰劳刘杨军的将士，并不断对外放出口风：自己除了代表皇帝慰问河北王侯，没有任何别的企图。

刘杨逐渐放松了警惕，认为现在还不好直接跟刘秀翻脸，而且想来本家外甥也不会对自己下重手，于是带着几名属官到驿站会见耿纯。看到刘杨来了，耿纯忙不迭地热情接待，顺便提出了一个请求："你那俩兄弟在驿站外呢，不如也把他俩请来，我向你们仨一起宣读皇帝恩德，也省事了。"刘杨信以为真，派人邀请刘让和刘细两兄弟进驿站。没想到，两人刚进驿站，耿纯就命令部下关上了大门："来人啊，把刘杨等反贼全部诛杀！"

刘杨等人还没明白怎么回事就被早已埋伏好的士兵斩杀。刘杨麾下的兵马见主子死了，群龙无首，也只好投降主子的外甥耿纯。为了安抚真定人的情绪，刘秀不仅没灭刘杨全家，还特地册封刘杨之子刘得为真定王。

按下葫芦又起瓢，刘杨的事情刚解决，幽州又出大问题了，而且比真定之乱难搞得多。

吴汉——大司马、王梁——大司空、盖延——虎牙大将军……得知新朝廷的人事任命，最失落的人恐怕就是彭宠了。一年多前吴王盖三人还是彭宠底下的县令和郡吏，现在纷纷成为朝廷重臣，彭宠自己却还是渔阳太守，内心的愤懑可想而知。

让彭宠感到愤怒的还不只是厚此薄彼的人事任命。前文提到，刘秀追杀尤来、五校之敌到渔阳郡境内，彭宠急忙赶来相见。自忖帮了刘秀大忙的彭宠原以为刘秀能搞一个盛大的接待仪式欢迎自己到来，没想到刘秀只当他是普通地方官，彭宠失望而归，内心对刘秀的不满与日俱增。

不满归不满，眼看进京当官没戏，刘秀也不再重视自己，彭宠只好退而求其次——在渔阳郡当土皇帝也不错。于是利用渔阳郡靠近大海的优势，大力发展渔业和盐业，用卖鱼和盐弄来的钱买粮食、珍宝囤积起来。

但有一个人并不想让彭宠过好日子，这人就是刘秀委派的幽州牧朱浮。作为随同刘秀北渡黄河的南阳帮成员，他早看不怎么听话的渔阳地头蛇彭宠不顺眼了，总是上书刘秀说彭宠的坏话，建议朝廷将彭宠调离。

当然，彭宠也看不起朱浮。年轻的朱浮当了幽州牧后，为了延揽人心，到处聘请幽州的耆老和旧官吏当自己的宾客，并且还用公家的租税来养活宾客全家人，这很快引起了彭宠的不满——天下还没平定呢，你就到处铺张浪费。

没多久，刘秀听从朱浮的建议，下诏调彭宠去洛阳。

彭宠不是傻瓜，自然认为这是朱浮进谗的结果，于是写信给老部下吴汉、盖延，要他们为自己辩白，同时给刘秀提了一个条件："陛下要我去洛阳也行，但必须同步召回幽州牧朱浮，我要和他在朝中对质！"

刘秀看到彭宠的奏章后大为不满，不仅严词驳斥了他的提议，并且给他下了最后通牒："马上给我来洛阳，不得拖延！"

到底该不该进京？彭宠举棋不定。就在这时，性格倔强的老婆开始扇枕头风："与其去洛阳受制于人，还不如老老实实守着渔阳这一亩三分地。"彭宠又征询手下的意见，这帮人原本就不支持帮助刘秀，对朱浮在幽州的所作所为也是非常不满，所以极力劝说彭宠不要奉诏进京。

见彭宠迟迟不肯动身，刘秀派彭宠的堂弟彭子厚去劝说。没想到，生性多疑的彭宠反而更加怀疑刘秀征召自己去洛阳是一场阴谋，彭子厚前脚刚到渔阳，彭宠后脚就下令将其软禁，同时集结渔阳郡内所有部队，正式造反。

对朱浮恨得牙痒痒的彭宠在举兵后，第一个目标就是幽州牧朱浮的驻地蓟县，两万彭军很快将蓟县团团包围。

朱浮不知道是不是脑子进水了，竟然火上浇油——写信责骂彭宠，还讲了个故事讽刺彭宠。不过在信的结尾，他还是说了几句真心话，希望彭宠不要干亲者痛仇者快的事情（"凡举事无为亲厚者所痛，而为见仇者所快"）。"亲者痛仇者快"即典出于此。

看到这封信后，彭宠被气得够呛，发誓一定要拿下蓟县，砍下朱浮的人头。

想起隔壁的上谷郡太守耿况同样没得到提拔，彭宠便派使者劝说耿况共同起兵，但他打错了算盘。立下大功的耿况虽然同样封赏微薄，但他儿子耿弇早已是朝廷建威大将军，他怎么可能还会造反？耿况迅速斩杀了彭宠的使者，向刘秀表忠心。

不得不说彭宠选择造反的时机非常好，此时刘秀在南、东、西三个方向都有大战，实在没办法抽调多余的兵力平定彭宠之乱，只得派游击将军邓隆率部一万，去解救被困在蓟县的幽州牧朱浮。

听说敌人援军来了，围困蓟县的彭军主力被调去打援。朱浮喜出望外，觉得打败彭宠的机会来了，率部离开蓟县，占据渔阳郡重镇雍奴（今天津市武清区西北），准备接应邓隆。可让朱浮万万没想到的是，邓隆到达幽州境内后并没有到雍奴和他会合，反而将部队驻扎在渔阳南边的潞县（今北京通州区北），距离朱浮足足有一百四十里。

原来，邓隆本人对平定彭宠也有自己的想法：我与朱浮一南一北，相互配合得当可以夹击彭宠；即便失败，也可以互为声援。部署完毕之后，邓隆派人火速向刘秀汇报。刘秀大怒："两军相距百里之遥，怎么相互配合？等你回去时，邓隆早败了！"

看到汉军如此部署，最高兴的莫过于彭宠了：哈哈，看来刘秀麾下蠢人也不少嘛，正好一个个收拾他们。

果然不出刘秀所料，彭宠亲率两万人正面迎击在潞县的邓隆部，又派三千轻骑迂回到邓隆军背后。邓隆军本来人数就少（一万人），彭宠麾下又是百战突骑，所以战斗结果显而易见：汉军在敌人骑兵前后夹击下大败。

本来想让援军解救自己，没想到援军先自己一步被攻击，没办法，驻在雍奴的朱浮只好出兵救援邓隆。结果一百四十里的路程才走了一半，就传来了邓隆军全线溃败的消息。朱浮只得收兵撤回蓟县死守。

打赢邓隆后，彭宠更有底气拉拢外援了，分派使者一南一北结交两大势力：在南边结交占据齐鲁之地的军阀张步；在北边用美女和丝绸重贿匈奴，并提出与匈奴和亲。

贪财好色的匈奴单于心动了，同时也想利用汉地内乱捞一把，于是派八千骑兵增援彭宠。

正当彭宠到处攻城略地时，他又多了一个同盟者：涿郡（郡治涿县在今河北省涿州市）太守张丰于建武三年（27年）十一月举兵造反。

看到幽州如此混乱，喜好方术而又颇有野心的张丰自然不甘寂寞。涿郡有名道士到处散布张丰当为天子的传言，并用彩色的布包裹着一块破石头，用绳子系在张丰的肘子上，向众人揭露了一个惊天秘密：石中有玉玺！

造势造得差不多了，张丰立马抓了刘秀派来的使者，自称无上大将军，正式叛乱，发兵与彭宠一道围攻幽州牧朱浮的驻地蓟县。

朱浮从去年秋天一直坚持到今年冬天，城中粮食早已吃完，守军也筋疲力尽。眼看着蓟县就要被叛军攻占，恰在这时，远处突然来了一支精锐骑兵，猛冲敌人包围圈，很快将彭军的铁桶阵杀出一道口子。

是耿况的援军来了！朱浮赶紧抓住这根救命稻草，带领部下杀出城去，在耿况骑兵的掩护下突围成功。

事情还不算完，朱浮率蓟县的残兵败将刚跑了一百里到达良乡，军中突然哗变，几名军头拦着朱浮，不让他再往南走了。其实也很好理解，朱浮部下有很多是幽州人，让他们抛弃妻子儿女南逃，肯定不干。朱浮为了保命，只得向军头们保证暂不南逃，为表决心，还下了马，并且杀了自己的妻子。获得军头信任后，士兵们对他的看管也逐渐松懈，朱浮找了个机会，终于逃出了良乡。

攻占蓟县后，彭宠自称燕王，并会同张丰到处攻城略地，先后攻占了右北平郡和上谷郡多个县城，在幽州势力如日中天。幽州不少郡县官吏向刘秀上疏求援，刘秀也动了亲征的心思，但是名儒伏湛却提了反对意见，认为现在京师空虚、国用不足，无法支撑大军北讨，加上现在中原地区还有不少敌对势力，而渔阳只是边塞之地，不应舍近求远。刘秀于是打消了亲征的念头。

转眼到了建武四年（28 年）夏天，此时的刘秀已经平定了关中、河南，终于能腾出手来彻底解决彭张二人。

对付幽州之敌，刘秀早已制订了周详的计划，他决定先攻实力相对较弱小的张丰，再灭彭宠。此次北征任务由祭遵、耿弇、刘喜、朱祐四路大军共同完成。

按刘秀的统一部署，祭遵部急行军数百里，率先赶到涿县城下，并迅速攻城。

没想到汉军来得这么快，涿县守军大惊失色，仓促登城抵抗。汉军则不顾疲劳，勇猛地向城墙发起冲击，要知道他们的统帅祭遵可不是一般人。

祭遵，字弟孙，颍川颍阳（今河南省许昌市）人，早在昆阳之战结束后不久就归附刘秀，并随同刘秀北渡黄河。此人勇武程度不输铫期，在一次战斗中，祭遵被敌人的弩箭射中，血流不止，麾下的士兵看到主帅受伤便想逃跑，祭遵强忍伤痛怒斥后撤的士兵，愣是把逃兵给刺激了——主帅流血了还在战斗，我们没伤没痛的怎么能跑？于是前一秒还想着逃跑的士兵突然爆发了惊人的战斗力，最终大破敌军。

有这么一位猛将当统帅，士兵们自然也跟着勇武起来。汉军一拨拨凶狠的攻势很快吓坏了城内不少官吏，害怕同张丰玉石俱焚的郡功曹孟厷（hóng）直接发动兵变，擒获张丰，投降汉军。祭遵当场将张丰斩杀。

可笑的是，张丰在临死前还嚷嚷着自己手肘系着玉玺，是天命所归，祭遵当场把布包刺破，一块块石头掉落了出来，张丰这才懊悔万分，悔不该听信道士之言，仰天长叹一句："死无所恨！"

消灭张丰等于断彭宠一臂，四路大军摩拳擦掌，准备北上渔阳和彭宠决战。就在这时，望都（今河北省保定市唐县东北）、故安（今河北省保定市易县东南）一带爆发民变，刘秀不得不调耿弇和朱祐去平叛。四路北征军只剩下祭遵和刘喜两路分守幽州南部的良乡、阳乡（今河北省涿州市东），阻挡彭宠南下。

得知汉军平叛部队走了一半，彭宠觉得战机来了，自率数万兵马袭击良乡的祭遵，让弟弟彭纯给两千匈奴兵带路，进攻阳乡的刘喜。

正当彭宠兴冲冲地奔赴良乡时，突然而来的坏消息给了他一记闷棍：匈奴人败了！

彭宠千算万算，就是没算到上谷的耿况。耿况得知匈奴兵南下后，亲自带兵埋伏在匈奴南下的必经之路军都（居庸关，今北京市昌平区西北）。当彭纯带着匈奴兵大摇大摆地进入军都时，耿况一声令下，伏兵四出，将毫无准备的匈奴兵杀得大败，带队的两个匈奴王被汉军斩杀。

战斗力强悍的匈奴人都败了，自己还打什么？彭宠只得终止了良乡进攻作战。

不久，祭遵主动出击，攻入渔阳郡境内的潞县，大破彭宠部将李豪，斩杀千余人。此后，双方在潞县和良乡一带又相持了一年，彭宠数次进攻均无功而返。

到了建武五年（29 年），已经拿下大半个中原的刘秀亲临魏郡（郡治邺县在今河北省邯郸市临漳县西南），准备发重兵讨伐彭宠，就在这时，彭宠的人头直接送到了刘秀面前。

纵横幽州三年的燕王彭宠，居然死在几个家奴手里，真是出人意料。

刘秀在中原连战连捷，彭宠的压力越来越大，整天烦躁不安，恰在此时，彭宠家里又闹了几次"鬼"：先是妻子连续几天做噩梦，紧接着家里开始无缘无故丢东西。为了避凶，彭宠独处一室搞斋戒，没想到因此遭了大难。

当时，刘秀给彭宠的人头开出了高额的悬赏：能生擒或者斩杀的，封侯！

彭宠的家奴子密动心了，拉上了俩朋友，趁彭宠在斋室午睡时将他绑了个结结实实，然后遍告府中官吏："燕王今日斋戒，你们没啥事可以回去了。"打发走官吏后，子密等人觉得还不放心，又一次假传彭宠命令，将彭宠的贴身奴仆、丫鬟们全抓起来，分别安置，这下彭宠和外界的联系彻底断绝。

一切安排妥当之后，子密第三次假传彭宠命令，骗来了彭宠的妻子。彭妻看到老公被五花大绑，不由得大喊："家奴造反了！"话音刚落就被子密等人暴打一顿。早已醒来的彭宠急中生智，对老婆说："快去内室，为诸位将军置办行装！"想借此把造反的三名家奴分散开来。领会了丈夫的意思，彭妻立刻表示愿意为子密等人指路，于是两名家奴负责押送她去王府密室搜取金银珠宝，只留下一个小家奴看守彭宠。彭宠觉得脱身的机会来了，悄悄对看守他的家奴说："孩子，我平常最信任的人就是你啊，现在你不过是被子密胁迫罢了。如果你解开绳索放我出去，我不仅把女儿嫁给你，还把府中的所有财物都赏赐给你。"小家奴动心了，看看四下无人，就准备解绳子。但他不经意间往窗外一瞄，吓坏了——子密正在窗外冷冷地看着他。一向畏惧子密的他赶紧停手，彭宠最后的机会也失去了。

不久，家奴们押着彭宠妻子，带着一大堆金银财宝回来了。子密命令彭妻缝了两个大包，将所有的财宝都装进包里，又找来了几匹马，以备逃走之用。到了晚上，子密解开彭宠的手，拿刀威逼彭宠给守门的士兵写一个手令："今特派子密等人至彭子厚处，迅速开门放行，不得稽留！"彭宠刚写完手令，子密就手起刀落，砍下了彭宠夫妻二人的头颅。之后，三人将首级装入囊中，然后骑马连夜离开了王府。因为拿着彭宠的手令，所以他们一路畅行无阻，直奔洛阳而去。

看到彭宠的人头，刘秀在高兴之余又陷入两难：到底怎么处理杀掉彭宠夫妇的子密等人呢？不赏吧，恐怕以后没人背叛敌对势力投靠自己了；奖赏吧，以下犯上和奴仆弑杀主人的行为严重违反了儒家道德伦理。思来想去，刘秀决定册封子密为不义侯，既奖励了子密的功，又表明朝廷对此事的看法，可谓是两全其美。

彭宠死了，但他的事业还要继续，尚书韩利等人拥立彭宠的儿子彭午为燕王。可没过几天，对前途丧失信心的国师韩利发动政变，带兵杀了彭午，并灭了彭宠的满门，而后派人向祭遵请降。

彭宠之叛历时三年，终于彻底平定。

第三章

统一天下

攻略关西

更始三年、建武元年九月，长安市民惊讶地发现，有一支奇怪的队伍浩浩荡荡地列队入城。说奇怪，是因为这支队伍的士兵眉毛都是红色的，而且没有旌旗、号令，将领之间互称"巨人"，怎么看都不像是正规军。

这真的是屡败绿林的赤眉军吗？这赤眉军在山东待得好好的为啥要跑来长安呢？长安市民议论纷纷。

其实赤眉军成立的时间比绿林军还要早几年。

和许多民变一样，赤眉军之所以兴起，一因天灾，二因腐败。始建国三年（11年），黄河在魏郡决口，汹涌的河水很快将今天山东省北部和东部地区淹成泽国，大批侥幸没葬身鱼腹的百姓涌入山东省中部和南部的琅琊（郡治东武在今天山东省潍坊市诸城市）、泰山（郡治奉高在今山东省泰安市东）两郡求生。本来天灾就够惨了，官府的命令又给穷困潦倒的流民雪上加霜：租税不能不缴；不得随意去官府垄断的山林捕猎摘果；百姓不得携带私人铸的钱和铜。

感觉生存无望的流民开始在山东地区举事，很快，就出现了多支流民武装。

看着各地流民屡败官军，莒县（今山东省日照市莒县，莒音 jǔ）本地农民樊崇心动了，于是也拉起了杆子，于天凤五年（18年）带上一百名苦兄弟正式起事。后来，樊崇觉得在莒县小打小闹没意思，于是转到流民众多的泰山地区，果然不到一年队伍就发展到数万人。连之前在泰山打游击的琅琊人逢（Páng）安、东海人徐宣、谢禄等都率队归附。人数多了，就要下山，樊崇率队先后攻了老家莒县和姑幕（今山东省潍坊市诸城市西北），大破翼平（郡治寿光县在今山东省寿光市东北）太守、探汤侯田况所部，斩杀官军上万，紧接着又挥师劫掠青州各地，最后返回泰山，势力更加强盛。

为了有效管理这帮流民，樊崇等人制订了简洁明了的军法："杀人者死，伤人者偿创。"手下兵将大多不识字，也不必有什么军中文书、旌旗、号令，直接以言辞为约束。军队中等级最高的就是三老，其次就是从事、卒史，将领之间互称"巨人"。

不甘心失败的田况动员翼平郡十八岁以上男丁，凑成了四万多人的大军，将郡县武器库里所有武器分发给他们，并把军规刻在石头上，告诫他们："要想家人不被泰山的贼寇掳掠，就好好干！"田况这招果然见效，樊崇再也不敢进犯翼平郡了。田况还主动出击，转战各地，屡败流民军。

当时王莽正为各地民变发愁，突然发现青州居然有这样一位人才，立刻任命田况兼任徐、青两州州牧。然而不久，王莽又明升暗降，把田况调走了。

怎么回事？

原来，田况在一次奏报中向王莽讲了实话：要平定民变，一是要坚壁清野，让靠掠夺为生的流民没有补给；二是不必派遣中央军讨伐，而应慎选州牧和郡县官吏，给予他们剿抚特权，并明确赏罚。

王莽一看，这不是在说中央围剿无用吗？大怒，但不好对有战功的田况直接下手，于是派人召回了正在前线浴血奋战的田况，任命他为师尉大夫（王莽把关中三辅变为六尉，将高陵以北十县划为师尉），另派太师羲仲（相当于副太师）景尚讨伐樊崇——你不是不信任中央军吗？我偏要派中央军过去，打几场胜仗给你看看。

景尚率领中央军在青州、徐州跑了几个月，连一个流民军的影子都没发现，倒是搞得部队疲惫不堪。到了地皇三年二月，被拖得人困马乏的官军终于见到了朝思暮想的流民军主力——樊崇率部突然杀到。只是官军已没有还手之力了，很快，樊崇就将官军打得大败，连官军主帅景尚都被流民军杀死。

景尚的失败让王莽大为震惊，恼羞成怒的他像输红眼的赌徒，于四月又发兵十万，任命太师王匡和更始将军廉丹为帅。这次一定要剿灭山东之贼！

樊崇等人得知十万官军来犯，抓紧备战，同时为了避免在混战中误伤自己人，命令麾下士卒将眉毛全部涂红，赤眉军就这样诞生了。

王匡、廉丹等人汲取之前景尚的教训，决定持重缓行，进攻节奏慢了不少。这一慢，沿途百姓遭了殃。当时关东大旱，百姓本来就生活困苦，这下又来了十万大军要吃要喝，百姓不堪重负。为了激励士气，王匡、廉丹还放纵士兵烧杀抢掠、无恶不作，百姓作歌谣讽刺他们："宁逢赤眉，不逢太师（王匡），太师尚可，更始（廉丹）杀我。"

王莽见十万大军外出数月毫无战功，也怒了，下了道措辞严厉的诏书："仓廪尽矣！府库空矣！可以怒矣！可以战矣！"

王匡、廉丹再也不敢持重了，十月，十万官军立刻从定陶南下，急行军三百里，先拿占据无盐（今山东省泰安市东平县东南）的流民军祭旗，杀死流民上万人。

首战告捷使官军主帅王匡志得意满，认为流民不足为虑。这时，王匡得知梁郡（郡治睢阳在今河南省商丘市南）有赤眉军别部活动，大喜：找不到赤眉军主力，正好拿别部开刀。廉丹得知后极力反对，理由很简单：官军刚急行军三百里打完无盐，疲惫不堪，还要南下四百里打赤眉军别部，这不是痴人说梦吗？但被胜利冲昏头脑的王匡听不进任何反对意见，执意要南下攻打梁郡，他没想到，这将重蹈景尚的覆辙。

侦知官军主力南下，赤眉军大喜：天助我也，咱们再来一次伏击！

在前往梁郡的路上，疲惫的官军士兵无精打采，队伍松松垮垮，刚走到离无盐县城不远的成昌聚，灾难降临了——赤眉军已在此恭候多时。一声令下，十万赤眉军如同猛虎下山，迅速冲散了官军队列，官军大溃，上万人被斩杀。

　　侥幸脱逃的王匡和廉丹带着残部想退往附近的无盐县城死守，哪知道赤眉军紧追不舍，不给官军逃入城中的机会。王匡命大，带着少数亲信脚底抹油——溜了，并且一口气狂奔八百里逃到了洛阳。而廉丹和二十名校尉率领剩余兵力与赤眉苦战整天，最后全部战死。

　　赤眉军一战成名，青州、徐州等地的流民武装不是直接投靠，就是打着赤眉的旗号起事。很快，赤眉军就跟滚雪球似的发展到了三四十万人。

　　看到十万官军被击溃，各地的流民胆子越来越大，敢直接打郡治、杀太守，王莽在关东的统治岌岌可危。为了防止打了胜仗的赤眉军西进，王莽让司徒王寻带十万大军前往洛阳镇守，同时派重兵保卫关东的重要粮仓——敖仓（今河南省郑州市荥阳市东北）。但出乎王莽意料，取得大捷的赤眉军并没有西进，而是继续活跃在黄河下游平原。

　　只能说，赤眉军这帮流民暂时没啥远大理想，只想在老家附近打土豪、劫官府，赚得盆满钵满后回家种地娶媳妇。赤眉军几位头领的水平也十分有限，樊崇、谢禄、逢安干脆就是文盲，徐宣好点，当过县衙狱吏。这样一帮人，很难指望他们有什么安天下的远大理想。

　　没想到，仅仅过了一年，天下形势剧变，王莽灭亡，更始帝刘玄取而代之，成为天下之主。很快，更始政权的使者就来到了赤眉军中，向樊崇等人宣读刘玄的招抚令。

　　听说刘玄占领了长安、洛阳，奄有天下，樊崇等人都认为汉室成功复兴，纷纷随同使者进入长安。刘玄倒也大方，将二十多名朝见自己的赤眉军将领全部册封为列侯，并让他们安心在京师享受荣华富贵。

　　刘玄不知道，这样安排赤眉军将领其实是个巨大的错误。赤眉军将领本以为刘玄会给他们裂土封王，没想到只是给个有名无实的列侯（汉代列侯只能享受封地租税，没有行政权），极度失望。此时，坏消息又来了：赤眉军士兵得知头头跑去长安享福，纷纷离开队伍另谋出路，烜赫一时的赤眉军面临解体危机。

不能在长安待下去了！樊崇等人趁刘玄还没改变主意，迅速离开，回到赤眉军中。

士气低迷的赤眉军士兵在见到樊崇等首领后又重新振作了起来。为了给士兵们打气，樊崇决定兵分两路转向河南，在战争中维持士兵的忠诚。

樊崇和逢安那一路先后攻占了长社（今河南省许昌市长葛市东）、宛县，徐宣、谢禄、杨音那一路也拿下了阳翟，斩杀更始任命的河南太守，两路部队在梁县（今河南省平顶山市汝州市）会合。

虽然赤眉军连战连胜，士兵们却不干了。很多人觉得抢够了，思乡心切，急着回青州老家享福，再也不想打仗了。

樊崇和谢禄、徐宣等人一合计，都认为不能带队回青州，因为一旦士兵们回到老家，就会直接散伙，赤眉军就灰飞烟灭了。不回老家吧，河南，士兵们又不愿意待。去哪好呢？几名头头苦思冥想，突然，他们把目光投向了关中。听说关中富得流油，这更始皇帝对我们也不太好，倒不如率部去关中享福。

"弟兄们，河南是没啥钱的，关中财富那才叫多得惊人，跟我们去关中吧！"简单动员后，数十万赤眉军士兵果然心动了，纷纷表示愿意西进。

更始二年冬，赤眉军兵分两路，向武关和陆浑关齐头并进。两个险关被攻克后，两路人马在弘农会师，继续向关中挺进。此时的赤眉军共有三十万之众，为了便于管理，樊崇等人还特地把全军分成三十个营，每个营一万人，设三老、从事各一人。

得知数十万赤眉军要进关中，镇守洛阳的朱鲔急了，赶紧派大将苏茂率部数千提前赶到弘农阻挡。面对能征善战又人数众多的赤眉军，苏茂带的几千人如同当车螳臂。更始三年正月，在阵亡一千多人后，苏茂被迫放弃弘农逃跑。

其实刘玄比朱鲔更着急，因为赤眉军就是冲着长安来的。早在更始二年十二月，刘玄就调派定国上公王匡、襄邑王成丹、淮阳王张卬、丞相李松、抗威将军刘均和大将樊参等将领，率兵二十万分驻黄河南北的弘农郡及河东郡，阻挡赤眉军西进长安。

但败仗还是接着来。丞相李松率五万人马在弘农郡重镇菏乡迎战赤眉军。李松满以为赤眉军和他之前打的王莽军一样不堪一击，没想到赤眉军战斗力十分惊人，而且求胜欲望非常强（要进关中发财），一交战，更始军就败了，而且败得非常惨，五万人马光阵亡的就达三万，没阵亡的也大部溃散，李松带着残兵败将逃入关中。

虽然打了胜仗，赤眉军还是没有掉以轻心，因为更始军在黄河两岸仍部署有十几万大军。

这时，邓禹"帮了"赤眉军一个大忙，在河东郡相继消灭了更始派去阻挡赤眉军的十几万大军，关中之外再也没有任何力量能阻挡赤眉入关了。

六月，三十万赤眉军越过函谷关，正式踏入关中境内，一口气推进到西郑、华阴，距离长安只有一百五十里。

正当樊崇等人准备攻入长安时，有一个人向赤眉军将领进言："现在我们在别人眼中还是贼寇，不如立个刘氏宗室，打着正义的旗号号令天下，谁敢不服？"

这人就是方阳。方阳为何这样建议呢？原来，他与更始帝刘玄有着深仇大恨。之前，他的哥哥方望见更始政乱，便拉起一支队伍，拥立被废多年的孺子婴为帝，结果被刘玄派军消灭，方望和孺子婴一道被杀。

赤眉军头头们一听，觉得有道理，立个刘家人，他们也是大汉功臣了。于是在当月拥立刘盆子为帝，改元建世。

那么刘盆子是何许人也？为何赤眉军会让他来当皇帝呢？这其中有一段让人啼笑皆非的故事。

赤眉军攻打式县（今山东省济宁市兖州市）时，俘虏了尚未成年的刘盆子，让他负责割草喂牛，号称"牛吏"。

刘盆子的祖先是朱虚侯刘章。刘章在吕后执政时期敢跟吕家人对着干，在一次宴会上以执行军法为名杀了一名吕家族人。吕后病逝，他又联合陈平、周勃等功臣发动兵变，铲除吕氏集团，威名震动天下，齐地不少百姓都建庙纪念他，就连赤眉军中也有巫师负责祭祀刘章。

这巫师也不是省油的灯，意有所指地假借刘章发话："刘章后人当为天子，为何为贼？"有些赤眉军士兵不信，嘲笑巫师乱讲，结果没多久，诡异的事情出现了，嘲笑巫师的人纷纷得了重病。

樊崇等人一看，果然天意在刘章后人这边，啥也不说了，皇帝就在刘章后人中挑选，于是从七十多名刘章后人中挑选出三名和刘章关系最近的宗室（包括刘盆子）。樊崇又根据他那一知半解的历史知识制订了皇帝选拔方案——抽签。

刘盆子也是走运，作为最后一个抽签者，居然抽中了，于是全军向刘盆子称臣。年近十五岁的刘盆子见状被吓得哇哇大哭。

皇帝有了，自然文武百官也要册封，当过狱吏、粗通《易经》的徐宣被推举为丞相，樊崇为御史大夫，逢安为左大司马，谢禄为右大司马，自杨音以下都为列卿。

折腾了几个月后，赤眉军继续向长安进发，刚到高陵，就碰到张卬率部投降。第二章的"复仇之战"一节提到，更始政权内乱，短暂占据长安的王匡、张卬等人又被刘玄赶出。眼看关中没自己容身之地了，张卬等人只得跑去投靠赤眉军，并表示自己愿意带路，进攻长安。

有了带路的，赤眉军进攻果然顺利多了。八月，赤眉军从东面进攻长安。刚打完内战的刘玄手底下只有岳父赵萌和丞相李松的残兵败将，根本无力守住偌大的长安城。不得已，刘玄又让赤眉的手下败将、丞相李松率数千人出城迎战，但李松不仅又当了败将，而且运气没上一回那么好，被赤眉军俘虏了。更始军阵亡两千人。

当时，李松的弟弟李泛担任城门校尉，赤眉军在城下把李松拉出来，威胁李泛。李泛为保哥哥性命，被迫打开城门，长安就这样落入赤眉军手中。

在破城当天，刘玄侥幸逃出生天，然而他也没能高兴多久，两个月后，更始政权的右辅都尉严本将刘玄软禁了起来，想拿他当投靠赤眉军的见面礼。刘玄见逃生无望，在得到赤眉封侯的保证后，被迫带上传国玉玺投降，没多久就被赤眉军毁约斩杀。存在了两年九个月的更始政权宣告灭亡。

短短两年多时间，长安就换了两位主人。长安百姓对此已经习惯了，关中地头蛇也纷纷向长安的新主人输诚。可没想到，这赤眉军干的事情比王莽和刘玄还要过分。

赤眉军在长安内仍然沿用过去的政策，勒索劫掠城内的富商。到后面，长安城内一般人也不能幸免。抢完城里，赤眉军就跑到城外去抢，搞得关中各地纷纷坚壁清野，各地向刘盆子进献的贡品往往还没送到宫里就被士兵们抢光了。

看到赤眉军的所作所为，有一个人心里非常高兴，这人就是早已挺进关中的汉军统帅邓禹。关中很多百姓和豪强被赤眉军折腾惨了，听说关中北部有一支纪律严明、屡战屡胜的军队，纷纷跑去投奔，不久，邓禹麾下就多了数十万精兵。

部下纷纷劝邓禹乘势拿下长安，但邓禹一概拒绝。他判断，赤眉军现在实力虽然强大，但是没有长远打算，在长安不会待太久，而上郡（郡治肤施在今陕西省榆林市东南）、安定（郡治高平在今宁夏回族自治区固原市）、北地（郡治马领在今甘肃省庆阳市西北）三郡地广人稀，粮食和牲畜倒很多，汉军利用三郡之地扩充力量，等敌人内部生变就行。所以，邓禹非但没有继续南下，反而挥师向西占领了距长安二百五十里的栒邑（今陕西省咸阳市旬邑县东北），紧接着，又亲自带兵攻略关中北部的上郡、安定、北地三郡。

但邓禹没想到的是，没等到赤眉内部生变，自己内部先出问题了。都怪他当初挑选西征军领导班子时识人不清用人不明。

当邓禹率部攻打上郡、北地郡时，留守栒邑的积弩将军冯愔和车骑将军宗歆闹起了矛盾，而且两人关系势同水火，最终兵戎相见，冯愔直接带兵斩杀了宗歆。害怕被惩罚的冯愔一不做二不休，干脆造了反，不仅抄了前线大军后路，还发兵攻击邓禹。邓禹不得不向远在洛阳的刘秀求援。

刘秀接到邓禹的奏报后问求援使者："和冯愔最要好的将领是谁？"使者一头雾水，不知道皇帝葫芦里卖的是什么药，答道："自然是护军黄防。""那就好，回报邓司徒，将来逮捕冯愔的一定是黄防。"

使者半信半疑地回去向邓禹传达刘秀的口信。邓禹听了也不太相信黄防能生擒冯愔，但现实还真如刘秀所说，一个月后，黄防抓住冯愔，率领其部众向邓禹投降。一场持续月余的叛乱就此平定。

原来，刘秀判断冯愔造反事起仓促，底下很多人未必愿意跟着他反叛邓禹，于是派遣尚书宗广拿着符节去招降了和冯愔关系最亲密的黄防，果然从内部攻破了敌人的堡垒。

经此内乱，邓禹实力大减，再也无法继续攻略三郡了。不过邓禹最初对赤眉的判断是没错的，到了第二年（建武二年）正月，机会终于来了。

在长安和周边地区努力抢了四个月后，赤眉军终于抢不到东西了——能抢的都抢光了。怎么办？赤眉军头头们一合计，还是和之前一样，坚决不能东归青州老家，只能集体外出抢掠了。就这样，满载着金银珠宝的赤眉军士兵离开了长安。临行前还不忘把长安的宫殿一把火全烧了。

赤眉走后，邓禹随即从枸邑南下，兵不血刃地攻占了长安城。邓禹没想到，老天爷跟他开了个天大的玩笑，攻占长安成为他事业的转折点，从此，他从常胜将军变成了常败将军。

其实赤眉西进并不顺利。最开始，赤眉军在郿县（今陕西省宝鸡市眉县东）还能打胜仗，全歼地头蛇、更始将军严春所部，然后挟战胜之势北上，趁邓禹挥师南下长安、后方空虚的机会，劫掠了在关中保存相对完好的安定、北地两郡。待了大半年后，当年九月，两郡的财富和粮食也被劫掠一空，赤眉军只得继续西进，想把陇右给劫掠一番。然而，这次西进是彻底的灾难。在陇县（今甘肃省天水市张家川回族自治县），赤眉军终于吃到了自进入关中以来第一场败仗。陇右地头蛇隗嚣派遣大将杨广率部迎击赤眉军，屡战屡胜的赤眉军看不起陇右军，认为他们跟王莽军和更始军没啥区别，但现实很快让他们清醒。陇右兵战斗力十分强悍，经过一番激战，赤眉军居然大败亏输。如果得知后来刘秀平定陇右的艰难，赤眉军会觉得输得并不冤。

陇县之败后，赤眉军对陇右依然不死心，直接转向番须口（今陕西省宝鸡市陇县西北），准备走险路奇袭陇右重镇略阳（今甘肃省天水市秦安县东北）。然而天公不作美，天降暴雪，没有做好任何防寒准备的赤眉军立刻被冻死一堆人。

进攻陇右的计划彻底泡汤了，赤眉军只得原路返回长安，在回长安途中顺便洗劫了西汉帝陵，窃取了墓中宝物。

得知赤眉军东返的消息，邓禹坐不住了，派军在郁夷（今陕西省宝鸡市陈仓区）迎击，但邓禹没想到，这赤眉军即使刚吃败仗，又被严寒天气重创，依然保持着强悍的作战能力和坚定的战斗意志，汉军很快大败。邓禹只得放弃长安，逃往云阳（今陕西省咸阳市淳化县西北）。在离开长安八个月后，赤眉军再次入主长安。

没过几天，老天爷又给了邓禹一次收复长安的机会。汉中军阀延岑（此人发家史很精彩，后文将介绍）趁关中一片混乱，已经打到了杜陵（今陕西省西安市东南），威胁长安。为了解决这个麻烦，赤眉军派左大司马逢安率十多万人讨伐延岑，如此一来，长安城内空虚。

机不可失，时不再来。邓禹立刻从云阳带兵急行军八十里，趁夜杀入了长安城内，眼看长安唾手可得，但邓禹又一次失算了。其一，他没料到长安周边还有赤眉另一支生力军——谢禄部；其二，丧失长安城和北部根据地后，邓禹军粮食没了，只能吃枣度日，军队战斗力大为下降。

得知长安有失，谢禄亲自带兵增援，与邓禹军在稿街（西汉时期外国使节居住的地方）展开巷战。饿着肚子的邓禹军根本打不过如狼似虎的赤眉军，被迫退出长安城。此后，邓禹和赤眉军在长安又大战数次，均无功而返。

　　邓禹在关中屡战屡败的消息传到洛阳，刘秀终于决定换人，委派名将冯异接替邓禹经略关中。临行前，刘秀赐予冯异七尺宝剑，并告诫他说："你这次出兵，主要任务并不是攻城略地，而是要平靖地方，安抚百姓。"冯异受命从洛阳西行，布施威信，一路投顺者无数。

　　这边谢禄击败了邓禹，那边派去讨伐延岑的逄安却吃了大败仗，十万人马几乎赔光。而且，由于持续一年的战乱，农民没法种田，冬季的关中粮食终于告罄，百姓人吃人，野外堆满了白骨，幸存下来的人往往结营互保，赤眉军四处搜寻也抢不到粮食。眼看着继续在关中待就要全部饿死，樊崇等人无奈决定全军东返。

　　十二月初，赤眉军放弃长安东归。此时，赤眉军人数从入关中时的三十万锐减到不足二十万。

　　东返的赤眉军很快与冯异所部相遇于渑池①（今河南渑池县西，渑音miǎn）。双方谁也不肯主动出击：饿着肚子的赤眉军战斗力大减，不敢主动进攻；冯异摸不清二十万赤眉军的底细，更不敢轻易出击。两军就这样相持了几十天，有五千赤眉军实在受不了了，主动投降冯异。继续相持下去，缺粮又想家的赤眉军估计就要全军溃灭，可冯异万万没想到，最先犯错的居然是自己这方。

　　在赤眉军东归的同时，在关中饿肚子的邓禹也跟着向东，于建武三年正月底顺利与冯异大军会合。会合后，迫切想报仇的邓禹强烈要求冯异出兵与赤眉军决战，但被冯异拒绝，因为压根没到和赤眉决战的时候。

　　你不去，我自己派人去！邓禹的堂兄、接替冯愔为车骑将军的邓弘很快就率领骑兵向赤眉发起进攻。原本赤眉军上下都快被长期对峙搞得丧失信心了，突然听闻敌军居然主动来战，立刻打起了精神，出动大军迎战邓弘。

　　令邓弘兴奋的是，经过"激战"，赤眉军居然"溃败"了，连"粮草"

---

　　①《后汉书·冯异传》为华阴，但参考后来双方交战地，华阴有误。

都丢得到处都是，汉军士兵纷纷争抢"粮草"，但很快发现辎重车上的一袋袋粮食其实只有表层是豆子，里边大部分是泥土。

中计了！邓弘刚反应过来，赤眉军就杀了个回马枪。汉军因争抢粮食已经队伍不整，短时间内根本无法集结部队列阵。在赤眉军的凶狠拼杀下，汉军大败。

堂兄惨败，邓禹更加怒不可遏，以大司徒的身份要求冯异出兵增援，冯异据理力争，但毕竟官大一级压死人，只能服从命令，和邓禹共同出兵。

赤眉军又玩起了诱敌的把戏，刚与汉军主力交战，就佯装败退，急于为兄弟报仇的邓禹不听冯异劝阻，全力追击，一路追到北靠黄河、南接崤山的险地——回溪阪（今河南省三门峡市陕州区雁岭关东南），邓冯两军距离越来越远。见时机已到，刚刚还溃不成军的赤眉军扭头配合伏兵，痛打孤军深入的邓禹，邓禹惨败，麾下精兵死伤三千余人，其余大部溃散。邓禹本人只带了二十四骑逃过赤眉军追杀，撤到宜阳。

经此一役，邓禹麾下的河北精兵和关中新军全部赔光。

击破邓禹后，赤眉军又挥师猛攻冯异，冯异没想到邓禹崩溃得这么快，大军还没来得及撤往营垒就被迫与赤眉军接战。赤眉军人数占优，且刚两战两胜，士气旺盛，冯异军接连失利，部队大多溃散。为了躲避赤眉军追杀，冯异被迫带人下马步行，走崤山山路到达地势险要的崤底（今河南省洛阳市洛宁县西北）。

三战全胜，赤眉军高兴极了。他们不知道，回溪阪之战将是他们的最后一场胜利。

兵败回溪阪是冯异军事生涯中最大的耻辱。痛定思痛，冯异决定学习赤眉军战法——你会诱敌深入，难道我不会？

在休整一段时间后，冯异主动向赤眉下了战书，约好日子开打。赤眉军见又来个送死的，决定依样画葫芦，再来次诱敌深入。

交战当天，二十万赤眉军只出动了一万人去诱敌。没想到冯异"主力部队"更加不禁打，一万诱敌部队居然把冯异军杀得大败。樊崇等人心中大喜，出动主力向冯异军营垒发起进攻。

赤眉军士兵在冲锋时，并没注意到自己的队伍越打越多，并且越冲越乱，没多久，反而"自相残杀"起来。怎么回事？

原来，冯异在派老弱病残者去诱敌前，把精兵埋伏在崤山两侧，命令士兵们身穿赤眉军服装，假扮敌军，等赤眉军一入埋伏圈便冲下山去，在敌人内部引起混乱。

赤眉军被"李鬼"这么一击，只能下令收兵。冯异岂会给敌人喘息机会？下令全线追击。早就想报回溪阪之仇的汉军士兵痛打落水狗，杀得非常起劲，很快就突入赤眉军大营，赤眉军崩溃了，有九万男女老幼逃跑不及，只得投降。

此战，汉军大胜！不仅重创了赤眉军，还彻底浇灭了赤眉军战斗的意志。

刘秀接到冯异大捷的奏报后十分激动，亲自起草诏书，说："爱卿虽然在回溪遭受挫折，但最终能在崤底一雪前耻，真可谓是'失之东隅，收之桑榆'。我将会论功行赏，以酬谢你立下的汗马功劳。"

崤底惨败后，赤眉军余部只得以宜阳为突破口，东返老家。对此，刘秀早已做了充足的准备：派破奸将军侯进等驻兵新安县（今河南省三门峡市渑池县东），建威大将军耿弇等驻兵宜阳（今河南省洛阳市宜阳县西），以拦截其归路。并命令诸将："贼若东走，可以引宜阳兵会师新安；贼若南走，可以引新安兵会师宜阳。"

得知赤眉军要往宜阳方向突围，刘秀更是亲率主力提前赶到宜阳布阵。

突然碰到汉军主力，赤眉军惊讶得不知如何是好。崤底之败后，赤眉军士兵们斗志全无，说什么也不肯打了。樊崇等人无奈，只得向刘秀请降，在得到不杀降的保证后，二月十九日，刘盆子和樊崇、徐宣等三十多人带着十万大军集体投降，并献上了传国玉玺、刘玄的七尺宝剑及玉璧。赤眉军手上的兵器多得惊人，堆积在宜阳城西，与熊耳山（在今河南省三门峡市卢氏县东南）一样高。

刘秀说到做到，不仅不杀赤眉一人，而且给赤眉军食物，十多万人得以饱餐一顿。吃饱喝足后，士兵就地解散，三十多名头头则与家人住在洛阳，每人获赐住宅一区、田二顷。

最后，除樊崇、逢安因谋反被诛外，其他人均得善终。

搞定了赤眉军后，冯异率军顺利西进，推进到距离长安城不远的西汉皇家园林——上林苑。此时，刘秀在函谷关以西的敌人只剩下汉中军阀延岑这一个了（割据陇右的隗嚣此时名义上臣服刘秀）。

延岑的人生经历可以当一部西汉末混战史来看。

俗话说，乱世英雄出四方，有枪便是草头王。新朝末年天下大乱，南阳人延岑趁机也拉起了杆子，打下冠军县城（今河南省邓州市西北），当起了草头王。可没想到，草头王没当多久就被同样在南阳起兵的刘玄给盯上了。刘玄派大将军刘嘉率军攻打冠军县城，延岑被迫投降。刘嘉见延岑人才难得，是个打仗的料，于是把他带在身边。等刘玄迁都长安后，大封诸王，刘嘉被册封为汉中王，延岑又作为部将随刘嘉来到汉中郡（郡治南郑在今陕西省汉中市东）。可惜，刘嘉只看到延岑的能力，没看出延岑的野心。在汉中期间，延岑处心积虑拉拢关系、培植势力，等着有一天能东山再起。

一转眼又过了两年，到了建武二年二月，此时的关中，外有赤眉军大举进攻，内有刘玄和张卬交战，乱成一锅粥。延岑见更始政权已经日薄西山，自己东山再起的机会来了，趁机起兵进攻刘嘉，顺利独霸汉中，后来直接称武安王。打不过延岑的刘嘉只得西逃武都。

光拿下一个汉中还不过瘾，延岑又把目光对准了汉中西边，想趁更始政权无暇南顾的机会夺取武都郡（郡治武都在今甘肃省陇南市西和县南）。

理想很美好，现实很冷酷。自以为更始政权已无力保卫武都的延岑，率军大摇大摆地向西进发，但他不知道，虽然刘玄派不出人增援，但更始政权先前派去镇守武都的柱功侯李宝和益州刺史张忠手上还有充足的兵力，因为他俩镇守武都的目的之一就是为南攻巴蜀做准备。

轻敌冒进的延岑很快与占绝对优势的李张二人相遇，激战一番后，延岑毫无悬念地失败了，李宝又派兵断了他的后路，无路可退的延岑只得北撤天水郡（郡治平襄在今甘肃省定西市通渭县西北）。他还没来得及在天水整顿败兵，汉中方面又传来了坏消息：螳螂捕蝉，黄雀在后，割据巴蜀的公孙述趁汉中空虚，派手下大将侯丹攻占了南郑。

延岑见秦岭以南已经没有立足之地，而刘嘉和李宝又对自己紧追不舍，只得率部进入关中，逃往陈仓（今陕西省宝鸡市东）。但他没料到，刘李二人的追兵还是不肯放过自己，也跟着一路追到陈仓。延岑又吃败仗，万般无奈之下只得再向刘嘉投降。刘嘉为了壮大自己，又一次赦免了延岑。

赤眉军占领长安后，派军扫荡周边，陈仓也是要扫荡的目标。不厚道的赤眉军命令原更始将领廖湛当炮灰，率旧部讨伐陈仓，号称十八万人。面对原来的同事、现在的敌人，刘嘉、李宝、延岑率部死战，一举斩杀廖湛，击溃了赤眉第一拨讨伐大军。随后，李宝、延岑又率部朝长安进攻，直接推进到杜陵。

陈仓之败后，赤眉军不得不重视这支更始余孽。九月，由赤眉创始人之一、左大司马逢安率领十万大军进攻杜陵。延岑、李宝不知道赤眉军的厉害，决定正面硬碰。赤眉军可不比之前廖湛底下的残兵败将，战斗力非常强，在赤眉精兵的凶狠进攻下，李宝、延岑大败，数万士兵战死，李宝被迫投降，而延岑则收拾残兵逃跑。

不甘心被赤眉军降服的李宝心生一计，秘密派人告诉延岑："请延将军回军再战，我将在赤眉内部配合将军。"

同样不甘心的延岑决定赌一把，带着刚被打败的残兵再战赤眉军。逢安见延岑居然不怕死地向自己进攻，乐不可支，心想这回可不能让你再跑了，率领赤眉军主力空营而出，当然，为了防止李宝在战场捣乱，特地没让李宝出战。

赤眉军没想到，延岑军像打了鸡血似的，越战越勇，完全没有残兵败将应有的样子。赤眉军打得非常吃力，大战一天后，双方终于罢战。疲惫不堪的赤眉军回营休息，结果发现大营遍布白旗，而且营内士兵仿佛不认识战友了，纷纷向营外放箭。原来，被留在后方的李宝趁着赤眉军大营空虚的机会，带兵攻下了大营。

不好，营地被端了！还没等逄安下达反攻大营的命令，许多赤眉军士卒就乱作一团，不少人忙着自行逃回长安。

见赤眉军大乱，延岑意识到内应已经得手了，不顾疲劳迅速带兵追击。亡命奔逃的赤眉军哪里还有什么战斗力，纷纷成了延军刀下之鬼，十万大军中逃回长安的只有逄安和数千溃兵。

杜陵之战后，延岑军威大震，关中很多不愿意归附赤眉的势力纷纷依附于他。见到自己麾下多了那么多兵马，延岑胆子又肥了，再次背叛了刘嘉，发兵进攻李宝和刘嘉。经过杜陵之战后，刘李二人元气大伤，打不过实力强大的延岑，被迫退到云阳。

击破刘李后，延岑率领本部人马入据蓝田（今陕西省西安市蓝田县西），自行对投靠者封官许愿，并任命了一批地方官吏。一时间，关中大半地盘都落入延岑手中。

别看延岑势力庞大，实际上就是个花架子，许多军阀是看延岑大破赤眉，军威颇盛才前来投靠的，说得好听一点就是听宣不听调。其中，在赤眉走后占据长安的张邯、占据长陵的公孙守是原绿林军旧部；占据汧县（今陕西省宝鸡市陇县东南，汧音qiān）的角闳、占据盩厔的骆延、占据鄠（hù）县的任良、占据槐里的汝章四人，则是延岑手下败将廖湛的部下，当年四人在陈仓被延岑击溃后没逃走，而是就地割据，当起了草头王；在刘李二人逃跑后乘虚占据陈仓的吕鲔，则是关中土豪。一旦延岑失势，这些人翻脸比翻书还快。

没几个月，上述势力果然翻脸了。建武三年三月，为了扩张地盘，延岑联合张邯、任良等人主动进攻驻军在上林苑的汉军名将冯异。

延岑和赤眉军一样低估了冯异的能力，经过激战，延岑等人在丢下一千具尸体后被迫撤退。冯异又让投靠自己的更始旧臣于匡、邓晔率部继续进攻延岑，以表忠心。这两人打起延岑来格外卖力，很快把延岑逐出了蓝田。

屋漏偏逢连夜雨，正当延岑准备收兵再战时，麾下大将苏臣见主公已经没有什么前途，便带着八千名士兵投降，之前归附延岑的关中军阀也纷纷反水投汉，损失惨重的延岑彻底无法在关中立足了。

往哪跑？北边和东边是汉军的地盘，西边是隗嚣的地盘，南边是巴蜀公孙述——只能往河南跑了。延岑带着残部在于匡、邓晔的追杀下走山路从东南突围，经武关退入南阳郡，投靠穰县（今河南邓州市）流民帅杜弘。

打垮了延岑后，冯异挟战胜之威要求各地军阀上门投降，否则就加兵讨伐。这时，得知关中粮食匮乏的刘秀主动向冯异军供应大量军粮。见冯异兵精粮足，许多军阀首领只得交出部队主动归顺，冯异把他们全部送往洛阳。对仍死不归顺的势力，冯异则分兵讨伐。没多久，关中全部平定。不愿意投降冯异的吕鲔、张邯、蒋震三人率部南逃汉中，投降了巴蜀公孙述。

再说说刘嘉和李宝。这两人逃到云阳后，遇到同样撤到云阳的邓禹，刘嘉想借机投降刘秀，但李宝坚决反对，激动地说："天下事未可知，大王应拥兵自守，坐观成败。"

邓禹见刘嘉没有来投降，便将此情况上报刘秀，刘秀还想给从小玩到大的堂兄一个机会，下令邓禹继续招降刘嘉。

看到刘秀方面有招降的意思，刘嘉派李宝和刘秀的姻亲来歙谒见邓禹，洽谈投降事宜，然而好事多磨。

李宝存心想搅乱这次会面，见到邓禹后表现得非常傲慢。当时邓禹刚打了败仗（被赤眉军赶出长安），正心烦，看到傲慢的李宝顿时气不打一处来，下令将其斩杀。这下捅了马蜂窝。李宝的弟弟迅速集结部队反攻邓禹，为哥哥报仇。刚打了几次败仗又饿着肚子的汉军哪里打得过李宝旧部，很快惨败，被迫撤往高陵，连麾下的赤眉将军、着武侯耿欣都被李军斩杀。

到了建武三年夏天，冯异已经平定了关中大部分地方，眼看着继续对抗已经没有任何前途，刘嘉在来歙的劝说下主动带领残部从关中赶到洛阳归顺刘秀。后来刘嘉被任命为千乘郡（郡治千乘在今山东省淄博市高青县东）太守，善终。

拿下关中后，刘秀一跃成为天下实力最强的势力。识时务者为俊杰，建武五年夏，割据河西的窦融派人奉表归附。刘秀不费吹灰之力又拿下了凉州大部。

第一章的"渐台之围"一节提到，汉军进入关中，窦融在新丰吃了大败仗，只得逃回老家。王莽败亡后，窦融投靠刘玄的岳父、大司马赵萌，赵萌很赏识窦融的才华，推荐他担任巨鹿太守，但窦融并不愿意去形势复杂的河北任职，而是想着去河西发展一番事业，因为他的家族好几代都在河西发展：高祖父曾为张掖太守，从祖父曾为获羌校尉，从弟为武威太守。于是，窦融携带大量财物，跑去请托赵萌，恳求不做巨鹿太守，改去河西当官。赵萌收了钱财，果然替窦融向刘玄进言，很快，委任窦融为张掖属国都尉的诏书就下达了。

属国是西汉新设的行政单位。西汉中期之后对外扩张日益频繁，统治区域由原来的汉人聚居区扩展到匈奴、羌等民族聚居区。为了便于统治，朝廷直接在那设置属国，因俗而治，地位等同于郡。不同于内地军政分开的体系，属国军政合一，最高长官即为属国都尉。

凭借窦家的人脉和出色的治理才能，窦融很快在张掖属国站稳了脚跟，并与酒泉太守梁统、金城太守库钧、张掖都尉史苞、酒泉都尉竺曾、敦煌都尉辛肜等结交，组成河西五郡自保联盟。

尽管窦融只是河西众多两千石官员之一，但当地官员们还是一致推举有人脉又有能力的窦融为"行河西五郡大将军事"。

事实证明，河西官员们没有看错人，窦融当了"老大"后，在当地施行宽政，减轻赋税。为防止匈奴和羌人袭扰，窦融重新整训郡县官兵，整修烽火台。遭遇入侵时，窦融亲自披挂上阵，率兵抵挡，屡战屡胜。经过数年苦心经营，河西五郡渐渐成为关西最安定和最富庶的地方。前来躲避战乱和饥荒的人络绎不绝。

割据陇右的隗嚣为了争取窦融一起组建更广泛的关西攻守同盟，派遣辩士张玄到河西游说他："今豪杰竞逐，雌雄未决，当各据其土宇，与陇、蜀合从，高可为六国，下不失尉佗。"

窦融虽然偏处河西，但对天下大势也了如指掌，当时刘秀已经拿下了关中、河北、河南、荆州、并州、交州等地，统一全国只是时间问题，自己倒不如主动归顺，还能成就美名。在跟河西豪杰通气后，窦融决定向刘秀称臣入贡。

建武五年，窦融等河西官吏集体派使团到洛阳，向刘秀奉书献马。无巧不成书，这时刘秀也派使者到河西争取窦融。双方使者相遇于途中，共还洛阳。

刘秀东征西讨那么多年，基本没有遇上一位军阀主动归降，所以刘秀看到河西使团后心花怒放，赐窦融玺书和两百斤黄金，任命其为凉州牧。

当时窦融还不知道，他主动投汉的决策会给窦家带来多么大的好处。刘秀把窦融当成样板，赏赐甚厚，并主动与窦家联姻，到刘秀病逝前，窦家已经出了"一公、两侯、三公主、四二千石"，官府邸第相望京邑，有奴婢数千。刘秀病逝后，窦家势力更为显赫。窦融的曾孙窦宪是汉和帝的舅舅，以外戚身份掌权，曾带兵北击匈奴，燕然勒石的典故就与他有关。玄孙窦武是汉灵帝的外公，被任为大将军，封闻喜侯。

在《后汉书》里，东汉开国功臣中享受单独立传待遇的只有窦融和耿弇两人。不得不说，有时选择真的比努力更重要。

鏖战中原

虽然刘秀于建武元年十月正式迁都洛阳，但在洛阳周围乃至整个河南地区仍然有许多敌对势力，这些敌对势力可分为以下三种：

一、更始残余势力。比如驻守洛阳东南、虎踞轘辕关的偃王尹尊，驻守南阳郡的宛王刘赐、邓王王常，驻守淮阳（治所陈县在今河南省周口市淮阳区）的太守暴汜等。

二、各种割据势力。其中实力最强的就是睢阳的梁王刘永，地盘横跨豫州、徐州、青州二十多个城池；其次是占据颍川郡、汝南郡部分县城，拥兵十万的厌新将军刘茂。

三、盘踞在黄河南北的流民武装。势力最大的就是活跃在兖州的原力子都部，因其在檀乡（也叫檀城，在今山东省济宁市兖州区东北）复聚，所以号称檀乡贼，此时，这股流民武装已经向北移动，活跃在清河郡和魏郡之间；其次就是盘踞在魏郡的五校余部。黄河以南实力较强的有弘农贼、蛮中（今河南省洛阳市汝阳县东南）寇、新城（今河南省洛阳市伊川县西南）山贼张满等等。

然而刘秀没想到，平定河南最大的阻力居然是被逼反的自己人！

有了河北扫寇的经验，河南的那些流寇对拥有众多名将的刘秀来说压根就不是事儿。建武二年正月，大司马吴汉统率大司空王梁、建义大将军朱祐、大将军杜茂、执金吾贾复、扬化将军坚镡、偏将军王霸、骑都尉刘隆、马武、阴识等将领，率兵十万，北击魏郡檀乡贼。云台二十八将出动了九人，可以说是阵容强大。

刘秀派出这么强大的阵容去平檀乡贼不是没有原因的：魏郡、清河郡是他的大后方，肯定不能允许大股流民武装捣乱。

在侦知檀乡军大部活跃在邺城以东的漳水南岸后，吴汉觉得战机来了，指挥十万汉军向漳水急进，而檀乡军头目们原本以为人数众多的汉军会缓行慢步，并没有认真做好战备。没多久，十万汉军就杀到檀乡军跟前。不想硬碰硬的流民只得选择后退。吴汉一路紧追，很快就追到了漳水边，趁着流民军还没来得及过河，吴汉迅速下令："全军出击！"

经过激战，汉军将檀乡军杀得大败。前有大军，后有漳水，遭受重创的檀乡军彻底丧失了背水一战的勇气，纷纷投降，降者十余万人。刘秀后方的一大威胁终于被拔掉了。

消灭檀乡军后，吴汉又乘胜拿下了邺城地头蛇——西山贼黎伯卿部，彻底平定了魏郡。大司空王梁和大将军杜茂则率部扫平东郡和清河郡所有营寨堡垒，在汉军的凌厉攻势下，许多地头蛇不是投降就是被打垮。

解决了北边，就对付南边。打完檀乡军后，朱祐、王梁率部南下，与骠骑大将军景丹、破虏将军祭遵、骑都尉臧宫等人会师，从箕关南下，攻击洛阳西边的各路地头蛇。汉军所到之处，流寇望风披靡。逼降厌新将军刘茂，肃清柏华的流寇后，汉军杀到了新城县，和新城巨寇张满交战。

张满之所以和汉军血拼到底，很大一部分原因居然是迷信。最初起事的时候，张满祭祀天地，有方士为了拍马屁，献上了"谶文"，张满一看大喜——我果然是当王的料！

眼看着大兵压境，摧垮张满自在旦夕之间，为了防止盘踞在内黄（今河南省安阳市汤阴县东北）的五校余部乘虚袭击洛阳，刘秀将主力调回洛阳，只留下祭遵对付张满。

没了大部队，祭遵并未灰心，知道张满困守新城，根本打不了持久战，于是发兵断绝了张满的粮道，并坚守营垒不出来——看谁耗得过谁。果然，张满先沉不住气了，屡次发兵出城进攻祭遵，祭遵则坚壁不出。

这时，张满突然得到个好消息：之前被汉军击破的柏华等地的割据势力死灰复燃，攻下了新城以南九十里的霍阳聚（今河南省汝州市西南），在南边对祭遵形成威胁。但张满没能高兴多久，很快，祭遵就从围城部队中分出部分兵力南下围攻霍阳聚，迅速击破敌人，迫其投降。

借围城部队分兵之机，张满对祭遵发动数次进攻，均无功而返。

残酷的围城战持续了整整一年，到了建武三年二月，极度缺粮的新城终于顶不住了，汉军迅速破城，活捉了张满。被抓后，张满感叹道："谶文误我啊！"不久即被斩首。

只剩下老对手五校了。经过近半年的精心准备，建武二年八月，刘秀带上吴汉、耿弇、朱祐、贾复、冯异、陈俊、王常、臧宫、景丹等将领从洛阳出发，亲临内黄，征讨五校残部。双方在羛（xī）阳交战，不出预料，在精锐汉军的进攻下，早已失势的五校惨败，五万多人被迫投降，剩下一点兵马也被迫北撤打游击。

到了建武四年四月，从前线腾出手来的刘秀派吴汉、陈俊、王梁等将领北讨五校残部。五校闻讯，仓皇撤退，先后在临平（今河北省石家庄市晋州市）和箕山（今山东省菏泽市鄄城县箕山镇）被吴汉等人追上，经过激战，五校残部再次遭到毁灭性打击，突出汉军包围的剩余势力只能继续东逃山东，投靠军阀刘永的儿子刘纡。冀州彻底平定。

如果说平定黄河南北的流民残部，刘秀还费了点力气的话，那么对付更始留在河南的残余势力，简直是易如反掌。

建武二年三月的一天，洛阳宫殿中，刘秀和群臣正在热火朝天地讨论如何对付南方的更始大将。

刘秀向群臣发问："诸位爱卿，谁愿意去消灭实力最强的尹尊？"话音刚落，只见执金吾将军贾复立即出列，慷慨激昂地说："臣请命攻击尹尊！"刘秀哈哈大笑："执金吾去攻偃王，我还担心什么呢？"

贾复统率骑都尉阴识、骁骑将军刘植等人从洛阳出发，很快攻克了辕辕关，兵锋直指郾县。不久，在汉军的压力下，尹尊被迫投降。收服尹尊后，贾复又率兵东攻淮阳，太守暴汜见实力最强的尹尊都完蛋了，干脆也投降算了。就这样，更始在河南仅剩的三大势力被贾复搞定了俩，只剩下南阳了。

面对自己和麾下众多将帅的故乡，刘秀并不想大动干戈，而是以和为贵，派人劝降。当然，也不能光来软的。为了给驻兵南阳的更始将领一点颜色看看，刘秀派岑彭率兵南下，声称要打通前往荆州的道路，实际上是要对南阳施加军事压力。

岑彭果然不负厚望，接连攻克了南阳郡犨县（今河南鲁山县，犨音chōu）、叶县等十余座城池，兵锋直指宛县。很快，刘赐和王常就一前一后到洛阳归顺刘秀。

刘玄被俘后，驻扎在南阳的宛王刘赐、邓王王常等人一夜之间失去了效忠对象，无所归属。

最倒霉的当数刘赐，他麾下的六部兵是刘伯升的旧部，得知杀害刘伯升的元凶刘玄已经完蛋了，六部兵将士纷纷叛离刘赐。无奈，刘赐只得放弃宛县，退守淯阳（今河南省南阳市南）。

看着刘秀已经收服黄河南北大片地盘，不忘故主的刘赐西至武关，迎接从长安逃出来的刘玄家属，带他们一起到洛阳拜见刘秀。第二章的"平王郎"一节提到，刘玄要派人镇抚河北，最先推荐刘秀的就是刘赐，因此刘秀对刘赐心怀感激。而今刘赐又带故主的家属一同前来投靠，这让刘秀觉得刘赐十分忠诚，封其为慎侯。

此外，刘秀还宽宏大量地册封刘玄的几个儿子为列侯。

另一位镇守南阳的大将、邓王王常也带着妻子儿女来到洛阳，归附刘秀。对王常，刘秀并不陌生，第一章的"星星之火"一节提到，早在淯水之战前，王常就已经倾心于刘伯升，在昆阳之战中，也只有王常率先力挺刘秀内外夹击的破敌之计。因此当王常投靠刘秀后，刘秀知恩图报，册封其为山桑侯，并经常在群臣面前称赞王常。

同属春陵刘氏、自称厌新将军的刘茂面对同族兄弟刘秀的大兵压境，略微抵抗后也选择了投降。为安稳人心，刘秀册封刘茂为中山王，等天下大势已定后才以血统疏远、封王不合义理为由改封其为单父侯。

在对付更始残部和流民军的同时，刘秀将割据梁国的刘永也纳入了打击的范围。

说起刘永，读者可能并不熟悉，但要说起他的祖先、第一任梁王，那绝对大名鼎鼎，正是窦太后最宠爱的儿子刘武。刘永的父亲刘立是第八代梁王。想恢复祖上荣光的刘立玩起了政治投机，投靠王莽的政敌、汉平帝的母族卫氏，事后被王莽清算，刘立被杀，梁国被废。刘永也从宗室变成了普通人。

沉寂了数十年后，到了更始元年九月，义军攻克长安，王莽兵败被杀，刘永觉得复国的机会来了。在更始政权迁都洛阳后，刘永跑去求见刘玄，请求恢复梁国。刘玄果然册封刘永为梁王，以睢阳为梁国国都。

当了梁王，刘永并不满足，他的梦想是完成刘武未竟的心愿，当真正的汉家天子。听说刘玄迁都长安之后政治腐败、大失人心，他便决定单干。

首先他把自己的两个弟弟——刘防和刘少公分别任命为辅国大将军和御史大夫，紧接着以梁国豪杰周建等人为将帅，带着梁国的兵马，趁更始政权内乱、河南山东大片地盘无所属之机，攻下了济阴郡（郡治定陶在今山东省菏泽市定陶区西北）、山阳郡（郡治昌邑在今山东省菏泽市巨野县东南）、沛郡、楚郡（郡治彭城在今江苏省徐州市）、汝南郡等地的二十八座城池，加上之前的梁国，刘永拥有四十多座城池。为了扩大势力，刘永还给山东的地头蛇封官许愿：任命占据东海郡（郡治郯县在今山东省临沂市郯城县北，郯音 tán）的董宪为翼汉大将军，占据齐郡（郡治临淄在今山东省淄博市临淄区）的张步为辅汉大将军，占据山阳郡西防（今山东省菏泽市成武县东北）的佼强为横行将军。不到半年，刘永成为当时关东地区仅次于刘秀的第二大势力。

正当刘永忙着开疆拓土时，好消息来了：更始三年十月，刘玄带着传国玉玺投降赤眉，更始灭亡。真是天意啊！刘永大喜，十一月，直接在睢阳称帝。刘武没做到的事情，他的八代孙刘永做到了。

同为刘家人的刘永在政治上对刘秀威胁最大——两人都是西汉宗室，都被更始封王，都自称大汉正统，都称了帝。刘永，是刘秀心头大患，必须早日除掉。

建武二年三月，刘秀以虎牙大将军盖延为主将，督驸马都尉马武、骑都尉刘隆、护军都尉马成、偏将军王霸四人，统军五万，分别从酸枣（今河南省新乡市延津县西南）、封丘过河，张开东西两翼，对睢阳形成钳形攻势。

刘永的摊子铺得实在是太大了，根本没想到刘秀那么快就对他动手，大将军周建此时带着数万梁军在徐州一带攻城略地，根本来不及回援，因此汉军对梁国的进攻出乎意料地顺利：西路军攻占麻乡（今安徽省宿州市砀山县东北），东路军攻占襄邑（今河南省商丘市睢县），刘永连战连败，被迫率领残部逃进了睢阳城自守。

汉军东西两路顺利在城下会合，把睢阳紧紧地围困起来。但一个突发事件打乱了盖延平刘永的节奏。随盖延出征、驻兵淮阳郡的朱鲔旧部苏茂，因与其他汉军将帅不和，举兵反叛，杀死了淮阳太守潘蹇（jiǎn），之后大掠淮阳各县，占据广乐（今河南省商丘市虞城县西北），主动向刘永称臣。

苏茂反叛，最高兴的莫过于刘永了，指望着苏茂来救睢阳之围的刘永马上任命他为大司马、淮阳王。睢阳守军听说苏茂归顺刘永的消息，士气大振，拼死坚守城池，从三月到八月，汉军猛攻小半年，付出了巨大代价后依旧没有打下睢阳。

除了守军战斗意志坚定外，城池坚固也是重要原因。作为沟通河南和江淮的重镇，睢阳一直是兵家必争之地，历朝历代都对睢阳城进行了加固扩建。西汉时期的睢阳内城方十二里，外城方三十里，拥有城门二十四座，又有睢河作为护城河，可谓是固若金汤。当年七国之乱，吴楚叛军围攻睢阳三个多月不能下，如今刘永坚持了小半年，已经打破祖先刘武的纪录了。

睢阳久攻不下，盖延急了，在军营里苦思冥想。一天，他从军营里走出来透气，看到农民正在收割小麦，突然眼前一亮——迅速破城的办法有了！

若干天后，守军惊讶地发现汉军不再攻城了，而是在睢阳城外的田地里收割小麦。守军继而松了一口气，总算不用累死累活地在城墙上拼杀了。

刘永得知这一情况后哈哈大笑："看来汉军要耗下去，不过别忘了，刘秀在关东不只我刘永一个敌人，看谁耗得过谁。"

入夜，守军连续几个月紧张的神经松弛了下来，盖延等的就是这一刻。他抓住机会，在军中挑选精锐组成攻城敢死队，秘密靠近城墙，此时守军还在呼呼大睡，丝毫没有察觉到危险降临。神不知鬼不觉，汉军猛攻了半年都没登上的睢阳城墙，敢死队战士们轻松攀上去了。不一会儿，睢阳城门缓缓打开，大部队终于攻入了城内。

得知汉军破城后，刚从睡梦中醒来的刘永急急忙忙带着家人，率部分守军冲出东门逃跑。盖延则痛打落水狗，率部紧追。为了脱身，刘永不得不丢下残兵，带少数亲兵逃到虞县（今河南省商丘市虞城县北）。

没想到刚出虎穴又入狼窝，虞城豪强发现原来不可一世的刘永大势已去后，迅速发兵包围了刘永的住所，想把他抓起来充当归顺大汉的投名状。刘永在亲兵的拼死掩护下总算逃过一劫，直奔谯县（今安徽省亳州市，谯音 qiáo）。而他的母亲、妻子、子女等人则充当了俘虏。

向东追击刘永的盖延则接连攻克了薛县（治今山东省滕州市南）、彭城、扶阳（今安徽省宿州市萧县西南）、杼秋（今安徽省宿州市砀山县东南）、萧县、相县等地，斩杀了刘永设置的鲁郡太守和沛郡太守，汉军的兵锋直指淮河。

听说主公遭难，散在各处的刘永部下坐不住了。占据广乐的大司马苏茂、在徐州攻城略地的大将军周建、割据西防的横行将军佼强纷纷出动，凑成了三万援梁联军，准备截住高歌猛进的盖延。联军头头们失算了，且不说援军兵力并不占优（盖延军五万，援军五万），更致命的是援军由三名散在三地的将领率领，在作战配合方面极为糟糕。

双方在沛县以西决战，盖延利用敌军互不统属的缺点，先破实力较弱的苏茂部，苏茂在汉军猛攻下抛弃战友直接逃往老巢广乐。随后，盖延挥师再破周建、佼强。周佼二人也抵挡不住，麾下士兵纷纷溃散奔逃，有一大半士兵直接淹死在泗水里。

得知援军又败了，刘永这回没等盖延来攻，直接放弃谯县逃往湖陵（今山东省济宁市鱼台县东南），托庇于周建。盖延则挟战胜之威彻底攻占了沛郡、楚郡、临淮郡（郡治徐县在今江苏省宿迁市泗洪县南），把刘秀的势力延伸到了淮河。

建武二年前八个月对刘秀来说可谓形势一片大好，除了派去平定彭宠的邓隆吃了败仗，邓禹在关中进展不顺外，其他战线都是捷报频传：河南之敌基本被扫荡一空；占据上党郡（郡治长子在今山西省长治市长子县西南）的更始旧部田邑献城投降；更始中阳侯鲍永则早田邑一步，在更始败亡后带着并州（今山西省）其他郡县投降了刘秀。此时刘秀坐拥冀州、并州、豫州和幽州大半，势力范围延伸到了徐州、青州、兖州。

然而，一夕之间风云突变，刘秀在河南很快陷入三线作战的艰难境地。

建武二年八月，南阳郡爆发叛乱，堵乡（今河南省南阳市方城县）人董䜣（xīn）起兵攻入宛县，活捉了刘秀任命的南阳郡太守刘驎。紧接着，复阳（今河南省南阳市桐柏县西）人许邯在杏聚（今河南省南阳市桐柏县）起兵响应。没多久，南阳被叛军攻占大半。

得知南阳有失，刚刚平定五校余部的刘秀立即命令驻兵内黄的十万大军迅速南下，前往南阳平叛，以大司马吴汉为主将，扬化将军坚镡和右将军万修为副。

大司马吴汉果然出手不凡，十万大军一到南阳就如同雷霆万钧一般，接连攻克了涅阳（今河南省邓州市东北）、郦县（今河南省南阳市北）、穰城、新野等地，叛军损失惨重，就连占据宛县的董䜣都被迫逃往家乡堵乡苟延残喘。汉军不仅离彻底平定南阳只有一步之遥，而且还顺手在黄邮水（新野县东边）把前来增援叛军的楚黎王秦丰打得大败。

看到大局已定，吴汉高兴不已。想到麾下的十万大军千里迢迢从内黄赶到南阳奋勇作战，连战连捷，吴汉真想好好犒劳一下疲惫的将士，于是放纵士兵在南阳烧杀抢掠。

前边说到，刘秀之所以被称为铜马帝，原因在于他麾下主力部队就是归降的数十万流民武装铜马军。顾名思义，流民武装就是靠到处抢别人来维持队伍的。尽管铜马军大半被刘秀收编，但大头兵和将校们抢掠的本性并未改变，这回得到大帅的许可，纷纷如同饿狼一般把南阳搞得鸡犬不宁，百姓怨声载道。

汉军的暴行很快把一个人给激怒了，这个人就是从洛阳回乡探亲的破虏将军邓奉。

说起来，邓奉还是刘秀的亲戚，他的叔叔邓晨是刘秀二姐夫。邓晨跟随刘伯升兄弟起兵，邓奉则在家乡联络四方豪杰，王莽败亡后趁机攻下了淯阳县。

邓奉不仅和刘秀沾亲带故，还帮过刘秀大忙。刘秀北上河北前为防止刘玄迫害他的家属，让妻舅阴识带着阴丽华回南阳老家避难，因为邓刘两家是姻亲，阴识就带着家属到淯阳县邓奉军中寻求保护，邓奉对阴家一门老小精心照顾。听说刘秀称帝后，他还带兵护送阴丽华等人前往鄗县，从此加入汉军，累功升为破虏将军。

看到南阳乡亲们流离失所、号哭道旁，在新野老家的邓奉怒不可遏，被冲昏头脑的他并没有把情况上报给刘秀，而是做出了一个惊人的决定：发动南阳乡民袭击吴汉。为了南阳的父老乡亲，拼了！

今天的我们已经无从探究邓奉当时心里的想法，只知道邓奉这一反，整个中原差不多天翻地覆，刘秀平定天下的脚步被拖延了一年。

邓奉起兵造反后，并没有跟吴汉硬碰硬正面对决，而是让手下人猛攻吴汉大军的辎重，并号令南阳乡民坚壁清野，不让吴汉抢到一粒米。

吴汉的十万大军不仅到处被动挨打，而且由于辎重丧失，很快就没粮吃了。更糟糕的是，吴汉麾下两员副将之一——万修此时病逝军中。

见时机已到，邓奉命令各地乡民和叛军发起总攻，很快把饿肚子的汉军杀得大败。吴汉被迫带着残兵败将逃跑，平叛取得的城池基本丢光，只剩下坚镡还在死守宛县。

坚镡没想到，这一守就是十个月。在与刘秀断绝联系的十个月里，他被叛军两面夹击，想突围突不出去，部队的粮食给养也断绝了。没办法，不甘心投降的坚镡与士卒同甘共苦，一起靠野菜充饥，每战身先士卒，先当矢石，身上三处受了伤，才勉强保住了宛县。

击破吴汉后，邓奉率部回到老根据地淯阳县，一边招兵买马，重聚旧部，扩充实力；一边和流窜南阳的延岑、占据堵乡的董䜣、割据黎丘（今湖北省襄阳市宜城市西北）的楚黎王秦丰联合起来，做好了和刘秀长期对抗的准备。

令刘秀稍感欣慰的是，虽然前方败报不断，但同样驻兵南阳的岑彭并没有让他失望。为了策应吴汉，岑彭率兵以迅雷不及掩耳之势直奔杏聚，讨伐叛将许邯。许邯没料到汉军突然出现，吓得直接投降。

第二次讨伐南阳的统帅有了！在准备了两三个月后，建武二年十一月，在南阳前线的岑彭受命担任征南大将军，讨伐邓奉。刘秀还命令建义大将军朱祐、执金吾贾复、建威大将军耿弇、武威将军郭守、越骑将军刘宏、汉忠将军王常、偏将军刘嘉、耿植共八名将领给岑彭打下手，还为岑彭配备了七万兵马。

云台二十八将出动了五人，这次南征刘秀是志在必得。

岑彭很快制订了围点打援的作战方案。七万大军并没有直奔邓奉的老巢淯阳，也没有去解宛县之围与坚镡会合，而是移兵堵乡县，围攻邓奉的盟友董䜣。看你邓奉来不来救：不来，我断你一臂；来，我率主力严阵以待，在运动中消灭敌人。

果然不出岑彭所料，邓奉得知盟友有难，亲率一万精兵增援堵乡。岑彭大喜，留部分兵马继续围攻堵乡，自己带主力迎击邓奉。令岑彭没想到的是，狡猾的邓奉在赶到堵乡附近后就止步不前，安营扎寨，打算和汉军主力长久对峙。岑彭在运动中歼灭敌人的设想泡汤了。

但此时汉军毕竟在兵力上占据绝对优势，就算邓奉死守营寨，汉军如果全力进攻，全歼还是很有可能的。

只是岑彭没想到，这邓奉实在是太难打了。邓奉麾下善战之卒基本上是留在南阳的绿林老兵，这批人有部分还参加过昆阳之战和围攻宛县的战斗，战斗力非常强悍，加上保卫家园的热情高涨，军队士气很高。几个月下来，占据绝对优势的汉军居然跟邓奉打成了对峙。

不甘心被动挨打的邓奉还趁着汉军进攻间隙主动出击，猛攻实力相对薄弱的建义大将军朱祐所部。朱祐没想到处于劣势的老朋友居然会对自己下手，仓促应战，很快被打得大败，朱祐本人兵败被俘。因为刘秀家的关系，朱祐和邓奉从小就认识，邓奉对这位被俘的发小倒没怎么为难，继续把他当朋友，无聊时还跟朱祐一起下棋喝茶聊天。

对阵邓奉的战役堪称岑彭军事生涯的一大耻辱。

得知南阳前线吃紧，刘秀也颇感无奈：占据关中的十万赤眉军要东出函谷关，必须调集大部队堵截；另一支生力军由盖延统率，要对付蠢蠢欲动的刘永。此时刘秀不仅没有继续增援南阳前线，反倒从南征大军中抽调了贾复、耿弇两支人马西进宜阳、渑池，堵截赤眉军东进。在刘秀看来，邓奉实力并不算强，而且也没有十分明确的政治目的，可以看作"自守之贼"；而手上有皇帝，又极度想东归的赤眉军一旦突破崤函防线直奔洛阳，对自己威胁更大。

失去两路生力军后，岑彭又要围攻堵乡，又要对付邓奉，兵力顿时紧张了不少。龟缩在堵乡的董䜣趁机出城袭扰岑彭后方。

堵乡没能围成，邓奉越打越强，南征军在南阳陷入了极为尴尬的境地。

邓奉在南阳力挫岑彭的消息不胫而走，把刘永给刺激了，躲在湖陵的他派人联络打算归降刘秀的军阀董宪和张步，在大将军的基础上再加封赏——直接封王。在封王的诱惑下，董张二人果然杀了刘秀的使者伏隆，继续公开支持刘永。刘永又派人到睢阳鼓动旧部造反，没多久，睢阳复叛，周建凑了十万大军，护卫刘永杀回老家。躲在广乐的苏茂也趁机出来攻城略地，梁国、淮阳被搅得动荡不安。

西有赤眉十万大军，南有邓、董精锐叛卒，东有刘永死灰复燃——建武三年一开年，坏事就一件接着一件。

局面很快就发生了逆转，二月，赤眉平定。三月，刘秀率十万汉军从洛阳南下，亲征邓奉。

为了保证侧翼安全，顺便彻底解决中原割据势力，刘秀还重新起用了因逼反邓奉而被"雪藏"大半年的吴汉，让他率骠骑大将军杜茂和强弩将军陈俊围攻盘踞广乐的董宪，剪除刘永羽翼。同时，刘秀命令盖延从徐州撤兵，围攻复叛的睢阳。

据守堵乡的董䜣为了阻挡刘秀大军南下，派兵数千提前占了叶县，堵住汉军南进通道。还没等刘秀下令挥师猛攻，董军就溃败了。原来，得知皇帝亲征，岑彭在高兴之余也没忘记注意董䜣的动向。当他发现董䜣派兵北上要打阻击时，果断出手，率主力北上奔袭董䜣，很快就将董军杀得大败。进入南阳的通道打开了。

刘秀大军络绎不绝地向南阳进发，史称"车骑一日不绝"。邓奉派去侦察汉军动静的探子哪见过这种场面，吓坏了，跑去禀告邓奉，邓奉连夜从堵乡前线撤走，而自忖实力不敌的董䜣干脆投降了。

到了三月底，刘秀终于抵达南阳大规模叛乱的起点——堵乡。四月初，汉军主力在小长安聚追上了邓奉军主力。

五年前，刘秀在此失去了二姐刘元，五年之后，刘秀又要在此对垒二姐的侄子。可以说老天爷跟刘秀开了个大玩笑。

小长安聚往南六十里就是老根据地淯阳，邓奉明白自己已经退无可退，决战的时候到了。

刘秀方面的阵容可谓强大，除了原先参与南征的岑彭麾下七名将帅（含后来被调走的耿弇、贾复）外，还来了臧宫、傅俊等人，就连刚击破张满的祭遵也受命率领偏师攻打邓奉的弟弟邓终。粗略计算，本次决战，偏师加主力共有十名云台功臣参与。

打了败仗的岑彭为了一雪前耻，主动请缨担任前敌总指挥，刘秀不仅同意了，还为他配备了耿弇、贾复和傅俊、臧宫等人的部队，其中臧宫手下是幽州突骑，傅俊手下是刘秀的精锐亲军。刘秀本人则居中督战。

仇人相见，分外眼红。岑彭依靠人多兵多将多，也不玩什么花活了，直接正面硬碰，以突骑居前，精锐步卒继后，猛攻邓奉军。邓奉的部队虽然人少，但个个都愿意为家乡而战，与汉军展开激烈厮杀。

战斗打得极为惨烈，双方都杀红了眼，邓奉方面干脆豁出去了，就连汉军中以勇猛出名的贾复也被邓军砍成重伤，只能仓促抬下火线。此战之后，贾复本人就再也没有带兵参与任何一场战役，可见伤势之重。然而汉军实力毕竟远远强于邓军，加上有刘秀在中军督战，决战的结果不言自明——邓奉惨败，手下一万多精兵基本战死。

走投无路的邓奉对刘秀还抱有一丝希望：自己毕竟是刘秀的亲戚，还帮过阴丽华，为刘秀打过仗，怎么说刘秀也会放自己一马。于是他脱掉上衣，光着上身，让之前被俘虏的朱祐押着自己，一起去刘秀大营请罪。

刘秀果然心软了，觉得他毕竟是被吴汉逼反的，情有可原，想赦免他。被邓奉在战场上羞辱过的岑彭和耿弇不干了，激动地劝谏刘秀："邓奉这反贼让汉军在外征战了一年，损失惨重，而且他还击伤贾复，生擒朱祐。陛下亲自前来讨伐，他也没有马上投降，直到打不过才投降，如果不杀了他，就无法昭示惩治叛乱的决心。"众多将领纷纷附和，对邓奉喊打喊杀。刘秀无奈，只得下令斩杀邓奉。一场不该发生的叛乱就此结束。

消灭邓奉后，刘秀指派臧宫带突骑支援偏师祭遵，两人通力合作，先后消灭了邓奉的弟弟邓终和盘踞在涅阳、郦县的更始残部左防、韦颜。

耿弇则率部讨伐盘踞在穰城的地头蛇杜弘，在城下大败刚投奔杜弘的延岑，杜弘投降，延岑南逃南郡，投靠楚黎王秦丰。秦丰非常赏识屡战屡败的延岑，甚至将女儿许配给他。

小长安聚之战结束后，汉军主力撤退，秦丰趁机派女婿延岑和部将张成北进淯阳，袭占东阳聚（在涅阳东北），作为打进南阳的一颗钉子。

为拔掉这颗钉子，建武三年十二月，刘秀派建义大将军朱祐和征虏将军祭遵统兵数万讨伐延岑。当时秦丰正被岑彭围攻于黎丘，没办法支援东阳聚这座孤城，延张二人只能硬着头皮抵挡汉军，最后自然是兵败城破，张成被斩。

而意外的是，延岑又一次成功逃脱，不仅躲过了朱祐大军的追杀，还躲过了围攻黎丘的汉军，跑进城里和丈人秦丰会合了。

至此，南阳彻底平定。

在刘秀亲征南阳取得巨大战果的同时，吴汉和盖延在东线也是捷报频传。

广乐方面，吴汉率骠骑大将军杜茂和强弩将军陈俊等七名将领共五万人马围攻苏茂。大兵压境，苏茂急忙向刘永求援，唇亡齿寒，刘永把家底给掏空了，派周建带十万大军增援广乐。心大的吴汉对敌人援军嗤之以鼻，只带了部分轻装骑兵迎战周建。然而吴汉失算了，作为梁国豪杰，周建还是有两把刷子的，刚到广乐城下就依靠兵力优势猛攻吴汉，汉军初战失利，被迫退回营中固守，吴汉本人还在战斗中坠马伤了膝盖，差点交代了。周建顺利进入广乐与苏茂会师。

打了败仗，主帅受伤，汉军诸将纷纷打退堂鼓。吴汉见此勃然大怒，用布把受伤部位简单包扎后从床上跳起来，传令诸军："别看敌人有十几万人，他们都是些只懂得劫掠的强盗，打赢了争先恐后，打败了各不相救，都不愿意为忠义而死，战斗力和战斗意志都比我们差远了，现在是建功封侯的良机，各位努力吧。"

精神鼓励还不够，吴汉还下令把全军的牛都给宰了，犒劳将士。有了物质刺激和精神刺激，原本低迷的军心果然被激发了，汉军士气倍增。

吴汉这么干并不是一时心血来潮，作为身经百战的将领，他料到打了胜仗的敌人一定会在第二天挟战胜之威围攻汉军大营，汉军低迷的士气如果不能立即扭转，那就彻底完了。

　　果然如吴汉所料，第二天一早，周建、苏茂带着十几万兵马从广乐城倾巢而出，围攻汉军。

　　汉军营内，只见吴汉身穿铠甲，手持大戟，给诸将下达命令：听到鼓声后要带领士兵反击，后至者斩！为了确保反击万无一失，吴汉还提前从部队中挑选出精锐的步卒，搭配三千突骑作为反击先锋。

　　敌人离大营越来越近。"咚！咚！咚！"进攻的鼓声敲响了。汉军突骑打头、步卒在后，如猛虎下山一般反冲敌军，一心想捡漏的梁军蒙了，还没反应过来就遭到毁灭性的打击，大溃，众多败兵争先恐后地逃往广乐城。

　　吴汉不会放过这个难得的破城机会，迅速命令部队继续追击，与溃兵争抢城门，不能给敌人关闭城门的机会。很快，汉军就跟着溃军杀入广乐，周建和苏茂见势不妙，赶紧带着少数兵马突围逃往睢阳。经过两次苦战，苏茂的老巢终于被拿下。

　　打铁趁热，吴汉留杜茂、陈俊等守广乐，自己率兵与盖延会合，共同围攻睢阳。

　　败光了所有生力军的刘永再次陷入被围的窘境，只是这回汉军没有给他破守城纪录的机会。在围城一百天后，建武三年六月，盖延再次采用收麦大法，派兵把睢阳城外的小麦全部收割干净。面临粮食危机的刘永看到汉军忙着干农活，深知睢阳失陷只是时间问题。

　　树挪死，人挪活！一天晚上，刘永留下弟弟刘防死守睢阳，自己则带着苏茂、周建、佼强等将领与守城军主力连夜向东突围。盖延带兵火速追击。这时刘永犯了一个巨大的错误——搬家式突围，逃跑还带着大量的辎重。笨拙的突围队伍很快就被汉军追上，失去战意的梁军士兵四散奔逃，刘永不仅丢光了所有辎重，还损失了大部分兵力。

　　眼看跟着刘永混已经没有任何前途，刘永的部下庆吾充分诠释了什么叫"识时务者为俊杰"，他在突围途中砍下了刘永的人头，向盖延投降。

　　得知刘永被杀后，死守睢阳的刘防也举城投降，梁国彻底平定。

128

主子死了，侥幸从睢阳成功突围的周建和苏茂、佼强仍不死心。周苏二人逃到汝南郡重镇垂惠（今安徽省亳州市蒙城县西北），拥立刘永的儿子刘纡继任梁王。佼强则跑回了老根据地西防，继续支持刘纡。

击破刘永后，吴汉率主力北返洛阳，向东进攻刘纡残部的重任落到了盖延的肩膀上。休整几个月后，到了建武四年春，盖延和麾下的平狄将军庞萌一道率汉军再次东进徐州。

为了切断敌军与北边董宪、张步二人的联系，盖庞二人先越过垂惠，攻克垂惠以东一百里的蕲县（今安徽省宿州市埇桥区蕲县镇，蕲音 qí），断敌东撤的后路，接着转兵向北，轻松拿下楚郡郡治彭城和重镇留县（今江苏省徐州市沛县东南），击破了前来增援的董宪部。拿下徐州对盖庞二人来说指日可待。

然而事实证明董宪绝非草包。没多久，盖延不仅在兰陵和郯城连吃败仗，和他并肩作战的庞萌也竖起了反旗。盖延将经历他人生中最黑暗的时期。（这块内容详见后文"东征齐鲁"一节）

光靠盖庞二人还是不行，为了彻底平定刘纡，建武四年七月，光武帝亲临谯县，督捕虏将军马武、偏将军王霸进攻刘纡。马王二人连战二百里，一路攻城略地、势如破竹，很快将垂惠团团包围。

刘纡选择垂惠作为根据地是有原因的。别看垂惠是小城，城防异常坚固，到今天还残存着内外两道城墙遗址。外城东西宽一千一百九十米，原土砌城墙宽七米、高三点四米，外边还有四米深的护城河。

为了攻城，汉军甚至使用了火攻，派人在城下堆柴，点起熊熊大火。城上也不甘示弱，往城下扔火把阻止汉军攻城。烈火把城墙烧得通红，至今垂惠城遗址还被当地百姓称为红城子。

垂惠守军之所以那么搏命守城，是因为城外还有一支生力军尚未回援，这支生力军就是在外招兵买马的苏茂。八个月后，建武五年二月，自觉实力强大的苏茂终于决定增援垂惠。但久经战阵的他转念一想，自己无论如何都不能跟占据绝对优势的汉军正面硬碰——既然你围我城，那我就断你军粮。于是苏茂一边率兵四千增援垂惠，一边派精锐骑兵拦截马武的军粮。

粮草不容有失！马武亲自带兵救援，周建发现马武军移动后，大喜，发兵出城猛攻马武。恰在此时，苏茂的四千援军赶到，周苏二人一前一后对马武进行夹击，形势对马武极为不利。

马武最开始并不在意，毕竟还有王霸可以支援自己呢。但他没想到，自己被周苏二人痛打，王霸竟一点表示也没有。夹击之下，马武部损失惨重，被迫逃跑，在逃跑途中路过王霸的军营，大喊求救。王霸不仅闭门不出，还说了句："敌人太强大了，我出兵也会和你们一样失败，你们好自为之吧。"

王霸部下大惑不解。唇亡齿寒啊，偏将军怎么不明白这个道理？王霸慢悠悠地说："苏茂兵精人多，我们军心恐慌，而且马将军和我互不统属，所以才会被敌人钻了空子。现在我们对外说不救，敌人听到了一定乘胜冒进；而马武知道没有人救他，为了保命一定会奋勇作战。等敌人疲劳了，我们再趁机杀出，这样才能一击制敌。"

看到王霸躲在营里避战不出，刘纡和周建果然把守军主力悉数调出，想全歼马武。马武为了避免全军覆没，在痛骂王霸见死不救的同时，自己只能率部拼死苦战，勉强顶住了周苏二人的疯狂进攻。

眼看马武就要遭受灭顶之灾，王霸军中不少人受不了了，勇士路润等几十人割断头发请求参战。

敌人战力已衰、己方士气正旺，出击的时候到了！紧闭的营门突然打开，王霸以步兵击敌侧背，精锐骑兵绕击敌后，汉军如同猛虎下山一般猛击周苏二人。周苏二人那时还在一心一意想着全歼马武，压根没想到自己侧后方会出事，还没来得及调转进攻方向，士兵们就溃不成军了。汉军反败为胜！害怕溃军进城的周苏二人干脆在城外扎营，打算和汉军死磕。

打了败仗的周苏二人既懊恼又不甘心，清点兵马，还好元气未失。两人决定再战汉军，马武已经被打残了，这回先打王霸。

苏茂、周建再倾全城之兵挑战王霸，想让王霸出来野战。而王霸偏偏不吃这套，不仅死守不出，还在大营喝酒作乐。苏茂军的挑战越来越过分，甚至命令弓箭手疯狂向王霸军射箭，顷刻间汉军营内箭如雨下，连王霸面前的酒杯都被射翻了，王霸却稳坐不动。部将大为愤怒，纷纷请求出战，王霸又一次拒绝了众人："你们错了。苏茂带兵从远方来，粮食不够，所以屡次挑战，想要一决胜负。现在我们关门休兵，他们拿我们没办法，自然会收兵。"

周苏二人见王霸打死不出来，果然领兵返回城外大营。到了晚上，疲惫至极的他俩想带兵入城，然而城里却出现了严重的问题：任凭城下怎么叫喊，周建的侄子、负责留守城池的大将周诵就是不开门。

不好，周诵反了！发现情况不对的刘、周、苏三人害怕被夹击，干脆直接逃跑：苏茂向东北狂奔三百里投靠占据下邳的董宪，周建和刘纡则向北投奔另一位部下——占据西防的大将佼强。没跑多远，丢了根据地的梁军士兵对周建大为不满，纷纷哗变，周建被乱军杀死。剩下的少数残部护送主子刘纡成功逃到西防。汉军则一路尾随，围攻西防，不久后，佼强也顶不住了，带着刘纡投靠董宪。

刘永的势力彻底完蛋了，放眼中原，和刘秀继续敌对的只剩下董宪、张步。

饮马长江

建武三年四月，小长安聚决战的硝烟刚刚散去，在南阳操劳了大半年的征南大将军岑彭正想好好休息一番，突然接到刘秀的命令，让他立刻赶到中军大帐，有要事相商。

刘秀正仔细浏览荆州地图，旁边还有亲信、积弩将军傅俊以及骑都尉臧宫、刘宏等人。见此次会议的重要"嘉宾"来了，刘秀也不客套了，直接下达了作战任务："君然（岑彭字君然），咱们的志向是一统天下，现在南阳已平，下一步就要向长江进军。荆州主要有两个敌人，一个是占据黎丘的秦丰，一个是占据夷陵（今湖北省宜昌市东南）的田戎，两人都是自守之贼，不足挂齿，我相信以爱卿的能力，消灭他们不成问题。我把傅俊的精兵和臧宫的突骑都交给你指挥，总共三万步骑，我将在洛阳静候佳音。"

不得不说，王莽那失败的新政给了很多人称王称霸的机会，南郡邔县（今湖北省宜城市北）人秦丰就是一位。年少时，此人乘着王莽扩招太学的东风到长安求学，毕业后回老家担任县吏。但秦丰并不甘心平庸地度过一生，总想着干点大事。终于，机会来了：地皇二年，荆州牧的两万奔命兵被绿林军杀得大败，整个荆州官兵实力大减，秦丰果断在黎丘聚众一万，起兵造反，毫不费力地攻占了邔县、宜城、邓县（今湖北省襄阳市北）等十二个县。到了更始二年，听说更始帝在长安胡作为，秦丰干脆自立为楚黎王。

才过了六年舒服日子就有人来犯，秦丰不敢大意，亲自与麾下大将蔡宏一道，率楚军主力抢先一步北上邓县，堵住汉军南下之路。

邓县位于沔水（今汉江）北岸，是南阳郡最南端的县，江对岸就是荆州南郡。更重要的是，从邓县渡过沔水后，距离秦丰的大本营黎丘只剩下不到百里。岑彭要想渡过沔水南下荆州，邓县是捷径，而秦丰要想保住老巢，必须倾全力死守邓县。

岑彭没想到，自己开场就碰到了硬钉子，邓县太难打了。只有三万人的汉军对阵数万楚军，兵力并不占优。而且邓县城非常坚固，现在襄阳还有保存完好的古邓城遗址，遗址仍留有南北长八百至八百二十五米、东西宽六百至六百七十五米、残高三至六米的城墙，城北护城河宽四十米，城南紧邻沔水，沔水南岸的敌军可以源源不断地支援邓城。

围，围不动；攻，攻不下。岑彭南征军在攻围两难的邓县城下耗了三个月。

刘秀对岑彭此次南征寄予了厚望，但等了三个月，南征军依然没有传来捷报，刘秀急了，破天荒地下诏书批评岑彭拥兵不进，作战迟缓。

接到刘秀诏书后，岑彭感觉到了前所未有的压力。但是，名帅就是名帅，见正面攻不下邓县，岑彭决定另辟蹊径，给敌人送上声东击西加围点打援组合套餐。

七月的一天晚上，汉军紧急集合，岑彭发布命令：不打邓城了，转兵向西，渡过沔水攻打山都（今湖北省襄阳市西北）。

大军出发前，岑彭还"好心"地把俘虏兵给放了。俘虏兵逃回邓城后，将汉军西进山都的消息报告给了守军，守军迅速转报秦丰。秦丰判断，汉军正面进攻邓城几个月都没有攻下，肯定想迂回后方，先西渡沔水，再折向东南，绕个大弯进攻黎丘。坚决不能让敌人诡计得逞！秦丰亲自率楚军主力连同邓县守军向西截击汉军。

其实深入思考就知道，岑彭如果真这样干，那就是犯了兵家大忌：三万大军在陌生的地盘折返数百里，会把士兵拖垮的。岑彭本次出击另有目的，那就是绕过邓县，暗渡沔水，直奔距离邓县只有四十里的阿头山（今湖北省襄阳市西）。

阿头山在当时不怎么出名，但据谭其骧等人考证，这座山就是现在的襄阳隆中山，一百七十年后，诸葛亮就是在这里躬耕陇亩，等待贵人三顾茅庐。

当时，楚军主力都在前往山都的路上，江对岸的阿头山兵力严重不足，加上之前岑彭做足了西进山都的戏码，阿头山守将张杨压根就不相信敌人会抄近道来自己这边，汉军仿佛从天而降，阿头山防线瞬间被突破。

攻下阿头山只是行动的第一步，要实现第二个目标——围点打援，关键是要在"围"上下功夫，要迅速将秦丰的老巢黎丘围起来。

秦丰对阿头山防守麻痹大意也是有原因的。从阿头山到黎丘八十里路程，一大半是山路，沿途还有许多楚军据点，怎么看敌人都不可能从阿头山直插黎丘。

但岑彭做到了。他带领士兵在山谷间伐木开道，且战且进，沿途楚军还没明白是怎么回事就被汉军消灭。没几天，汉军赫然出现在黎丘城下。

当黎丘被围的消息传到秦丰耳中时，秦丰傻眼了，他做梦也没想到，不仅苦心经营的汉沔防线没起到作用，而且自己还误判了敌军动向，错误地把主力部队调去偏远的山都。

亡羊补牢，秦丰急忙带着楚军主力火速回师黎丘，没想到又中了岑彭的计谋。

到达黎丘后，岑彭下令全军好好休整一番，迎接与楚军主力的对决。几天后，气喘吁吁的楚军士兵紧赶慢赶跑到黎丘城下，秦丰决定趁热打铁，当晚夜袭汉军。

当夜袭队伍悄悄进入汉军营垒时，突然发现四周到处都是火把。原来岑彭早就料到敌人要夜袭，提前设下埋伏，这回正好关门打狗。经过激战，中了埋伏的楚军惨败，大将蔡宏被汉军斩杀，秦丰本人则带着残兵败将逃到黎丘城中。

秦丰还没从惨败的阴影中走出来，又一个巨大的打击来了：占据宜城的楚国丞相赵京不仅率部投降，还亲自带兵到黎丘城下，与旧主子兵戎相见。

大破楚军主力后，岑彭把目光投向了长江下游的扬州。当时，扬州五郡一国，除了王莽时期的庐江太守李宪割据称帝外，豫章郡、会稽郡、丹阳郡、九江郡和六安国仍处于闭门自保的状态。为了避免李宪抢先拿下其他郡国，岑彭派傅俊率楼船舰队和步骑兵一万人，水陆并进，顺流而下，直取江东。

在扬州，感觉顺风顺水的傅俊又犯了和吴汉一样的错误，放纵手下士兵抢掠百姓，挖掘当地人的坟墓，盗取财物，弄得民怨沸腾。还好，傅俊手下还是有明白人的，被聘为长史的名士大儒郅恽仗义执言，要求汉军效法周文王、周武王的正义之师，停止盗墓，收殓尸体，安抚人心。傅俊被郅恽说服了，命令士兵收葬骸骨，重新修缮坟墓。同时还严肃军纪，禁止抢掠。很快，江东其他郡县纷纷开门迎接纪律严明的汉军进城。

傅俊收服长江下游意义重大。建武四年八月，汉军讨伐李宪时，直接征调归顺的会稽、丹阳、九江、六安的兵力，一南一北夹击庐江。

傅俊那边顺风顺水，然而岑彭这边并不顺利。原以为楚军主力完蛋了，拿下黎丘会轻松很多，哪知道秦丰真是个守城专家，前边死守邓县一百天，这回又死守黎丘，直接破了两汉之交守城纪录，一守就是两年！

原来，秦丰在六年时间里也不是无所事事，而是一心一意将黎丘打造成超级要塞，并囤积了足够多的粮食。岑彭又一次尝到了围攻铜墙铁壁的滋味，只能直挠头。

秦丰的女婿延岑并不认为跟着老丈人死守孤城有什么前途，开始考虑另谋出路。建武四年二月的一个晚上，延岑召集亲兵，假称巡城，悄悄打开城门，消失在夜色中。动作之隐秘，甚至连岑彭都不知道城内有人出逃。

延岑率部直奔西北，打算投靠公孙述。但延岑一路上太过招摇，甚至还想招兵买马，自然引起了朝廷的注意。刘秀马上派邓禹和复汉将军邓晔、辅汉将军于匡堵截。邓禹紧赶慢赶，终于在邓县追上了延岑，一阵穷追猛打之后，延岑只得带少数兵马鼠窜。邓禹再行追击，在武当又破其军，延岑麾下兵马全部投降，可邓禹搜索了半天，仍不见延岑踪影。

延岑又一次杀出重围，顺利开溜，成功投靠公孙述，被公孙述任命为朔宁王，到后文"巴蜀攻伐"一节，还会看到此人的"表演"。

女婿跑了，秦丰伤心不已，可没多久，老天爷又给他送来一个"女婿"——割据夷陵的扫地大将军田戎率兵来救。

令人啼笑皆非的是，田戎之所以增援秦丰，不是因为唇亡齿寒，而是源于一场忽悠与背叛。

先简单说说田戎的来历。托王莽改制的"福"，地皇四年，汝南人田戎与同乡陈义不远百里跑到南郡起事，很快攻陷了夷陵。随后，田戎自称周成王、扫地大将军，陈义自称临江王、黎丘大将军，割据一方，部队扩张到了数万人。

五年后，也就是建武四年春，田戎见汉军势大，黎丘完蛋也是早晚的事，就想主动归降岑彭。没想到这一想法刚表露出来就遭到妻舅辛臣极力反对，为了劝阻妹夫，辛臣直接作图，把彭宠、张步、董宪、公孙述等人占据的地盘一一标注出来，对田戎说："这些豪杰还占据着大片地盘呢，刘秀的那个洛阳朝廷只有中原一小块地方。我们不如再观望一段时间。"

田戎投降心意已决："岑彭雄兵数万，谁能打得过他啊？像秦丰那么牛的一个人，碰到官军只有吃败仗、困守黎丘的份。你不要说了，我现在就弃暗投明！"于是，他留下辛臣守夷陵，自己率兵马走水路，从长江转沔水去黎丘投奔岑彭。

田戎没想到，他的这一决定彻底断了他投降的路。

等田戎一走，最初苦劝田戎死守夷陵的辛臣立即变了脸，先将田戎留在夷陵的财物洗劫一空，然后带人从陆路小道直奔黎丘城下，抢先向汉军投降。更可恶的是，辛臣在谒见岑彭之后，只字不提田戎率军归降的事，还自告奋勇地提出写信劝降田戎。

接到劝降信后，田戎联想起之前他苦劝自己不要投降的言行，严重怀疑辛臣早就和汉军串通一气搞自己。于是，原本打算降汉的田戎改了主意，命令全军加速向黎丘前进，救援秦丰。

得知田戎从夷陵赶来支援，秦丰高兴得要跳起来了，幻想着能打破汉军包围的他不顾自己尚被围困，冒险让女儿出城嫁给田戎。

当了秦丰女婿后，田戎打仗更加卖力，但不幸的是，他碰到的对手是汉军名帅岑彭。双方在城外大战小战打了几个月，田戎军率先崩盘，大将伍公投降岑彭，田戎本人带着残兵败将连夜逃往老巢夷陵。

女婿逃跑后，秦丰的实力更加弱小。雪上加霜的是，到了建武四年十一月，为了尽早结束南方战事，刘秀又一次使出了亲征绝招，率领大军从洛阳南下。车驾到达宛县后，刘秀又让朱祐率破奸将军侯进、辅威将军耿植先行一步，前往黎丘增援岑彭。

在抵达黎丘前，朱祐先攻占了阿头山附近的沔南重镇蔡阳（今湖北省襄阳市枣阳市西南），斩杀楚军大将张康，沉重打击了楚军的士气，给刘秀南下献上大礼。十二月，刘秀终于抵达黎丘城下。

此时，秦丰的处境可以用窘迫二字形容，经过长达一年半的惨烈攻防，守城兵马从原来的数万大军变成现在的几千老弱，粮食也差不多要吃完了，外援压根没有。正当秦丰焦头烂额时，刘秀不失时机地派御史中丞李由携带玺书到城下劝降。

原以为给足面子，走投无路的秦丰会出城投降，哪知道秦丰不仅拒绝投降，还在城墙上口出恶言，大骂刘秀，声称要与黎丘共存亡。

简直是侮辱！刘秀怒了，再次督促汉军将帅连续猛攻黎丘一个月，然而刘秀不知道，秦丰狂也有狂的资本，从十二月到第二年正月，汉军还是登不上黎丘城墙。恼怒的刘秀只得悻悻而归。

在回京之前，刘秀见秦丰覆灭已成板上钉钉，决定提前对盘踞夷陵的田戎下手，彻底解决荆州问题。他将围攻黎丘的任务交给朱祐，将讨伐田戎的任务交给了岑彭，并特地嘱咐朱祐："破城后对秦丰要斩立决。"

建武五年三月，听说岑彭率军来攻，在夷陵休整了近一年的田戎主动迎敌，沿江抵达津乡（今湖北省荆州市荆州区故江陵县城东），与岑彭展开决战。这次，田戎又被岑彭打得大败亏输，只得率部西逃，连夷陵也不要了。岑彭在追击过程中顺势攻克夷陵。

在南郡最西端的秭归（今湖北省宜昌市秭归县西北），田戎带着残兵转身与岑彭追兵接战，想赌一把，然而这回输得连底裤都不剩。田戎只带着数十骑逃往四川投奔公孙述，他的妻子、儿女、宗族以及部下数万人全部被岑彭俘获。

田戎逃到蜀地之后，被公孙述封为翼江王，不甘心失败的他借助公孙述的势力，以江关（今重庆市奉节县东北瞿塘峡口）为根据地，屡次东出秭归，与汉军在三峡一带展开拉锯。（详见后文"巴蜀攻伐"一节）

汉军在长江以北的胜利使长江以南的郡县大为震惊，岑彭抓住机会，派人招抚。最先归降的就是王莽任命的交趾牧邓让。

　　说起来，邓让还是阴丽华的姐夫、岑彭的好友。收到岑彭书信后，邓让二话不说，派使者向刘秀进贡，并宣布归顺。

　　在邓让的带动下，江夏太守侯登、武陵太守王堂、长沙相韩福、桂阳太守张隆、零陵太守田翕、苍梧太守杜穆、交趾太守锡光等人相继归顺，桂阳太守张隆甚至让儿子张晔带兵支援岑彭，刘秀破格册封张晔为率义侯。岑彭兵不血刃就收了长江以南大片土地。

　　黎丘方面，又经过长达四个月的残酷围攻，秦丰终于顶不住了，于建武五年六月带着母亲、妻子、子女九人肉袒出城，向朱祐投降。

　　朱祐想宽待俘虏，并没有按照刘秀之前的命令当场斩杀秦丰，而是将秦丰及其家属收监，然后用槛车送往洛阳。他没想到，这样干非但没保住秦丰，自己反而落得一身骚。秦丰被送到洛阳之后，刘秀下令杀了秦丰全家。大司马吴汉在刘秀的暗示下上疏弹劾朱祐"废诏受降，违将帅之任"。朱祐没想到自己的老朋友这么狠，有点害怕了，上疏自辩。刘秀见威吓的目的已经达到，便顺水推舟免除了朱祐的罪过。

　　秦丰、田戎势力相继覆灭后，长江中游和下游地区只剩下困守舒县（今安徽省合肥市庐江县西南）的李宪尚未归附。

　　和其他最初官逼民反的军阀不同，李宪是货真价实的守土官长，新朝末年担任庐江郡的属令（职能相当于都尉）。庐江人王州公趁天下大乱的机会起兵造反，很快拥有十余万兵马，攻略郡县。王莽任命李宪为偏将军、庐江连率（职能相当于太守），让他率领军队讨伐叛军，后来经过数年时间，李宪才将叛军全部平定。平叛后，李宪在庐江郡如日中天，也起了割据的心思。王莽于更始元年九月败亡，十月，李宪就迫不及待地自称淮南王，到了建武三年，李宪居然直接在庐江称帝，设置百官。但这皇帝的地盘的确太少，才拥有九座城池，堪称两汉之交最弱军阀。可见，李宪内心已经极度膨胀。

　　在庐江称帝的李宪很快引起了刘秀的注意。建武四年八月初十，刘秀到寿春巡视、安抚关东新收郡县，同时还派扬武将军马成率领诛虏将军刘隆、振威将军宋登、射声校尉王赏三位将军，直接征调会稽、丹阳、九江、六安四郡的兵力攻打李宪。

在汉军一南一北的夹击下，庐江郡城池不断被攻破，不到一个月，李宪只剩下庐江郡治舒县一座城池了。

南北两路大军会师舒县，马成命诸军在城外挖沟筑垒，打算依靠江淮的资源对舒县进行长期围困。为了打破包围圈，李宪多次率军出城进攻汉军营垒，马成都坚壁不出，不与李宪交战。

从建武四年九月到建武六年（30 年）正月，舒县被围困了长达十七个月，城中粮食早已吃完，再也顶不住了。马成见总攻时机已到，下令汉军四面猛攻，很快打下了舒县。李宪则趁乱逃走。

没多久，李宪麾下的军士帛意发现主子已经没有任何前途，直接发动兵变，砍下了李宪的人头后投降马成，李宪的妻子、儿女也都被诛杀，江淮地区全部平定。

东征齐鲁

在前文我们说到，建武四年春，盖延和麾下的平狄将军庞萌一道率汉军再次东进徐州，进攻梁王刘纡。为了切断敌军与北边董宪、张步二人的联系，盖庞二人先越过垂惠，攻克垂惠以东一百里的蕲县，断敌东撤的后路，接着转兵北向，不到半年时间就轻松拿下了楚郡郡治彭城和重镇留县，击破了前来增援的董宪部，兵锋直指东海。

见汉军势大，董宪派驻兰陵的大将贲休直接举起了反旗，宣布投降盖延。兰陵一失，距此只有八十里的东海郡治郯城就暴露在汉军面前。董宪终于急了，调集麾下所有兵马围攻兰陵。

看到贲休送来的降书后，正在楚郡攻城略地的盖延大喜，一边将情况上报给刘秀，一面清点兵马，准备增援兰陵。刘秀则另有考虑。长期在河北开展运动作战的他太清楚董宪这种流民军打仗的特点了，下令让盖延围魏救赵，直接进攻董宪老巢郯城，吸引董宪回援，然后在运动中消灭敌人。但是，一贯对刘秀俯首帖耳的盖延来了次"将在外，君命有所不受"，决定直接增援被围困的贲休，与董宪决战。就这样，数万汉军浩浩荡荡直奔兰陵。

得知汉军来援，董宪轻蔑地说："汉将不过如此。"故意让麾下打援的士兵诈败，放其入城。汉军一路畅通无阻，顺利杀入兰陵与贲休会师，丝毫没有感觉到危险来临。

第二天，十几万董军再次对兰陵形成合围，刹那间，城外旌旗遍地、烟尘滚滚、鼓声阵阵。盖延没想到，董宪兵马居然这么多。如果继续在兰陵坚守，数万大军蜷在小城，粮食将是大问题，不出一个月全军就会饿死。盖延自带兵打仗以来第一次感到害怕（史书上用了"惧"这个字），于是留贲休继续坚守，自己则不顾一切地率部杀出城去。经过激烈战斗，总算从包围圈中杀开一个口子，突出了董宪包围。

这时，盖延才认真思考刘秀围魏救赵的计策，对自己没执行这一计策懊恼不已。现在仍有机会，盖延顾不得休整败兵，直接率部进攻郯城，并将部队近况和下一步进攻计划再次上报给刘秀。刘秀看到后大怒，下了一封措辞严厉的批评诏书："你不能瞎用围魏救赵啊，之前我让你进攻郯城是因为能收到出其不意的效果，现在你都从兰陵突围了，傻瓜都知道你下一步就是进攻郯城，那这招还有什么用？"但为时已晚。董宪在汉军搏命突围后，果然判断出盖延要进攻老巢郯城，特地分了部分兵马抢先加强了郯城守备，数万汉军猛攻郯城小半个月，一无所获。而兰陵在董宪的强大攻势下终究没守住，贲休兵败被杀。盖延两头落空，损兵折将。

此后，双方继续在彭城、郯城、下邳之间来回拉锯，互有胜负。

到了建武五年三月，垂惠、西防先后丢失，周建被杀，佼强和刘纡带着残兵败将投奔董宪（见前文"鏖战中原"一节）。盖延士气大增，想着重整旗鼓，再战董宪。然而，没多久，形势就发生了惊人的逆转。

事情出在平狄将军庞萌身上。

在绿林军清一色的南阳背景里，庞萌几乎是异类，他甚至不是豫州人，而是青州昌邑人，何时加入下江军已经不可考。在绿林军中，庞萌可谓是顺风顺水，刘玄称帝后很快任命庞萌为冀州牧，跟随尚书令谢躬北过黄河，讨伐王郎。第二章里"铜马帝的诞生"一节提到，更始二年，尚书令谢躬被吴汉击杀，冀州牧庞萌只得归降刘秀。主人换了，庞萌的官运没有受到任何影响，建武元年，刘秀称帝，庞萌还被委任为侍中，跟随在皇帝身边。

刘秀之所以重用既不算南阳帮，也不算幽州帮的外来户庞萌，并将其安排在身边，是因为看中他谦逊和顺的品质，这一点与许多争功吃醋的功臣很不一样。刘秀还经常称赞他说："既可受命托孤，又可镇守百里之地的，就是庞萌。"

为了让庞萌立点战功，建武四年，刘秀任命庞萌为平狄将军，派他和盖延共同攻打董宪。或许是不放心庞萌的军事才能，或许是刘秀认为诏书没有必要同时下两份，当时刘秀指挥前线作战的诏书只颁给了盖延而没有颁给庞萌。如果庞萌和盖延关系尚可，那么这样做倒也问题不大，坏就坏在这两人表面上是同事，实际上关系非常紧张。看到宣诏的使者总是传盖延接旨，庞萌坐不住了，认为是盖延在刘秀面前说了自己的坏话，起了疑心。

疑心一起不得了，庞萌直接叛变，袭击盖延军队。正在谋划讨伐董宪的盖延哪能料到同事会袭击自己，猝不及防，几乎全军覆没。盖延本人北渡泗水，下令把船只破坏掉，把桥梁拆除掉，才躲过了庞萌的追杀。

造了刘秀的反，就回不了头了。庞萌一不做二不休，和董宪联合，自称东平王，在桃乡（今山东省济宁市汶上县南陶村）以北积极布防，并出兵进攻楚郡，很快拿下了徐州重镇彭城，俘虏太守孙萌。

刘秀听到庞萌叛变的消息，又惊又怒，自己那么信任的一个人居然反叛了，这无异于给了刘秀一记响亮的耳光。在给前线将领的信中，刘秀怒气冲冲地写道："我曾经以为庞萌是可以把国家托付给他的重臣，将军们恐怕要笑我说的话吧。庞萌这个老贼应当灭族，你们加紧操练军队，我们在睢阳会师。"

建武五年六月，从黎丘刚返回洛阳不久的刘秀决心再次亲征，目标直指庞萌。各路大军相继赶往睢阳。

为了阻扼刘秀东进，董宪迅速南撤至兰陵，固守郯城西大门。让刘纡和佼强、苏茂带着旧部与庞萌合军三万，围攻桃城（即桃乡之城）。

当时，汉军主力都在赶往睢阳，董宪、庞萌却决定进攻桃城，二人意图非常明显：如果攻占桃城，那么庞萌就可以趁刘秀后方空虚之机，北上河北或者西进洛阳。

为避免战略要地被抢占，已经赶到蒙县（今河南省商丘市梁园区蒙县故城）的刘秀来不及与各路大军在睢阳会合，只率三千骑兵、数万步兵轻装北进，从蒙县星夜兼程三百里，到达亢父县（今山东济宁市南）。此时不少人劝刘秀暂停行军，就地休整，但刘秀不同意，继续北进，抵达距离桃城只有六十里的任城，接着又征召大司马吴汉、汉忠将军王常、前将军王梁、捕虏将军马武、讨虏将军王霸以及打了败仗的盖延等转兵任城，一起讨伐庞萌。

刘秀援军前脚刚到任城，庞萌的人马后脚也抵城下，开始挑战汉军。刘秀麾下的将领纷纷要求出战，但刘秀此时全不似之前那样火急火燎，而是直接关闭营门，任凭庞萌怎么挑战，就是不出去。

庞萌想诱使刚急驰数百里的汉军出战，自己好痛打疲惫之敌。刘秀则一眼看穿了庞萌的阴谋，一边坚壁不出，一边派人持自己的亲笔信潜入桃城，告知守军援军就在附近，胜利即将到来。

见刘秀不出来，庞萌只得收兵继续围攻桃城。桃城守军知道皇帝亲自来援后军心大振，像打了鸡血似的玩命死战。庞萌率三万大军猛攻二十多天，非但没有占到任何便宜，反而把士兵搞得疲惫不堪，锐气尽失。

在这二十多天时间里，刘秀休整疲卒，养精蓄锐，并认真整理各路来援兵马，等待合适的时机与庞萌决战。

现在时机终于到了。刘秀骑着高头大马，指挥大军向庞萌进攻。对庞萌极为怨恨的刘秀甚至不顾九五之尊，上阵搏杀，底下的各路名将好像都成了他的陪衬。

榜样的力量是无穷的，见到皇帝亲自上阵杀敌，汉军上到方面大帅，下到普通士兵，纷纷想在皇帝面前好好表现一番，争先恐后地与敌军拼杀。连攻桃城多日的庞苏所部早已成疲卒，根本经受不住汉军这拨攻击，大败。见部队已经崩溃，庞萌、苏茂、佼强、刘纡四人抛弃辎重和部队，带着残部连夜逃往兰陵。

庞萌还是棋差一招。只能怪他情报工作不到位，一心一意围攻桃城，却没真正注意刘秀的动向。当汉军各路人马源源不断地赶往任城与刘秀会师时，他居然没有任何反应，也没对刘秀开展夹击有任何预案，果然在围攻桃城二十多天后遭遇毁灭性打击。

董宪大吃一惊，没想到庞萌归降带来的大好局面那么短暂，一眨眼的工夫三万大军基本报销。更让董宪头大的是，刘秀刚打完庞萌不到半个月就率兵南进，朝自己杀来。

为了阻挡刘秀攻势，董宪将防线西移至距离兰陵一百五十里的重镇昌虑（今山东省滕州市昌虑遗址），亲率主力加庞苏佼刘四人的旧部共数万人马死守该城。为试探汉军实力，董宪又率精锐部队赶到新阳阻挡汉军，很快被吴汉杀败。

新阳之败使董宪对汉军的战斗力有了直观的认识，只得另外收编了五校残部五千人，让他们镇守相邻三十里的建阳（今山东枣庄市西南），与昌虑互为犄角，计划与刘秀长期相持。

董宪如意算盘打得很精：刘秀进攻其中一座坚城，另一座城池的守军就可出城袭扰汉军，除非刘秀同时进攻两座坚城，但这样会大大降低攻城效率。董宪低估了刘秀的谋略，高估了五校军的战斗力。刘秀率大军赶到距离昌虑只有百余里的蕃县（今山东省滕州市）后，突然下令全军就地扎营。诸将对皇帝的决策迷惑不解，纷纷请求尽快攻城，但都被刘秀拒绝。

刘秀不愧是凭流民起家的，对流民军太了解了。当他得知建阳城由五校余部把守后，他判断对方根本没有长期守城的动力，而且不注意提前收集粮食，一旦粮食吃完，守军就会退出建阳，作鸟兽散。

一切都如刘秀所料，五千五校兵在建阳待了没几天就闹粮荒，没跟董宪打招呼就一哄而散。刘秀不战而取建阳，随后又乘胜围攻昌虑。

得知建阳已失，董宪军士气已经遭到了沉重打击，士兵们登上城楼后又看到城外黑压压的汉军队伍，守城意愿大为下降。在汉军四面猛攻下，昌虑仅仅坚持了三天就失陷了。头头们各自保命：佼强投降；苏茂北投另一位山东军阀张步；董宪和刘纡、庞萌逃进缯县（今山东省临沂市苍山县西北）的山中打游击。

几天之后，被打散的兵众得知董宪还活着，又纷纷聚集起来，凑了数百骑兵迎接董宪进入郯城。

为了彻底消灭敌人残余势力，八月，刘秀安排吴汉率兵数万南攻郯城，自己则率部转攻重镇彭城、下邳。赔光了所有主力的董宪连老巢都没法坚守了，面对吴汉大军，直接弃城逃往更东边的朐县（今江苏省连云港市西南，朐音 qú）。吴汉一路紧追，很快把朐县团团包围。

刘纡就没那么幸运了。郯城失守后，董宪和庞萌溜得极快，把刘纡扔下了，从郯城跑出来的刘纡不知道还能逃往哪里，正当他在思考下一步去向时，他手下的军士高扈早对主子失去了信心，便直接斩杀了刘纡，带着人头投降刘秀。梁王刘永的残余势力彻底覆灭。

汉军不仅在南线鲁地节节胜利，在北线齐地也是捷报频传。

早在建武四年秋，正在汝阳县剿匪的强弩将军陈俊接到刘秀指令，让他迅速率兵东进泰山郡。这只是刘秀攻略齐地十二郡的第一步。

齐地是军阀张步的地盘。地皇三年冬，琅琊郡不其县（治今山东省青岛市即墨市西南）人张步见天下大乱，王莽统治岌岌可危，直接举兵造反。由于张步早年喜欢与人结交，和志同道合者称兄道弟，因此他振臂一呼，很快有数千人响应。张步又趁着赤眉势大，青州官军无暇东顾的机会，率部接连攻下了几个城池，声威大振，于是张步自称五威将军，独占琅琊。

第二年，王莽败亡，刘玄进入洛阳，成为名义上的汉家天子，之后派遣使者到各地接收地盘、招抚各路地头蛇。魏郡人王闳被刘玄任命为琅琊太守，负责接收琅琊郡。张步下令紧闭城门，不放王闳入城。王闳收编了归附自己的六个县数千人马讨伐张步，却被张步打得大败。借着打败王闳的东风，张步又攻下了菑川国和高密国，成为齐地仅次于赤眉势力的一大军阀。

张步在齐地攻城略地引起了刘永的注意，为了扩充势力，刚在睢阳站稳脚跟的刘永直接任命张步为辅汉大将军，加封忠节侯，节制青徐二州，全权负责讨伐不听号令的周边各个郡县。

有了刘家人背书，张步吞并齐地的野心更加大了。他在剧县（今山东省寿光市南）整编部队，并把三个弟弟张弘、张兰、张寿分别任命为卫将军、玄武大将军、高密太守。

这时，纵横青州的赤眉军倾巢西进，对付更始去了，齐地空虚，张步抓住机会，先后攻夺了泰山、东莱、城阳、胶东、北海、济南、齐郡等地。算上之前拿下的琅琊和高密、菑川，张步已经将十个郡国收入囊中。就连死对头王闳也支撑不住，带着残兵败将投降。

为了削弱刘永势力，建武三年，刘秀任命伏隆为太中大夫，持节出使青、徐二州，招降各郡国，拜张步为东莱太守。张步见刘秀势大，赶紧也派使者和伏隆见面，并让使者随伏隆到洛阳上书请降，进贡鳆鱼（鲍鱼）等特产。

刘永听说伏隆到了剧县，害怕张步翻脸，马上派人赶赴剧县册封张步为齐王，受封王爵的张步立刻反叛刘秀，斩杀使者伏隆。当时刘秀正在对付彭宠和刘永、秦丰，没有精力对付张步，所以张步得以专心在齐地发展势力，又攻下了千乘郡、平原郡，坐拥十二个郡国，一跃成为齐地最大的军阀。

当时泰山郡不仅有张步的人马，还有很多依附于张步的地头蛇，大司马吴汉深知自己老部下陈俊的才能，向刘秀打包票："只有陈俊才能平定此郡。"于是刘秀拜陈俊为泰山太守，代行大将军事，带精兵攻打泰山郡。

张步听说汉军来犯，急忙派兵阻挡，双方大战于嬴县（今山东省济南市莱芜区西北）。打遍齐地无敌手的张步第一次尝到失败的滋味，自己的人马被汉军精锐杀得大败，光印绶就被缴去了九十多颗，陈俊一直追到济南郡才撤回。随后，陈俊又率军攻下郡内诸县，平定泰山郡。

建武五年二月，刘秀决心消灭齐地割据势力。正在河北剿匪的耿弇受命率骑都尉刘歆和泰山太守陈俊两位将领，从朝阳桥（今山东省德州市齐河县大清桥一带）渡过济水，讨伐张步。

齐地，即将成为耿弇展现自己杰出军事才能的大舞台。

当时，除了刘歆和陈俊两人的兵马外，耿弇麾下只有在河北剿匪时收编的流民军余部以及自家部曲，兵不过三万，要拿下拥有十二个郡国、十几万人马的张步无异于天方夜谭。刘秀最初对此也不抱期望，只希望耿弇能牵制张步，不让他南下支援董庞二人就行。但谁都没想到，耿弇把不可能变成了现实。

兵来将挡，水来土掩，得知耿弇来攻，张步调派大将军费邑阻击。久经沙场的费邑立即布置了三道防线：自己率主力三万屯军历下（今山东省济南市西），居中策应，分兵在历下以西六十里的祝阿（今山东省济南市长清区东北）镇守，又在距历下五十里的太山钟城布置数十座营垒，从西到南形成绵延一百一十里的弧形防御体系，只等耿弇来攻。

然而，看似严密的防御体系却被耿弇发现了漏洞：费邑把全部精兵都集中在历下，防线两端的祝阿和钟城则以地方民兵为主，防守稀松。经过缜密的谋划，耿弇很快想出了摧毁敌人防御的连环计。

渡过黄河后，耿弇第一个进攻的目标就是祝阿。围攻祝阿时，耿弇玩了把围三缺一。面对汉军强大攻势，祝阿守军惊恐不已，不少人发现，汉军居然没有完全合围，反而留了条"逃生通道"，守军和百姓顾不得许多，直接逃跑。祝阿不到半天就被汉军攻陷，消息甚至还没来得及传到六十里外的历下。

由于害怕被费邑处以失地之罪，祝阿军民逃跑后并没有直奔近在咫尺的历下，而是溃逃至一百多里外的钟城，并向钟城人添油加醋地讲述前线惨况。钟城军民看到成群结队逃难的祝阿人，又听到汉军战无不胜的传言，害怕极了，也跟着逃离钟城。

钟城军民前脚刚刚离开，耿弇大军后脚就跟来了，直接兵不血刃地拿下钟城，打掉了敌人防御体系的两头。

费邑简直不敢相信，钟城和祝阿丢得这么快。为了保住历下，费邑急忙派其弟费敢把守要隘巨里城（今山东省济南市章丘区西）。耿弇果然下令军中修理攻城器具，扬言三日后猛攻巨里，还"贴心"地把这一行动通过俘虏透露给费邑。费邑大喜：前几次你攻太快，我来不及和你决战，这次总算有机会了，我和弟弟前后夹击，一定能在巨里消灭你们。于是费邑迫不及待地率三万精兵救援巨里。

正当费邑做着前后夹击的美梦时，两边山坡上突然箭如雨下，费邑心里一惊——不好，中埋伏了！急忙下令调头撤退。但耿弇并没有给敌人逃跑的机会，直接高举令旗，数万汉军如猛虎下山一般杀入敌阵，敌军乱作一团，顿时大溃，就连拼命想突围的主帅费邑也被汉军斩杀。费邑被杀后，剩下的人如无头苍蝇一般四散奔逃，在汉军的追杀下很快全军覆没。

随后，耿弇命人砍下了费邑的首级，挂在巨里城头示众。巨里守军发现大将军的首级被敌人挂在竹竿上，立刻联想到大将军和三万精兵已经灰飞烟灭，便自顾自地离开城池逃跑。费敢看到哥哥的人头后也是心胆俱裂，直接率众逃归剧县的张步，要隘巨里被汉军轻松攻克。

乘着击破费氏兄弟的东风，耿弇纵兵扫荡未降的残兵四十余营，一举平定济南郡，逼近张步的都城——剧县。

为了保住剧县，张步慌忙下令动员各郡太守齐聚剧县以西九十里的齐国故都临淄，调派其弟张蓝率领精兵二万驻守临淄西北的重镇西安，两地相距四十里，互为掎角。

此时，耿弇率汉军刚好进抵临淄和西安二城之间的画中（今山东淄博市临淄区西北）。

西安城小兵少，临淄城大兵多，许多人认为汉军应当先攻西安，耿弇似乎也在为进攻西安做准备，不仅厉兵秣马，准备攻城器具，还对外扬言五日后将攻西安。张蓝听说后，赶紧要求士兵们日夜警戒，只等汉军五日后来攻。

第四天后半夜，耿弇终于下令，全军开拔。然而进攻目标不是西安，是齐国故都临淄！汉军将领们简直不相信自己的耳朵，护军荀梁等人质问耿弇："什么？进攻临淄？有没有搞错，临淄可是大城市，城墙坚固，敌人聚集了各郡兵马来守，为什么不攻西安？"耿弇不紧不慢地说："西安听说我们要攻它，防守必然周密；而临淄知道我们进攻西安，防守必然松懈，我们出其不意地杀到临淄，一天就能拿下。攻下临淄后，张蓝与张步的联系被切断，西安陷于孤立，守军必定逃跑，我们可坐收一石二鸟之效。西安虽然城小但坚固，而且有张蓝精兵驻守，如果我们一时不能破城，死伤肯定很重，即使能破城，张蓝逃往临淄，两股兵马形成合力，而我们深入敌人腹地，后面粮草供应不上，十天之内就会不战而困。你们的意见，不见得就是对的。"

说完，耿弇就率汉军连夜进攻临淄。果然如耿弇所料，号称坚城的临淄半天便被汉军拿下。张蓝听到临淄陷落的消息，发现自己和张步的联系被切断，害怕被围歼的他立即逃往剧县。

拿下了临淄和西安，汉军距离张步的老巢剧县已经不远了。张步又一次动员各郡兵马齐集剧县，又拉来了大彤大帅重异，打算来个剧县保卫战。

左等右等，并不见耿弇来进攻，张步正在疑惑，突然，有人报告："启禀大王，敌人太不像话了，居然到处宣称等打败大王、俘获辎重后，才会进攻剧县，这摆明了不把大王放在眼里！"

张步听到后哈哈大笑："以前尤来、大彤十多万众来犯，我都能通过野战轻松击破他们的营垒。今天耿弇兵比他们少，又都疲劳，有什么可怕呢？看孤怎么收拾他们。"于是与三弟张蓝、张弘、张寿及大彤大帅重异等,倾全剧县之兵杀到临淄城以东,准备攻打耿弇。

张步率主力离开剧县正中耿弇下怀。原来,耿弇之前放话要打败张步收取辎重才进攻剧县,是为了激怒张步出城作战,汉军好在运动中歼灭敌人。如果任凭张步死守剧县,那么仅靠耿弇这点人马,消灭张步得到猴年马月。

扬长避短,正是耿弇作战的高明之处。

耿弇率所有部队东渡淄水,与张步军先头部队大彤军相遇。直接硬碰不符合耿弇的风格,敌众我寡,得玩点花活才行。耿弇命令部下假装一触即溃,退到临淄外小城,城外只留刘歆陈兵营垒,吸引敌人来攻。

见汉军战斗力疲弱,张步满意地点了点头:"看来一切尽在掌握之中,以我军士气之盛、兵士之多,攻击又少又疲的敌人,简直是手到擒来。"于是下令猛攻城外刘歆。刘歆率部死守大营,与张步大军苦战半天,麾下人马死伤惨重,虽然勉强顶住了张步的攻势,可也支撑不了多久。

另一边,耿弇登上早已损坏的战国时期齐宫内的高台观战,发现张步军所有力量都在猛攻刘歆,部分兵马甚至突入刘歆营内。对张步发起最后一击的机会终于来了。耿弇自率所有精兵从小城杀出,以骑兵为先导,绕到侧面突击张步兵阵。

对刘歆志在必得的张步此时注意力全部集中在城外大营上,完全没想到最开始就被"打败"的汉军会突然从临淄外小城内杀出,对此丝毫没有准备。主帅如此,底下士卒更是没意识到危险来临。因此汉军一突击,人数众多的张步军一下子就被拦腰截断。

处于被动的张步还想与汉军一较短长,亲自率兵搏战。战斗打得极为惨烈,张军的飞矢甚至射中了耿弇大腿,耿弇拔出佩刀斩断箭矢后又迅速投入战斗,身边的卫兵和左右将领都不知道主帅受伤。之前被打得奄奄一息的刘歆也带着残兵反攻张步。耿刘二人前后夹击,从中午杀到晚上,终于瓦解了张步的第一拨攻势。

次日早晨，耿弇又想出城进攻，与张步展开最后的决战。当时刘秀还在南边的鲁郡（郡治鲁县在今山东省曲阜市东北）攻城略地，得知耿弇被张步所攻，决定亲率汉军主力增援。陈俊劝阻耿弇："敌人兵力还非常多，我们昨天刚和他们大战了一场，士兵们非常疲惫，能不能暂时关闭营门，休养士卒，等圣上来了再从长计议？"耿弇慷慨激昂地说："天子将到，作为臣子应该准备好牛、酒迎接，怎么能留着贼寇让圣上帮忙解决呢？"于是率兵主动进攻张步。

虽然汉军的确疲惫，但陈俊没想到，在昨天遭受失利的敌人不仅和汉军一样疲惫不堪，而且士气更为低落，根本发动不了像样的反击。双方自清晨大战到黄昏，汉军再次大破敌军，张步被迫决定连夜向剧县撤退。

张步没想到，更大的灾难还在后头。当打了败仗的张军松松垮垮地撤往剧县时，道路两边伏兵乍起，汉军不费吹灰之力就将张军切成数段。

原来，耿弇于黄昏击破张步后，料到连败两天的张步必然会连夜撤走，于是提前在临淄和剧县之间的要道两边安排伏兵，只等张步自投罗网。到深夜果然等到了急于撤回老巢的敌人。

被汉军伏击后，原本就没有战斗欲望的张军甚至没有组织像样的突围，一下子就垮了。汉军则乘胜追击，在钜昧水（今弥河）边又一次大破敌人。这一次，张步败得相当彻底，张家四兄弟在乱军中都各自逃命，张步只带着少数败军逃回剧县，其他三兄弟早不知道跑哪去了。

此战，汉军仅仅依靠少数兵马就取得了空前的胜利，从临淄城东到钜昧水边，八九十里的路到处都躺着张军的尸体，汉军缴获辎重两千多辆，算是达到了决战前耿弇攻打剧县的前提条件。

几日后，刘秀率领汉军主力部队赶到临淄，得知耿弇以少胜多、大破张步的消息后大为高兴，在群臣大会上盛赞耿弇："朕有伯昭，犹如汉高祖有韩信啊！"在平定齐地的功勋上，耿弇的确可以与汉初名将韩信相提并论。

汉军主力部队抵达临淄后，刘秀决定趁热打铁，直接进攻张步老巢剧县，不给敌人任何喘息的机会。此时，张步已经丧失了所有主力部队，无力与汉军再来一次决战，不得不放弃剧县，带领残部向南逃窜。就这样，汉军不战而得剧县。

刘秀进入剧县后，命令耿弇率军穷追，张步狼狈逃奔平寿（今山东省潍坊市昌乐县东南）。就在这时，接连失利的张步终于等来了一个利好：苏茂率领万余精兵前来增援！

原来，张步在进攻临淄之前曾写信给苏茂，让他一同进攻耿弇。如果临淄大战前苏茂能来，那就是锦上添花，现在张步已经山穷水尽，苏茂援兵对他来说无异于雪中送炭。但张步没想到，苏茂其实是从昌虑突围跑来投奔他的。本来苏茂想着重新找个靠山继续进行反刘秀大业，没想到靠山没找到，自己反倒成了张步眼中的大救星。

听张步讲完败光家底的前因后果，苏茂更加气不打一处来，责备张步："看看耿弇之前的对手吧，邓奉麾下的南阳兵比你手底下的兵精锐得多，延岑则是当今名将，结果如何呢？都成了耿弇的手下败将。你哪来的自信主动进攻他的营垒呢？你既然叫我来助阵，为什么不等我来再进军呢？"

张步自知理亏，只得不停地说："实在对不起，都是我的错，我无话可说。"内心则对苏茂怨恨不已：你也好不到哪儿去，名义上说是来增援我，谁不知道你是刘秀的手下败将啊。

为了迅速消灭张步、苏茂，刘秀又一次玩起了当年对付洛阳朱鲔、李轶的计策——离间计，分别派遣使者到苏茂、张步处，告诉他们同样一件事："斩了对方来投降，就封你为侯。"

占据主场优势的张步心动了，抢先一步斩杀了苏茂，于建武五年十月，派使者奉苏茂首级向老对手耿弇投降，耿弇接受了张步的投降。随后，张步为了再次表明投降的诚意，脱去上衣、身负斧锧（zhì），到耿弇军大营请罪，耿弇把张步送到刘秀的行辕，刘秀遵守诺言，封张步为安丘侯。

张步投降后，耿弇随即率部进据平寿，并派人携带张步亲笔信到各地受降，接收张步的兵众十余万、辎重七千余辆。而后，把张军全部遣散。

老哥投降了，弟弟再抵抗也没什么意思，张步的三个弟弟张蓝、张弘、张寿分别到各自所在的郡县投案自首，自己把自己关进监狱。就连早已投靠张步的更始旧部王闳也赶到剧县向汉军投降。刘秀都一一赦免了他们。

张步投降之后与家属一道被刘秀迁到洛阳居住。建武八年（32 年），刘秀二征陇右，后方空虚，河南和山东许多地方都发生了叛乱，威胁洛阳。不甘寂寞的张步也想利用这宝贵的机会东山再起，于同年九月携妻子儿女从洛阳逃到临淮郡，与弟张弘、张蓝商议，打算召集旧部，乘船进入大海。但张家三兄弟的密谋很快走漏了风声，琅琊太守陈俊得知老对手要在自己的地盘上捣乱，直接派兵斩杀了他们。一代枭雄张步最后落得如此下场，令人唏嘘。

齐地平定后，关东只剩下胸县这个硬钉子了。

胸县之围从建武五年八月一直持续到建武六年二月，胸县城中的粮食已经吃光了，眼看再坚守下去，不等汉军破城自己就先全部饿死了，董庞二人决定突围。

此时，负责围攻胸县的吴汉有点轻敌了，防备松懈，董庞二人趁着夜色带精兵偷偷从胸县城中溜出，袭占了赣榆县（今江苏省连云港市赣榆区），打算继续在那里苟延残喘。

哪知，琅琊郡太守陈俊得知此事后，迅速发兵猛攻赣榆，董宪和庞萌抵挡不住，仅在赣榆待了几天就被迫逃入沼泽中。

祸不单行，正当董庞二人在沼泽中打游击时，又一个坏消息传来：吴汉攻下胸县，俘虏了董军部下的家属。一代枭雄董宪此时泪流满面，痛哭失声："现在我们的家属已被敌人抓到，没有胜利的希望了，各位兄弟跟我混了那么久，受苦了，我对不起你们啊。"说完便带领数十名骑兵连夜西进，想走小路直接去洛阳向刘秀投降。

董宪没想到，他的对手吴汉并不是善茬，根本不会让敌人那么轻易地投降。奉命追击残部的吴汉军校尉韩湛在距赣榆五百里的方与县（今山东省济宁市鱼台县西北）追上并杀死了董宪，方与县人黔陵也杀死了庞萌。没多久，他俩的首级就呈送到刘秀面前。有功者赏，光武帝便封韩湛为列侯，封黔陵为关内侯。

纵横山东八年之久的董宪势力灰飞烟灭，庞萌之叛也仅仅持续了一年。

建武六年二月，关东彻底平定。

三战陇右

建武八年十一月，汉军对西县（今甘肃省天水市西南）的围攻已经持续了七个月，攻守双方都极端疲惫。为了尽早拿下城池，活捉隗嚣，结束这该死的战争，汉军甚至堵塞天水东南的段谷水，掘开堤坝。汹涌的河水淹没了固若金汤的西县，看着仅剩一丈的城墙，几乎所有人都认为城破就在旦夕之间。

坐困西县的陇右地头蛇、"成家"朔宁王隗嚣此时几乎陷入绝望：大难临头，谁还会来救自己呢？割据四川的"成家"皇帝公孙述吗？毕竟一年前自己刚刚屈尊向他称臣，共同抗击刘秀，此时也只能指望他给自己解围了。隗嚣无奈地摇了摇头。

对隔壁的盟友加臣属，四川军阀公孙述当然不会见死不救，然而不知道是对局势的预判不足，还是为了报数年前汉中之仇，拥兵数十万的公孙述在隗嚣被围大半年后，才勉强派五千援军去解围，率领援军的还是王元、行巡、周宗等隗军将帅。要想靠这点人马去解数万大军的长围，无异于天方夜谭，除非奇迹出现。

然而奇迹真的出现了。深知兵力敌众我寡的王元、行巡、周宗等人率领五千援军赶到后，并不急于和围城的汉军决战，而是抢先占据高地，然后安排士兵猛擂鼓，大喊："百万大军来了！"喊声震动山谷，正在围城的汉军听到敌人援军居然有"百万之众"，军心浮动，围城总指挥、汉军统帅吴汉得知敌人要往自己背后插一刀，急忙组织士兵列阵战斗，但是为时已晚。

虚张声势一段时间后，五千援兵如同猛虎下山一般直冲汉军阵地，与还没反应过来的汉军浴血厮杀、殊死战斗，军心早已涣散的汉军顿时败北，王元等人顺利地从长围中打开了一个缺口，救出了被困大半年的隗嚣并护送其返回旧都冀县（今甘肃省天水市甘谷县）。

西县之围只是陇右攻防战的一个缩影。平定陇右之战持续时间之长、动员军队之多、将帅阵容之豪华，大大超过了双方的设想。隗嚣也成为刘秀几十年军旅生涯中最难对付的敌人。

隗嚣，字季孟，天水成纪（今甘肃省平凉市静宁县西南）人，出身陇右大族，年轻时以博学强识、精通经书闻名陇上，就连刘歆都举荐他担任国师公属官。刘歆被杀后，隗嚣官也当不成了，只得回老家。

第一章的"决战昆阳"一节说到，更始元年六月，四十二万王莽军在昆阳惨败，震动天下，各郡国的豪杰争先起兵，就连偏远的陇右地区也有不少人响应。隗嚣的两位叔父——隗崔与隗义也不甘落后，联络上邽（今甘肃天水市）人杨广、冀县人周宗密谋暴动。饱读诗书的隗嚣得知后，吓坏了，赶紧劝阻："打仗太凶险了，我们宗族会遭罪的。"隗崔觉得他这侄子就是个书呆子，不予理会，聚众数千人按时暴动，一举攻占天水郡治平襄（今甘肃省定西市通渭县西北），杀了大尹。

尽管隗嚣坚决反对起兵暴动，但因为他名扬陇右，而且年轻、好控制，所以隗崔、杨广等人还是决定推举隗嚣为领袖，称上将军，隗嚣以下也各有将军称号——隗义为左将军，隗崔为白虎将军，王遵为明威将军，周宗为云骑将军。他们还聘请平陵（今陕西省咸阳市西北）人方望为军师。

可惜隗崔看错了人，不到两年，他就间接死于侄子之手。

为了让起兵造反更名正言顺，军师方望向隗嚣建议："赶快建立汉高祖庙，称臣奉祀，表明自己是汉室忠臣。"

　　隗嚣听其言，在平襄城东立庙，祭祀汉高祖、汉文帝、汉武帝。隗嚣等三十一位将领在庙里杀牲而盟，发誓一起兴兵辅佐汉室，如有心怀不轨的，神明灭他，高祖、文帝、武帝使他丧命，使他的宗族灭亡。

　　这场盟誓虽然在许多人看来就是一次政治作秀，但后来居然大半应验了。

　　盟誓完毕，隗嚣诸将领向各州郡发布檄文，列举王莽罪状，并挥师向东攻占雍州，杀雍州牧陈庆，再破安定，斩王莽的堂侄、大尹王向。

　　两个月后，王莽败亡，凉州很多郡县一夜之间没了归属。隗嚣趁机分遣诸将占领陇西、武都、金城、武威、张掖、酒泉、敦煌等郡县。

　　更始二年，刘玄迁都长安，为了消除身边的威胁，马上遣使征召隗嚣及隗崔、隗义等人入朝。隗嚣和两位叔父认为刘玄众望所归，且更始政权如日中天，只得同意入朝。军师方望则提出，更始帝前途不可知，应当闭门自守。隗嚣不听，方望弃官而去。

　　说个题外话。方望弃官离开没多久，便不甘寂寞地与安陵人弓林聚众数千，在临泾城（今甘肃省庆阳市镇原县东南）拥立刘婴（即孺子婴）为帝，想和刘玄抢大义名分。刘玄非常紧张，因为按道统，被王莽废掉的孺子婴合法性更强。为保住帝位，刘玄赶紧派苏茂统兵数万攻打临泾，不费什么力气就破城而入，方望和弓林被杀，稀里糊涂再次成为皇帝的刘婴也遇害。刘玄不会想到，杀了方望，将间接导致自己未来被灭。方望的弟弟方阳为了给兄长报仇，等赤眉军入长安时主动提出拥立新的皇帝，废掉了刘玄。

　　继续讲隗嚣。隗嚣等人入朝后，刘玄对隗嚣降了一格，任命他为右将军，其他人称号不变，并赐宅一区。隗崔和隗义本来想着入朝后能受到刘玄礼遇，可刘玄也只是把他俩当成普通官吏，两人大为失望。眼看自己在京师无兵无权，隗崔和隗义干脆一不做二不休，合谋反叛更始帝北归，并将计划告知了"好"侄子隗嚣。这俩人做梦都没想到，他们这位"好"侄子转身就把叔叔卖了。隗嚣连夜入宫觐见刘玄，将反叛计划和盘托出，隗崔、隗义立即被杀。踏着两位倒霉叔父的血，隗嚣成功当上了御史大夫，一跃成为更始政权的重量级人物。

到了更始三年夏天，赤眉军入关，诸将领想劫持更始帝东归南阳，隗嚣也参与了谋划。结果更始帝称病，召集政变骨干入宫。隗嚣觉得事情不太对，假称脚崴了，拒绝入宫，与部下王遵、周宗在府邸积极备战。果然，刘玄在斩杀申屠建后迅速派兵进攻隗嚣府邸。虽然人少，可隗嚣麾下的陇右精兵战斗力非常强悍，居然和人多势众的更始军杀得难解难分，双方从中午激战到晚上。隗嚣趁着夜色带数十骑突破更始军防线，斩关出城，逃奔天水，重新招聚旧部起事，自称西州上将军。

更始政权灭亡后，接管关中大权的赤眉军更为残暴，关中许多耆老和士大夫没得选，只能逃奔天水归附隗嚣。而隗嚣素来喜欢结交名士，对前来投奔自己的名人都授予官职，由此名震关西。

之后，出于远交近攻的战略需要，隗嚣和刘秀之间度过了为时四年的"蜜月期"。

隗嚣方面，在四年中不遗余力地帮助邓禹和冯异。邓禹的裨将冯愔叛变，西向天水，隗嚣迎击，破冯愔于高平，缴获全部辎重。陈仓人吕鲔等军阀联合公孙述进犯关中，隗嚣派兵帮助冯异大破吕鲔。公孙述几次从汉中北上，并遣使授予隗嚣大司空、扶安王印绶，隗嚣斩了来使，出兵连败蜀军，打得公孙述被迫停止北进。听说彭宠、刘永已经灭亡，为表忠心，隗嚣忍痛让长子隗恂到洛阳当人质。

刘秀方面，对隗嚣也是千方百计地笼络。邓禹持节任命隗嚣为西州大将军，专制凉州、朔方政事。每当隗嚣使者到洛阳朝见，朝廷都用国宾之礼接待。刘秀对隗嚣本人从来不直呼其名，而是称字。隗恂来洛阳当人质，刘秀任命他为胡骑校尉，封镌羌侯。

常言道，没有永远的朋友，也没有永远的敌人，只有永恒的利益。双方表面上维持着君臣关系，实则各怀鬼胎：隗嚣想永久割据陇右，光武帝却想统一全国。双方关系逐渐破裂。

到了建武六年，刘秀踌躇满志：关东已经全部平定；关中的核心——长安和三辅地区也早已收入囊中；割据河西走廊的窦融也于去年奉表归附。放眼望去，只剩下割据陇右的隗嚣、割据四川的公孙述、匈奴人的傀儡卢芳三个独立势力了。

为了试探隗嚣是否忠心，刘秀派了几批使者邀请隗嚣入朝，许以高官厚禄，均被隗嚣搪塞。刘秀又要求其讨伐四川，隗嚣不希望自己和公孙述鹬蚌相争，刘秀渔翁得利，便找各种借口拒绝出兵。

建武六年四月，眼看着招安隗嚣已经没戏了，刘秀亲自驾临长安，统率七路大军（七路统帅分别是建威大将军耿弇、虎牙大将军盖延、汉忠将军王常、捕虏将军马武、骁骑将军刘歆、武威将军刘尚、征虏将军祭遵）八万人马，准备对隗嚣动手。当然，为了避免师出无名，此次出征的名头是假道伐蜀。你隗嚣如果不同意借道，那就是抗拒朝廷命令，大军就地讨伐；如果同意借道，则直接统一。

出人意料的是，七名方面大将中居然有六人反对刘秀这一战略。理由很简单——准备不足。大部分汉军刚结束关东战事，还没好好休整又被征调去打几千里外的隗嚣，实在是强人所难。而且陇右地区地势险要，要强攻可不容易。六名将领共同提出了应对之策——暂缓进兵，主力部队在关中休整一段时间，用高官厚禄收买隗嚣手下，先瓦解一批隗军将帅再说。

刘秀略感不悦，底下多名重量级将领集体反对他的意见还是头一遭。这时，有一个人主动站了出来，和其他六名同事唱了反调："我不赞同各位将军的意见。兵贵神速，应当按照圣上的部署即刻进攻。"刘秀立刻向他投去赞许的目光，此人就是征虏将军祭遵。

刘秀对祭遵非常敬重，不光因为他是南阳帮成员，资格老、战功多，还因为他不避权势。刘秀最初在河北创业的时候，管理军市交易的祭遵就敢杀掉犯法的刘秀家奴。这么一位正直的将领此时表态支持自己的看法，绝不是在拍马屁。

"隗嚣蓄谋反叛已经很久了，我们如果把进攻时间推迟，隗嚣就会继续玩弄阴谋诡计，四川的公孙述也会增强防务，我们后边再打就难了，倒不如现在直接出兵，打他个措手不及！"祭遵接着说道。

刘秀满意地点了点头："就这么定了，七路大军立刻向陇右进发，强行向隗嚣借道。"隗嚣果然公开竖起了叛旗，派麾下头号大将王元率兵抢占关中去往陇右的重要通道之一——陇坻（今陇山，坻音 dǐ），砍下树木堵塞进出要道，摆出一副死守到底的架势。

极力主张出兵的祭遵自然被委任为开路先锋，进攻陇坻。祭遵此时又一次展现了硬汉本色，率军猛打猛冲，居然突破了陇山天险，把隗嚣底下的头号战将王元赶出了陇坻，并且一路追到新关（即安戎关，今陕西省宝鸡市陇县以西）。耿弇等其他六路部队相继赶到，在新关，他们将与隗嚣主力决战。

眼看着汉军胜券在握，令人始料未及的是，一众名将统率的汉军主力在新关居然被陇军主力打得大败亏输。前一年在齐鲁取得巨大胜利的汉军统帅、建威大将军耿弇面对身经百战的陇右精兵，遭遇了人生第一次失利。

乘胜前进的汉军不会想到，隗嚣底下的兵将之前和绿林、赤眉、公孙述等势力交手都无一败绩，又占据险要、以逸待劳，远道而来的汉军根本不是其对手。悍将王元镇守的陇坻防线被轻易突破，看起来更像是故意玩诱敌深入的把戏。

汉军被打败后被迫撤退，隗嚣自然不会放过难得的机会，命令麾下人马全线追击。在危急时刻，黑脸猛将、捕虏将军马武主动承担了殿后任务，挑选精锐骑兵突然转向，痛击敌人追击部队，马武本人也身披铠甲，挥舞着长戟在敌人阵中挑杀。

这回轮到陇军哭爹喊娘了，好好的乘胜追击打成了与敌人精锐的遭遇战。在丢下数百具尸体后，心有不甘的隗嚣下令停止追击，吃了败仗的汉军才得以全军撤回长安。

在七路伐陇失利后，刘秀迅速调整了部署，展现了惊人的应变能力：安排祭遵驻扎在汧县，耿弇驻扎在漆县（今陕西省咸阳市彬州市），冯异驻扎在栒邑，又调来吴汉所部驻扎长安，形成自西向东的纵深防御体系，等待隗嚣来犯。

取得新关之捷的隗嚣果然派王元、行巡带两万人马分路进犯关中。其中，王元进攻最西边的汧县，行巡进攻临近长安的栒邑，企图掐头去尾，打掉汉军进攻陇右的前沿基地。进攻的地点都是刘秀提前安排好的重镇，自然，这两路人马都碰了壁。

两路人马中，大将行巡的任务无疑是最轻松的，因为此时栒邑并没有任何兵马驻守，用"兵贵神速"来形容是再合适不过了。正当行巡高高兴兴地直奔栒邑时，冯异率领的军队正好也在赶往栒邑的路上。

战机来了！得知敌人动向的冯异当机立断，迅速抢占栒邑县城，然后偃旗息鼓，关闭城门。行巡毫无防备地带队来到栒邑城下，准备进城。突然城墙上响起了咚咚咚的擂鼓声，关闭的城门突然打开，出来迎接行巡的不是箪食壶浆的百姓，而是如狼似虎的汉军。正做着入城美梦的隗军猝不及防，一下子就被汉军击溃，汉军直追出去数十里。

进攻汧县的隗嚣头号大将王元也不顺利，因为镇守那里的是老冤家——祭遵。一心想雪新关之耻的祭遵对王元一顿猛揍，连战连胜，打得王元只得逃跑。

栒邑、汧县两战的胜利极大地改善了关中敌我态势。北地郡土豪耿定得知隗军进攻不利后，立刻率部投降东汉，刘秀不失时机地命令冯异从栒邑急行军三百里进入北地郡治义渠县（今甘肃省庆阳市西南），驱逐了军阀卢芳的势力，拿下北地、安定、上郡三郡部分地盘，从北边对隗嚣形成包围态势。早已归附东汉的窦融也向隗嚣宣战，集合河西五郡兵力进入金城县（今甘肃省兰州市西北），击破了支持隗嚣的先零羌封何部落。前方后方相继告警，隗嚣只得暂时停止了攻略关中的计划，收兵死守陇山山隘要道。

至此，第一次陇右战役以汉军先败后胜而告终。表面上看，双方又回到了战役初期的原点。实际上，经过光武帝多管齐下的操作，隗嚣的陇右势力面临着汉军北东西三面包围，形势极端不利。

急于打破三面包围的隗嚣此时不得不假装认怂，向刘秀写了一封措辞卑微但又心存侥幸的信。

"我的部下看到朝廷军队突然到来，非常害怕，被迫自救，我无力禁止。（坏事都是手下干的，不关我事啊）我军虽然获胜，我还念着咱们是君臣关系，亲自把乘胜追击的我军追回来。（明明是追击部队吃瘪，打不过人家）过去舜伺候老爹，碰到老爹用大棍子打就逃跑，用小棍子打就忍着。（暗示朝廷出兵讨伐自己太过分了）我虽然很笨，又怎敢忘记君臣大义呢？如今我生死全由朝廷决定，让我死或者让我受刑，我都毫无怨言。（让我放弃割据就算了）也希望朝廷也能给我一个洗心革面、重新做人的机会。（继续让我割据就好）即使我成了一堆枯骨，也不会忘记朝廷的大恩大德。"

看到隗嚣这封信，刘秀知道他脑子里还有割据的幻想。你既然玩缓兵之计，我也陪你玩玩吧。于是刘秀一边加紧备战，从关东抽调更多兵力增援关中，重新调配将领阵容，一边给隗嚣回了一封言辞温和但暗藏杀机的信。

"汉高祖时期奉命讨伐韩王信的将军柴武曾经写信给韩王信，说'皇帝宽仁，那些叛变然后又回归的人，不仅不杀，而且还恢复他们的爵位'。（你投降的话我保你没事，不投降的话和造反被杀的韩王信一个下场）我看你隗嚣是个读书人，懂得君臣大义，所以才写信给你。如果我写得十分清楚直白，显得对你不够礼貌；写得含蓄的话，又会让你做出错误的判断。（我写信的目的就是让你投降）你如果现在立即停止敌对行动，像过去送你儿子到我这里做人质一样亲自到我这儿来俯首称臣，那么高官厚禄可以保全。（不仅要投降，你还要入朝向我跪拜）我快四十岁了，在部队里待了十年，军人都是有一说一，有二说二，我很讨厌你信中那些花言巧语。（你靠写信拖延时间是没用的）你如果不愿意投降，就不要回信给我了。（少啰唆，要么投降，要么就打）"

隗嚣看到刘秀这封暗藏杀机的信，知道缓兵之计不管用了，不得不把目光放到南边割据四川的成家皇帝公孙述身上，为此不惜自降身价，向公孙述称臣。公孙述此时倒是不计前嫌地了一把，大度地册封隗嚣为朔宁王。前几年双方还在为争夺汉中大打出手，这会儿已经是唇亡齿寒的君臣关系了，只能感慨一句形势逼人啊。

得到公孙述支持后，隗嚣胆子又肥了。建武七年（31 年）秋天，隗嚣兵分两路，自己带三万精兵进攻安定郡，安排偏师进攻汧县，企图从北、东两个方向打破汉军包围圈。可惜又碰到了前面的老对手——冯异和祭遵。

三万北路军刚到安定郡最南端的阴槃县（今陕西省咸阳市长武县西北）就遭遇了冯异军主力，冯异不愧是真正的名将，三下五除二就把敌人打得大败。进攻汧县的偏师也在祭遵的防守反击中败下阵来。两路出击计划被汉军轻松粉碎，隗嚣被迫退回陇右死守。

此次出陇作战失利对隗嚣而言不算损失太大（胜败乃兵家常事嘛），却把隗嚣的部下——大将军王遵给触动了。

王遵是更始元年起兵反王莽的陇右六豪杰之一（另五人是隗嚣、隗崔、隗义、杨广、周宗），可见资格之老。在更始二年，王遵也随同隗嚣入朝觐见更始帝刘玄。隗嚣与刘玄关系破裂后，刘玄派兵围攻住在长安的隗嚣，又是王遵杀出一条血路护送隗嚣逃回陇右根据地。可以说，王遵与隗嚣是生死过命的老战友了。

但是王遵追随隗嚣起兵并不是要攀龙附凤，贪图隗嚣给的高官厚禄，而是感念汉家恩德。他父亲是西汉的上郡太守，他当初也是看在隗嚣等人打着辅汉旗号的分上才给隗嚣打工的。这回真正的汉家天子刘秀已经占据关东和关中，兵强马壮，统一全国已成定局，自己的老战友加老领导居然还想割据一方，王遵看不下去了，屡次劝说隗嚣归附刘秀，然而一心想当一方诸侯的隗嚣根本听不进王遵的逆耳忠言。

隗嚣此次亲自带兵出陇却大败而归，更加让王遵觉得继续跟着老领导混就是对抗大汉政权，已经没有任何前途可言。刚好老朋友来歙前来招降，王遵便举家离开陇右，到洛阳投靠刘秀。

这是自陇右战事开打以来第一位投降的敌方重量级人物，刘秀非常高兴，大方地册封王遵为向义侯，任命其为太中大夫（秩比千石，级别仅次于九卿和郡太守）。王遵也不负厚望，在不久后的第二次陇右战役中发挥了极其重要的作用。

趁着王遵投降，隗嚣政权一片混乱的机会，建武八年正月，有一位猛将与祭遵一道偷袭陇右腹心——略阳，直接引爆了第二次陇右战役，此人也因此一战成名。他就是前边提到的王遵老友来歙。

来歙，字君叔，是刘秀的老乡加亲戚（来歙的父亲娶了刘秀祖姑为妻），俩人小时候就是一块玩的伙伴。此前来歙主要负责对隗嚣的统战工作，不仅促成了刘秀和隗嚣的"蜜月期"，还招降了隗嚣底下的大将军王遵，可谓功不可没。然而来歙的志向不在于此：我要证明，我不仅能当苏秦、张仪那样的纵横家，还能像王翦、卫青那样以赫赫战功流芳百世。

有数次出使经历的来歙早就对陇右地形了然于胸，他把目光对准了隗军没设防的番须口，打算直接从番须翻越小陇山，经回中道（关中平原通往陇东高原的交通要道）直插陇上重镇略阳（距离隗嚣的大本营冀县只有一百里）。

这个直捣腹心、中心开花的战略设想得到了祭遵的鼎力支持。说干就干，祭遵和来歙亲自带两千精兵伐山开道，艰难地向略阳挺进。但是这支秘密尖兵刚走了一半的路程就出事了。

或许因为积劳成疾，或许因为旧伤复发，身为主将的祭遵在奇袭略阳途中突发疾病，无法指挥这次任务了。在回汧县治病前，他把指挥权交给了从未打过仗的来歙，让他代替自己完成未竟的功业。

从未指挥过一场战斗的来歙展现了惊人的军事天赋。隗军略阳城守将金梁根本没想到居然有汉军直攻略阳。这支汉军哪来的？惊慌失措的守军还没来得及弄清楚这一问题，略阳就被汉军攻破，金梁也成为来歙刀下之鬼。

奇袭略阳的消息传到冀县，隗嚣简直不敢相信自己的耳朵，再三确认无误后拄着拐杖悲怆地叹息：敌人怎么来得那么快！

事情已经这样了，悲伤懊悔也无济于事。隗嚣强打精神，迅速做出了应对之策：安排王元、行巡、牛邯等将领分兵把守所有进陇要道，自己亲率剩下的数万陇右精兵攻打略阳。

唇亡齿寒，得知略阳之失，公孙述也象征性地派李育率五千人马增援隗嚣。

真正的考验来了，来歙还没来得及松口气就遭遇了几十倍于己的攻城大军。隗嚣原以为凭借绝对兵力优势，拿下略阳只是时间问题，哪知道来歙吃了秤砣铁了心要当"钉子户"，指挥两千精兵死守城池，弓箭用完了就拆房屋锯木头。隗嚣见正面强攻不奏效就玩起了水攻，派人建堤坝堵塞河流，放水淹城，然而汹涌的河水对坚固的略阳城来说也只是隔靴搔痒，没有半点作用。

得知来歙奇袭略阳成功后，驻扎长安的吴汉立刻意识到战机难得，率领长安所有守军向陇右进发，但是半道上却被刘秀一纸诏书追回。

原来，刘秀另有考虑：略阳是陇右要地，丢失略阳对隗嚣来说是个巨大打击，他必然会调集陇右精兵来攻，汉军这时候过去只能是以主力对主力，占不到什么便宜，倒不如先让隗嚣在略阳城下消耗一阵，等敌人打累了再趁机进攻。

虽然刘秀这个战略没啥问题，但是他对来歙也够放心的，居然认为他能在略阳坚持几个月。事实证明刘秀没看错人，四个月后，使出浑身解数的隗嚣仍拿不下略阳城。决战的时机到了！刘秀决定亲征，这回一定要把隗嚣彻底消灭。

然而刘秀一行到了漆县大营后，听到最多的竟然是前线将帅对此次亲征的反对意见——陇右地形实在太险要，太复杂了，真不适合皇帝亲自统率主力进攻。这下刘秀本人也犹豫了。

难以决策的刘秀召来"陇右通"马援，迫切需要他提供重要建议。在隗嚣处任职数年、对陇右地势烂熟于心的马援直接给刘秀露了一手，将陇右山川地形全部用米堆展现出来。不经意间，中国军事史上一项重大发明——沙盘诞生了。

摆出沙盘还不算，急于建功立业的马援干脆充当了刘秀的临时参谋，对着沙盘指出了敌我兵力部署和我军最佳进军路线，并且给出了明确的意见：嚣军已经呈土崩瓦解之势，目前就是最佳的进军时机。

马援这个参谋的分析有理有据，刘秀当即做出了决定：由北向南，全军进攻！

第二天汉军主力就到达了高平第一城（今宁夏回族自治区固原市），正好赶上窦融统率的河西胡汉混合兵团数万人前来会师，汉军实力更为壮大。各路人马一齐由北向南进攻陇右。

目光聚焦在南线略阳城的隗嚣得知汉军不按套路出牌，居然在北线发起攻势后，惊得下巴都掉了：累死累活围攻略阳几个月有啥用？此时，坚持了四个月的略阳守军因为天天作战，体力、精神都已经到了极限，眼看着就要支撑不下去了。隗嚣恨得牙痒痒，但没办法，谁叫自己顾头不顾尾呢，只得撤军。来歙终于得救了！

屋漏偏逢连夜雨，隗嚣刚想着增援北线关隘，又一个巨大打击袭来：镇守北线瓦亭关（今宁夏回族自治区固原市泾源县大湾乡瓦亭古城）的大将牛邯叛变了！

前面提到，隗嚣的老战友王遵在战前就投降了刘秀，刘秀非常大方，封侯任官不在话下，王遵自然想着如何投桃报李，正好机会来了：刘秀为了在隗嚣主力到达前尽快拿下北线关隘，让王遵写信招降老朋友、瓦亭关守将牛邯。收到信后，牛邯犹豫了十多天，最终决定投降。刘秀直接任命牛邯为秩比千石的太中大夫（和王遵一样）。

瓦亭之失对隗嚣势力是个沉痛的打击，隗军将帅和陇右各县县令得知入陇通道大开后纷纷投降。早点投降还能在隗嚣覆亡前捞点好处，在新朝廷混个官当。一下子，隗嚣部下十三位大将、十万大军、十六个县直接改举汉旗，这回隗嚣真成马援预测的那样，呈土崩瓦解之势了。

前几天还统率十几万大军和数十座城池，现在只剩下一点残兵败将和四座忠于自己的城池（西县、上邽、戎丘、冀县），落到这份上，隗嚣仍不打算认输，咬牙把身边的三名大将——王元、行巡、周宗派去向公孙述求救，自己带着剩下的一点人马退守西县。李育也带着公孙述的援军和其他隗军退守上邽。

刘秀看到隗嚣陷入了绝境，又开始写信招降了："如果你现在投降，还可以和在我这里做人质的儿子见面；如果你要当英布（刘邦时期叛变被杀的诸侯），最后的下场也是你自找的。"

令刘秀没想到的是，只剩下不到半条命的隗嚣再次拒绝了招降。看来隗家是一心一意要和大汉对抗了。刘秀也毫不客气，直接斩杀隗嚣派来做人质的儿子——隗恂。

招降不成，那只有打了。长驱入陇的汉军迅速包围了西县、上邽。刘秀自己和耿弇、盖延围攻陇上最后一座重镇——上邽，吴汉和岑彭围攻隗嚣躲藏的老巢——西县，陇右之战眼瞅着就要收尾了。

刘秀还是轻敌了，从建武八年闰四月到八月，四个月时间汉军主力居然拿不下两座城池。不得不说隗嚣驾驭部下的确有一套，培养了不少死党。尽管隗嚣残余的将官都明白继续死守下去已经没有任何意义，但是仍然不肯出城投降。死守戎丘的隗嚣部将王捷甚至登上城池大呼："为隗王守城的兵将都没有投降的心思，你们汉军别打了，撤吧！"更令城下汉军目瞪口呆的是，王捷说罢居然直接挥剑自刎，以死明志。

就在围攻战的关键时刻，关东突然出事了：首都洛阳南边的颍川郡民变蜂起，北边的河东郡守军叛乱，一南一北两场变乱对首都洛阳造成了极大的威胁。刘秀虽然对没能亲自拿下上邽心有不甘，但还是做出了痛苦的抉择：结束亲征，车驾星夜从上邽大营急驰洛阳。

走之前，刘秀做了两点指示：打完陇右后直接挥兵南下进攻四川（得陇望蜀）；尽量遣散关东兵，依靠关中及河西的部队继续攻城。

可惜前线吴汉等将帅为了维持绝对的兵力优势，没有听从刘秀的第二点指示，最终在刘秀离开三个月后出现了这一节开头那一幕：围困西县的数万大军被五千援军轻易击破。

西县围困失败后，轮到吴汉等汉军将领后悔不迭、捶胸顿足了。不少汉军都是从关东各郡县征发而来，长期远离家乡在陇右前线作战对他们而言很难忍受，逃亡的越来越多，军队士气受到了极大的影响。加上负责长期围困敌人的十几万军队也是要吃粮食的，大半年下来，粮食居然吃完了。

世上没有后悔药。面对士兵思归、部队新败、粮草用尽这三个极端不利因素，再多兵力也无济于事，再厉害的计谋也使不出来，吴汉、岑彭、耿弇、盖延等汉军名将此时只有一个选择——接受战败的事实，退兵！

刚逃回冀县的隗嚣惊魂未定，突然发现原先还气势汹汹的汉军居然没打下西县就火烧辎重，急速撤军了。更令隗嚣等人兴奋的是，围攻另一座重镇——上邽的汉军名将耿弇、盖延等人也毫无征兆地解围撤退了。

报仇的机会来了！隗嚣迅速组织剩余兵力追击汉军，不光要收复丢掉的地盘，还要趁汉军撤退之机狠捶士气低落的敌人，打一个大胜仗。眼看着汉军又要吃败仗，身经百战的岑彭站了出来，主动承担了殿后任务。本想占汉军便宜的隗军，除了顺利占据汉军放弃的安定、北地、天水、陇西四郡外，没有取得更多的胜利，吴汉等人率主力撤回长安，岑彭在完成阻击任务后也回到了津乡。第二次陇右战役以汉军先胜后败告终。

仗打赢了，地盘也保住了，但是隗嚣并不高兴。陇右地区经过近一年战乱的摧残，已经变得民穷财尽、十室九空，隗嚣身为最高领导也只能吃干粮充饥，昔日繁华的景象已经一去不复返。残破的山河，即使夺回来又有什么用？建武九年（33 年）正月，打完胜仗刚满两个月，隗嚣就忧愤而死。

老大死了，他的事业还要继续。隗嚣的旧将王元、周宗等拥立隗嚣的小儿子隗纯为王，继续割据。由于兵力和将领严重不足，隗军只能放弃大量地盘，重点防守老巢冀县城。

远在四川的公孙述得知隗嚣病逝，真正感受到了唇亡齿寒，于是下了血本，派赵匡、田弇等人率兵数万增援隗纯。

死对头隗嚣终于变成了"死"对头，失去了强大的对手后，刘秀如释重负，继续策划第三次陇右战役。这回刘秀充分吸取了前一次战役失利的教训，对粮草问题格外看重，从正月到八月，刘秀一直在将关东的粮草调往关中。

看着粮草储备得差不多了，再看隗军现在全部龟缩在城里不敢出来野战，刘秀再次下达了总攻令，任命在略阳一战成名的来歙担任前敌总指挥，率领十多万人马再攻陇右。第三次陇右战役正式打响。

有了前两次作战经历，汉军主力进入陇右可以说是轻车熟路，没多久就打到了天水郡。柿子先挑软的捏，汉军主力一到天水就猛攻蜀军，兵力和战斗力都不占优的数万蜀军被打得落花流水，仓皇逃跑。身为名将，冯异可不会给敌人有生力量逃跑的机会，乘胜猛追猛打，数万蜀军宣告报销，连赵匡、田弇等蜀军将帅都被斩杀于阵。

解决数万蜀军只是成功的第一步，更大的难题还在后面，即如何拿下落门聚（今甘肃省天水市武山县东）和北地、安定诸郡。来歙和大将耿弇带兵五万北上进攻北地、安定，留冯异等人围攻落门。谁知道两路大军进攻都非常不顺利，离战争结束还 早。

先说落门。落门城不仅是隗嚣的避暑地（考古发掘出隗嚣避暑行宫遗址），更是隗家老巢冀县的重要屏障，隗嚣在此经营了近十年，城墙非常坚固，城中也积累了大量的粮食，守军可以说根本不怕敌人进攻或者围困。偏巧落门城依秦岭西北坡而建，地势西高东低，南高北低，给隗军守城节约了兵力。加上隗家军的大本营冀县就在落门以西，汉军进攻根本无法绕开，数万汉军只能硬着头皮从北、东两面攻打落门城。

战斗打得非常惨烈，汉军依靠人数优势如潮水般猛攻城墙，但每次还没登上就被守军打了下来，投石机面对又坚固又高的城墙也丧失了作用。打到建武十年（34年）夏天，城池还没拿下，积劳成疾的大将冯异却病逝于军中，落门也成为名将冯异最后的遗憾。

算上在建武九年正月病逝于汧县的老将祭遵，陇右之役已经耗死了云台二十八将中的两个老将，战争艰难程度可见一斑。

围攻北路重镇的名将来歙、耿弇也碰到了相同的难题。经历第二次陇右战役后，隗军吸取教训，安排了一万精兵死守重镇高平第一城。守城的隗军将领高峻在军师皇甫文倾力辅佐下与攻城汉军血战一年，没让五万汉军占半点便宜。

仗打了一年，十几万大军除了开头全歼数万蜀军外没有任何进展，刘秀急了，不顾群臣的劝阻再次亲征，到达汧县前敌指挥部后亲自指挥对高平第一城的围攻作战。但刘秀没想到，这高平第一城实在是太难打了，即使有他本人坐镇指挥，还是数次攻城都无功而返。

硬的不行，只能玩软的了。刘秀派执金吾寇恂带着玺书前去招抚高峻。高峻也想看看刘秀到底能开出什么价码，最好封侯赏官留镇原地，于是也派军师皇甫文率使者出城商洽。皇甫文帮助高峻挡住了汉军名将整整一年，心中很是得意，在寇恂面前表现得傲慢无礼，寇恂不顾两军交战不斩来使的惯例，直接下令把皇甫文当众斩首，并让剩余的使者回去转报高峻："你那军师已经被我杀了，想投降就快点，不想投降咱们继续陪你玩攻守大战。"

本想着派军师去谈判捞点好处，没想到好处没捞着，军师还送了命，真是偷鸡不成蚀把米。没了军师，怎么继续打下去？高峻不得不献城投降，北线重镇高平第一城就这样被寇恂用计拿下。

高平第一城陷落后，整个陇右只剩下落门和冀县还在坚守。来歙、耿弇等人率领五万人的北线部队南下直奔落门，与原攻城部队合力再次猛攻。又经过两个月的攻城大战，守军终于顶不住了，落门城破。

落门一破，隗军的老巢——冀县就暴露在汉军面前。见形势已经极端不利，周宗、行巡等隗家"忠"臣为了保命，挟持幼主隗纯出城投降，王元则趁乱溜出城外，投奔公孙述去了。至此，长达五年半的陇右攻防战落下帷幕。

巴蜀攻伐

俗话说，天下未乱蜀先乱，天下已平蜀后平。前半句话在西汉末年并不成立，后半句话却在东汉初年第一次成为现实。

到建武十年秋，整个天下仍坚持和刘秀唱对台戏的只剩下成家天子公孙述和伪"汉帝"卢芳了。依附匈奴人的卢芳犹如跳蚤一般，时不时在边郡制造麻烦（详见后文），而公孙述则割据整个巴蜀及汉中，成为刘秀统一天下的最后一大障碍。

说起来，公孙述之所以能割据四川，除了能力之外，很大程度上是靠运气加机遇。

公孙述的早年经历算是一帆风顺。早在汉哀帝时期，公孙述就靠着父亲公孙仁的关系当了郎官，进入官场。后来公孙仁调任河南都尉，公孙述则被提拔为清水（在今甘肃省天水市清水县）县长。

为了宣扬公孙述败亡是天命所归，史书像马后炮一样记载了这么两件事：一是，公孙述被任命为清水县长后，老爹公孙仁怕儿子年轻，不熟政事，便派了一名下属随他到任，一个多月后，那名下属向公孙仁告状说"公孙述不是等待教导的人"；二是，太守让公孙述兼管五县政事，结果五县被他打理得井井有条，史书却添了一笔说郡中老百姓认为是鬼神保佑。

从史书看，似乎公孙述就是个没有能力的草包，然而事实却不是这样。从汉哀帝年间初入官场开始，公孙述一路平步青云，到了王莽天凤年间（14年—19年），直接被提拔为导江（即原蜀郡，治今四川省成都市邛崃市，邛音qióng）卒正（相当于太守）。在蜀地，公孙述政绩十分突出，很快得到了许多官民的支持和拥护。如果没有意外，公孙述要么在各郡调来调去，终老任上；要么进入中央担任九卿。

公孙述没想到，不久之后，自己将迎来人生的巅峰。

更始元年，刘玄即位，消息传出后，极大地刺激了各地的野心家。刘玄的老乡宗成自称"虎牙将军"，攻入汉中，商人王岑在雒县（今四川省广汉市北）起兵响应，自称"定汉将军"，并斩杀了王莽委任的庸部牧（原益州牧），两军合兵数万，蜀地一下子被搅得鸡犬不宁。

担任太守的公孙述听说"汉军"来了，赶紧派人迎接。然而"汉军"的表现让蜀地官民大失所望。宗成等人到成都后，放纵士兵烧杀抢掠，无恶不作。公孙述发现机会来了，赶紧召集蜀郡豪杰，慷慨激昂地说："之前天下苦于王莽太久，人心思汉，所以一听到汉将军到了，我就派人去迎接。现在汉军一来，百姓都遭殃了，老婆孩子被抢走，家室房屋被焚毁，这哪是什么汉军，分明是寇贼。我想保郡自守，等待真命天子到来。你们愿意同我一起干的请留下，不愿意的可以走。"早就想赶走这帮土匪的豪杰纷纷表示愿意效死。

取得了地方势力的支持，公孙述开始行动。他首先派人假冒更始使者，假传圣旨任命自己为辅汉将军、蜀郡太守兼益州牧，接过"圣旨"后，立刻挑选郡中精兵，进攻宗成。在成都，从没打过仗的公孙述第一次取得了战斗胜利，宗成所部被蜀军打得大败，他本人之后被部将杀死。

真正让公孙述奠定蜀地领导者地位的则是第二场战斗。更始二年秋，定都长安的刘玄同样对蜀地垂涎三尺，于是派柱功侯李宝、益州刺史张忠率领万余人，从汉中南下进攻蜀地。公孙述在绵竹（今四川省德阳市北）大破更始军队，并将他们赶走。不久，延岑在汉中叛乱，和汉中王刘嘉激战（详见前文"攻略关西"一节），公孙述利用这个机会一举攻占了汉中全境。

击破更始、夺取汉中，公孙述的赫赫战功很快威震四川。见时机已到，公孙述自立为蜀王，定都成都。到建武元年四月，公孙述觉得称王不过瘾，干脆自立为帝，国号"成家"，改元龙兴，并效法汉制，改益州为司隶校尉，改蜀郡为成都尹，并且以李熊为大司徒，以其弟公孙光为大司马，公孙恢为大司空，初步建立了一套割据政权班子。

为了保卫蜀地，公孙述安排将军侯丹开凿白水关（今四川省广元市青川县东北），北守南郑；派将军任满从阆中（今四川省阆中市）顺流直下，向东据守扞关（今重庆市奉节县东长江北岸赤甲山上，扞音 hàn）。没多久，越嶲郡（郡治邛都在今四川省凉山彝族自治州西昌市东南，嶲音 xī）土著任贵也投降了公孙述。于是整个四川都被公孙述占据。

占了全四川，公孙述并不满足，还想着对外扩张。前文"攻略关西"一节提到，建武三年，赤眉失败，关中豪杰蜂起，公孙述顺势接纳了吕鲔等人，派将军李育、程乌率领数万军众出陈仓，企图趁乱侵占关中。可惜的是，他们碰到了汉军名将冯异。没多久，李、吕等人在陈仓被汉军打得一败涂地，吕鲔连关中都待不下去了，直接亡命汉中。

北边扩张不顺，公孙述只能把扩张的目标投向东边。恰好，被岑彭暴揍一顿的夷陵军阀田戎此时进入四川避难，公孙述一看，向东扩张的将帅有了，于是对田戎封官许愿，册封其为翼江王，并让田戎在江州（今重庆市江北区）招徕旧部，准备东进荆州，大干一场。

丢了夷陵老家的田戎，对岑彭可以说是恨得牙痒痒，无时无刻不想着打回去。有了公孙述的支持，他觉得对付岑彭更有底气了。失去的一切迟早要夺回来！想到这里，田戎不由得握紧了拳头。

到了建武六年，公孙述觉得时机已到，安排将军任满与田戎一起东出江关，顺流而下，进攻夷陵，但岑彭早已收服荆南各郡，动员了一批生力军参与三峡守备。数万荆州兵在岑彭的亲自指挥下死守三峡，任田二人无法顺利突破，无功而返。岑彭趁机率军紧随其后，夺取了蜀军此次出征的基地——江州。入蜀门户洞开。

公孙述大为震惊，他怎么都没想到，岑彭居然这么厉害。眼下江州已经失守，公孙述只得下令田戎等人死保上游，确保岑彭不能趁机直捣成都。

过了两年，攻略荆州的时机又来了，建武八年，镇守荆州的岑彭被刘秀抽去进攻陇右。同年年底，汉军在陇右围城战中遭遇惨败，参与围城战的岑彭带着残兵败将撤往津乡，一时没恢复元气。当时，镇守几百里三峡险要的只有少数汉军，其中威虏将军冯骏驻扎江州，都尉田鸿镇守夷陵，领军将军李玄屯兵夷道（今湖北宜都市西），呈纵深防御。公孙述大喜，命令任满和田戎抓紧备战，准备再次东下。任田二人积极扩充舰队，训练水兵，准备铁锁，决心一举拿下荆州。

建武九年三月，七万蜀军正式东下，此次任田二人是有备而来，一时间，蜀军的战舰布满了江面，汉军猝不及防，三峡防线瞬间崩溃。三名汉将驻守的江州、夷陵、夷道全部失守，蜀军毫不费力地从江州沿长江东扩七百里，推进到扼上游之险的荆门、虎牙两山（今湖北省宜都市市区隔江相望之二山，荆门山在江南、虎牙山在江北），距荆州腹地仅有一步之遥。

消息传来，不光荆楚大震，就连远在洛阳的刘秀也急了，下令征南大将军岑彭赶紧带着冯骏、李玄、田鸿等人的残兵败将去阻拦蜀军继续东下。为了加强荆州力量，刘秀还特地把驻防南阳的臧宫部调配给岑彭。

兵贵神速，岑彭没等臧宫到来，就领着手头上的兵马进抵夷道。正在谋划继续东进的田戎没想到汉军来得那么快，只能硬着头皮向汉军发动了数次进攻，结果均被岑彭打退，双方在荆门山、虎牙山一线对峙。蜀军一下子又攻转守。

为了防止汉军进攻，对夷陵一带颇为熟悉的田戎建立了严密的长江防线：在江中竖立铁柱，架起铁锁；在两岸架设浮桥，连接南北交通；沿江依托山势之险搭建一连串关楼，将军队的营寨跨山夹江而建。这样一来，汉军既无法从水路溯江而上，也无法通过陆路西进。蜀军还能通过浮桥快速部署兵力，依托关楼监视汉军一举一动。夷道，被田戎打造成了水陆超级要塞。

最开始，岑彭对这个超级要塞毫无办法。三峡一带本来就水流湍急，船只逆流而上难度非常大，加上敌人在两岸都部署了重兵，汉军硬攻了好几次均败下阵来。岑彭意识到，汉军目前无论从兵力，还是从船只上看，短期内都无法突破敌人防线。目前刘秀正倾全国之兵准备猛攻陇右，是不会再配给岑彭多余人马了，岑彭只能先从船只入手。他在荆州招募工匠，多造大船，两年时间内，汉军一下子就建造了冒突、楼船、露桡等战舰五六千艘。其中冒突主要用于冲撞，楼船主要用于与敌船正面交战，露桡主要用于快速进攻。

到了建武十一年（35 年），陇右平定，刘秀终于能腾出手来对付公孙述。

陇右硝烟刚刚散去，大司马吴汉和诛虏将军刘隆、骁骑将军刘歆率数万兵马迅速开向荆门山前线。刘秀又下诏，让岑彭动员南阳、武陵（郡治临沅在今湖南省常德市）、南郡三郡的郡县兵以及桂阳（郡治郴县在今湖南省郴州市）、零陵（郡治零陵在今广西壮族自治区桂林市全州县西南）、长沙（郡治临湘在今湖南省长沙市）的水手，共计六万五千人（其中骑兵五千，步兵和水手六万），齐聚夷道。

总攻的号角已经吹响。但在进攻前，前线将帅却把官司打到了刘秀跟前。

原来，吴汉到达前线后，认为打四川靠步兵就够了，招那么多水手简直是浪费粮食，要求岑彭立即解散他们。岑彭不甘示弱，直接否定吴汉的命令，坚信打四川必须依靠大船，要大船参战，非得有大量水手不可。

吴汉和岑彭都上书刘秀阐明自己的观点，并告对方的状。刘秀深知，在荆州待了五年的岑彭更熟悉前线情况，他的看法是对的；但吴汉是老将，也不能直接说他的意见不对。于是下诏：大司马吴汉惯用步骑作战，对水战不熟悉，因此荆门之事，以征南大将军岑彭的意见为准。

让朝廷三公服从岑彭指挥，可见刘秀对岑彭此次出征是信心十足。当惯了方面大帅的吴汉也只得老老实实听岑彭的话。

兵有了，船也有了，岑彭开始谋划如何攻克田戎苦心经营的超级要塞。首先要冲破浮桥，切断敌人南北两岸联系。但夷道一带水流很急，加上敌人在浮桥前设置了众多柱桩，大船很难靠近浮桥，如果派小船冲锋，不仅要对付敌人的大船，还得防备两岸关楼弓箭手的射击。冲破浮桥，成为一项几乎不可能完成的任务。

重赏之下必有勇夫。岑彭设下赏格，在全军中招募能冲破浮桥的勇士，果然，偏将军鲁奇带着麾下兵马撕下了悬赏布告，面见岑彭，请求让他们担任全军前锋，冲破浮桥。岑彭大喜，胜利的曙光就在前方了。

万事俱备只欠东风。闰三月的一天，东风果然比之前的日子都要强劲，进攻的时机到了！岑彭立即命令鲁奇率部乘小船逆流而上，携带火炬直冲浮桥。见汉军只有那么一点人，蜀军不以为意，以为靠柱桩、战舰和关楼就万事大吉。很快，他们就要为傲慢付出巨大的代价。

鲁奇等人驾驶小船冒着两岸的箭雨和敌人大船的撞击拼死前进，好不容易突破了敌人的战舰防线，却发现自己的船只被铁钩缠住动弹不得。原来，狡猾的田戎料到汉军小船会杀到浮桥跟前，直接在柱桩上布置了铁钩，等小船被挂钩缠住后，己方战舰再趁势将汉军一网打尽。

形势相当危急，鲁奇决定孤注一掷，让船上的士兵向浮桥和两岸的关楼狂扔火把。没想到战局因此逆转，许多火把像长了眼睛似的，精准无误地落在浮桥上，很快，浮桥就燃起了熊熊大火，两岸的部分关楼也被火把命中，火借着强劲的东风，噼里啪啦烧了起来。

岸上和船上，蜀军士兵目瞪口呆，简直不敢相信，刚才还胜券在握，眨眼的工夫，浮桥和许多关楼都没入大火中。岑彭等的就是这一刻，他马上下令全军出击：以冒突打头阵，冲撞敌人舰队；楼船居中继进；露桡掩护。蜀军舰队都把注意力放在浮桥上了，根本没料到敌人会出动强大的舰队袭击自己，顿时乱作一团。借助风势，汉军舰队很快消灭了蜀军舰队，并一一除掉桩柱，蜀军光溺死者就多达数千。

见到水军取得大胜，岸上的步兵闻风而动，猛攻蜀军营寨。失去浮桥联系的蜀军士兵只得各自为战，汉军则以兵力优势先破南岸大营，再通过船只和浮桥将南岸兵马运到北岸，围歼残敌。经过整整一天的激战，数万蜀军被击溃，其中放下武器投降的就有五万人，将军任满被斩，太守程汛被俘，田戎则只身一人逃往江州。

岑彭留吴汉率军三万镇守夷道作为全军预备队，留刘隆镇守南郡，自己率主力继续沿江而上，长驱直入江关。在西进过程中，岑彭下令严明军纪，士兵不得掳掠，百姓向汉军送上牛酒，岑彭谦让不受，并派人安抚百姓，于是沿途郡县皆开门投降。岑彭不仅顺利到达了江州城下，还平定了巴郡，斩公孙述东边一臂。

为了巩固四川东大门，公孙述和田戎在江州提前储备了大量粮草，加上大家都知道，重庆别名山城，出了名的易守难攻，因此岑彭认为，在坚城下打持久战对汉军极为不利，要想迅速消灭公孙述，必须另辟蹊径。

岑彭把进攻目标定为蜀军屯粮要地——平曲城（今重庆市合川区西北），打算夺取公孙述粮草为自己所用。但光拿下蜀军粮仓还不够，还得考虑如何吸引蜀军主力，方便自己深入四川腹地。经过紧张的思考，岑彭最终决定豁出去了，兵行险招，兵分两路会攻平曲：岑彭率领汉军精锐走陆路直插平曲；臧宫则带五万降卒冒充汉军主力，走常规路线，溯涪（fú）江而上，前往平曲。为了吸引蜀军火力，岑彭还特地叮嘱臧宫在沿途遍插旗帜，敲锣打鼓到处宣传自己是汉军大部队。不久，岑彭顺利攻下了毫无防备的平曲城，夺取蜀军粮草数十万石。

南线接连失利已经让公孙述头疼了，没想到北线也败仗不断。

汉军攻克洛门、平定隗家势力后，来歙和盖延、马成被刘秀指派镇守陇右。建武十一年六月，为了策应在东线发起攻势的岑彭，来歙趁公孙述把全部注意力都放在长江上游一带时，发兵南下武都郡，摆出一副准备入蜀的架势。

当时，镇守武都的蜀军将领是前隗家大将王元以及领军环安。王元在逃出陇右入蜀后，又被公孙述打发去抗汉第一线武都镇守。王元以为，收服陇右后，刘秀已经将主力部队撤走，汉军那点留守兵马压根不成气候，再说从北边入蜀最重要的通道是汉中而不是武都，故此次来歙大军从陇右突然杀到武都重镇下辨（今甘肃省陇南市成县西北）城下，让王元大为惊骇。拿不准汉军人数的他轻率地出城与来歙作战，很快被杀得大败亏输，下辨也丢了。环安和王元被迫弃城向东逃往河池（今甘肃省陇南市徽县西北）。汉军趁机包围河池，大有夺取武都，南下四川之势。

环安和王元彻底慌了，他们已经想不出任何在军事上能打败来歙的办法，这时，一个邪恶的念头浮现在他俩脑海中。

汉军大营门口突然来了一位自称掌握河池守军情况的"降将"，来歙大喜，命人将其带来，想向他详细了解敌情。没想到，那名"降将"靠近来歙后，便从袖子里抽出利刃，朝来歙心窝捅去。原来，打了败仗的环安和王元狗急跳墙，让刺客假扮"降将"刺杀来歙，打算通过除掉统帅，让汉军不战自退。

来歙被刺伤后，便紧急派人找来盖延。看到战友命垂一线，身经百战的名将盖延忍不住伏地痛哭。来歙见到盖延哭哭啼啼，斥责他："你怎么敢这个样子？现在我被刺客刺中，不能报效国家，所以叫你来，要把军事托付给你，你反而学小儿女那样哭哭啼啼。刀虽然在我身上，我就不能用它杀了你吗？"

盖延收住眼泪，勉强起身。来歙亲自写表章，说："在深夜被刺客刺中了要害，时日无多，为自己没有尽到职责，给朝廷带来羞辱感到遗憾。治国要用贤才，太中大夫段襄正直刚强，可以重用，望陛下明察。此外，我最担心的还是我那不贤不肖的兄弟，他们未来可能会触犯法律，请陛下看在我的面子上可怜他们，时刻监督他们的一言一行。"写完表章，来歙丢下手中的笔，拔出身上的刀子。

一代将星就这么陨落了。可以想象，来歙临死前有多么遗憾，他独立带兵打仗才三年时间，还没有来得及建立多少功业就撒手人寰，他曾经还梦想着成为王翦、白起那样的名帅……

刘秀听到消息后非常伤心，边读奏章边流泪，追赠来歙为中郎将。因来歙在陇右与羌人作战屡立战功，刘秀还特地让来歙子孙世袭征羌侯，将他的家乡改名为征羌国。遗体运回洛阳后，刘秀穿着孝服亲自送葬。

来歙死后，汉军士气低落，攻势果然一度放缓。接替来歙指挥大军的盖延猛攻河池一个月，竟无法拿下，直接气病了。

为了给来歙报仇，也为了给北线士兵打气，刘秀决定亲征公孙述。七月，刘秀第三次抵达长安城，同时调走了生病的盖延，命马成担任武都前敌总指挥，增派武威将军刘尚支援河池前线。

就在汉军摩拳擦掌，准备在北线发起大规模攻势时，公孙述却紧急把王元和部分兵马从武都调回。原来是因为东线形势更为紧张。臧宫在抵达平曲后，继续向西挺进，扬言要进攻成都。为了阻挡北、东两路汉军会合以及臧宫西进，公孙述改变防御策略，让延岑和吕鲔、公孙恢、王元等人率重兵驻屯广汉（今四川省射洪市南）和资中（今四川省资阳市），另派大将侯丹率兵两万扼守长江上游险要黄石滩（今重庆市永川区），阻断岑彭退路，企图让岑彭在四川攻无可攻、退无可退，直接被困死。

公孙述如意算盘打得很精，却犯了一个致命的错误——误判了岑彭主力动向。岑彭的确是想直插成都，但并不想从平曲直接西进，从平曲西进的只是臧宫带的疑兵。

敌变我变，得知十余万蜀军浩浩荡荡杀奔平曲，岑彭秘密率部沿涪江南返，将汉军主力藏在江州附近，甚至连死守江州的田戎也不知道岑彭此刻就在自己身边。休整一段时间后，岑彭以迅雷不及掩耳之势突然向西疾进，逆长江而上，直奔成都！

这时，蜀军上下都认为汉军主力在平曲，侯丹也不例外。他根本不相信敌人还会从东面突然调派大军增援，因此把防御重点放在西面，打算等岑彭败退后趁机截杀，结果东面守备极为松懈。

岑彭侦知这一情况后，果断下令急袭。汉军犹如饿虎扑羊一般杀入黄石滩敌营，侯丹顿时乱了分寸，经过一番激战，汉军成功突破蜀军大营，全歼侯丹以下两万人，扫清了西进障碍。

在黄石滩休息数日，岑彭又率兵日夜兼程，逆长江、岷江急行军两千余里，沿途蜀军不是投降就是逃跑。更可笑的是，居然没有一人选择跑回成都报信，以至于公孙述对岑彭奔袭成都的举动毫不知情。

二十天后，汉军攻占了距离成都只有一百二十里的武阳（今四川省眉山市彭山区东北）。为了进一步震慑敌人，岑彭还派精锐骑兵袭击广都（今四川省成都市双流区），搞得成都城内人心惶惶。

直到这时，公孙述才得知汉军主力动向的确切消息，又惊又怒，向大臣们吼道："为什么敌人来得那么迅速！"

亡羊补牢，为时未晚。公孙述想到，成都附近还有数万兵马，足够抵挡一阵，十万蜀军主力布防在广汉、资中一带，如果他们能及时回援，与成都守军内外夹击，还是有取胜希望的，于是急忙命令延岑等人率部增援成都。没多久，公孙述居然等来了更为惊人的败报：十万蜀军主力全军覆没！

前面说到，岑彭秘密率真正的汉军主力东西来回运动，冒充汉军主力的重任就落在了臧宫身上。此时，形势对臧宫非常不利：自己手上虽然有五万之众，可大多是前面夷道之战中俘获的蜀军士兵，本来士气就不高，加上后勤不继、粮道中断，许多人打算开小差逃回家中。汉军"主力"的这一糟糕状况很快被延岑知晓，延岑大喜，认为全歼入蜀汉军、报仇雪恨的机会来了，直接"梭哈"，率全部蜀军主力东进沈水（今四川省射洪市涪江东岸支流），在汉军必经之路上张网以待。

五万降军抵达沈水附近后，斥候果然报来了坏消息：前方布满了蜀军士兵，很可能就是蜀军主力。臧宫吓了一大跳，开始对下一步动作犹豫不决：自己冒充主力的任务已经完成，这会儿又碰到敌军主力，按理说应该撤退，可眼下降兵士气濒临崩溃，一旦下令撤退，在优势敌军的追击下，很可能演变成一场溃败。

正当臧宫苦恼之时，远在洛阳的刘秀突然给他"送"来了一份大礼，谒者令带七百多名骑兵正好路过。原来，为了支援岑彭，顺便了解前线战况，刘秀特地派谒者令从洛阳率兵去见岑彭。看到谒者令手下威武雄壮的骑兵，臧宫两眼放光，直接假传圣旨，命令谒者令将麾下兵马就地移交。谒者令远在蜀地，也没法弄清诏书是真是假，只得乖乖交出兵权。拿到指挥权后，臧宫马上安排骑兵在大营门口疾驰，原本想要逃跑的降兵发现汉军突然来了那么多精骑，大为惊讶，纷纷改变了主意，一场可能发生的哗变就这样消弭了。

稳定了军心后，胆大的臧宫决定主动出击。他命令部队不分昼夜，继续向沈水推进。为了吓唬敌人，部队特地打出了许多旗帜，还分出一部分人爬山擂鼓呐喊，呼声回荡于山谷，造成汉军人数众多的假象。行军时，臧宫将步兵放在了地势险要的东岸，骑兵放在平坦的西岸，大批战船则在两岸步骑兵的掩护下逆涪江而上，直冲沈水。

拂晓，正做着以逸待劳、全歼汉军美梦的延岑登高瞭望敌情，突然发现不远处漫山遍野都是汉军旗帜，而且杀声震天。延岑顿时惊慌失措，他没想到汉军居然来了那么多人，而且丝毫不像士气低落、濒临崩溃的样子，反倒来势汹汹，于是赶紧回营，匆忙下达了撤退的命令。

延岑不知道，他麾下的蜀军士兵看到汉兵"人数众多"，又有骑兵和水兵，早就被吓破了胆，不少人已经提前开溜，没开溜的大部分人也做好了逃跑的准备。延岑这撤退令一下，蜀军马上一哄而散，拔腿就跑，撤退变成了大溃。

臧宫抓住机会，挥师一口气追杀百里。到处乱窜的蜀兵彻底丧失了战斗力，沦为待宰的羔羊。经过数天的追杀，汉军击斩蜀军一万多人，受降十万余人，所有的武器、辎重、珠宝全部被臧宫缴获。就连刚投奔公孙述的前隗家大将王元都放弃抵抗，在平阳乡（今四川省绵阳市三台县）投降臧宫。

败光了所有兵马的延岑第四次使出逃跑"绝技"，在乱军之中躲过了汉军的追杀，孤身一人亡命成都。

全歼蜀军主力后，臧宫一鼓作气，先克重镇涪县（今四川省绵阳市涪城区），再转兵向西，夺取有"古蜀翘楚，益州重镇"之誉的绵竹，扫清了南进成都的障碍，再挥师向成都狂飙，横扫两百里，连克繁县、郫县，斩公孙述的弟弟、大司空公孙恢，前后缴获节杖五条、印绶一千八百个，兵锋直指成都北面门户——雒县。

雒城一失，成都以北将无险可守。但雒城作为战略要地，早就被历代镇守于此的官员打造成坚固的要塞。按现代已发掘的遗址来看，雒县城墙夯土筑成，内侧、外侧均包砌城砖，最宽可达九米。刘备入蜀进攻成都，在雒城下足足耗了一年。

守城蜀军也知道，自己的亲属都在成都，一旦丢了雒城或者投降，全家都会受到牵连，于是只得硬着头皮玩命死守。

而以降军为主体的臧宫部之所以在前面能夺取多座城池，靠的是沈水大胜的余威，并不是自己的攻城能力有多强，碰到坚城加坚定守城的蜀军就吃瘪了。臧宫指挥汉军连攻多次均碰了壁，只得将城池团团包围，从长计议。

北线和南线纷纷告警，搞得公孙述焦头烂额。刘秀抓住时机，又给公孙述写了一封劝降信，承诺君无戏言，只要能投降，荣华富贵自然不在话下。

公孙述看了劝降信后叹息良久，又转给两名亲信——太常卿常少和光禄勋张隆看，让他们提出意见，常张二人力劝公孙述同意投降。但公孙述又反悔了，怒吼道："兴衰都是天意，从古至今哪有投降的天子？"左右之人听领导这么说了，再也不敢发表投降言论了。常少和张隆看到主公顽抗的意愿如此坚定，对自己的前途非常忧虑，没多久就相继病逝。

对下强硬改变不了敌人威胁成都的事实，公孙述开始苦思冥想退敌之策，一个卑鄙的计划渐渐浮现在他脑海中。

自攻占武阳后，每天前往岑彭大营投降者络绎不绝。为了更好地了解成都城内虚实，岑彭对每一位投降者都亲自接见。当他从投降者口中知道成都城内人心浮动时，大喜，打算趁热打铁，直取成都，遂命全军迅速向成都开进。

第二天黄昏，大军前进到彭亡（今四川省眉山市彭山区仙女山）一带。岑彭觉得奇怪，为何该地以"彭亡"命名，找来当地老人一问，才得知是因为上古时期的寿星彭祖病逝于此。但岑彭心里对此地仍有一种厌恶感：我名字里有"彭"，而此地叫彭亡，莫非上天注定我要死在这里？岑彭本打算立即移营，但此时天色已黑，无奈，只能就地扎营。

吃完晚饭后，岑彭正在看地图，研究如何迅速攻下成都，卫兵来报："公孙述奴仆从成都出逃，称有重要军情要报。"岑彭赶紧将此人召进营内，想尽快知晓"重要军情"，那名降者一接近岑彭，立刻从袖子里掏出利刃，狠狠地插进岑彭的心窝。

东汉初年最杰出的将星就此陨落。

虽然从投靠刘秀到遇刺身亡，岑彭仅为刘秀效力了十一年，独当一面的时间只有九年，但他是刘秀麾下夺取土地最多的方面大帅，先后拿下了荆州、扬州、交州大片土地。更难得的是，与其他将帅不同，岑彭为人宽厚，而且严明军纪，所过之处秋毫无犯，他的部队对百姓而言简直是一支正义之师。当百姓得知岑彭遇害的消息后，纷纷痛哭失声，在乱世能遇到一位爱民如子的将领实在是太不容易了。在岑彭生前打下的最后一座城池——武阳县，当地百姓还为岑彭立庙，四时祭祀。

连盘踞越嶲的邛谷王任贵也知道岑彭名声，不远千里派使者投降岑彭，可使者到达时，岑彭已经遇害。

刘秀听闻此事，悲痛不已，把任贵进贡的物品都赐给了岑彭的家属，赐岑彭谥号为壮侯，命长子岑遵袭爵。在平定巴蜀后，刘秀又想到了死在胜利前夜的岑彭，嗟叹良久，又封岑彭的次子岑淮为谷阳侯。

岑彭死后，接管南路汉军的是随军的太中大夫郑兴。郑兴是东汉著名的经学家，精通《左传》，并不精通军事，对带兵打仗更是一窍不通，为了避免深入敌境的汉军遭受打击，郑兴只得放弃武阳，向南撤退，眼看着岑彭打下的战果即将付诸东流。

杀了宽厚长者可不是什么好事，公孙述即将面对一名凶残暴虐的敌方主将，成都人民也将因为公孙述刺杀岑彭的决策，几乎遭受灭顶之灾。这名未来在成都大杀特杀的主将就是留守夷陵修船的大司马吴汉。

建武十一年十二月，刘秀命吴汉迅速西进，接管岑彭旧部，全权负责攻打成都，又给吴汉配备了两支人马：谒者张堪受命带七千精骑护送粮草辎重，到达后就地加入吴汉所部；围攻武都的将军刘尚率所部一万兵马南下，接受吴汉指挥。

接到诏书后，吴汉率三万兵马逆长江而上，伐蜀第二阶段作战正式开始。

建武十二年（36 年）正月，吴汉军从长江转头向北，进入岷江。公孙述得知汉军生力军来援，已经提前派魏党、公孙永两部兵马在鱼涪津（今四川省乐山市北岷江渡口）拦截。吴汉下令士兵悉数弃舟登岸。当时，吴汉麾下步骑大部分是南阳精兵，战斗力非常强悍，不到半天工夫就大破蜀军。

挟战胜之势，吴汉会合岑彭旧部，包围了犍（qián）为郡治武阳。公孙述从成都守军中挑出五千精锐之士，命女婿史兴率领，驰援武阳。吴汉对此早有准备，拿出看家本领——围点打援，自率南阳精兵埋伏，其他部队继续围攻武阳。

为了尽快完成老丈人交代的任务，史兴带着五千精锐急急忙忙奔往武阳，没想到一头扎进汉军伏击圈。吴汉一声令下，南阳精锐犹如猛虎下山一般冲入敌阵，不费什么力气就全歼了蜀军五千精卒，史兴本人也死在乱军之中。

史兴全军覆没的消息很快传遍了整个犍为郡，各县大为恐慌，纷纷闭门不出，任凭汉军在境内纵横驰骋。吴汉认为继续围攻武阳意义不大，干脆玩一把大的，直接挥师绕过武阳，奇袭成都南面门户——广都。广都守军自以为身处后方，非常安全，哪知汉军突然来袭，猝不及防，被汉军轻松消灭。

攻克广都后，为了吓唬公孙述，吴汉派轻骑兵快速杀到位于成都西南的石牛门，纵火焚烧了市桥（今四川省成都市文庙西街附近）。看到汉军真正兵临成都城下，"成家"上下大为震惊，武阳以东的小城全部投降，成都城内的文官武将也与公孙述离心离德，不分昼夜地出城投降。公孙述大怒，将投降者留在成都的家人全部杀掉，仍止不住逃亡之风。

局势对公孙述而言越来越糟糕，刘秀第二次，也是最后一次写信劝降公孙述："你不要因为杀了来歙和岑彭而心存疑虑，现在投降，我保你家族安全，我的亲笔信你以后很难得到了，要珍惜这次机会。"

公孙述将刘秀的亲笔信撕了个粉碎。

攻克广都后，吴汉一方苦于战线太长，后方不靖，暂缓了对成都的攻势，而公孙述一方屡经败仗，损失惨重，也无法对吴汉展开大规模反击，双方在成都—广都一线对峙了半年之久。

远在洛阳的刘秀并没有被之前一系列的胜利冲昏头脑，专门下诏书告诫吴汉："公孙述在成都还有十余万兵马，不可轻视。你要坚守广都，等待敌人攻击，不要轻易跟敌人决战。如果敌人不主动攻击，你就步步为营，向成都推进，迫使他们出城和你决战，你要拖到他们筋疲力尽之时再与之决战，切记切记。"

但吴汉最终还是把刘秀的指示当成耳旁风。七月，经过长达一年零四个月的残酷围城，威虏将军冯骏终于拿下了江州，俘虏翼江王田戎，送至洛阳斩首。这场胜利极大地鼓舞了吴汉的斗志。为了火速拿下成都，吴汉只带了副将刘尚和精兵两万就匆忙北上。抵近锦江时，立功心切的吴汉甚至只带了一万南阳精兵过河，突入距离成都只有十余里的地方扎营，留刘尚率其余一万人驻扎河南岸，两人相距二十余里。

看到吴汉计划夺取成都的奏章，刘秀十分生气，下了一封措辞严厉的诏书，怒斥吴汉："我最近才告诫过你不要轻易出击，为什么不听？你现在深入敌人腹地，又跟刘尚分开，一旦被敌人攻击，你们俩怎么互相照应？如果敌人出动部队牵制你，而用主力攻击刘尚，刘尚一破，你也会失败。马上给我返回广都！"

九月，刘秀的诏书还没到前线，就出事了。

公孙述得到斥候关于汉军动向的消息后，大喜。这简直是消灭敌人的最佳时机！他倾尽成都之兵共十余万人，分成二十多营，由大司徒谢丰和执金吾袁吉统率。与刘秀的设想截然相反，蜀军以主力围攻吴汉，另派兵一万牵制刘尚。

经过多次战斗，吴汉非常轻视蜀军的战斗力，得知蜀军主力向自己逼来，二话没说就提兵出营，与十余万蜀军酣战整天。南阳兵虽然英勇善战，但蜀军兵力是汉军的整整十倍，正面硬拼，汉军无论怎么打都难以取胜，最终，吴汉支撑不住，带残兵撤入营内死守。

此战，蜀军也死伤颇多，对汉军战斗力心有余悸的谢丰不敢贸然攻营，而是纵兵将吴汉部团团包围。

打了大败仗，汉军上下士气低落，身为统帅，吴汉深知必须马上想出办法，不然他和刘尚两部人马就会全军覆没。

吴汉不愧是东汉初年第一流的战将，眼珠子转了几下马上想出了破敌之策。为了稳定军心，吴汉第一时间召集将校，又一次发挥了出色的临阵演讲的能力，慷慨激昂地说："我跟各位越过穷山恶水，转战千里，才逼近成都城下。但现在，我军跟刘尚所部分别被困在两岸，无法联络，不知道会不会全军覆没。如果你们信得过我，我有一策，我们先示弱几天，趁敌人松懈时悄悄渡河到南岸与刘尚会师，并力御敌。只要我们能齐心协力，拼命奋战，就能立下不世之功，否则，将死无葬身之地。生死存亡，在此一举！"

听了主帅的演说，将校们悬着的心终于放下了，纷纷表态："听候吩咐！"

吴汉立即行动。第一步，将军中的钱财全部拿来犒赏士兵，激励士气，又喂饱战马，为即将到来的决战做准备；第二步，紧闭营门，多立旗帜，让炊事班每天都增加灶位，保证让敌人看到炊烟。

到了第三天，谢丰等人果然认为吴汉军被重创，虽然还有部分人马在营中，但已不足为虑，于是决定于明天白天渡河歼灭刘尚。

谢丰等人不知道的是，当天深夜，吴汉开始实施计划第三步：人马衔枚，悄悄抵进河岸，乘船渡过锦江和刘尚会师。汉军行动非常隐秘，甚至瞒过了负责在南岸牵制刘尚的一万蜀军。

这几天，刘尚没有吴汉的消息，只知道吴大司马在江北被敌人重兵围攻，下落不明，非常着急。现在吴汉突然带兵到来，刘尚和麾下一万兵马士气大

184

振。吴汉没有掉以轻心，而是立即重整军队，以骑兵居前，步兵居后，命弓箭兵在营前隐蔽，准备迎接真正的挑战。

对于吴汉军的动向，谢丰浑然不觉，白天正常分兵两路，一路看着早已空空如也的北岸汉营，另一路由自己统率，渡过锦江，到南岸攻击刘尚。

过河后，蜀军浩浩荡荡杀奔汉营，突然，前排士兵纷纷倒地，这可把蜀军士兵吓坏了。几轮箭雨过后，吴汉骑马跃出大营，带着骑兵对蜀军发起第一轮反击。蜀军挨了一闷棍，开始全线动摇，吴汉又不失时机地将营内剩下的汉军全部投入战场。汉军士兵之前在吴汉的鼓动下，都认为此战如果失败，自己将死无葬身之地，于是个个都像打了鸡血似的和蜀军殊死搏斗。双方从早上鏖战至傍晚，十万蜀军全线崩溃，谢丰、袁吉被汉军斩于战场。

虽然经过并力一搏，吴汉总算反败为胜，但汉军也付出了巨大的代价，再也无力反攻成都。吴汉清点剩余兵马，留刘尚继续驻于锦江南岸，作为挺进成都的桥头堡，自己则带兵撤回广都。

回到广都后，吴汉对自己没有听从刘秀告诫而擅自行事懊悔不已，上了一封奏章，将本次战斗的经过报告刘秀，并做了检讨。

知错就改，善莫大焉，刘秀没有继续批评吴汉，而是在奏章上批复："你撤回广都，留刘尚驻守锦江南岸，这一决策是最为恰当的。公孙述绝不敢绕过刘尚，直接向你进攻。如果敌人先进攻刘尚，你从广都出动所有步兵骑兵救援，五十里就到了，正好赶上敌人疲惫之时，一定可以把他们击破。"

事情果然如刘秀所料，公孙述不甘心失败，再次出动重兵过河进攻刘尚，想拔掉这颗钉子。吴汉知悉后，迅速率领全部汉军驰援刘尚，蜀军败退，渡河逃跑，汉军追击，第二次北渡锦江。

吸取上次教训，吴汉命汉军步步为营、持重缓行，不给蜀军任何各个击破的机会。为了不在城内坐以待毙，公孙述被迫多次出动蜀军进攻汉军，一个月内，双方在广都、成都之间大战八次，汉军全部取胜，于十月抵达成都外城。

好事成双，吴汉这边节节胜利，那边臧宫部经过一年的耐心包围，终于拿下了雒城，成都以北门户洞开。臧宫略加休整就迅速统兵南下，正好与杀到成都外城的吴汉会师。

南北会师之后，臧宫去吴汉的军营与之会晤，这次会晤让吴汉对臧宫的胆量另眼相看。臧宫去时直接率兵在成都城下武装示威。来到吴汉营中，两人饮酒高会。酒后，吴汉好心提醒臧宫说："将军来时经贼兵城下，行走如风，照耀如电。然而穷寇难以估量，回去时希望将军能改行他道。"臧宫哈哈大笑："大司马怎么如此胆小？我料敌人已经胆寒，根本不敢出来。"仍从原路返回营地。蜀军果然不敢拦截。

此时，公孙述困守孤城，几乎丧失了全部信心，他又想起了延岑，眼下成都城内只有延岑一人可用了，公孙述沮丧地询问延岑："现在我们应该怎么办？"公孙述没想到，延岑这会儿仍有信心："男儿当死中求生，怎么可以坐着等死？财宝容易聚集，不应爱惜，你应该散尽家财，募集敢死之士，让我指挥，我一定能打败敌人！"死马当活马医，公孙述打开库门，将所有金银布匹全部搬出，募集敢死之士五千余人，由延岑统率。

之前屡战屡败，延岑心里早就憋着一股气，这次就要让汉军看看，自己有能力打败他们！

在成都市桥，延岑命人竖起大旗，猛敲战鼓，营造将要决战的声势，向汉军挑战。吴汉得知延岑要出城和自己决战，轻蔑地说道："手下败将又来送死了。"带了主力到市桥迎战。

智者千虑必有一失，吴汉犯了一个巨大的错误：蜀军迭遭打击，兵力早已处于劣势，本不该出动主力迎战，延岑身经百战，岂连这点道理都不懂？

果然，吴汉在成都市桥下左等右等，不见蜀军出来，一段时间后，后军突然来报："不好啦！敌人袭击后军，后军已经大乱！"

原来，延岑并没有选择正面和吴汉交战，而是虚张声势，迷惑吴汉，偷偷派将领率五千人的敢死队突袭吴汉后军。

后军对此毫无防备，被敌方敢死队一冲，没多久就垮了。后军一垮，溃兵直接奔向前军，汉军阵脚顿时大乱。蜀军主力适时从城中杀出，很快在正面大破汉军，吴汉本人为了躲避蜀军追杀骑马逃跑，不慎坠马落水，幸亏抓住马尾才死里逃生。

从战场逃回后，吴汉总算领教到了进攻成都之艰难。雪上加霜的是，从广都出发的汉军此时粮草仅够七日之用。看来现在不是拿下成都的时候，只能撤退了。吴汉命人在锦江准备足够船只，打算这几天就撤回广都，从长计议。

听闻大司马要撤军，负责管理后勤的蜀郡太守张堪急了，闯入吴汉帅营，力谏道："前日之败不过是小挫，改变不了公孙述必败之势，拿下成都就在须臾，大司马千万不能撤军。我有一计，蜀军前次大胜，必然轻敌，我们只需示弱，诱敌出来决战，必能取胜。"

张堪虽然只是负责后勤的文官，但和刘秀关系不一般。张堪出身南阳豪族，十六岁时到长安太学学习，和刘秀是同学。不同于喜欢到处去玩的刘秀，张堪在太学勤奋刻苦，并且品行超群，长安城内的大儒都称赞他为"圣童"，刘秀也以此为荣，常常夸奖这位品学兼优的老乡同学。因此，对张堪的话，吴汉非常重视。经过长时间思考，吴汉采纳了张堪之计，放弃撤军，将部队中的精兵锐卒藏起来，故意派老弱去巡营，让伤病员每天在大营内频繁活动，造成汉军精兵阵亡殆尽，只剩老弱病残的假象。

几天后，关于汉军实力大减的情报呈送到公孙述案头，公孙述大喜过望，认为汉军已经不堪一击，想出城与汉军决一死战。为了保险起见，喜好占卜的公孙述算了一卦，卜辞上赫然写着："虏死城下。"

十一月十八日清晨，公孙述兵分两路出城和汉军决战：他自己率城中仅剩的数万正规军攻击吴汉；延岑带敢死队出咸阳门攻击臧宫。

一开始，形势果然如公孙述设想的那样，经过半天激战，蜀军顺利突破汉军大营。公孙述顿时觉得，打仗果然还得靠自己出马。

虽然蜀军占上风，但到中午，士卒已经饥饿疲劳，再也冲不动了。没多久，前军突然大步后退。"怎么回事？不许撤退！"公孙述挥剑怒吼，但于事无补。数万汉军精锐不知从哪冲来，如狼似虎地砍杀已筋疲力尽的蜀军，蜀军大溃，眨眼之间，攻守已经易势。

原来，吴汉在蜀军来攻时，只是用老弱加小股精锐迎敌，用半天时间消耗蜀军精力，然后才命护军唐邯和高午带数万精锐出击。

公孙述还没想明白怎么回事，护军高午就杀到他面前，挥舞着长枪直捅公孙述胸脯，公孙述从战马上跌倒在地，左右见状，一面抵挡高午，一面将公孙述扶起来，经过艰苦战斗，终于带着主公杀回成都。但公孙述麾下数万士卒就没那么幸运了，基本被汉军消灭。

北面，延岑率重金招募的敢死队和臧宫交战。重赏之下必有勇夫，在金钱的诱惑下，敢死队不顾敌众我寡之势，疯狂冲击臧宫军。臧宫麾下多是降卒，投降以来从未见过这阵势，根本抵挡不住，三战皆负，臧宫被迫收兵退回大营。正当延岑想扩张战果时，得知公孙述那路遭遇惨败，只好悻悻而归。

延岑本人也没想到，他对阵刘秀麾下各路名将，仅有的两场胜仗居然都是在成都城下殊死一搏取得的。

当天晚上，公孙述因伤势过重去世。死之前，公孙述将城中蜀军交给延岑指挥，指望着连打两场胜仗的延岑能将反汉事业继续下去，然而，延岑在得到大军指挥权后并没有部署守城，而是在第二天凌晨率部投降。

满以为自己在汉军破城前主动投降，能落个不错的待遇，结果两天后，延岑就对这一决定后悔不已。

十一月二十一日，汉军进入成都。从锦江和市桥两场败仗中死里逃生的吴汉早对公孙述和延岑恨得牙痒痒，因此入城后第一件事就是让军士诛杀延岑，屠灭延岑和公孙述家族，无论男女老少一个不留。吴汉又想到，为了拿下成都，不光自己差点没命，底下士兵也是百战余生，早就对成都窝了一肚子火。因此，吴汉放纵士兵在成都烧杀抢掠、奸淫妇女。三天内，号称天府之国的繁华都邑沦为人间地狱，仅被杀的婴儿和母亲就以万计。汉军又纵火焚毁了公孙述营造的宫殿，大火蔓延到平民区，搞得成都城内火光冲天。

刘秀对吴汉的暴行大为震怒，下诏书责备吴汉，又斥责刘尚："成都投降已经三天了，上至官吏，下到百姓，全部归顺。而你突然间纵兵放火，闻者无不落泪。你是宗室子弟，又在朝廷当过官吏，怎么能忍心做出这种惨事？你们这样搞，失去了我们此次出征吊民伐罪的本意啊！"

卢芳叛降

建武十六年（40 年）对刘秀而言并不是什么好年份，他正面临着平定蜀地后最大的危机：在中原，由于刘秀力推度田政策，强行清查豪强大户的田产，引发郡国大姓及兵长、群盗大规模叛乱，青、徐、幽、冀四州尤甚；在交趾，征侧、征贰姐妹发动反汉暴乱，攻略日南、交趾、合浦等郡。

正当刘秀为平叛问题焦头烂额时，好消息来了：伪"汉帝"卢芳从匈奴返回高柳县（今山西省大同市阳高县），随行的匈奴骑兵被渔阳太守张堪击破，情势困窘，不得不上疏归顺刘秀。刘秀将其册封为代王，负责在朝廷与匈奴之间居中协调。这标志着两汉之交最后一股割据势力被彻底平定。

俗话说，乱世英雄出四方。许多人在和平年代可能也就是个普通百姓，一到乱世就有机会冒出头来称王称霸，安定郡三水县（今宁夏回族自治区吴忠市同心县东北）人卢芳就是其中一位。此人在三水县左谷（大罗山）定居，也不姓刘，什么汉帝似乎与他无关，但托王莽新政的"福"，天下大乱，许多百姓受不了改制带来的混乱，纷纷思念以前西汉的安稳时光，不甘于在偏远地区当平头百姓的卢芳抓住机会，重新包装了自己的身世：

曾祖母是匈奴谷蠡浑邪王的姐姐，嫁给汉武帝当皇后，生三个儿子。后来遭遇巫蛊之乱，太子和皇后被杀，二儿子刘次卿逃到长陵，小儿子刘回卿逃到左谷。后来霍光立刘次卿为皇帝，迎接刘回卿。刘回卿不愿意回长安，直接在左谷定居，生下儿子刘孙卿，刘孙卿又生下儿子刘文伯。刘文伯就是卢芳本人。

不得不说，卢芳这个包装非常高明，安定郡作为边郡，当地百姓最服开疆拓土的汉武帝，最畏经常入侵的匈奴人，卢芳直接简单粗暴地将自己的身世和汉武帝、匈奴联系起来，成功忽悠了一大批百姓。

经过长时间宣传，卢芳认为造反时机已到，便联合三水县的属国羌人、胡人一同起兵，很快占领了三水老家。

更始二年，更始帝刘玄迁都长安，征召卢芳担任骑都尉，卢芳接诏入朝。当时，许多军阀独霸一方，都不愿意给刘玄面子，看到卢芳主动朝见，刘玄非常高兴，对听话的卢芳另眼相待，好言抚慰一番后便打发他回去，大笔一挥，将安定以西划给卢芳镇守。

更始三年、建武元年，刘玄被赤眉军所杀，关中大乱，三水县的豪杰共同拥立卢芳为上将军、西平王。

卢芳虽然当了王，但地盘并没有扩大，还是局促于安定西部几个县。要扩张地盘，自己实力也不够，于是，卢芳打起了北方强邻——匈奴人的主意，派遣使者前往匈奴，请求和亲。

呼都而尸道皋若鞮（dī）单于大喜过望，虽说新朝末年，边郡军头归附匈奴的也不少，但刘家人主动投靠还是第一次，便高兴地对卢芳派来的使者说："我们匈奴本来与汉朝互约为兄弟。后来匈奴衰落，呼韩邪单于归附汉朝，汉朝因此派兵予以保护，匈奴则世世代代向汉朝称臣。现在汉朝衰弱，刘家人来归附匈奴，我也应当拥立他，让他向我们匈奴称臣。"命句林王率领数千骑兵迎接卢芳到匈奴朝见。

卢芳一行到达匈奴后，呼都而尸道皋若鞮单于在单于庭为卢芳举办了登基仪式，亲自任命卢芳为汉帝，卢芳的弟弟卢程担任中郎将。

有了自己任命的"汉帝"，匈奴单于开始考虑整合边郡亲匈奴的势力。当时，有一定规模的边郡军阀有五原人李兴、随昱，朔方人田飒，代郡人石鲔、闵堪等，这些人都自称将军，向匈奴俯首称臣，其中势力最强的当属割据五原的李兴和割据代郡的闵堪。

建武四年，匈奴单于派遣无楼且渠王进入塞内，分别告诉李兴、闵堪："单于已经决定了，让卢芳返回汉地做皇帝，你们应当拥护他。"

主子发话了，李兴和闵堪只得捏着鼻子承认卢芳的领导地位，于建武五年率军到单于庭迎接卢芳。

同年十二月，卢芳在五原郡九原县（今内蒙古自治区包头市西）建都。建都后，卢芳扩张的速度果然加快，迅速占领了五原、朔方、云中、定襄、雁门、安定、北地、上郡部分地盘。建武六年六月，卢芳派大将贾览和匈奴奥（yù）鞬（jiàn）日逐王一道再攻代郡，在高柳县斩刘秀任命的太守刘兴。

仅过了半年，卢芳扩张的势头就遭到沉重打击。前文"三战陇右"一节提到，十二月，北地郡土豪耿定率部投降东汉，刘秀不失时机地命令冯异从栒邑急行军三百里进军北地郡治义渠县，卢芳急调贾览和奥鞬日逐王驰援，被汉军大破于安定，卢芳原来占有的北地、安定、上郡三郡地盘全部丧失。

吃了败仗后，卢芳势力内部矛盾激化。拥立卢芳为帝，除了匈奴人外就数李兴功劳最大，李兴还让出了九原给卢芳建都，但李兴一直不服卢芳，认为他就是匈奴人立来当傀儡和共主的，卢芳本人也对李兴在五原擅权不满。建武七年冬，卢芳先下手为强，找了个借口诛杀李兴兄弟。

李兴兄弟遇害后，原本被匈奴人强令支持卢芳的朔方太守田飒、云中太守桥扈害怕自己成为下一个"李兴"，直接献郡投降刘秀。卢芳实力大损。

虽然卢芳发生内耗，但刘秀这会儿要对付隗嚣和公孙述，腾不出手来反击卢芳，只得采取消极防御，命骠骑大将军杜茂在晋阳（今山西省太原市晋源古镇）、广武（今山西省忻州市代县广武城址）之间屯田，防备敌人入侵。

二战隗嚣结束后，建武九年六月，刘秀下诏大举北伐，以大司马吴汉为帅，统王常、杜茂、朱祐、侯进四将五万兵马，进攻代郡郡治高柳。

一开始，汉军连战连胜，屡破贾览、闵堪，高柳城危在旦夕。卢芳急忙向匈奴求援，匈奴单于出动数万骑兵直扑高柳。这是自呼韩邪单于归汉之后，汉军和匈奴军第一次进行主力决战。

在匈奴骑兵的凶狠冲击下，步兵多骑兵少的汉军死伤惨重。吴汉本人以突骑起家，太清楚骑兵的重要性了，眼看再打下去汉军会遭遇惨败，立即下令撤围高柳，退入塞内。卢匈联军尾随入塞，攻占了繁峙（今山西省大同市浑源县西南，峙音 shì）、崞县（今山西省大同市源县西，崞音 guō）。

天公不作美，进入六月后，代郡多日以来连降暴雨，使得汉军后勤运输非常困难，已经无法维持五万大军继续待在雁门前线，刘秀只得下令转攻为守，将北伐大军重新部署，命王常驻屯涿郡，朱祐驻屯常山郡，侯进驻屯渔阳郡，还任命王霸为上谷太守。

北伐失利，杜茂心有不甘，仅过了一个多月，八月，就与雁门太守郭凉一道反攻繁峙，卢芳部将尹由拼死守城，导致汉军攻坚没能迅速成功。没多久，尹由的坚持等来了回报，贾览率匈奴骑兵万余前来救援，重创围城汉军，杜茂被迫率残兵败将南奔二百五十里，退守重镇楼烦（今山西省忻州市宁武县）。

刘秀同样对上次北伐的战果不满。建武十年正月，在第一次北伐失利半年后，刘秀再次任命吴汉为帅，在上次四将之外，又多了渔阳太守陈䜣所部，这一次共出动了六万人，兵力比上次足足多了一万。

吸取上次教训，吴汉这次决定稳扎稳打，先派王霸和陈䜣担任全军前锋，自己统率大军继后，绕过防守坚固的高柳，直捣卢军主力于平城（今山西省大同市东北）。贾览率万余胡骑迎战，惨败而归，再次向匈奴求援。

正月天气尚且寒冷，加上汉军行动非常突然，匈奴人暂时无法马上凑出更多兵马支援，只能派左南将军率几千骑兵援救贾览。

在平城，王霸以逸待劳，与匈奴援兵连续作战，大破敌人，并追击出塞，斩首数百级，取得了东汉对匈奴第一场野战胜利。

遭到重创后，贾览被迫退出了代郡，从此，卢芳再也没有从代郡南下袭扰并州。

见消灭卢军有生力量的目的已经达到，吴汉收兵撤入雁门关内，围攻繁峙、崞县。卢军守将尹由再次依靠坚城拼死抵抗，汉军围攻月余，无法拿下。刘秀那时正在筹划第三次讨伐陇右，因此命吴汉撤兵。

第二次北伐就这样虎头蛇尾地结束了。

经历平城之败后，卢军元气大伤，偃旗息鼓了近一年才有所动作。建武十二年，卢芳换了方向，和大将贾览一道攻打云中郡（郡治云中在今内蒙古呼和浩特市托克托县东北）。惨烈的围城战持续了大半年，一直到建武十三年二月，卢芳仍没有拿下云中郡治。

云中久攻不下，卢芳控制区内人心浮动，出了两件大事。

第一件大事是丧失平城。之前，卢芳为了收缩战线，保存实力，命大将尹由放弃繁峙、崞县，退往更靠近匈奴的代郡重镇平城。撤退时，尹由将在雁门掳掠的百姓一起带走，其中就包括贾丹、霍匡、解胜等当地豪族。尹由以他们为将帅，一起镇守平城。贾丹听说卢芳在云中作战不顺利，就与霍匡、解胜等发动兵变，杀掉了尹由，带平城军民南下雁门，投降太守郭凉。

刘秀抓住时机，将反正归来的三人全部册封为列侯，并重赏平城投降军民大量金帛。卢芳控制区的多座城邑听说后纷纷来降，数月之间，卢芳的势力范围又缩水了一大块。

卢芳得知后垂头丧气，加紧了对云中的进攻，可不久之后发生的第二件大事，直接让卢芳放弃塞内的基业，遁入匈奴。

当时，奉命留守九原的是五原郡另一位军阀随昱。自李兴被杀后，随昱非常担心自己会赴李兴的后尘，为了安抚五原军心民心，卢芳只得重用随昱取代李兴，但这依然没能打消随昱的疑虑。加上刘秀奄有四海，继续和中央对抗，未来最好的出路也就是去匈奴养老，随昱不想离开老家五原，于是趁卢芳长期不在，密谋动用五原郡军队发动兵变，胁迫卢芳投降东汉。

兵变还没开始，消息就传到卢芳耳中，卢芳害怕极了，更加不信任麾下的将帅。为了防止被前后夹击，一天夜里，卢芳带着亲属，在十余名亲信骑兵的掩护下离开大营，逃往匈奴。

第二天早上，正在围攻云中的卢军士兵突然发现主帅居然不见了。贾览等人一合计，干脆投靠留守九原的随昱，就这样，随昱兵不血刃就笑纳了卢芳所有部众。

随后，随昱携带军民账册，亲自到洛阳朝见刘秀，刘秀大为高兴。随昱不仅继续当五原太守，仍镇九原，还被册封为镌胡侯，随昱的弟弟随宪被封为武进侯。

三年后，建武十六年八月，不甘寂寞的卢芳在匈奴骑兵的护卫下返回，打算在代郡重建政权。渔阳太守张堪（就是劝阻吴汉继续攻打成都的那位）在半道上主动截击，大破匈奴护骑，卢芳只得居住于高柳，投靠代郡地头蛇闵堪。

十月，对造反感到厌倦的卢芳决定投降，与闵堪的哥哥闵林一起派使者前往洛阳，表达归顺的意愿。为了在朝廷与匈奴之间设立缓冲区，刘秀不计前嫌，并且打破了非刘姓不得为王的惯例，破天荒册封卢芳为代王，闵堪为代国国相，闵林为代国太傅，赏赐缯（zēng）帛二万匹，让卢芳负责与匈奴打交道。

卢芳感激涕零，上书谢恩，并请求到洛阳朝见。刘秀同意了卢芳的请求，下诏让卢芳于建武十七年正月来朝见。

十二月，卢芳动身入朝，两个月后抵达昌平县。不料，刘秀突然下诏，命卢芳停止入朝，将朝见时间延后至建武十八年（42年）。刘秀为何改变卢芳朝见时间？一千多后的今天，我们已经无从探究他的真实目的，只知道这一变，让本就多疑的卢芳开始不信任朝廷。

在昌平县待了一年多，刘秀仍然没有下诏让卢芳入朝，卢芳认为刘秀打算拿他开刀，于建武十八年五月从昌平逃回高柳，再度举兵反叛。代郡地头蛇闵堪、闵林并不想造反，而是想在老家安安稳稳地过日子。看到卢芳造反后，闵家兄弟为表忠心，立即出兵讨伐，双方在小小的高柳县连战数月，卢芳渐渐处于下风。

见卢芳已无法在代郡立足，匈奴单于派数百名骑兵迎接卢芳及其家属到塞外。十余年后，卢芳因病在匈奴境内去世。

第四章

汉家武德

马革裹尸

在讲历史前，先给大家介绍一个县和一座庙。距广西壮族自治区南宁市区一百二十公里的横县被誉为"中国茉莉花之乡"。在横县县城以北二十八公里的郁江乌蛮滩岸边，有一座始建于东汉、重修于明清的三进式庙宇，面积达八百三十九平方米。每年的农历四月十四，附近的农家船民都会来此庙参与庆典。

这是什么庙？为什么会建在横县？为什么当地百姓会于每年的那一天来此参与庆典？

这一切，都与我们本节故事的主人公——马援有关。

马援字文渊，扶风郡茂陵县（今陕西省兴平市东北）人。他的先祖是赫赫有名的战国名将、马服君赵奢，赵奢家族本姓马服氏，秦汉时期姓氏合一，干脆简化为马。马援从小就与众不同，几个哥哥想教他读《齐诗》，方便将来举茂才，进官场，但他对读书背诗提不起兴趣，他感兴趣的竟然是耕作放牧。长大后，马援靠家族的关系当了郡督邮，但当得不长就丢了官。原因是在一次押运囚犯时，马援可怜即将被处以极刑的囚犯，私自把他们放跑了，自己则逃往北地郡（郡治富平在今宁夏回族自治区吴忠市西南）。后遇天下大赦，马援就在当地放牧，养起了牛羊。

不得不说，马援天生就是搞农牧业经营的料，几年时间里越做越大，共有马牛羊几千头、谷物数万斛，并吸引了数百人为他打工。但马援并不是守财奴，物质需求非常低，将经商所得都分给了兄弟朋友，自己只穿着羊裘皮裤，过着俭朴的生活。

到了新朝末年，马援官运又来了。王莽的堂弟王林在北地巡视时，突然发现牧场主马援是个不可多得的人才，直接将其推荐给王莽。王莽倒也大方，破格任命马援为新城大尹。

但好景不长，王莽败亡，马援的官又当不成了，加之关中老家被更始政权占了，只能举家迁到陇右避难。在陇右，隗嚣十分器重马援，任命其为绥德将军，并让他参与军政决策。

当时，陇右东面有占据洛阳的刘秀，南面有割据巴蜀的公孙述，隗嚣正为投靠哪个势力而发愁。马援在分别出使成都和洛阳后，为主公指出了一条明路："公孙述是井底之蛙，妄自尊大。洛阳那位皇帝就不一样了，胸怀阔达与汉高帝刘邦一样，而在经学和文章方面远超前世所有皇帝。"隗嚣被马援说动，同意归汉，派马援随同长子隗恂到洛阳去做人质。

然而马援来到洛阳后，现实给他浇了一盆冷水。刘秀只是把马援当作普通投靠者看待，好几个月都没给他分配工作，日子一长，马援一家子和底下众多门客眼看就要断炊了。当时，饱经战乱的关中人口损失惨重，很多良田没人耕种，就连长安附近的上林苑也长满了杂草。为了给底下门客谋出路，马援只得重新拾起老本行，上疏刘秀，请求率领门客到上林苑去放牧种地，刘秀爽快地答应了他的请求。两三年后，荒废多年的上林苑成为膏腴之地。

建武六年，隗嚣造反，马援不仅及时与之决裂，并在二战陇右的过程中立下了大功（见第三章的"三战陇右"一节）。

二战陇右虽然以汉军失败告终，但刘秀也不是一无所获，最起码，他终于发现了马援杰出的军事才能。很快，马援就被派去长安担任来歙的助手。

当时的秦陇地区，最棘手的就是羌人问题。王莽掌权时，对羌人进行铁腕镇压，很快终结了赵充国平羌带来的半个世纪的和平时光。新朝灭亡后，关中混战不断，羌人贵族在隗嚣的拉拢下大举入侵汉地烧杀抢掠，协助隗家军抵抗汉军，很快占据了金城郡和陇西郡大部分县。到建武十年，陇右割据势力被平定，负责镇守长安的来歙对羌人贵族采取胡萝卜加大棒政策，服从招抚的封官赏钱，不服的发兵征讨，在金城郡（郡治允吾在今青海省海东市民和回族土族自治县东南），汉军击破了来犯的羌军，斩首数千，总算让大部分贵族臣服东汉。

夺回陇西后，朝廷自然要考虑新的太守人选，在来歙的极力推荐下，马援走马上任，第二次担任地方大员。

当时的陇西就是个烂摊子。经历了长期战乱后，县城内饥民遍地，百姓流离失所，城池破败不堪。而实力最强大的先零羌则对陇西虎视眈眈，随时来犯，陇西郡西边的金城郡几乎所有县都在羌人控制之下。无力发起大规模伐羌战争的刘秀只得裁撤金城郡，把没被羌人占据的地方划给陇西。也就是说，羌人如果进攻汉地，陇西首当其冲。

又要抓经济发展，又得抓边防警备，马援这个太守并不好当。

果然，马援在陇西屁股还没坐热，实力最强的先零羌突然进犯陇西郡治狄道（今甘肃省定西市临洮县，洮音 táo），想给新上任的汉家太守一个下马威。哪知道，这名汉家太守并不是软柿子，而是羌人克星。

得知羌人来犯，马援亲率步骑三千紧急出城，迎头痛击敌军。羌人本来想在陇西抢掠一番，没想到汉军居然主动迎击，赶紧撤退。马援抓住战机，对敌人一路狂追猛捶，大破羌军，直抵塞外，斩首数百，获马牛羊一万多头。守塞的先零羌部落八千余人见汉军势大，吓得直接投降。

此役为马援的军事生涯开了个好头，从此，大汉多了一位战功赫赫的常胜将军。

这场只斩首数百的小捷毕竟战果有限，对反汉的羌人来说只是挠痒痒。先零羌数万部众以湟水支流浩亹水（大通河，亹音 mén）沿岸为根据地抵抗汉军，并以重兵把守浩亹隘（今甘肃省兰州市永登县西南），进可威胁陇西，并切断河西走廊，退可遁入湟水谷地。依靠这块根据地，先零羌不断进犯陇西。马援深知，如果仅靠防守反击，根本解决不了问题，要想彻底解决边患，非得摧毁敌人老巢不可。

就在这时，生力军——扬武将军马成所部来了。有了大军支援，马援当即拍板，挥师进攻浩亹。

先零羌老早就知道汉军来攻，提前把部落老弱妇孺和粮草辎重聚集起来，隐藏到沟壑纵横、山峦起伏的允吾谷，精锐主力继续布防在浩亹。羌人算盘打得很精：汉军如果进攻浩亹，就会遭遇羌人精锐；如果进攻地势险要的允吾谷，也会遭受巨大损失。

但是，马援并不是一位喜欢按常理出牌的人。在仔细考察允吾谷地势后，他决定走小路急袭允吾谷。

这一决定非常大胆。要知道，上一位到过此地的汉军大将是汉宣帝时期的赵充国，汉军大部队已经近百年没深入西羌腹地了。没有精准的地图，也没有羌人向导，大军只能凭马援的判断摸索前进。可马援本人信心满满。

原来，马援当年在陇右为隗嚣打工时，就有意了解羌人聚居区的山川地貌，几年下来，已经成为远近闻名的西羌通。哪条路能出其不意地直捣先零羌老巢，马援再清楚不过了。

经过数天的艰难跋涉，汉军终于抵达允吾谷。不费吹灰之力，马援就一举俘获留守的羌人部民和大量粮谷、牲畜。

驻守浩亹的羌军主力听闻老巢被抄，大惊，向西远遁二百里，逃入更加偏远的唐翼谷（今青海省海东市乐都区湟水北岸群山）中，并以精兵据守险要的北山，阻挡汉军追击。

汉军主力抵达唐翼谷后，马援故技重施，自率主力部队摆出正面猛攻的架势。为了演得更逼真，马援身先士卒，冒着羌人的箭矢呐喊着爬山冲锋，山上射下的飞箭甚至把马援的腿给射穿了。

汉军正面佯动成功吸引了羌人的注意力，先零羌的首领如临大敌，死盯着北山外汉军的一举一动。入夜，数百名精锐骑兵悄悄地离开汉军大营，绕过重兵把守的北山，从唐翼谷以南突然杀入谷内，放火、击鼓、呐喊……一连串动作下来，很快把谷内羌人搞蒙了：敌人到底来了多少？

后方喊杀之声很快惊动了驻扎在北山的羌军，意识到老窝被汉军主力端了。羌人没敢回大营，而是直接向西逃跑，马援趁机攻入北山，将羌人彻底赶出了唐翼谷。

经过一夜激战，汉军斩首千余级，取得大捷，但因兵少，马援本着穷寇莫追的原则，没有像之前一样乘胜追击，而是在收取羌人粮草、牲畜后振旅而还。

此战，汉军彻底拔掉了先零羌入侵的前进基地，使陇西乃至河西走廊在此后二十年时间里免遭羌人入侵。

看到这里，读者是不是觉得横行凉州的先零羌也不过如此呢？你看，马援好像没费什么力气就赶走了。如果翻到第五章，大家就知道，在六十年后，先零羌掀起的叛乱有多么恐怖。可惜，那时再无类似马援这样的良将。

军事仗打赢了，政治仗又接踵而至。允吾谷和唐翼谷的捷报传到洛阳，朝廷大臣们在高兴之余，开始谋划放弃金城郡破羌县（今青海省海东市乐都区东南）以西，即湟中地区。理由很现实：破羌县实在是太远了，而且羌人在那里经常造反，平叛和驻军将花费天文数字，对于刚结束战乱的东汉政权来说得不偿失。

马援一听，急了，直接上疏刘秀，提出了三条不可放弃的理由：第一，破羌以西，原来西汉和新朝修建的城堡都还在，适于汉军固守；第二，湟中一带土地肥沃，灌溉便利，适合百姓耕种；第三，假如舍弃不管，任由羌人占据湟中，羌人会利用这块肥沃的土地发展壮大，对朝廷来说后患无穷。

刘秀的战略眼光的确非常人可比，看到马援的奏章后，力排众议，下令在破羌县以西的湟中地区重设郡县。为了充实人口，刘秀还听从马援的建议，把迁到武威郡（郡治姑臧在今甘肃省武威市）的三千多户金城郡移民放回原籍，安排士兵为他们修治城郭、兴修水利，鼓励百姓开展农牧业生产。从此，湟中地区百姓安居乐业。东汉兵不血刃就把汉羌边界线向西推进二百里。

马援知道，被汉军打败的塞外羌人并不甘心，又派羌族豪强杨封出塞宣扬朝廷恩德，劝说他们与塞内搞好关系，止息兵戈。丢失了大量牲畜和粮食的先零羌无奈，只得臣服于朝廷，经历了数十年战乱的陇西重现和平曙光。

陇西烽火渐熄，陇右战乱又起。建武十三年（37年），武都参狼羌利用汉军南调巴蜀之机，联合塞外各部发动叛乱。距离武都最近的成建制官军就是陇西马援部。刘秀急调马援率四千人马前去征剿。

兵贵神速，马援得令后急驰五百里，抵达陇西重镇氐道（今甘肃省陇南市礼县西北）。但还是晚了一步，参狼羌早已占据了山头，打算依托险要的山势和汉军对峙到底。

和以往一样，打仗前，马援并没有急于命令部队进攻，而是认真侦察战场周边地形地貌。经过仔细研究，马援终于发现了敌人的弱点：水源和草地都在山下，一旦被攻占，羌人将坐困高山（两百年后的马谡失街亭与此类似）。马援于是分兵抢占水口，断了羌人的水源，同时夺取山下大片草地，之后大军驻屯山下，静待羌人崩溃之日。为了加快羌人崩溃速度，马援还"贴心"地围三缺一，故意留一个缺口放羌人逃跑。

没了水、草，羌人果然很快陷入困境，首领们在山上是一天也待不下去了。正当他们陷入绝望之时，突然发现山下居然有条突围通道。又渴又饿的羌军连忙下山突围，但天下没有免费的午餐，马援不可能轻易放他们走。羌人在逃跑过程中被汉军截击，损失惨重。好不容易逃出生天的参狼羌首领直接带领几十万户部落逃往塞外，没来得及逃跑的一万多人也全部投降。

建武十六年，马援离开了奋斗六年的陇西，调入京师担任虎贲中郎将（掌管宿卫禁军）。

平羌，只是马援军事生涯的起点。没多久，在万里之遥的交趾，马援将迎来人生巅峰。

在第三章的"饮马长江"一节中我们提到，岑彭攻略荆州时，交趾牧邓让带着江夏太守侯登、武陵太守王堂、长沙相韩福、桂阳太守张隆、零陵太守田翕、苍梧太守杜穆、交趾太守锡光等人相继归顺。最初，刘秀为了维稳，对这些新附郡县依然任用原官管理。随着统一进程的加快，刘秀也逐步更换旧官，交趾太守锡光被征入京师担任大将军、朝侯祭酒，遗缺由苏定补上。

新官上任三把火，苏定掌管交趾郡后，开始大力贯彻朝廷法令，许多土著居民不习惯严密的汉律，很快怨声载道。骆越部落一名将军的女儿、交趾郡麊泠县（今越南河内市麊泠县，麊音 mí，泠音 líng）人征侧嫁给了朱䳒（今越南海阳省海阳市，䳒音 yuán）豪族诗索。有一次诗索触犯法令，苏定不顾地方势力的反对，把诗索抓起来杀掉。这可惹恼了征侧，为了给老公报仇，征侧与她妹妹征贰于建武十六年举兵造反。

没想到，不光交趾郡土著群起响应，就连隔壁的九真（郡治胥浦镇今越南清化省东山县北）、日南（郡治西捲在今越南广治省甘露河与广智河汇合处）、合浦（郡治合浦在今广西壮族自治区北海市合浦县东北）等地也相继叛汉，叛军在短期内就攻占了四郡六十五城。征侧便趁机在麊泠自立为王。

得知万里之外的交州地区爆发大规模叛乱，刘秀既焦急又无奈，当时，国内外都非常不顺。内，刘秀为了解决西汉末年以来大户强占良田的问题，开展了轰轰烈烈的度田运动，要彻底清大户的田产，这一政策很快遭到大地主的反对，青州、徐州、幽州、冀州一带的大姓起兵此起彼伏。外，匈奴人连年入侵，边防压力极大。在整整一年时间里，刘秀都抽不出作战部队前往交州平叛。

那时候马援到哪儿去了？原来，建武十七年（41年）六月，庐江郡皖县（今安徽省潜山市）神棍李广聚众造反，杀死皖侯，谒者张宗统兵数千镇压，又被李广击退。不得已，刘秀只得起用刚调回京师不久的马援为帅，与骠骑将军段志一道率虎贲军加地方军共一万人马前去征剿。普通民变对马援来说是小意思，到九月，汉军攻破被叛军占据了三个月的皖城，李广兵败伏诛。

李广之乱的快速平定，又让刘秀对马援杰出的军事才能刮目相看。皖城的善后还没搞完，马援和段志又接到了另一份诏书：任命马援为伏波将军，骠骑将军段志改楼船将军，在原有一万兵力的基础上，再征发长沙、桂阳、零陵、苍梧（郡治广信在今广西壮族自治区梧州市）四郡郡兵一万，讨伐二征。

刘秀还让开国功臣、扶志侯刘隆给马援打下手，统率步兵。刘秀用人之大胆可见一斑。

不打无准备之仗，刘秀命荆州、交州等地的官吏准备船只、粮草，并架设桥梁，开通山谷河流，迎接大军南下。

马段二人抵达长沙后，重新整理了主客军队。十二月，兵分两路南下：步兵由马援和刘隆统率，从长沙经零陵进入交州；水军由段志带领，从洞庭湖出发进入湘江，经灵渠入漓江、西江。

建武十八年正月，双方在合浦会师。不幸的是，由于积劳成疾、水土不服，马援的战友、楼船将军段志病逝于军中。为了不耽误前线战事，刘秀干脆让马援兼领水军。

最初，马援设想从合浦乘船走海路直抵交趾。理由很简单，二月，北部湾一带还深受东北季风影响，船只可以顺季风直抵西南，不仅速度快，还能避开陆路奔波之苦和瘴气之患。但要载两万人出海，至少要准备六七百艘海船，汉军当时的船只数量远远不足，如果停下来等海船建造完毕，恐怕二征早已攻占众多地盘。

军情紧急，只能选择走陆路。在当地向导的指引下，马援率两万兵马从合浦出发，由东向西再向南，直捣叛军老巢麓泠。

汉军这一路走得非常辛苦，中越边境一带别说当时，就是现在也是层峦起伏、丛林密布。大军到达越北后又要面对无数被原始森林覆盖的高山。1979年对越自卫反击战，解放军花了半个月才到达距友谊关直线距离仅十八公里的谅山。

经过一个月的艰苦行军，二月底，汉军终于抵达叛乱的中心——交趾郡麓泠县。与中越边境和越北山区不同的是，该地地形低洼、气候酷热，在二月，最高气温也能达到三十五摄氏度以上，而且由于遍布热带雨林，瘴气也比岭南严重千倍。由于水土不服，汉军染病者极多。

见天时地利都不在自己一边，马援并没有垂头丧气，而是沉着冷静地布防。他发现浪泊（今越南河内市三岛山）^①一带地势较高，气候也相对凉爽，于是迅速率兵抢占该地，立即排兵布阵。二征最初对汉军不以为意，当她们发现汉军不仅深入交趾，还有模有样地展开阵势时，大为惊骇，仓促之间组织部队数攻浪泊，均大败而归，叛军于是军心浮动、士气低落。

利用敌人一片混乱之机，马援主动率军进攻，连战连胜，斩首数千，俘虏一万。二征只得放弃麓泠，遁入金溪究（一名禁谿）岩洞中，汉军转入搜索残敌阶段。

由于金溪究一带岩洞众多，而且洞洞相通，汉军即使跋山涉水，逐洞搜索，也未必能发现敌人。经过差不多一年的围剿，到建武十九年（43 年）正月，马援终于找到了二征藏身之地，经过一番激战，二征兵败被杀，人头传送洛阳。马援因功受封新息侯，食邑三千户。

二征被杀并不意味着叛乱结束，侥幸从金溪逃脱的余党都羊、朱伯来到更南边的九真郡，继续负隅顽抗。

磨刀不误砍柴工，马援并不急于进攻九真，而是在合浦、交趾等地像下饺子似的大量造船，同时安抚交趾百姓，训练降兵。大半年后，马援不仅造出大小船只两千艘，麾下还配备了交趾兵一万二千人，其中善战精兵两千。汉军已经具备讨伐二征余党的充足实力。

十月，马援发兵南下。步兵由无功县（今越南南定省南定市西南）南下居风（今越南清化省清化市西北），一路上叛军望风披靡，汉军没遇到什么抵抗就占领了居风。都羊、朱伯二人带兵躲到犀象出没的深山丛林之中，既不出战也不投降，企图利用地利之便逼退汉军。

要是碰到一般将领，还真会因此退兵，但是都朱二人碰到的是智勇双全

---

① 气温一般比河内低十摄氏度左右，最热时也超不过二十七摄氏度，是越南三大避暑胜地之一。

的名帅马援。还记得前边提到马援拼命造船吗？这回造好的两千艘船只派上了用场，汉军泛舟南下，在胥浦县南边的无编县（今越南清化省靖嘉县西）登陆，随后从南面配合北路大军进剿，极大地压缩了叛军的活动空间。没多久，汉军就肃清了九真之敌，都朱二人和五千叛军兵败被杀。

历经三年的二征之叛总算彻底平定。然而，汉军也付出了巨大代价，出发时两万汉军，平叛结束后只剩下八千人，其中一半出征者不是死在战场上，而是染上瘴气病逝。如何确保交趾不再发生叛乱，成为马援接下来要着手解决的问题。

首先，加强朝廷对交趾地区的治理能力。经过缜密设计，马援将占地较广、拥有三万二千户百姓的西于县析出封溪和望海两县（都在今越南河内市北），并且重修交趾郡县城池，从而提升朝廷官员对地方的控制力，再遇到暴乱，官员总不会束手无策、坐等援军了。

其次，摧毁叛乱根基。马援将参与叛乱的两百名骆越贵族迁到零陵，借机砍掉了骆越贵族在交趾、日南、九真等郡不尊汉律的特权，并根据汉律直接修改当地律令。马援对交趾地区的"普法教育"影响非常深远，过了数百上千年后，当地人还在"奉行马将军故事"。

最后，发展经济，安抚百姓。马援深知，只有当地老百姓日子过好了，才不会参加骆越贵族煽动的叛乱，于是组织军队帮助地方兴修水利，灌溉田地。位于广西壮族自治区防城港江山半岛的蓬谭运河、位于越南海阳省的防海堤，以及越南中北部的南塘渠，都是马援留下的遗产。

还有一个重要的遗产，就是大名鼎鼎的马援铜柱。传说马援消灭都朱二人后，在汉军抵达的最南端竖立了一根坚硬高大的铜柱，并霸气地刻上铭文：铜柱折，交趾灭！

汉军撤退后，土著纷纷向铜柱投掷石块，铜柱很快被石块淹没。后来历代中原政权讨伐交趾地区，都会提到马援铜柱。唐代安南都护马总还在马援铜柱的基础上又新竖铜柱两根。到越南独立后，铜柱才逐渐从史籍中消失。

马援此次征交，意义比平羌更为深远，从建武十九年到南朝梁时期，五百年间交趾没有发生大规模叛乱。

建武二十年（44 年），马援凯旋。为了嘉奖功臣，刘秀特地赐马援兵车，让他在参加朝会时班列"九卿"之下。此时，马援的声望如日中天，他不会想到，四年后，对他非常宠信的皇帝会翻脸不认人，他的一切功绩差点被强行"清零"。

建武二十三年（47 年）十二月，活跃在武陵郡五溪地区的武陵蛮族首领相单程举兵造反，凭借山地大掠郡县，荆州震动。告急文书雪片般飞向洛阳，刘秀最初不以为意——不就是普通蛮族闹事嘛，武威将军刘尚足以应付。

刘秀的自信并不是凭空而来，当时，刘尚能征善战的威名甚至比马援还大。

建武十九年九月，西南夷举兵反汉，打跑了益州郡（郡治滇池在今云南省昆明市晋宁区东北）太守繁胜。刘尚奉命率一万三千汉军出征，途经越嶲郡时，邛谷王、越嶲太守任贵秘密聚集邛兵，号令各部酋长，打算造反，同时还在酒里下毒，想假借劳军之机突袭汉军。没想到刘尚早有准备，抢先进攻越嶲，击斩任贵，又干掉了许多邛人首领，割据越嶲二十八年的邛人王国宣告灭亡。

占领越嶲后，刘尚挥师南下出击西南夷，屡战屡胜，到建武二十一年（45 年）正月，收复益州郡。自新朝始建国四年（12 年）以来屡次兴兵造反的西南夷势力被彻底平定，益州郡下一次出现大规模叛乱要到七十年后的汉安帝时期了。

在武陵蛮造反的那年三月，刘尚还带一万兵马平定了南郡蛮的叛乱。

对有丰富讨蛮经验的刘尚来说，平定武陵蛮应是小菜一碟。然而，刘秀失算了。

踌躇满志的刘尚玩起了对付蛮族常用的捣巢策略，亲率武陵、南郡、长沙三郡兵力共一万人，从南郡出发，沿长江而下，经洞庭湖进入沅江，再逆江而上，突袭武陵郡内叛军基地。但蛮族首领相单程也颇知兵法，早就识破了刘尚的策略，在刘尚大军抵达武陵前就下令各部坚壁清野、遁入深山，不与汉军交锋。汉军抵达五溪后，连蛮兵影子都没见着。

轻敌的刘尚认为汉军不够深入，下令继续向西攻击前进，不知不觉间，全军已经步入"山深水疾"的险地，不仅船只无法通行，汉军士兵也累得再也无法走下去了。

在五溪待了大半个月，汉军非但没消灭一个蛮兵，反而被拖垮，粮食也吃光了。刘尚这时才恍然大悟，悔不该没带多少粮草就轻兵冒进，致使大军陷入进退维谷的境地。

亡羊补牢为时未晚，刘尚只得下令大军撤退，赶紧离开该死的五溪，但他不知道，这将是灾难的开始。汉军心心念念的蛮兵主力突然从多个山头杀入阵中，又累又饿的汉军只想快点回去，在蛮兵的突袭下很快各自为战，最终全军覆没，就连主帅刘尚也没于阵中。

当刘尚困在五溪时，刘秀急令近在咫尺的辰阳令宗均担任监营谒者（监军），带江夏奔命兵三千接应刘尚突围，然而为时已晚。等三千江夏兵赶到五溪时，看到的只有累累尸骨和刘尚的人头。

全歼刘尚所部后，武陵蛮气焰更盛，到建武二十四年（48年）七月，相单程甚至攻下了武陵郡治临沅，占领武陵全郡。刘秀又派谒者李嵩和老将马成去武陵平叛，均无功而返。

正当刘秀为征蛮主帅人选而头痛时，时年六十二岁的马援主动请缨。刘秀考虑他年过花甲，一开始并没有答应他的请求。马援急了，直接当面向刘秀请命："臣还能披甲上马。"刘秀不信，让他试试。令群臣和刘秀震惊的是，马援虽老，但披甲上马挥戈……整套动作一气呵成，威风不减。震惊之余，刘秀非常感动，直接拍板，以马援为帅，中郎将马武、耿舒、刘匡、孙永等人为副，统兵四万远征武陵。

建武二十五年（49年）正月，四万汉军抵达下隽（今湖北省咸宁市通城县西北），吸取了刘尚教训的马援下令停止前进，召集诸将商量进兵计划。

从下隽到五溪有两条路可走。第一条是平坦的大路，沿醴水而上先到充县（今湖南省张家界市桑植县），再南下五溪。这条路沿途山地少、平地多，而且有河流可以直接通航，缺点就是路途遥远，从下隽到充县就要走八百五十里路程，从充县到五溪又得走七百里。第二条就是刘尚进兵的老路，南下洞庭湖后逆沅江而上，路程只有大路的一半，但要经过蛮兵重兵把守的壶头山（今湖南省怀化市沅陵县东北）。

中郎将耿舒极力主张走第一条路，原因是部队走大路非常安全，而且沿途经过众多郡县，即使失败也有后路可撤。马援却认为，走远路既花时间又耗粮草，而且还不一定能遭遇蛮兵大部队，不如直接抄近路急袭壶头山，如果能在壶头山全歼蛮兵主力，相当于扼住蛮兵咽喉，武陵蛮自然不攻自破。

双方各执己见，马援把两种看法上报给刘秀，刘秀犹豫一番后决定听从老将的意见，走第二条路奇袭壶头山。

马援不知道，这是他军事生涯最后一次做出重大决策了。

经过一个月的长途行军，汉军抵达武陵郡治临沅的门户重镇临乡。蛮兵没料到汉军居然会走刘尚老路，大吃一惊，慌忙凑兵进攻，马援对此早有准备，指挥所部对蛮兵迎头痛击，大破敌军，俘斩两千，蛮兵干脆放弃临沅，溃入竹林之中。汉军终于取得了对武陵蛮的第一场胜利。

中郎将耿舒再次建议马援乘胜追击，消灭蛮兵，但遭到马援拒绝，马援认为搜剿遁入山林中的残敌会浪费时间，大军的目标是拿下壶头山。耿舒对马援的不满越积越深。

三月，四万汉军抵达此次出征的目的地壶头山。此时，马援面临和刘尚一模一样的困境：壶头山下山高滩险，道路崎岖，加上蛮兵已经提前据险而守，人和船都难以前进。当时沅陵气温升至三十摄氏度以上，酷热难当，许多士兵不是中暑就是因瘴气而死，就连马援也身患重病，部队陷入困境。

马援没有灰心丧气、自暴自弃，而是拖着重病的残躯指挥士兵在沿河的山边开凿能容纳众多士兵的藏兵洞，避开炎热的天气。蛮兵自然不会让汉军如愿，他们登上高山，向汉军鼓噪示威，并时不时偷袭挖洞士兵。为鼓舞士气，马援亲自登高观察敌情、指挥作战，击退了蛮兵无数次骚扰，汉军军心大振，双方一时打成了对峙。

正当马援在前线指挥作战时，后方暗流涌动，一场始料不及的政治风波正悄然袭来。

前面说到，中郎将耿舒在下隽时就力主大军走第一条路，虽然后来刘秀采用了马援的意见，但耿舒一直心里不服。大军在壶头山受阻，更加让耿舒对马援不满。耿舒在军中给哥哥写信，直斥马援两条罪状：一是决定直取壶头，导致数万大军不得进，很多士兵担心会死在蛮乡，军心浮动；二是马援打仗像西域胡商做生意一样，每到一处就止步不前，前面临乡之战如果听我的意见，乘夜攻击，就可消灭蛮军主力，哪至于沦落到今天这个地步？

这封信，将成为批斗马援的重要引线。因为收信的不是别人，正是河北从龙功臣之一、汉初名将耿弇。

收到弟弟的来信后，已经离开政坛十几年的耿弇破例紧急入宫，将信原封不动地转给刘秀。刘秀看了信，又听了当年老战友耿弇的汇报，也认为马援的决策错了，派同为虎贲中郎将的帝婿梁松到前线问责马援，并担任马援的监军。梁松赶到前线时，马援已经因病去世。而梁松并没有放过马援，在奏折里添油加醋地诬陷马援沽名钓誉、指挥无方、治军不力。刘秀阅毕大怒，一气之下直接追回马援新息侯印绶。

梁松为何要这样呢？导致马梁二人结怨的主要有两件事情。

第一件事，马援从陇西调回京师担任虎贲中郎将期间，某天生病，梁松前去探望，马援家人都劝马援下床迎接，因为梁松毕竟是帝婿，正受刘秀宠信，然而马援认为梁松是自己的侄子辈，长幼有序，长辈不可轻易迎接晚辈，所以梁松来时马援依然躺在床上。梁松觉得没面子，认为马援倚老卖老，从此对他怀恨在心。

第二件事，马援南征交趾期间，在前线与家人通信时听说侄儿马严、马敦在洛阳不仅乱发议论，还跟不三不四的人来往，对家人管束极严的马援在百忙之中抽空写信给两个侄子，劝诫他们行正道、慎交友。本来这是一封再平常不过的家信，但马援在信中列了一个行为轻薄、乱群惑众的反面人物——时任越骑司马的杜季良，让侄子不要学他。结果这封信被杜季良及其好友梁松、窦固的仇家得到，早就对三人不满的仇家如获至宝，直接以此为据上疏控告杜梁窦三人："杜季良的品德十分差，以至于伏波将军即使在万里之外写家信都劝侄子不要学他，而梁松、窦固偏偏跟这种人交往。"刘秀读完此奏章后十分生气，不仅免了杜季良的官，还把窦固、梁松召来严加责备，二人叩头到流血才免于处罚。

此后，梁松、窦固二人对马援是欲除之而后快。

墙倒众人推，马援死后，不光梁窦二人公报私仇，许多京师权贵也纷纷上疏控告马援，不过他们提的罪名非常可笑，说马援私藏交趾珠宝。

马援征交趾时，为了除风湿、瘴气，常吃薏苡（就是薏米）。由于交趾出产的薏苡果实硕大，马援班师回京时特地拉了满满一车，打算用来做种子。但拉者无意，看者有心，京师权贵见打了胜仗的马援拉了一车东西回家，以为是交趾珍稀特产，都希望能分一点，但种子毕竟有限，马援也只能分一部分，那些得不到的权贵认为马援怠慢他们，到处说马援的坏话。但马援那时正受刘秀宠信，所以对马援的毁谤之辞只是在官场上流传。马援死后，马武等开国功臣纷纷指控马援从交趾搜刮了一车的珍珠文犀运回私宅，刘秀听后更加愤怒。

马援的家人很快知道了刘秀的不满，但对圣上为何发怒一头雾水，心里惶惧不安。马援的尸体运回后，家人不敢葬在原来已经建好的坟墓，只能偷偷在城西买了几亩地草草埋了，马援的宾朋故旧也不敢到马家去吊唁，身后之事十分凄凉。葬完马援后，马援的家属集体到宫中请罪，刘秀拿出梁松的奏章给他们看。知道了事情原委，马援的妻子不甘心丈夫在身后蒙受不白之冤，先后六次向刘秀上疏申诉，怒气已消的刘秀这才允许重新安葬马援。

虽然梁松和耿舒告倒了马援，但他俩也无法解决当前困局，武陵前线双方依旧在对峙。直到十月，汉军拼尽全力也未能突破壶头山防线，许多将领打起了退堂鼓。这次出征似乎又要和前面两次一样无果而终。

就在此时，监军宗均驳回了诸将撤军之议，抛出了一个重磅建议：伪造皇帝诏令，招降武陵蛮。将领们听后吓坏了，全都不敢应声。

宗均慷慨激昂地说："忠臣远在境外，若有保护国家安全之策，可以专断专行，出了事情我来负责！"于是假传圣旨，调伏波将军司马吕种担任沅陵代县长，又针对武陵蛮伪造诏书一封，命吕种带着假诏书进入敌营。在"诏书"里，宗均先是宣扬了朝廷盛德，然后话锋一转，正告武陵蛮将帅："朝廷是讲信用的，只要投降，既往不咎，否则，大军把你们统统消灭！"为了把招抚的戏码演足，宗均还率军逼近蛮军大营。

汉军不知道，武陵蛮此时也陷入了绝境。自富庶的平原地区均被汉军攻克后，蛮兵只能退守山区打游击，很快陷入了粮荒，而汉军补给线均有重兵保护，偷袭不可能得手，因此对峙了半年后已经顶不住了。看到汉朝招抚诏书，武陵蛮将领们直接反正，杀了相章程等造反头子，邀请汉军进入大营受降。

历时三年的武陵蛮之乱终于被平定，算是告慰了马援在天之灵。

最后，给读者讲一下本节标题——"马革裹尸"的由来。

马援平定交趾后班师回朝，亲友和宾客纷纷向他表示祝贺，马援麾下的智囊人物孟翼也随大流拍了几句马屁，不料马援听了并不高兴，反而皱紧眉头，有点生气地说："我就盼着先生能说几句教导我的话，先生怎么反而和别人一样尽拣好听的说呢？"气氛一时尴尬了起来，孟翼一时无法答复，马援干脆挑明了自己心中的抱负："武帝时的伏波将军路博德开拓了七个郡的土地，而他得到的封地只有数百户。我只是平定了一个郡而已，功劳比路将军小多了，却也被封为伏波将军，封地多达三千户，赏过于功，我怎么能长久保持下去呢？先生为什么不在这方面指教指教我呢？"听了主公这番话，孟翼直接愣住了，不知道如何接话茬。马援接着说："如今，匈奴和乌桓还在不断侵略北方，我打算向朝廷请战。一个有志男儿，应该战死在边疆，用马的皮革裹着尸体就行了，怎么能躺在床上、死在儿女的身边呢？"孟翼听了，深为主公立志为国牺牲的抱负所感动，脱口而出："将军真不愧是大丈夫啊！"

在壶头山，马援真正实践了自己的志向。

燕然勒石

1990 年的一天，蒙古国中戈壁省。

两名牧民运气实在太差，早上还是晴空万里，到下午已是暴雨如注，他们只得赶着牛羊到杭爱山南麓岩石下躲避。雨过之后，从岩石下出来的他们抬头望天，猛然发现离地数米高的石壁在阳光照射下居然显露出特殊字迹。

此事很快轰动了蒙古国的考古学界，国内国外的专家纷至沓来，想弄清石壁上刻着什么内容。然而过了二十六年，仍没有人能破解杭爱山石刻之谜。

2016 年，事情终于有了转机。内蒙古大学齐木德道尔吉教授与延安大学高建国讲师经过深入研究，大胆推断，石壁上刻的极有可能就是《封燕然山铭》。

为了证实这一推断，2017 年 7 月，中蒙组建联合考古队前往石刻发现地一探究竟。在石壁上，考古队员们拿起《后汉书》，登上脚手架，逐字逐句对照。经一个白天的仔细核对和辨识，石刻共二十行、约二百六十个字，考古队成功认出了二百二十个字！7 月 31 日，联合考古队高兴地向世界宣布：《封燕然山铭》石刻真迹找到了！

《封燕然山铭》的发现，把我们的思绪带回到近两千年前汉匈纷争的时代。

众所周知，自呼韩邪单于归降和王昭君出塞后，汉匈两国关系非常融洽。

本来这种良好关系可以长期保持下去，然而天有不测风云，王莽掌权后，中原和匈奴的关系来了一百八十度大转弯。

王莽先是强令匈奴单于改汉名，并单方面向匈奴下达禁止收留西域逃人的约束令，之后得寸进尺，派使者以欺诈手段将"匈奴单于玺"更换为"匈奴单于章"，明摆着矮化匈奴。王莽还嫌不够，下诏把"匈奴"改名为"降奴"，"匈奴单于"改成"降奴服于"，将匈奴分成十五个部落，分别让呼韩邪单于的十五个子孙担任单于。

王莽一连串昏着彻底激怒了匈奴单于，始建国二年，匈奴正式反叛，攻入塞内，杀雁门、朔方太守，掠掳人口、牲畜不可胜数。边患愈演愈烈，王莽决定派三十万大军带三百天粮草分六路讨伐匈奴。但是，这个庞大的北征计划因粮草迟迟未能凑足而停摆。终王莽之世也没机会实施。

其实王莽也是有机会与匈奴和好的。天凤五年，温和派呼都而尸道皋若鞮单于即位，此君上台后不仅停止入侵行动，还派遣由王昭君两个外孙领衔的使团去长安入贡，顺便向王莽讨要丰厚的赏赐。但王莽却另有打算。在匈奴使者回到草原前，王莽假意让王昭君的侄子王飒约王昭君女儿须卜居次云和女婿右骨都侯须卜当到塞下会面，顺便去迎接使团，这两人高高兴兴去见表弟，没想到中了圈套，到了塞下迎接他们的只有新朝骑兵，除了小儿子逃跑外，右骨都侯夫妻和使团成员都成了王莽的俘虏。

匈奴单于得知王莽要阴谋俘虏匈奴重臣后暴跳如雷，态度开始强硬，直接撕破脸大举入侵内地，王莽败亡后仍未停止。

更始帝刘玄即位后，派王昭君的侄子、归德侯王飒和大司马护军陈遵携旧的匈奴单于印前往塞外，想和匈奴重归于好。然而，匈奴单于不但拒绝接受印章，反而放话："匈奴与汉朝本来是兄弟，孝宣皇帝帮助我父亲呼韩邪单于上位，所以匈奴才向汉朝称臣。王莽篡汉后我们也曾出兵攻打王莽，导致天下骚动，人心思汉。这么看，王莽失败和汉朝复兴，靠的是我们匈奴啊，汉家皇帝应该反过来向我称臣！"双方不欢而散。

匈奴单于敢这么狂，不是没有原因的。经历了王莽新政和新朝末年战乱后，中原地区民生凋敝、极为虚弱，名义上统一号令天下的更始政权没多久也陷入内外交困。而匈奴方面，自呼韩邪单于归顺以来，草原地区大半个世纪没有发生内乱，加上又接纳了不少从中原跑来躲避战乱的百姓，实力增强不少。

呼都而尸道皋若鞮单于与汉朝撕破脸后没几年，恰逢天下大乱，于是他自比冒顿，开始向周边秀肌肉，扩充实力。西边，匈奴人时隔一百年重入天山，很快控制了除了莎车外的所有西域国家。东边，匈奴发兵攻入辽东、辽西，再一次征服鲜卑、乌桓。南面，插手中原混战，扶植伪"汉帝"卢芳，帮彭宠对付刘秀……

最开始，刘秀因为天下未定，对匈奴还是"以和为贵"，派多批使者出塞交好，不过这些都是无用功，匈奴单于对汉朝使者非常傲慢，根本看不上刘秀赏赐的那点好处，继续和卢芳一道南下入侵。刘秀只能发兵反击，但收效甚微（详见第三章的"卢芳叛降"一节）。

当时，中原疲敝，与匈奴决战的时机并不成熟，在吴汉数次北征失利后，刘秀被迫决定转攻为守：内迁六万边民入塞；在并州和关中、河北地区大建堡垒，十里一候；让人制造"移动堡垒"——可搭建简易工事的巨型牛车……

这些手段不能说没效果，但很难有效对付机动性极强的匈奴骑兵。匈奴人依然连年入塞，最开始伙同卢芳南下，卢芳势力灭亡后干脆自己单干。

最羞辱刘秀的一次入侵发生在建武二十年五月，十万匈奴骑兵在并州到凉州长达一千多里的战线上兵分三路，绕过边塞重镇和边郡城池一路南下：东路军攻入上党，威胁洛阳；中路军突袭扶风，逼近京兆；西路军杀奔天水，扫荡陇右。此次入侵，匈奴人气焰可以说是嚣张到极点，基本上视汉军如无物，想来就来想走就走。

令汉匈双方都没想到的是，这将是匈奴人最后一次大规模入侵，没多久，上天给刘秀送了大礼。

建武二十二年（46 年），在位二十多年、自比冒顿的呼都而尸道皋若鞮单于去世。单于尸骨未寒，匈奴就出事了。

为了防止匈奴再次出现单于继承纷争，呼韩邪定下了兄终弟及的规矩，兄弟都死光了才轮到子辈即位。按理说，继承呼都而尸道皋若鞮单于位置的应当是他的幼弟、呼韩邪的幼子知牙师。可是他却想让自己儿子即位，因此随便捏造个罪名杀了幼弟。知牙师死后，前任单于的儿子、呼韩邪单于的长孙日逐王比以为会轮到他继位，哪知道现任单于直接传位给了儿子乌达鞮侯。短命的乌达鞮侯在即位当年便因病去世，日逐王比又做起了当单于的美梦。不幸的是，乌达鞮侯在死前搬出了兄终弟及的家法，传位给弟弟蒲奴。

"既然你不让我当单于，我就投靠能让我当单于的人！"统领南方八部的日逐王比愤愤不平地说。此时，他想起爷爷呼韩邪的"光辉事迹"，一拍大腿，做出了一个惊人的决定：投降大汉！比不仅派汉人郭衡到西河（郡治平定县在今内蒙古自治区鄂尔多斯市伊金霍洛旗东南境，一说在今陕西府谷县西北）太守处请求内附，为表诚意，比还送上了一份大礼——匈奴地图。

负责监视南方八部的骨都侯发觉情况不对，赶紧向蒲奴单于告变，单于决定发兵一万讨伐比。比的弟弟渐将王在单于底下当官，得知此事，找机会溜出单于庭，跑到老哥的地盘。比干脆公开与单于决裂，带南方八部数万人马与单于对抗，并于建武二十四年春自立为呼韩邪单于，派人到五原塞①下请求内附。

对于是否接受日逐王比内附，朝中意见可谓是一边倒：拒绝！很多人认为，国家刚刚统一十来年，实在是太脆弱了，而且比是否真心投降还不知道，万一是假投降，又得折腾一轮，故不能答应。

在汹涌的反对声浪中，只有一人支持接纳日逐王比，这个人就是耿弇的弟弟、五官中郎将耿国。耿国认为："如果我们能按汉宣帝的惯例接纳比，就

---

① 五原郡边塞的统称，分布于今内蒙古自治区大青山西端、乌拉山南麓及阴山南坡。

可以让归降的匈奴部众帮助我们抵御鲜卑和匈奴，保卫边郡，使边郡晚上能大开城门，沿边百姓安居乐业，这是利在千秋的计谋啊！"

颇具战略眼光的刘秀深思熟虑后，力排众议，采纳了耿国的建议，下诏立日逐王比为南匈奴呼韩邪单于。南北匈奴正式分立。

得到汉朝册封后，比感激涕零，决定给朝廷一个投名状证明自己的忠心。建武二十五年，南匈奴发兵北征，大破北匈奴部众，俘获左贤王以下一万多人、牛羊马两万。遭到打击后，北匈奴内部也发生了分化，右骨都侯见跟着北匈奴已经没有任何前途，带着三万部众投降南匈奴。北匈奴实力大减，被迫退出漠南，远遁漠北。东汉政权初步达到了抵御匈奴的目的。

刘秀大喜，立即对南匈奴投桃报李，给地给钱。东汉允许南匈奴在五原塞以西八十里处建立单于庭，部民可以入居云中放牧。同时还以君臣的名义赏赐了以千万计的牲畜、粮食和黄金。投汉的南匈奴贵族得了草原、粮食、牲畜，个个喜出望外，对大汉是感激涕零。

在给南匈奴发放巨量赏赐的同时，另一项工作也在慢慢开展，也就是将南匈奴纳入朝廷管控之下，防止其再成中原威胁。但这件事要讲究时机，做得早了，很可能逼反匈奴人，边郡战火再起；做得晚了，匈奴人拿了汉朝的好处后发展壮大，保不准会出现不臣之心。刘秀一直在等待一个恰当的时机，既能名正言顺地控制南匈奴，又不会激起南匈奴的反感。

建武二十六年（50 年）夏，机会终于来了。之前被南匈奴俘虏的北匈奴左贤王伙同南匈奴五骨都侯，带麾下三万余人叛逃大漠，在距北单于庭三百余里处另立单于庭。南匈奴实力大损。害怕北匈奴趁机攻击的南匈奴单于急忙上疏朝廷，请求增援。为了再向朝廷表忠心，南单于甚至把自己的儿子都送去洛阳当"侍子"。刘秀顺水推舟，不仅笑纳了单于主动送上的人质，还向单于庭派安集掾吏，这名掾吏就负责一件事——带五十名持兵器的刑徒兵担任单于护卫。擒贼先擒王，东汉总算实现了控制南匈奴的第一步。

没多久，另立单于庭的叛逃者在大漠尚未站稳脚跟便发生内讧，原北匈奴左贤王和南匈奴五骨都侯互相看对方不顺眼，打了起来，打着打着头头们全死了。老爹死了，儿子们各谋出路。建武二十六年冬，五骨都侯的儿子率领其众三千人南归。没想到，北匈奴也想借机捞一笔，发兵把南归部众全部俘获，并且击败了前来接应的南匈奴骑兵，大有南下灭掉南匈奴之势。

南匈奴单于大惊，不得已再向刘秀求援。刘秀决定实施控制匈奴的第二步计划，对南匈奴进行军事监管：把南单于从靠近大漠的云中迁到边塞重镇美稷县（今内蒙古自治区鄂尔多斯市准格尔旗西北），同时派使匈奴中郎将段彬和副校尉王郁率两千骑兵和五百刑徒兵常驻美稷"护卫"南单于。两千五百名汉军的到来让南单于吃了定心丸，为了报答汉廷恩德，他上疏朝廷，表示愿意帮助朝廷守卫边疆。

好事又送上门来了。刘秀再一次顺水推舟，把匈奴部众安置在从北地郡到代郡一千多里的边塞上：韩氏骨都侯屯北地；右贤王屯朔方（郡治临戎县在今内蒙古自治区巴彦淖尔市磴口县北）；当于骨都侯屯五原（郡治为九原县）；呼衍骨都侯屯云中；郎氏骨都侯屯定襄（郡治善无县在今山西省朔州市右玉县南）；左南将军屯雁门（郡治阴馆县在今山西省朔州市东南）；栗籍骨都侯屯代郡。如此一来，既分散了匈奴人的势力，又使边防压力大为减轻，可谓是一石二鸟。

听闻边塞有匈奴人参与守卫，南单于庭还有汉军保护，北单于恐惧不已，只得停止对边塞的骚扰，并归还俘获的汉人，每次南下只打南匈奴，不敢侵犯边塞。最初逃难到内地的边郡百姓纷纷回归本土。东边的鲜卑、乌桓见南匈奴投降、北匈奴式微，趁机攻打北匈奴，拿着北匈奴的人头向东汉请降。

在经历了四十年的战火后，边塞终于迎来了久违的和平。

另一边，北匈奴见向东和向南扩张机会渺茫，只能把目光投向西边，加强了对西域的经营，扶植当时雄踞西域南道的于阗（tián）和雄踞北道的龟兹（Qiū Cí，国都延城在今新疆维吾尔自治区阿克苏地区库车县）控制西域，甚至直接在于阗国内驻兵。而龟兹也利用匈奴人的力量欺凌其他国家。莎车不服，北匈奴于是联合龟兹围攻莎车，迫使莎车投降。

依靠西域资源，北匈奴慢慢恢复了元气。永平五年（62年）冬，边塞战火再起，北匈奴出动六千骑兵试探性地进攻五原和云中，均被南匈奴击退，之后又开始连年寇边。

永平八年（65年），南匈奴须卜骨都侯密谋反叛，计划和北匈奴里应外合端掉美稷。这场政变图谋在北匈奴接应人马到来前很快被粉碎。北单于大怒，令前去接应的骑兵直接入侵边塞，他自带五万骑作为后继，从五原一路杀到河西走廊，焚烧城邑、奸淫掳掠。可怜的河西老百姓刚送走羌人没多少年，又迎来了更加凶残的匈奴人。

面对北匈奴的入侵，刘秀的儿子汉明帝刘庄最开始还想着"以和为贵"，同意和北匈奴在边境开展贸易。但北匈奴依然不满意，继续抢劫边塞。做生意的话，汉人的东西终究要用牛羊换，直接抢的话就是无本生意，多爽！

北匈奴连年入侵让朝廷上下忍无可忍，不断有人上疏要求北征大漠，永绝边患。永平十五年（72年），在朝野上下的呼声中，汉明帝终于下定决心动手，下诏发动沿边郡国兵，并联合南匈奴、羌人、乌桓、鲜卑，共计四万四千人马，兵分四路，于第二年二月出边塞讨伐北单于。

自建武十五年（39年）吴汉北征以来，时隔三十四年汉军再次讨伐匈奴。刘秀时代东汉北征只能在代郡、云中这些边郡和匈奴人周旋，而这次，东汉骑兵将第一次大规模深入匈奴腹地。

第一路大军由酒泉、敦煌、张掖三郡甲卒和羌兵共一万二千骑组成，窦固及耿忠担任正副统帅。部队从酒泉出发，目标是夺取西域门户伊吾（即伊吾卢，今新疆维吾尔自治区哈密市）、车师（分为车师前国、车师后国），击破驻屯在那里的北匈奴呼衍王部。

第二路大军由河东、北地、西河三郡羌胡兵及南匈奴左贤王部共一万骑组成，祭遵的堂弟、太仆卿祭彤和度辽将军吴棠担任正副统帅。部队从朔方高阙（在今内蒙古自治区巴彦淖尔市杭锦后旗东北。阴山在那儿有一个缺口，因此被称为高阙）北进，向驻屯于涿邪山（今阿尔泰山脉东段）的北匈奴皋林温禺犊王部进袭。

第三路大军由武威、陇西、天水三郡募兵及羌胡兵共一万骑组成，耿秉与秦彭担任正副主帅。部队从最北端的居延塞（今内蒙古自治区阿拉善盟额济纳旗东南）出击，向驻牧于三木楼山（似在涿邪山西部）的北匈奴句林王部进攻。

第四路大军由太原（郡治晋阳县在今山西省太原市西南）、雁门、代郡、上谷、渔阳、右北平（郡治土垠县在今河北省唐山市丰润区）、定襄诸郡兵及乌桓、鲜卑共一万一千骑组成，骑都尉来苗与护乌桓校尉文穆担任正副统帅。部队从平城塞（似在今山西大同市东北）出发，直奔匈奴河（今蒙古国拜德拉格河）扫荡北匈奴部落。

这次出征虽然兵力不多，但统帅阵容可谓豪华，几乎集结了所有当朝名将：第一路军统帅窦固曾经跟马武大破羌人；第二路军统帅祭肜可谓战功赫赫，在担任辽东太守期间以战促和，多次击败鲜卑、乌桓，迫使其对东汉俯首称臣；第三路大军统帅耿秉是耿弇的侄子，《司马法》倒背如流，这次出征匈奴的方略就是他提出的；只有第四路大军两名将领并不出名。大量南匈奴、羌、鲜卑、乌桓等部落兵参与此次北征，不仅为北征部队补充了大量骑兵，而且还弥补了汉军不熟悉大漠地形和不适应匈奴骑兵战法的两大缺点。

这次大规模北征目的很明确：第一路大军负责打通西域，切断匈奴经济来源；第二和第三路大军负责摧毁北侵的前进基地——涿邪山和三木楼山；第四路大军负责扫荡北匈奴后方。

汉明帝对这场北征之役可谓是志在必得，但希望多大，失望就有多大，这次声势浩大的出塞作战收获甚微，如果不是窦固超常发挥，几路大军很可能全部无功而还。

早早得知汉军北征的北匈奴单于直接退避数千里，耿秉、秦彭率第三路军追寻句林王部，出塞六百余里到三木楼山，未见敌军踪影，只得勒兵而回；

来苗、文穆率第四路军抵达匈奴河畔时，北匈奴部落早就人走地空，匈奴后方一个匈奴人也没有，也只能回师；运气最差的就是第二路大军，祭肜和吴棠在出塞九百余里后见到一座小山，南匈奴的右贤王信素来与祭肜不合，想借机整他，便向祭肜谎称此山就是涿邪山，祭肜轻信了仇人的谎言，误以为大军已经到达此次出征的目的地，派兵在周边大张旗鼓地搜索了一阵，未发现一名北匈奴人，祭肜和吴棠只得率军返回。

四路出击三路无功，这可把汉明帝给惹恼了。有人借机弹劾祭吴二人"逗留畏懦"，还没到涿邪山就回军，导致战果不佳。汉明帝也想惩处大将立威，于是一纸诏书将祭吴二人免官下狱。几个月前还是赫赫有名的汉家大将，如今成了人人喊打的阶下囚，可谓一世英名毁于一旦，祭肜受不了这个巨大的打击，没几个月就在狱中抑郁而终。

第一路大军总算为汉明帝找回了一些颜面。窦固、耿忠在穿越了一千多里的河西走廊和西域东部的戈壁大漠后直抵伊吾。呼衍王完全没料到汉军居然会进攻西域，猝不及防，被汉军一顿猛冲，损失千余人。呼衍王被迫放弃伊吾向西逃窜，汉军狂追三百五十里，杀到蒲类海（今新疆维吾尔自治区巴里坤湖）才回军。

为了巩固战果，窦固在伊吾城设置宜禾都尉，留官吏和士兵镇守。同时派班超率"三十六更士"出使西域，从外交上争取西域诸国，配合军事进攻。窦固自己都没想到，麾下一名普通的司马居然能把西域诸国搅得天翻地覆（班超威震西域的光辉事迹将在下文详述）。

第一路军的成功使汉明帝意识到，向西域出击或许才能达到打击北匈奴的目的，毕竟西域是经济命脉，北匈奴不可能放任不管。永平十七年（74 年）十一月，汉明帝再次下诏讨伐北匈奴。与前一年兵分四路进击不同，此次出征只有一个目标——车师。西征军由河西各郡兵和南匈奴、羌胡部落兵组成，共计一万四千骑，窦固和耿秉担任正副统帅。部队从敦煌塞出发，先破盘踞在蒲类海的呼衍王残部，再继续向西征服依附北匈奴的车师。

在蒲类海，西征军轻松打跑了呼衍王残部，跋涉八百多里后抵达车师境内。然而，对于接下来该打哪里，汉军内部产生了分歧。

当时车师国分前、后两部，车师前王是后王的儿子。从位置上来说，车师前国位于今天的新疆维吾尔自治区吐鲁番交河城，距汉军更近，而且地势相对平坦；车师后国位于今天的新疆维吾尔自治区吉木萨尔县北庭故城，不仅距离远，而且一路上要翻越天山东段的雪山高岭。农历十二月，西域一带天寒地冻，因此窦固打算先破车师前国，再图后国。但耿秉提出了不同意见，他认为车师后王乃前王之父，是车师国的根本所在，如果能击破后王，那么前王将不战而降。

窦固听罢，觉得也有些道理，但如果前往后国，部队要冒较大的风险，因此犹豫不决。耿秉看到主帅磨磨唧唧，恼了，奋然起身道："你不去，那就让我打先锋！"出了大营后直接跨上战马，率领所属部队向北挺进。窦固见生米已煮成熟饭，不得已，也只能命其他部队跟着耿秉一同爬雪山、过戈壁……经过艰苦跋涉，一万多汉军出其不意地抵达车师后国境内。

车师军简直不敢相信自己的眼睛。该死的汉军从哪过来的？还没等他们弄明白这个问题，汉军骑兵就呼啸而过，手起刀落，斩首数千，几乎歼灭了车师后王军队的有生力量。车师后王安得闻报大惊，面对汉军咄咄逼人的攻势只得出城投降。

原本事情到此就该结束了，没想到窦固底下有个叫苏固的马屁精抢先一步见到了安得，对他说："汉朝尊贵的将领只有奉车都尉窦固，他是天子的姐夫，爵位是通侯，你应当先向他投降。"安得于是改了主意，只派部将迎接耿秉。

耿秉一听就炸了，他很明白问题出在哪里，他这位上级太喜欢抢功了。耿秉直接带着麾下骑兵闯入主帅大营，威胁窦固："车师后王说要投降，到现在还不来，请让我去砍下他的脑袋！"窦固听了大惊，只好安慰耿秉："你不要乱来，那样会坏了大事！"耿秉高声说："受降如同作战！"言毕，带着骑兵直奔城池。安得被耿秉吓坏了，只得出城向耿秉投降，窦固见状，被迫捏着鼻子认了耿秉受降之功。

如耿秉所料，见到汉军居然能迫使老爹投降，车师前王坐不住了，也遣使谒见窦固，表示愿意臣服大汉。

平定车师后，窦固和耿秉又上疏朝廷，在西域重设西域都护和戊、己校尉：以陈睦为都护，驻兵它乾城（今新疆维吾尔自治区阿克苏地区新和县西南）；以耿恭为戊校尉，领兵数百屯驻于车师后国重镇金蒲城（今新疆维吾尔自治区昌吉回族自治州吉木萨尔县北）；以关宠为己校尉，领兵数百屯驻于车师前国重镇柳中城（今新疆维吾尔自治区吐鲁番市鄯善县西南）。

中断了大半个世纪的中原与西域交通终于恢复，东汉离切断北匈奴经济命脉的目标又近了一步。

拿下车师，可谓是结结实实打中了北匈奴的痛处。永平十八年（75 年）二月，窦固大军班师。汉军前脚刚离开西域，北匈奴后脚就派遣左鹿蠡王率两万骑兵大规模进袭车师。已归附东汉的车师后王安得见匈奴势大，急忙向驻扎金蒲城的耿恭求救。耿恭那边形势也不乐观，麾下只有数百屯田兵，但唇亡齿寒，咬咬牙还是派了三百精锐驰援后王城。这正中了北匈奴围点打援之计，三百精兵出城后一头扎进大队骑兵的埋伏圈，全军覆没。不久之后，北匈奴也攻破了孤立无援的后王城，杀死了车师后王安得。

倒霉的车师后王躲过了东汉大军，却没躲过北匈奴的屠刀。在大国纷争之下，小国的命运往往是最悲惨的。

拿下后王城后，北匈奴主力部队开始围攻金蒲城。耿恭带着剩下的两三百官吏和士兵死守城池，搏命拼杀，打退了北匈奴一次又一次的进攻。但敌人兵力是守军的一百倍，光靠人海就能淹死金蒲城，汉军如果不能另辟蹊径，在没有援军的情况下，城池失陷只是时间问题。

耿恭灵机一动，命士兵用毒药涂抹箭矢，并且主动用匈奴语向北匈奴大军喊话："我们有汉家神箭，你们的人如果被射中，伤口肯定有异常。"北匈奴军听了哈哈大笑："这该不会是汉人延缓我们进攻的把戏吧。"继续攻城。涂抹了毒药的箭矢如雨点般从城上射下，很快射中了大批北匈奴士兵。一看伤口，北匈奴士兵傻眼了：中箭裂开的伤口周围像沸腾的水一样布满了泡泡。而且受伤的北匈奴士兵没多久就中毒身亡。"果然有汉家神箭！"一传十十传百，惜命的北匈奴人害怕不已，任凭主帅怎么督战都不肯攻城。北匈奴的攻势总算稍微缓解了。

老天爷也在帮助守军，没多久天降暴雨，北匈奴大营一片混乱，耿恭抓住机会，在一个风雨交加的夜晚带着全部汉军突袭匈奴大营。左鹿蠡王怎么也没想到汉军居然会来劫营，哀叹道："汉兵神，真可畏也！"溃败而去。

金蒲城保卫战总算打赢了，但金蒲城被严重损坏，无法继续据守。永平十八年五月，耿恭移军疏勒城（今新疆维吾尔自治区昌吉回族自治州吉木萨尔县、奇台县一带）。选择迁到疏勒城，不是没有原因的：疏勒城东面是深几十米的河谷，北面和南面都是陡坡，整个城堡居高临下，是最理想的军事据点。

耿恭不知道，他将在此一战成名。

两个月后，北匈奴卷土重来，再次兴兵猛攻汉军在西域的据点。这回北单于经过了周密的谋划，三地同时动手：北匈奴大军分别围攻疏勒城和柳中城，鼓动焉耆、龟兹围攻驻防它乾城的西域都护。这回北匈奴是想着一鼓作气，消灭西域所有汉军。

在北匈奴和焉耆、龟兹联军的凶猛攻势下，它乾城和柳中城相继陷落，西域都护陈睦和己校尉关宠兵败被杀，疏勒城也危在旦夕。北单于没想到，耿恭将成为西域超级"钉子户"，死守疏勒城长达七个月之久。

北匈奴骑兵刚到疏勒城下，耿恭就利用敌人立足未稳之机带着敢死队直冲大营，以迅雷不及掩耳之势杀乱了北匈奴阵型，北匈奴士兵四处奔逃，首领一时摸不清汉军到底有多少人，只得暂时停止进攻。

见正面进攻不能速胜，北匈奴军在城下堵住了溪流，断绝城中水源，想渴死城里的人。

水源被断，耿恭只得带领士兵在城里挖井，连掘多日，挖了三十多米仍不出水。当时正值盛夏，酷暑难耐，官兵们又累又渴，连马粪汁都拿来饮用。耿恭不服输，冒着酷热的天气继续带人往下挖。功夫不负有心人，不久，泉水奔涌而出，守军喜极而泣，齐呼万岁。为了震慑敌军，耿恭命官兵在城上泼水给北匈奴人看。北匈奴首领深感震惊，以为有神明在帮助汉军，于是领兵撤退。

耿恭只高兴了不到一个月。八月，汉明帝病逝，按儒家传统，大丧期间不得动兵革。等不到东汉援军的车师前国、后国不顾与北匈奴之仇，举兵叛汉，还主动联络北匈奴一起围攻耿恭。疏勒城遭遇了最严峻的危机。

数万联军不断发起进攻，然而大军面对小城，所有进攻手段基本失效。不得不说，耿恭选址非常有眼光，疏勒城北东西三面非常陡峭，北匈奴要进攻就只能从南面相对平缓的山坡爬上来，正好要面对坚固的石头城墙。北匈奴和车师联军猛攻多日均未能奏效，只得改成长期围困，时不时进攻城池，和汉军玩车轮战。

汉军到了最艰难的时刻，而耿恭对士兵以诚相待，同甘共苦，粮食没了，就煮铠甲和弓弩，吃上面的兽筋皮革，撑过一天算一天。但几百上千场战斗下来，守军阵亡者日渐增多，耿恭点了点人数，只剩下不到一百人了。

另一边，知道耿恭已身陷绝境的北单于决定让耿恭变成第二个李陵，派使者去招降耿恭，并许下了丰厚的奖赏："你如果投降，单于就封你做白屋王，给你女子为妻。"

北单于还是低估了耿恭的意志和手段。面对敌人诱降，耿恭假装同意接受，引诱使者登城。接着，令北匈奴上下瞠目结舌的一幕出现了，耿恭当着众人的面，亲手杀死了使者，并在城头用火炙烤他的尸体，用这种残忍的方式向北匈奴宣示绝不投降的决心。

感觉被骗的北单于大为愤怒，又增派兵力围困耿恭。虽然未能攻破城池，但疏勒城沦陷似乎已经是板上钉钉。

正当耿恭陷入绝境时，老天爷再一次庇佑了他。车师后王的王后是汉人后裔，对苦战疏勒的同胞极为同情，而且和北匈奴也有杀夫之仇，于是决定暗中帮助耿恭。每当轮到车师兵发起进攻时，王后就命人偷偷给疏勒城守军送粮送情报。靠着王后的帮助，耿恭总算缓过一口气。

在万里之遥的洛阳，一场激烈的辩论在朝堂上展开。早在北匈奴开始围攻柳中城时，守将关宠就派人持信突围，向朝廷求救。当时正值国丧，出兵之议遂搁置，到了永平十八年十二月，想在即位之初有所作为的汉章帝下令朝堂重新讨论是否救援。

司空第五伦坚决反对，认为新君初立，国事未定，不宜劳师远征，而且匈奴的围困已经半年多，西域路途遥远，情况不明，后勤困难，气候恶劣，如果贸然派出大军救援，很可能会失败，徒耗人力物力，不如放弃西域，等到有机会再徐徐图之。

司徒鲍昱则举出两条理由反驳第五伦："朝廷派军人到最艰苦的地方去开疆拓土，现在他们遇到危机，朝廷却不管不顾，如此做法，不光纵容四方蛮夷行凶作恶，还寒了将士的心，今后谁还愿意为国效力？再则，耿恭和关宠只有数十名军人，却能拖住数万匈奴大军，这说明匈奴军队的战斗力不怎么样，朝廷完全可以只出动敦煌和酒泉的驻军前往救援，四十天时间部队就能得胜入塞。"

汉章帝采纳了鲍昱的建议，任命耿秉为征西将军，出屯酒泉作为大军后援，酒泉太守秦彭和谒者王蒙、皇甫援发张掖、酒泉、敦煌三郡及鄯善兵，合军七千进军车师。

建初元年（76年）正月，七千汉军收复柳中城，并在交河城（车师前国都城，今新疆维吾尔自治区吐鲁番市西北）大破北匈奴和车师联军，斩首三千八百级，俘虏三千余人，缴获驼驴马牛羊三万七千头。占据车师前国的北匈奴军远遁，车师再次降汉。

在柳中城，王蒙等汉军将领看到关宠等人的遗骸，推测疏勒城也早已沦陷，打算撤军。这时，军吏范羌站了出来，苦苦哀求王蒙等人不要放弃疏勒。原来，在北匈奴第二次围攻疏勒城前，耿恭派范羌到敦煌领取冬装，结果范羌到了敦煌就回不去了，只能苦等，因缘巧合加入了七千援军。

看到范羌如此忠心，援军将领非常感动，但感动归感动，没一个人敢带兵去救援疏勒，只分给范羌两千人，让他去救。

范羌率两千援军重走前一年耿秉奇袭车师后国的老路，翻越天山东段山脉。当时正值隆冬，积雪达一丈深，援军又要踏雪又要爬山，累得筋疲力尽。而北匈奴刚经历交河之败，看到汉军直奔疏勒，吓得收兵避战。两千援军总算顺利抵达疏勒城下。

耿恭夜间听到兵马之声，以为北匈奴又从哪里弄来大批援军，有点慌了。很快，他就听到熟悉的声音："我是范羌。朝廷派部队来迎接校尉了！"

终于得救了！守军高呼万岁，打开城门和援军互相拥抱，痛哭流涕。次日，他们便同救兵一道返回。对耿恭痛恨不已的北单于不甘心守军就这么走了，发兵追击，汉军边战边撤。

从疏勒城出发时，和耿恭一起守城的战友还有二十六人，到三月抵达玉门时，只剩下了十三人。这十三人虽然衣衫褴褛，如同乞丐，但获得了战友的无上敬意，玉门关中郎将郑众及校尉们亲自为幸存者安排沐浴更衣。到达洛阳后，司徒鲍昱更是上奏称耿恭的节操超过苏武，应当封爵受赏。汉章帝便任命耿恭为骑都尉，耿恭身边的吏员也得到提拔任用：司马石修为雒阳市丞，张封为雍营司马，对主帅不离不弃的军吏范羌被任命为共县丞。其他九名士兵则补为羽林。

疏勒十三勇士的事迹纵然感人，但无法掩盖东汉在西域暂时的颓势。当时，中原正遭大旱，又流行牛瘟，朝廷已经无法维持在西域的军事存在。汉章帝在发兵西域的当月（即建初元年正月）下诏撤回西域都护及戊、己校尉。建初二年（77年）三月又撤回伊吾卢屯兵。北匈奴卷土重来，重占车师、伊吾。

整个西域只有班超在孤军奋战。

尽管北匈奴重新夺回了车师、伊吾，但经过数年反复拉锯，同样损失惨重。到了六年后的建初八年（83年），北匈奴遭遇了严重的天灾。三木楼訾(zī)大人稽留斯不想在草原过苦日子，干脆带着部众三万八千人、马二万匹、牛羊十余万头至五原塞降汉。北单于大惊，害怕东汉趁火打劫，赶紧派使者到洛阳朝贡，顺便请求恢复和亲及互市。

出于稳定边疆考虑，不愿再兴兵革的汉章帝同意互通边市，北单于派大且渠伊莫訾王驱赶牛马万余头到武威郡与汉商交易，沿途受到汉沿边郡县官吏的盛情款待。

事情到这里本应该告一段落，哪知道南单于得知北单于派人来互市的消息后，有意阻止同族兄弟和东汉交好，派骑兵袭击了北匈奴商队，饱掠而还。此后攻击北匈奴成为南匈奴每年必备的节目。

见昔日的草原霸主如今被欺负惨了，鲜卑、丁零、西域诸国纷纷趁火打劫，北单于在漠北已经无法立足，只得把单于庭从杭爱山远远迁到一千多里外的安侯河（今蒙古国鄂尔浑河）以西。但南单于还想把同族斩尽杀绝，当年冬，出动千余骑兵到涿邪山搜剿，斩杀了温禺犊王。

北单于不知道，这只是灾难的开始。章和元年（87年），鲜卑大破北匈奴，斩优留单于。见单于被斩，北匈奴贵族爆发了争夺单于位的内战，底下的屈兰、储卑、胡都须等五十八部二十万人连同八千精兵，南至云中、五原、朔方、北地等郡降汉，北匈奴元气大伤。祸不单行，漠北草原又因蝗灾闹起饥荒，许多部民连生存都成了问题。

天灾、内乱、外患……一系列打击袭来，北匈奴已经濒临崩溃。

南匈奴虽然每年都出塞暴揍北匈奴，但自己的实力毕竟不足以把北边兄弟灭掉，于是想着拉汉朝一起动手。章和二年（88年）七月，南匈奴单于上书汉廷，请求趁北匈奴连岁天灾、内部大乱之机，出兵讨伐，令汉家长无北念。

这一年，汉章帝病逝，不到十岁的汉和帝即位，窦太后垂帘听政。窦太后虽然是一介女流，但征服匈奴的雄心甚至比前三任皇帝还要大，南单于的奏议正合她意，但朝中许多大臣并不同意出兵匈奴，比如尚书宋意就认为："自汉朝立国以来，多次征伐匈奴，结果都是得不偿失，如今有鲜卑帮忙，只需坐享其成，不用出动一兵一卒。我们再扶持一下北匈奴，让匈奴保持分裂，草原混战不休，中原就安宁了。"

犹豫不决的窦太后召来了三朝老将耿秉，征求意见。耿秉极力赞成北伐，指出："以前汉武帝时期花费那么大的力量都没搞定匈奴，现在有乌桓、鲜卑帮助，北匈奴又陷入混乱，这是上天给予我们讨伐的机会，我们可以借机以夷伐夷，出动鲜卑、南匈奴的人马，加上汉军，一劳永逸地解决匈奴问题。"

经慎重考虑，窦太后折中决策：先按耿秉之议发兵北征，摧毁北匈奴战争潜力；然后再依宋意的主张，扶植北匈奴傀儡单于，保持匈奴南、北分立之势。

定了决策，接下来就是选将，这次重大军事行动非得选派一名既信得过又能力强的人担任统帅才行。正当窦太后为将领人选而苦恼时，主将自己"送上门"来了。

由于汉章帝驾崩，许多外地王侯赴洛阳奔丧，刘伯升的曾孙、都乡侯刘畅就是其中一位。刘畅为人风流倜傥，长得眉清目秀，让年轻寡妇窦太后对他产生了暧昧之情，打算将他留在宫中。窦太后的哥哥窦宪得知后，害怕受妹妹宠爱的刘畅会分掉他的权力，于是派刺客暗杀了刘畅。杀了当朝太后的情人，这下可捅了马蜂窝。窦太后勃然大怒，不顾兄妹之情直接将哥哥窦宪抓起来下大狱。如果没有意外，窦宪一时半会是没法出来了。

没过多久，窦宪不知道从哪里得知了朝廷要讨伐北匈奴的消息，在狱中主动上疏，请求出击北匈奴以赎死罪。正为选将而烦恼的窦太后见哥哥有这觉悟，十分高兴，直接任命窦宪为车骑将军，担任大军统帅。为了搞好这次北征，窦太后还让三朝老将耿秉担任征西将军，给哥哥打下手。

经过大半年的准备，永元元年（89 年）六月，汉军兵分三路，向北匈奴单于庭驻地——涿邪山出击。窦宪、耿秉率八千骑兵，会同南匈奴左谷蠡王师子所率一万骑兵，出朔方郡鸡鹿塞（今内蒙古自治区巴彦淖尔市磴口县西北）。这一路大军最为精锐，窦太后将宿卫京师的北军五校骑兵以及朝廷的直属部队——黎阳营、雍营的骑兵配属给窦耿二人，期盼哥哥立功之意不言而喻。南匈奴单于屯屠何率南匈奴一万骑兵，出五原郡满夷谷（今内蒙古自治区包头市固阳县西南）。度辽将军邓鸿率沿边义从（志愿从军者）及羌胡骑兵八千人，与南匈奴左贤王安国的一万骑兵，出五原郡稒阳塞（今内蒙古自治区包头市东，稒音 gū）。

出塞没多久，汉军就得到情报：北单于并未驻扎在涿邪山，而是转移到了东边的稽落山（在今蒙古国境内）。窦宪相应改变行军路线，以校尉阎盘、司马耿夔、耿谭率南匈奴一万骑兵作前锋，自己和耿秉率八千精锐汉军继后，向稽落山挺进。

此时，北单于还在为提早从涿邪山转移而洋洋自得，以为汉军根本想不到一贯向西逃避的北匈奴会向东转移。然而，北单于还是失算了。

有南匈奴带路，汉军跋涉千余里，突然出现在北单于驻地。急于统一草原的南匈奴见到同族兄弟，战斗力提高了好几个档次，北匈奴士兵连像样的阵型都组织不起来，很快处于下风。没过多久，窦耿两人带八千精锐骑兵又投入战斗，北匈奴崩溃了，单于带着少数人马逃跑。汉军乘胜追击，翻越涿邪山，杀到私渠比鞮海（今蒙古国本察干湖）。在追击北匈奴残部途中，窦宪、耿秉登上燕然山，感慨万千，命中护军班固刻石作铭，记颂此次出征的功绩。

由于还得行军打仗，这次刻石纪功非常匆忙，很多石块的取材并不好，加上经历了近两千年的风吹雨淋，石面风化严重，字迹漫漶（huàn）脱落，不好辨认，因此长期以来都没人知道燕然勒石所在之处。直到 2017 年才确定，蒙古国中戈壁省的摩崖石刻就是燕然勒石遗迹所在。

此战是东汉开国以来对阵匈奴取得的最大胜利，汉军共斩杀北匈奴名王以下一万三千人，俘获马牛羊驼百余万头。更致命的是，温犊须、日逐、温吾、夫渠王柳鞮等八十一部见单于遭遇惨败，纷纷向窦宪请降，窦宪兵不血刃就接收北匈奴部落二十多万人。这一振奋人心的喜讯传到京师后，窦太后不仅赦免了窦宪的罪，还遣使持节至五原郡，加封他为大将军。

第一步——摧毁北匈奴战争潜力已经完成，窦宪在撤军前开始实施计划的第二步——让北匈奴归附大汉。窦宪派司马吴汜、梁讽携带金帛财物前去招降北单于，并以精锐骑兵紧随其后以作威慑。

对使者来说，最难的就是要找到北单于，因为北单于跑得实在是太快了。吴汜、梁讽二人一路向西走了一千多里路，沿途招降了一万多人，终于在西海（今蒙古国科布多哈尔湖、德勒湖一带）找到了惊魂未定的北单于。

此时，北单于没有别的选择，只能叩头拜受使者的招降诏书，表示愿意臣服大汉。随后他率领部众与吴汜、梁讽一同东还，打算入朝。行至私渠比鞮海时，北单于得知汉军已撤回塞内，认为汉军短期内不会出塞，于是只派弟弟右温禺鞮王携贡物随梁讽到洛阳朝贡，自己则带着残部继续留在漠北。

这引起了窦宪的不满，他认为北单于没有诚意归降大汉，是因为对北匈奴的打击力度不够大。于是在永元二年，窦宪率兵驻屯凉州，下令对北匈奴发动了两次大规模进攻。

五月，校尉阎盘率两千多骑兵从酒泉出发，时隔十五年后重新进入西域，进攻屯驻于伊吾卢城的匈奴军。当时的北匈奴已经无暇顾及西域了，汉军不费吹灰之力便攻克了伊吾卢城。还没等汉军杀到，车师前、后王再叛匈奴，杀了北匈奴驻军，遣子入侍洛阳。汉军基本消除了北匈奴在西域的军事存在。

西域失守后，北单于终于意识到汉军要动真格的，遂于九月遣使称臣，并打算亲自入汉朝见。这回，窦宪耍了一次阴招，他一面假意答应接受北匈奴投降，派班固、梁讽出塞迎接；一面派汉将与南匈奴左谷蠡王师子率锐骑八千，出鸡鹿塞，兵分两路扫荡北匈奴的老巢涿邪山。

为了防止汉军行动被北匈奴提前侦知，窦宪并没有安排大军走直线，而是让两路大军从左右两翼分别拐个大弯：左路军先西行至西海，再向东迂回至河云（今蒙古国吉尔吉斯湖西南）北；右路沿匈奴河北上，抵达天山（今蒙古国杭爱山东脉）后折兵南向，渡过甘微河（今蒙古国扎布汗河），从北面进攻河云北。

两军在河云北会合后，乘夜猛攻北单于庭。北单于没想到自己都已经归降了，汉军还来打自己，大惊，仓促之间只召集了千余精兵与汉军作战，哪里打得过八千汉军精骑，北匈奴军很快大败，就连北单于都被汉军骑兵一枪挑落马下。只是当时天色已晚，给了北单于脱离战场的机会。身负重伤的北单于只带了几十名骑兵向西远遁，连阏氏、玉玺都未及带走。此役，汉军俘斩一万多人，再次沉重打击了北匈奴。

河云北之战后不到半年，一心想抓住北单于的窦宪决定实施一次斩首行动。永元三年（91 年）二月，在稽落山之战中立下大功的大将军左校尉耿夔受命担任主将，率司马任尚、赵博两位副将及八百精骑，出居延塞，直奔北单于驻地金微山（今阿尔泰山）。

行军一个月后，八百精骑找到了刚搬来几个月的单于庭。耿夔没有任何犹豫，第一时间带兵杀入北匈奴大营。被汉军捣巢好几次的北单于没有从之前的失败中吸取一丁点教训，以为迁到更偏更远的新地方就万事大吉，又一次低估了汉军精准打击的能力。汉军再次大破毫无防备的北匈奴军，斩杀名王以下五千余人，缴获珍宝财畜无数。

不经意间，一项新的纪录诞生了：从居延塞到金微山，汉军出塞五千余里，是汉匈战争爆发以来，汉军打得最远的一次北征。唯一的遗憾是，斩首行动的主要目标——北单于第三次从汉军铁骑下逃脱，偕数骑遁往西域大国乌孙避难。

金微山之战后，北单于的弟弟右谷蠡王於除鞬自立为单于，率领右温禺王、骨都侯以下数千人停驻于蒲类海，遣使入塞请降。

对于是否再立北单于，朝廷内部又一次爆发了激烈的争论。司徒袁安、司空任隗等人不但坚决反对再立北单于，而且还建议让南匈奴回归大漠，这样国家就不用花费钱粮维持南匈奴。窦宪、耿秉等人则认为，北匈奴已土崩瓦解，即使留北单于名号也没什么损失，而且还能制衡南匈奴，如果让日益强大的南匈奴返回大漠，无异于放虎归山。

窦太后听从了哥哥的意见，于永元四年（92 年）正月正式向於除鞬授单于玺绶，并将北匈奴部众安置在伊吾卢城，派中郎将任尚率兵护卫北单于。北单于一切待遇与南单于相同。

至此，东汉朝廷实现了既征服北匈奴，又保留北单于傀儡政权，与南匈奴分而治之的战略意图。

但是，朝中突然发生了重大变故。打赢金微山之战后，窦宪从凉州凯旋。汉和帝不甘心当窦家傀儡，想趁此机会拿下专权跋扈的窦宪，假意下诏让大鸿胪持节到郊外迎接大军，并在城外按等级大赏军中将士，以安其心。毫无警戒之心的窦宪进城之后，汉和帝突然亲临北宫，下令执金吾和北军五校尉领兵驻守南宫和北宫，关闭城门，逮捕窦宪党羽，收回窦宪的大将军印绶，将窦家人全部赶回封地，没多久就勒令他们在封地自杀。

窦宪死后，北单于失去依靠，恐遭不测，便于永元五年（93 年）九月率众叛汉北返。将兵长史王辅率千余骑兵与监视北单于的任尚共同追击，在伊吾和蒲类海之间追上了逃跑的北匈奴部落。经过激战，任尚斩杀了北单于，并立碑纪功（1980 年，这块纪功碑在今新疆维吾尔自治区哈密巴里坤松树塘镇被发现）。

十三年后，汉军撤出西域，北匈奴则借机重返西域，花了十年时重新成为西域各国的宗主国。元初六年（119 年），恢复元气的北匈奴又开始兴兵骚扰边郡，但可惜，北匈奴这次复兴只是昙花一现。永建元年（126 年），北单于被班勇打跑，不知所踪（详见下文"三通三绝"一节）。

过了几年，见汉军没有扫穴，北单于壮着胆子，偷偷将单于庭迁到西域东面的阗吾陆谷（今新疆维吾尔自治区昌吉回族自治州吉木萨尔县西北）。本以为神不知鬼不觉应该没事，没想到阳嘉三年（134 年）夏季车师后国侦察到了阗吾陆谷，发兵一千五百余人偷袭，北单于再次逃跑，车师后国军队追击不及，斩首数百级，俘虏了包括单于母亲在内的妇女数百人，并在单于庭烧杀抢掠，夺走牛羊十余万头、车千余辆。

老巢被端，北单于想越气，为了报复，阳嘉四年（135 年）春，派实力保存得相对完好的呼衍王率兵数千讨伐车师后国。这次朝廷没有任何犹豫，直接令敦煌太守发诸国兵，及玉门关候、伊吾司马，合六千三百骑出塞救援。双方在勒山遭遇，北匈奴军击败了来援汉军，迎来久违的胜利，但呼衍王自己也损失颇重，报复车师后国的计划被迫搁浅。到了秋天，休整数月的呼衍王率两千骑进攻车师后国，大破之。惩于前次失利，汉军并没有发兵增援。完成报复任务的呼衍王也没有占领城池，掠夺一番后撤走。

元嘉元年（151 年），呼衍王第三次兴兵入寇，这次讨伐的目标是汉军驻屯的伊吾。

当时，西域已经十六年没见到北匈奴踪迹了，伊吾司马毛恺错误地认为这是匈奴小部队来犯，只派五百人迎击。在蒲类海东，五百汉军被三千匈奴骑兵团团包围，经过一番激战后全军覆没，呼衍王乘胜进攻伊吾。多年没动静的匈奴人居然直接打到汉军驻屯之地，朝廷大为震惊，急令敦煌太守司马达率敦煌、酒泉、张掖三郡兵合四千余人增援伊吾。四千汉军进至蒲类海后，呼衍王却撤围而走，汉军无功而还。

从此，北匈奴从汉人史籍上彻底消失。至于下落，部分史学家认为，北匈奴从阿尔泰山西麓逐次向西迁移，两百多年后抵达里海沿岸，随后又越过顿河侵入欧洲腹地，成为令罗马帝国闻风丧胆的"匈人"。少数学者甚至认为，北匈奴后人就是现在的匈牙利人。

三通三绝

建武十七年，正当刘秀还在为交趾之叛和度田一事焦头烂额时，"好消息"来了：西域莎车王再次遣使入贡，并表示，西域各国已经对匈奴忍无可忍，无不怀念汉家，请求朝廷重设西域都护。

莎车之所以成为当时西域仅有的"亲"汉国家，离不开老国王延的临终教诲。在汉元帝时期，延曾经在长安当过人质，为西汉的强盛所倾倒。若干年后，匈奴的铁骑重入西域，各国纷纷望风而降，只有莎车王延拒绝归附，临终前特地告诫他的儿子们："当世世代代侍奉汉朝，不可背叛。"

延逝世后，儿子康即位。康不仅保护了一千多名滞留在西域的新朝官员及家属，还扛起了西域反匈奴的大旗，联合邻国与匈奴作战，被凉州牧窦融授予西域大都尉之职。康病逝后，弟弟贤即位，开始大肆扩张，攻杀了拘弥（国都宁弥城在今新疆维吾尔自治区和田地区于田县克里雅河以东）、西夜（国都呼犍谷在今新疆维吾尔自治区喀什地区叶城县南）两国国王，并派康的两个儿子分任两国国主。莎车大有成为西域霸主之势。

为了取得征讨西域的合法性，莎车王贤早在建武十四年（38 年）就派使者入贡洛阳，请求恢复西域都护。刘秀考虑到天下刚刚平定，需休养生息，并没有答应。三年后，莎车使者再入洛阳。当时，交趾和西南少数民族接连发生叛乱，为了给四方民族树立一个归汉的样板，刘秀破例直接册封贤为西域都护。

但是，莎车使者前脚刚走，敦煌太守裴遵的奏折后脚就送达刘秀面前，裴遵警告说："对于蛮族，不可以授给他们大权，否则会使西域其他国家失望。"刘秀认为有理，直接下令裴遵在敦煌强行追回西域都护印，改颁"汉大将军"印。使者回国后将事情一五一十地向贤汇报，贤勃然大怒，大汉在他心中的伟岸形象崩塌了。但贤为了争霸西域，在号令各国时仍自称西域都护，不明所以的小国信以为真，纷纷臣服于莎车。

建武二十一年，忍受不了莎车扩张行为的车师前国、鄯善国（国都扜泥城在今新疆维吾尔自治区巴音郭楞蒙古自治州若羌县）等天山北麓十八国下了血本，同时派王子携带金银珠宝到洛阳入贡。王子们到皇宫后，集体向刘秀哭诉莎车霸权，请求朝廷派西域都护制止莎车的侵略行为。刘秀实在不想掺和西域之事，拒绝了各国王子的请求，送厚礼，打发他们赶快回国。

各国得知王子从洛阳踏上回程，不禁大为恐慌，联名写信给敦煌太守裴遵，请求让王子们留在敦煌郡，不要回来。这样各国就能一直假称西域都护会出敦煌塞征讨西域，阻止莎车扩张。对这件不出什么力就能满足西域各国愿望的好事，刘秀立马就答应了。

但时间一长，滞留在敦煌郡的王子们害上思乡症，纷纷逃回本国。莎车王贤这才知道自己被忽悠了，大汉根本不会派西域都护入关，于是放下心来大肆扩张，猛攻鄯善、车师。实在顶不住莎车攻势的鄯善王安再次上疏朝廷，表示愿再派王子当人质，请求朝廷一定要再派西域都护，如果不派，他就不得不臣服于匈奴了。

刘秀很快就回信了，但看了回信，鄯善王的心凉了半截，刘秀在信中表示："朝廷现在也很困难，实在无力向西域派遣使者和军队。如果各国实在顶不住，任你们自行选择。"

指望不上大汉，只能指望匈奴了，于是车师、鄯善等国投降匈奴，匈奴毫不费力就控制了天山北麓。

其实，打着大汉西域都护旗号的莎车王贤老早就和匈奴暗通款曲，让儿子不居征到匈奴当人质。在匈奴的支持下，莎车又把扩张的目标对准了葱岭。正巧大宛（Dà Yuān，今乌兹别克斯坦安集延）减少了向莎车缴纳贡税，莎车王贤以此为借口，率诸国兵猛攻大宛，逼迫大宛王延投降，贤将延带回莎车，让最早归降自己的拘弥贵族桥塞当大宛王。

远在葱岭以西的妫塞国（在今中亚阿姆河流域，妫音 guī）杀了莎车的使者，贤又发兵越过葱岭，讨灭了妫塞国，让莎车贵族驷鞬担任国王。

就这样，莎车一跃成为西域霸主。

永平三年（60 年），莎车的扩张道路终于走到了尽头。

这一年，莎车军攻灭于阗，派将领驻防。占领军在于阗的倒行逆施激起了于阗人民的反抗，声势浩大的起义军很快击斩了莎车占领军司令君德，拥立贵族休莫霸当国王。莎车王贤得知于阗有失，亲率各国联军数万人讨伐。西域很多国家早就对莎车恨之入骨，决战时故意一哄而散，丢下孤零零的莎车军。休莫霸统率于阗军趁机发动总攻，斩杀莎车军一万人，贤仅以身免，于阗军乘胜攻入莎车，包围国都。见莎车势衰，中亚大国康居趁机发兵进攻大宛，打跑了傀儡国王桥塞。离莎车最远的妫塞也爆发起义，杀死了莎车贵族驷鞬。莎车在西域的霸权解体了。

在战斗中，休莫霸不幸被流矢射中，逝世。于阗贵族另外拥立休莫霸的侄子广德即位，继续进攻莎车。眼看着莎车将灭亡，贤只好把原先扣在莎车当人质的广德老爹送回，并嫁了一位公主给广德，跟于阗和解。广德刚上台不久，根基不稳，也同意暂时与莎车和解。

于阗兵走了没多久，又来了一拨敌人。匈奴得知莎车遇到困难，立即翻脸，联合龟兹发兵围攻莎车，饱掠大半年后才退兵。虽然这次没能灭掉莎车，但经历几次大的战乱后，莎车已经濒临崩溃。

莎车王贤不知道，送回对方老爹又送上自家公主，也只能将于阗灭自己的时间延后一年。永平四年（61 年），经过大半年的准备，广德号召西域各国讨伐莎车，平日里被莎车欺负惨了的西域国家纷纷派兵响应。广德凑齐了三万人的西域联军，猛攻莎车。前一年刚被于阗暴打的莎车还没恢复元气，哪里抵挡得住来势汹汹的西域联军，没多久就被于阗并吞。扩张了一辈子的莎车王贤也被诛杀。

广德还没来得及庆祝消灭莎车的重大胜利，就尝到了螳螂捕蝉黄雀在后的滋味。北匈奴见西域强国莎车已亡，决定亲自下场消灭刚刚崛起的于阗，派数万匈奴骑兵杀入天山，并向西域各国发布讨伐于阗的动员令，西域各国畏惧匈奴实力，也一同发兵支持匈奴。前不久西域各国还是于阗攻灭莎车的战友，现在成了你死我活的敌人，真应验了那句名言：没有永恒的朋友，也没有永恒的敌人，只有永恒的利益。

三万匈奴–西域联军很快将于阗国都团团包围，广德只好投降。匈奴立贤的儿子不居征（前面提到，不居征被送到匈奴当人质）当莎车王，并派兵驻扎在于阗，监视广德。

于阗、莎车被征服后，算上之前归附的龟兹、焉耆，匈奴彻底控制了天山南麓，俨然成了西域新霸主。

十余年后，这一局面被窦固底下的一个假司马（军司马的副手）给打破了，这位了不起的假司马，就是本节故事的主角——班超。

上文提到，永平十六年（73年），窦固率军进攻伊吾，打跑了北匈奴呼衍王。为了巩固战果，窦固派假司马班超和从事郭恂一道出使西域。

班超等人出使的第一站是传统上亲汉的鄯善国。见到汉朝使者到来，鄯善王广最开始还挺热情，把他们当成国宾，可稍后不久，态度大变，礼遇明显衰退。班超察觉出了异样，提醒部属："你们发现没有，鄯善王这两天有点不对劲。"部属们觉得他有点小题大做了："这不是很正常嘛，蛮族待人天生就不能始终如一。"班超见部下不信，直接把负责接待的鄯善官员叫来，故意高声质问道："匈奴使节来了几天？住在哪里？"这么一问，把鄯善官员给吓蒙了，他简直不敢相信，汉朝使者居然已经得知匈奴人到来的秘密，脑子里一片空白的他只好坦白："他们已来了三天，住在国都三十里外。"

得知果真有匈奴使者来，班超大脑飞快旋转，想出了一个大胆的计划。

在将鄯善官员关了禁闭后，班超绕开从事郭恂，以设宴为名召集三十六名部属。酒喝到一半，班超把杯子一摔，站了起来，慷慨激昂地说："我们身处绝远荒城，匈奴使节才到几天，鄯善王对我们已是另一副嘴脸，如果他下令把我们抓起来送交匈奴，我们都将死无全尸。大家说，现在该怎么办？"部属们异口同声说："我们被困在危亡之地，不管是死是活，都愿追随司马。"

班超见人心可用，不紧不慢地提出了一招制敌的方案："不入虎穴，焉得虎子？目前唯一可行的办法是，乘着夜色对匈奴营地发动火攻，消灭他们，鄯善王必然会被吓破胆，我们就能立大功了。"有人提出了顾虑："这事也太大了，班司马不跟从事商量一下吗？"班超勃然大怒："从事只不过是一介文官，听了我们的计划只会怕得要死，到时候消息泄露，我们全部玩完！"大家只好照办。

夜幕降临，班超率部属出动，直指北匈奴使节营帐。这时，老天爷也来助班超一臂之力，刮起了大风。班超命十人手拿着鼓，埋伏在北匈奴营帐之后，等到火起便擂鼓呐喊，其他的人手拿刀枪弓箭，在营门左右埋伏，班超则亲自潜入北匈奴营帐内顺风纵火。

行动非常顺利，借着大风，火越烧越旺，伴随啪啪着火声的还有咚咚咚的战鼓声，北匈奴使节从梦中惊起，措手不及，乱成一团。见时机已到，其他二十六名手持兵器的勇士在班超的带领下杀入北匈奴营帐，大开杀戒，班超亲手格杀三人，其他部属则格杀三十余人，剩下的一百余人悉数被烧死。天明，班超没有损失一兵一卒就得胜而归。

从事郭恂得知部下居然瞒着自己干出这么一件惊天大案，果然被吓得魂飞魄散，可是不久之后就露出异样表情。在官场待了多年的班超知道他在想什么，举天发誓："贵官虽然没有参与，但我怎能单独居功？"郭恂这才转嫉为喜。

搞定了从事后，班超单独召来鄯善王广，向他展示了北匈奴使节的人头，警告他说："从今之后，大王不得再跟北匈奴来往！"鄯善王广看到前几天还耀武扬威的匈奴使节现在已经尸首分离，吓破了胆，不停地叩头："愿臣服大汉，永无二心。"并表示马上送王子到洛阳充当人质。

窦固大喜过望，专门向汉章帝呈报班超的功勋，并请求再派使节前往西域。汉章帝阅毕奏章，也被智勇双全的班超所折服，直接批复："班超就是现成的人才，为什么还要另外找别人？让班超担任军司马，派他前往西域，完成未竟的功业。"

班超受命第二次西出阳关，出使南道大国于阗。窦固怕人手不足，特地为班超准备了数百精锐，但班超谢绝了窦固的好意，只要求带原来的三十六人。窦固大惑不解，班超解释道："于阗是个大国，而且距离更为遥远，即使率领数百人，也不能向他们展示大汉的强大，如果遇到危险反而会受到牵累。"

此时的于阗国受到匈奴的严密监视，因此班超一行抵达后，国王广德不敢公开接待，态度十分冷淡。如何在陌生的于阗打开局面呢？班超苦苦思索。这时，负责在城里打探消息的部下愤愤不平地向班超汇报："城里有个大巫师太不像话了，居然借神明的名义指责于阗与汉交好，还让我们送上黄身黑嘴的骏马。"班超听罢，灵机一动，搞定于阗的办法有了！

还没等班超大脑休息一会儿，于阗宰相私来比就到了汉朝使节营帐，要求把黄身黑嘴的骏马交出来。班超不假思索就答应了，但是提了一个条件：请城里的大巫师亲自来把马牵走。

散布了一下谣言，就轻松得到一匹骏马，大巫师非常高兴，哼着歌儿来到班超营帐。不过，等待他的不是骏马，而是寒光闪闪的大刀。等大巫师进入营帐后，班超立刻命人将其斩杀，又抽打宰相私来比数百皮鞭。随后，班超带着伤痕累累的宰相和大巫师的人头来到于阗王宫，严厉斥责广德投靠匈奴的举动。

广德早听说班超在鄯善诛杀北匈奴使节的"事迹"，本来就心存恐惧，看到巫师人头后更加害怕，加上他也不满匈奴监视自己，干脆豁出去了，发兵进攻北匈奴驻军，斩杀北匈奴派来的监国，宣布归降大汉。班超见广德反匈奴意愿非常坚决，直接以于阗为根据地，招抚各国。

于阗归汉的消息犹如一颗重磅炸弹，震撼了西域，被匈奴压迫得喘不过气来的各国纷纷派王子到汉朝充当人质，并遣使者到于阗，表示愿意听从班超号令。中断了六十多年后，中原政权终于重新在西域站稳脚跟。

对班超来说，事情还远没有结束。稳住于阗后第二年，即永平十七年，匈奴在西域最忠实的盟友、龟兹王建发兵攻破了疏勒国（国都在今新疆维吾尔自治区喀什地区喀什市一带），并封他的部属兜题当疏勒王。作为天山南北两道的交汇点，地处交通枢纽的疏勒战略位置非常重要，谁控制了疏勒，谁就扼住了西域的中心。

疏勒不容有失！班超亲自率兵抄小道进击疏勒。在跋涉了一千里后，于汉联军直抵疏勒首都盘橐（tuó）城。

直接进攻城池费时费力，班超一开始就不考虑强攻方案。喜欢冒险的他想玩一把斩首行动，决定派同样智勇双全的部下田虑入城劝降。出发前，班超特地吩咐田虑："兜题不是疏勒人，疏勒人当然不听他的。如果不投降，你可以当场把他抓起来。"

田虑入城后，兜题发现汉朝使节只寥寥数人，哈哈大笑："就这么点人也想让我投降？做梦！"田虑见兜题毫无投降之意，决心实施第二个方案。趁兜题不备，田虑迅速冲上王座，把刀架在兜题的喉咙上。兜题身边的卫士和官员大惊，还没等田虑说放下武器就四散奔逃。

班超得知擒王已经成功，立即赶到疏勒王宫，召集文武官员，号召他们反抗龟兹，并拥立故王的侄子忠当疏勒王。得知龟兹的傀儡被抓，疏勒举国欢腾。为了让龟兹感受到大汉的厉害，班超决定放兜题回龟兹。龟兹果然没敢发兵再征疏勒。

只是班超看走了眼，忠人不如其名，未来将给班超带来巨大麻烦。

鉴于疏勒的重要地位，班超决定将驻扎地从于阗迁到疏勒国都盘橐城，并加固城池，整顿兵马，协调各国对抗匈奴。

正当班超事业蒸蒸日上时，西域突然发生剧变。上文提到，永平十八年七月，北匈奴联合龟兹兴兵进攻东汉在西域的三个据点（柳中城、它乾城、疏勒城），斩杀了西域都护陈睦和己校尉关宠。建初元年正月，汉章帝下诏召回西域所有驻军。按照命令，班超也得离开西域。

听闻班司马要走，西域各国炸开了锅，贵族和百姓忧愁恐惧交加。疏勒都尉黎弇哀号："汉朝使节一去，我们必然再被龟兹灭亡，我不忍心眼睁睁地看着汉使离开！"说罢拔刀自杀。抵达于阗时，国王广德和贵族们放声大哭，抱住班超的马不允许前进。反汉势力则蠢蠢欲动，疏勒国两个城池直接发动叛乱，投降龟兹，并与龟兹的傀儡尉头国（国都尉头谷在今新疆维吾尔自治区克孜勒苏柯尔克孜自治州阿合奇县，尉音 yù）结盟。

看到西域军民极力挽留自己，班超也深感责任重大。收服西域的使命尚未完成，如果自己一走了之，那么之前立下的功业就半途而废，于是班超打消了回国的念头，再返疏勒。

回到疏勒后，班超第一时间带兵以迅雷不及掩耳之势讨伐叛军。不是说班超已经走了吗？怎么又回来了？尉头国国王大惊，急忙撤退。班超挥师掩杀，斩首六百余人。之前归降龟兹的两座城池也被收复，疏勒国局势安定下来。

班超深知，西域反汉联盟的领头羊是龟兹，如果能收拾龟兹，那么整个西域不在话下，但龟兹是北道大国，又有匈奴人撑腰，不好直接对付。经过缜密考虑，班超决定先剪除归附龟兹的小国，斩断龟兹臂膀。

光靠疏勒和于阗肯定不行，班超又对中亚大国康居展开外交攻势，康居国王早就对借匈奴势力狐假虎威的龟兹不满，同意出兵。建初三年（78 年），班超率领疏勒、于阗、康居以及于阗的盟友拘弥组成的一万大军，拿经常充当龟兹进攻疏勒的马前卒——姑墨国（国都南城在今新疆维吾尔自治区阿克苏地区阿克苏市）开刀。

姑墨距龟兹都城只有五百多里，相当于龟兹西边门户，打下姑墨对威慑龟兹意义十分重大。

一万联军从疏勒出发，隐蔽行军一千多里，突然杀到姑墨首都石城。姑墨国大惊，国王根本没料到班超居然会不顾龟兹威胁进攻自己，匆忙组织人马据守，并派人向龟兹求援。在联军的猛攻下，龟兹援军还没来得及出动，石城就失陷了。

姑墨被班超攻陷的消息在西域各国引发了连锁反应，龟兹底下的属国纷纷遣使与班超交好。不到两年，整个西域依然坚持反汉的国家只剩下龟兹和焉耆了。

奋战了五年之后，西域形势已经发生根本性变化。班超更进一步，于建初五年（80 年）上疏朝廷，提出了构思已久的大战略：莎车、疏勒，富庶程度不亚于敦煌，因此这次发兵既不用朝廷出动庞大兵力，也不用供应粮秣，只需封龟兹国派到东汉当人质的王子白霸当龟兹王，再派步骑数百人护送他返回西域，跟其他国家结盟，组织联军，少则数月，多则一年，龟兹就会改变立场。

奏章呈上之后，汉章帝下令研究向西域派兵的可行性。恰好，平陵人徐干此时上书皇帝，请求出塞外当班超的助手。汉章帝大喜，任命徐干担任假司马，率领囚犯和志愿从军的壮士共一千余人，护送白霸前往西域，听候班超差遣。

这支部队对班超来说可谓是及时雨。由于东汉除了派班超等三十七人外，没有向西域再派一兵一卒，时间一长，不少西域贵族都对东汉的实力产生了怀疑。莎车王干脆认为朝廷再也不会出兵了，于是投降龟兹。疏勒都尉番辰也起兵叛变，围攻班超。正好徐干带一千生力军赶到，与班超内外夹击，大破叛军，杀一千余人。疏勒局面总算稳定了下来。

为了拉拢更多朋友，班超上疏请求重新交好传统盟友乌孙（国都赤谷城今地不详），汉章帝又一次采纳了。班超没想到，这个建议间接引发了一场不大不小的风波。

汉章帝派卫侯李邑护送乌孙使节回国。李邑一行到了于阗，正好碰到龟兹大军猛攻疏勒，李邑吓得不敢前进。为了给自己的胆怯开脱，李邑玩起了诬陷大法，弹劾班超："西域绝对不可能归附汉朝。班超在西域拥娇妻、抱爱子，贪图外国欢乐，不再思念故国。"

遭遇人身攻击后，班超感到非常沮丧："我虽然不是曾参，却和曾参一样遇到三次流言啊。"为证清白，班超直接跟妻子离婚。

好在汉章帝是一代明君，深知班超忠心，阅毕李邑奏折后，下诏责备李邑："纵使班超不思念家乡，他麾下的一千多士兵总有思念家乡的吧，岂能都跟班超同心？你也不用护送乌孙使者了，直接去班超那里报到，听候差遣。"又给班超下了诏书："如果李邑适合在西域工作，就留下。"

接到诏书后，李邑吓得半死，害怕班超会公报私仇，安排自己去送死，但班超却宽宏大量地命李邑护送乌孙质子前往洛阳。徐干大惑不解，问班超为什么不趁机把李邑留下，出口恶气。班超说："你的见识太不广了！正因为他陷害我，我才派他回去。只要我自己觉得所作所为无愧于心，何必在乎别人评论？为逞一时之快把他留下，不是忠臣所为。"

为了支援班超，四年后的建初九年（84年，八月改元元和），汉章帝再一次派假司马和恭率军八百人前往西域。

此时，班超已经拥有两千汉军，算上疏勒、于阗两国兵马，足够对付莎车了。生力军一到，班超立即下令讨伐莎车。三国联军很快将莎车都城团团包围。

班超没想到，这看似轻松的进攻作战竟暗藏危机。他即将面对进入西域以来最困难的局面。

莎车王见敌人来势汹汹，并没有被吓坏，而是仔细分析对手弱点。他发现，疏勒王忠贪财，是个见利忘义之人，于是暗中派人给忠送上了大批金银珠宝，忠果然心动了，没跟班超打招呼就自行西撤，退至乌即城（今新疆维吾尔自治区喀什地区疏附县境内），之后宣布脱离大汉。

见后院起火，班超不得不停止进攻莎车，改封疏勒国府丞成大当疏勒王，动员剩下的军队攻击乌即城。忠率部死守，班超指挥汉于联军打了半年，未能破城。

忠既敢临阵背叛班超，又敢死守乌即城，是因为他坚信援军很快会到达，到时候内外夹击，一定能消灭班超。半年后，援军果然抵达乌即城。

原来，在造反之前，忠就遣使与康居联络，请求援助。康居发现这些年西域局势快要被班超给掌控了，决定亲自下场干预。数万康居军越过葱岭，向疏勒进发。

一向以多打少的班超反倒成了人少的一方，这回轮到他头大了。该怎样令康居撤兵呢？对着西域地图，班超在大营内苦思退敌之策，突然，他眼前一亮，退敌之策有了！

当时，月氏国王（应为贵霜第二任国王威玛·塔克图，又名阎膏珍，都城在今阿富汗喀布尔，月氏音 Ròu Zhī）与康居国新近通婚，关系甚为密切。班超之前就听说月氏国缺乏布帛，心生一计，派遣使臣给月氏王送去很多锦帛，请他向康居王打个招呼，撤回前线军队。贪图布帛的月氏国王果然答应帮忙。

亲家的面子总要给，没多久，康居王就下令收兵回国，同时将忠带走。忠一走，乌即城立即投降班超。

一场危机被班超运用高超的外交手段消弭了。

没能消灭恩人班超，忠深感失望，屡次向康居请求借兵讨伐班超。元和三年（86 年）九月，康居终于同意让忠带兵占领疏勒境内的损中城。回到故国后，忠秘密与龟兹国勾结，同时派人诈降班超，准备和龟兹里应外合，杀死班超。

得知忠来投降，班超早就看出有诈，反复无常的忠怎么可能真心投降呢？但班超不动声色，答应接受投降，前提是忠亲自来见。

忠满心欢喜，以为班超上当了，立即率轻骑数百人去见班超。班超设下盛宴款待忠，席间还有美女跳舞，忠沉浸在美酒佳肴舞女中，丝毫没感觉到危险降临。酒过三巡，班超狠摔杯子，早就埋伏多时的士卒当场捉住忠，直接斩首。随即又趁忠麾下的康居兵群龙无首之机发动突袭，斩杀七百余人，疏勒叛乱彻底平定。

内乱已平，班超腾出手来收拾莎车。元和四年（87年，七月改元章和），班超征调于阗、疏勒等国军队及汉军共两万五千人，进攻莎车。莎车王这回找不到可以收买的对手了，只能向龟兹求援。早就想和班超决战的龟兹王亲率本国主力，加上温宿（国都温宿城在今新疆维吾尔自治区阿克苏地区乌什县）、姑墨、尉头等国的兵马，凑成五万大军，增援莎车，想一举歼灭班超。

敌人兵力是自己的两倍，怎么办？胡汉将领议论纷纷，都指望着班超能制订出良策。但令他们错愕的是，在军事会议上，一向稳重的班超面色沮丧、神情低落，带着哭腔向将领们宣布："我们的兵力太少，没法打，撤吧！于阗东返，我则向西返回疏勒，躲避龟兹大军，等到夜半鼓声起时，一齐出发。"军事会议结束后，撤退的命令就传遍全军，就连俘虏也知道了。

"好事"还在后头，俘虏们突然发现，也许是汉军即将撤退，看守的士兵居然离岗了。俘虏们赶紧抓住这难得的机会溜到龟兹大营，将汉军准备连夜撤退的消息告知龟兹王。龟兹王大喜过望，将援军分成两路截击：自己亲率一万骑兵在西方道路上拦截班超；温宿王率八千余骑兵在东方道路上拦截于阗王。只等班超等人自投罗网。

幻想着生擒班超的龟兹王左等右等，没等来班超军，却等来了浑身是血的莎车败兵。龟兹王一问，大惊，只得撤退。

原来，班超根本没打算撤军，之前大张旗鼓地开会宣布退兵只是战略欺敌，诱使龟兹军主力离开莎车城下。五万援军一走，班超立即集结部队，于拂晓向莎车国都发动总攻。此时的莎车军也认为班超已撤，防备十分松懈，两万五千名胡汉联军迅速攻下了莎车国都，莎车军崩溃，四散逃走，班超挥师掩杀，斩五千余人。丢了老巢又损兵折将的莎车王不居征被迫投降。看到增援的对象已经投降了，龟兹及各国联军只好撤退。从此，龟兹再也不敢轻易找班超决战了。

总有人不希望西域平安无事，贵霜国王威玛·塔克图就是其中一位。永元二年（90年），他派使者会见班超，傲慢地提出和亲，要求大汉送个公主过来。

班超大怒，不仅直接拒绝这一无礼要求，还扣留了说大话的使者。威玛·塔克图以此为借口，派副王谢统兵七万，东征疏勒。

前面说到，班超麾下疏勒、于阗军加上两千汉军，满打满算也才两万多人，兵力对比几乎是三比一，胡汉将领们听说大月氏七万大军要来，非常害怕，许多人有了怯战心理。

班超并没有被吓到，公布了构思已久的破敌之策："月氏虽然兵多将广，可是跋涉千里，越过葱岭来到我们这里，后勤补给必然跟不上，我们只要坚壁清野，据守城堡，他们找不到粮食，就会遇到饥荒，自行瓦解，只需数十天时间，胜负就见分晓。"

为了将兵力最大限度使用起来，班超收缩防线，将主力部队放在几座坚城，只等月氏来攻。谢率七万大军打了小半个月，不仅没有任何战果，反而把带来的粮食也吃光了。谢不得不派出士兵到周边农田找粮，但由于班超早早下令坚壁清野，疏勒、于阗的粮食被收割一空。

在野外收不到粮食，谢开始计划花钱购买，派数百骑兵携带军中所有金银珠宝前往龟兹买粮。不料买粮兵走到半路，突然碰到"打劫"的。班超提前料到谢会向龟兹购买粮食，在通往龟兹的必经之路上早早安排了伏兵。谢派去采购的数百骑兵全部被杀，用于采购的钱也被抢光。

正当谢在大营中等着粮草到来时，班超的使者却给他送来了一批大箱子，谢命人打开，一看，吓得脸色发白——箱子里装的居然是骑兵的人头！

眼看着七万大军就要饿死，谢被迫认输，派人向班超道歉请罪，请求班超放他们一条生路，班超痛快地答应了，双方握手言和，自此之后，月氏王国每年都要向东汉进贡。

大月氏的臣服对龟兹等反汉国家来说简直是晴天霹雳，月氏是葱岭以西数一数二的大国，有了它的支持，班超在西域几乎是无敌的。永元三年，龟兹带着姑墨、温宿等附庸归降汉朝。班超趁热打铁，派各国联军护送白霸进入龟兹，逼迫龟兹贵族罢黜反汉的国王尤利多，将其送往洛阳养老，立白霸担任新王。

龟兹平定后，整个西域反汉的只剩下焉耆、危须（都城在今新疆维吾尔自治区巴音郭楞蒙古自治州和硕县一带）、尉犁三国。十二月，撤了十五年之久的西域都护和戊、己校尉重新设立，班超当仁不让地成为东汉第二任西域都护，主动前往西域效力的徐干担任西域长史。随后，班超率军驻屯龟兹国它乾城，留徐干守卫疏勒。

重开西域都护府后，年过花甲的班超再次拖着老迈的身躯，亲自率领龟兹、鄯善等八国七万兵马，征讨焉耆、危须、尉犁，彻底完成西域攻略计划。这将是班超在西域指挥的最后一场战役。

班超深知，对付西域反叛国家，擒贼先擒王是最佳策略。但如何既能让三国国王心甘情愿地送死，又能快速击破其国呢？班超苦思冥想，想出了一条连环计。

七万大军挺进尉犁国后，班超派使者通告三国国王："我这次只想要安抚三国。你们如果想投降，你们的国王就应该来迎接我们，我会赐给国王五百匹彩绸，赐完我们就回军。"焉耆王广既害怕大军进攻，又担忧自己到了班超那里会身首异处，于是打了个马虎眼，只派匈奴安插在国内的侍子北鞬支迎接班超。班超见焉耆王没来，骂道："你是焉耆重臣，你们国王不按时欢迎大汉都护，都是你的罪过。"骂完之后，班超送给北鞬支不少礼物，放他回国。

焉耆王广见北鞬支安然无恙，心中石头稍微落了地，但对班超依然心存戒备，在向北鞬支交代了防卫事宜后才亲率高官前往尉犁国迎接班超。

班超并没有直接扣留焉耆王，而是设下盛大的宴会款待，吃饱喝足后就放他回去。

广大笑："看来班都护也不过如此，这么轻易就被我骗了。"回国后立即下令拆掉了国境山口的桥梁，阻挡联军攻入焉耆。但他很快笑不动了，之前他还在班超大营演戏时，班超早已秘密派军从别的道路进入焉耆，等广一离开，班超率大军继后，突然杀到距王城只有二十里的地方。

　　焉耆王大惊失色，计划逃入山中打游击。焉耆国内亲汉派重臣、曾到过洛阳当人质的左侯元孟悄悄派人向班超告密。为了麻痹焉耆王，班超假意怒斥元孟的叛变行为，公开斩杀了元孟的使者，将其人头送给广，再次声称："都护来只是为了抚慰你们，绝没有别的意思。过几天都护将宴请三国国王及大臣，届时会赐给比上次多得多的赏赐。"

　　焉耆王广、尉犁王泛及北鞬支等三十多人终于解除了对班超的戒心，一起到会。焉耆国相腹久等十七人看出这场宴会不对劲，直接逃离国都；危须王也拒绝到会。

　　正当广等人准备大吃大喝时，班超突然变脸，质问他们："危须王为什么不来？腹久一班人为什么逃跑？"话音刚落，埋伏多时的武士们马上把广、泛等一举捉获，并在当年陈睦所驻故城，把他们全部斩杀，传首京师。班超又趁焉耆、尉犁国群龙无首之机发动总攻。为了惩戒二国，班超纵兵在二国国内烧杀抢掠，共斩杀五千多人，俘获一万五千人，马牛羊三十多万头，焉耆、尉犁终于被拿下。没多久，自觉独木难支的危须王亲自到班超帐下投降。为了稳定焉耆局势，班超另立亲汉派元孟为焉耆国王，并率军在那儿停留了半年才撤回它乾城。

　　至此，西域全部归附，丝绸之路被重新打通，东到车师、西到里海，所有国家都派人到洛阳入贡。为嘉奖班超平定西域的功勋，汉和帝下诏册封班超为定远侯，班超终于实现了投笔从戎、立功异域的理想。

　　永元六年（94年）十二月，班超派他的下属甘英出使大秦（罗马帝国）、条支（塞琉古）。甘英在抵达安息王国（帕提亚）西界后，打算乘船前往大秦，但他不知道，安息和大秦其实是世仇，为了阻止汉使前往大秦，安息水手们吓唬甘英说："大海广阔，即便顺风，到达大秦也需走三个月；如果遇到逆风，很可能要走上两年。所以，渡海的人都带三年粮食。而且路途遥远，许多人因思念家乡郁闷而死，你可要考虑清楚啊。"甘英只得望洋兴叹，打道回府。东汉和罗马就这样错失了直接交往的机会。

一眨眼，到永元十四年（102 年），班超在西域已经待了近三十年。虽然他在西域立下了赫赫战功，但内心深处依然思念故乡。现在西域已经彻底平定，自己也年过七旬，该退休了。于是上疏朝廷："我不敢盼望能走到酒泉郡，只敢盼望死前进入玉门关，让我能在活着的时候带着儿子班勇看到故国风土。"

但汉和帝并不想让班超回来，理由很简单：班超一走，谁来接替他管理西域？班超请求退休回国的奏疏送到洛阳后就石沉大海，没有回音。

班超的妹妹班昭看不下去了，向皇帝写了一封情真意切的奏疏："班超刚出塞时，就立志捐躯为国，时逢陈睦被害，班超以一己之力，辗转异域，幸亏有陛下的福德庇佑，得以全活，至今已有三十年了。当初跟随他一起出塞的人，都已作古。班超年满七十，衰弱多病，即使想竭尽报国，已力不从心。古人十五从军，六十还乡，中间还有不服役的时候，而班超在壮年时在沙漠中为国家尽忠，衰老时则被国家抛弃而死于荒野，多悲惨啊！"

汉和帝终于被感动了，下令召回班超，任命他为射声校尉，让驻屯车师的戊己校尉任尚接替班超担任西域都护。八月，班超回到了洛阳，九月就因病逝世于家中。

班超是幸运的，因为他不仅立下了不世功勋，还能在死前回到家乡。但班超又是不幸的，他在西域三十年辛辛苦苦打下的基业，没几年就被后面的继任者挥霍一空。

在班超离开西域前，任尚向他请教如何管理西域。班超劝告任尚："朝廷官员都是犯了法才贬到这里，而西域国家各怀鬼胎，难以扶植，却容易叛离。你虽然打仗厉害，但驭下过于严厉，要知道，水至清则无鱼，最好只要求部下和西域国家忠于朝廷就足够了，不要明察小节。"

任尚表面上唯唯诺诺，等班超走后才向他的亲信抱怨："我以为班超有什么奇谋之策，今天听了他说的那一套，感觉不过如此。"

班超走后仅仅四年，延平元年（106 年），任尚严苛的统治手段终于闯下大祸，西域各国组建联军讨伐驻扎在疏勒的任尚，形势十分危急。九月，朝廷只得任命梁慬为西域副校尉，率河西四郡羌胡兵五千人赴援，援军还没到，任尚便击退了联军。为了安抚西域，朝廷调回了不得人心的任尚，改派骑都尉段禧当西域都护，和西域副校尉梁慬、长史赵博一道固守它乾城。

但没多久，新来的朝廷命官又惹事了。在内地见惯了大城的梁慬认为它乾城实在是太小了，八九千兵马据守这种小城简直是浪费。于是打起了龟兹都城的主意，欺骗龟兹王白霸说："我愿意进龟兹城和你一起并肩作战！"白霸同意了。哪知道梁慬进入龟兹国都后，火速派人联系段禧、赵博，段赵二人集结近万人马直接开进国都。龟兹人大呼上当，举国叛离国王，并跟温宿、姑墨两国结盟，组建数万大军包围龟兹。

叛军低估了汉军的实力，处于劣势的段禧等人并没有选择困在城里等死，而是主动出击。河西羌胡部队战斗力非常强悍，临时凑起来的叛军哪是他们的对手，在暴击之下死伤惨重，被迫撤退，龟兹之围遂解。紧接着，双方又在龟兹国境内大战数月，叛军支撑不住，四散奔逃，梁慬挥师追击，杀一万余人，俘虏数千人，龟兹局势才稳定下来。

虽然稳定了龟兹，但西域形势仍不乐观。除了于阗、鄯善、疏勒等少数国家外，其他国家几乎都反了，西域汉军困守它乾城，和内地联系完全断绝。屯田部队既无法吃到西域本地的粮食，也无法顺利地向朝廷送上奏章。要维持在西域的军事存在，朝廷必须重新从内地调兵打通河西走廊与西域，成本实在是太高了，大臣们纷纷上疏，请求放弃西域。

永初元年（107年）六月二十二日，朝廷终于下令让西域所有军队撤回内地，并安排骑都尉王弘率部队到酒泉接应。没想到，这一次普通的接应竟然引发了持续百年的羌汉战争（详见下一章《百年羌乱》）。

汉军前脚刚走，北匈奴残部——盘踞在蒲类海的呼衍王部就乘虚而入，先征服龟兹、车师等北道国家，再南下攻略于阗、疏勒。十年之内，班超苦心经营了三十年的西域"朋友圈"就全部崩溃了。

呼衍王重新控制西域后，十几年不知所踪的北单于又出现了，得到西域人力物力的补充，不仅将单于庭东迁西域，而且还重新组织兵力攻击汉朝边郡。河西走廊战火再起。

到了元初六年，敦煌太守曹宗实在是受不了了，决心将防御关口西移。在经朝廷批准后，他派长史索班率兵一千进驻伊吾，作为对付匈奴的前敌指挥部，再派人和西域各国接触。

得知汉军又要回来了，受不了匈奴苛政的车师前国和鄯善等北道国家再次投降汉朝。匈奴人大怒，元初七年三月，北匈奴带着车师后王军就率领一万骑兵，首先攻击伊吾，切断汉军与亲汉国家的联系。汉军寡不敌众，没多久伊吾城就被攻破，索班遇害。攻下伊吾后，北匈奴–车师联军转兵西向，进攻归附汉朝的车师前王，车师前王见汉援已绝，干脆弃国逃跑。

拿下车师前国后，联军挥师南下进攻鄯善。鄯善国王见北匈奴冲着灭国来的，豁出去了，决心抗争到底，一面积极备战，一面派人前往敦煌，向太守曹宗求救。

曹宗将鄯善的求救信转给朝廷，并附上自己的奏疏，请求朝廷派五千人反击北匈奴，一则为索班雪耻，二则使大汉势力再回西域。

如何回应曹宗和鄯善国的请求，朝堂上的意见可谓是一边倒——封闭玉门关，和西域断绝关系。

垂帘听政的汉安帝太后邓绥并不想姑息匈奴，但自己心里没底，于是单独召见了班超的儿子班勇，征求意见。出乎意料，班勇并不赞同曹宗出兵讨伐北匈奴的建议，他认为："五千大军出击西域，补给困难，胜了得不偿失，败了就会暴露我们的弱点，西域各国更不会服从我们了。为今之计，应当重设西域长史，率三百士兵到敦煌驻守，并派五百名士兵进驻楼兰，控制西域南北交通要道，重新联系于阗、鄯善和龟兹等国共同对付匈奴。"

但大臣们的反对声非常强烈，邓绥只得折中处理，同意设置西域长史，率三百士兵进驻敦煌，但拒绝派五百士兵进驻楼兰。见东汉重入西域的计划雷声大雨点小，北匈奴放下了心，在接下来的两年时间里继续联合车师共掠边郡，甚至绕过敦煌，直入酒泉、张掖。

朝堂上，关闭阳关、玉门关，放弃西域的意见甚嚣尘上。新上任的敦煌太守张珰也面临着前任的苦恼，得知朝廷打算放弃西域的消息后，急眼了，直接上疏请求出兵。刚亲政的汉安帝犹豫不决，将张珰的奏章发给三公和尚书台官员（尚书令、尚书仆射和六曹尚书），让他们提意见。

不出意外，十一人有十人明确表示放弃西域，只有尚书仆射陈忠上疏要求支援："如果放弃西域，各国将全部归附匈奴。到那时候，匈奴的财富更多，胆子更大，将威胁祁连山，和目前正在造反的西羌部落勾结，从此河西四郡永无宁日，增援河西四郡的花费要超过今天百倍。而且现在敦煌孤城情况危急，朝廷如果撒手不管，怎么对得起边疆官员和人民？又何以向塞外蛮族展示威信？我认为，应恢复设置西域副校尉，并向河西四郡增派屯田部队，安抚西域各国。"

汉安帝阅罢陈忠的奏章，终于下定决心重返西域，在陈忠建议之外，又任命班勇当西域长史，率兵五百人进驻柳中城。

延光三年（124年）正月，在随父亲离开十八年后，班勇又踏上了西域的土地，第一站便是楼兰。抵达楼兰后，班勇立即指挥部队击破北匈奴围城部队，解了鄯善之围，并代表朝廷赐给鄯善国王三条印信。看到班超的儿子回来了，鄯善国王激动得大哭，正式宣布归附汉朝。紧接着，班勇带着鄯善国的部队进军龟兹，要求龟兹王白英归附。白英犹豫不决，班勇开诚布公，用自己的信誉向白英保证，投降后一切不变，白英才率领姑墨、温宿两国向班勇归降。

搞定了鄯善和龟兹，西域形势为之一变，和北匈奴正面交战的时机到了。班勇决心先灭北匈奴在西域的六个死党——卑陆国（都城似在今新疆维吾尔自治区阜康市南）、蒲类国（都城在今新疆维吾尔自治区巴里坤湖附近）、东且弥国（都城似在今新疆维吾尔自治区昌吉回族自治州昌吉市南）、移支国（都城在今新疆维吾尔自治区哈密市巴里坤哈萨克自治县西北）、车师前国、车师后国。

首当其冲的就是离边塞和楼兰、蒲类海都比较近的车师前国。班勇调发龟兹、鄯善等国步骑兵一万余人去进攻。但是，班勇的目标并不是小小的车师前国，而是围点打援，消灭北匈奴有生力量。

得知车师前国被围攻，北匈奴果然派伊蠡王率数千骑兵增援。在前往车师前国的必经之路——伊和谷（今新疆维吾尔自治区吐鲁番市西北、乌鲁木齐市乌鲁木齐县东南），趾高气扬的北匈奴军中了埋伏，班勇令旗一挥，联军居高临下，很快将北匈奴大军切割成数段，没多久，谷内就布满了北匈奴军的尸体，伊蠡王孤身逃跑。得知援军被灭，车师前国放弃了抵抗，直接投降，班勇一举俘虏前国部队五千人。

车师前国被征服后，整个西域继续跟汉朝做对的还有车师后国等五个国家。

饭要一口一口地吃，永建元年十一月，经过一年的精心准备，朝廷下令：调动敦煌、张掖、酒泉三郡六千骑兵，加上鄯善、疏勒、车师前国等部，组成两万大军，由班勇统一指挥，攻击车师后国。

得知大军来伐，车师后国国王军就急忙向北匈奴求援。但经过伊和谷之战，北匈奴元气大伤，实在无法出动一兵一卒支援车师后国。两万大军四面猛攻孤立无援的后国国都，很快拿下，斩杀及俘虏车师后国军队八千余人，国王军就被生擒。班勇将军就和北匈奴派到后国的使臣一起绑到索班被杀的地方，砍头示众，为索班报仇。

拿下车师后国后，班勇选亲汉的前王子加特奴继任国王，又挟战胜之势分兵攻打东且弥国，杀了国王，另选东且弥贵族继任。其他三国国王瑟瑟发抖，马上晋见班勇，求班勇原谅之前他们投靠匈奴的行径。北匈奴在西域的死党被彻底拔掉，决战的时机到了。

征服车师后国的第二个月，即十二月，班勇趁热打铁，率部急袭蒲类海。

战斗顺利得让人觉得不可思议，已经陷于孤立的呼衍王压根就没想抵抗，直接逃走，麾下二万余部众不愿意离开，向联军投降。班勇率部追击不及，只俘虏了北单于的堂兄。

看到被俘的北单于堂兄，班勇心生一计，命新上任的车师后国国王加特奴当众手刃北单于堂兄，在车师跟北匈奴之间播下仇恨种子。从此，车师要是想再投匈奴，得考虑一下国王斩杀北单于堂兄的"光辉事迹"了，北匈奴也不会轻易接纳车师。

得知西域的重要据点蒲类海丧失，北单于大怒，亲率一万余骑反击，打算趁联军刚解散的机会拿下车师后国。然而，班勇早就料到北匈奴会反击，提前派假司马曹俊增援。北匈奴军队刚抵金且谷（今新疆维吾尔自治区博格达山中）就遇上了汉军，单于大惊，转身就跑，曹俊追击数百里，斩杀北匈奴骨都侯。

此战结束后，北单于再次下落不明，呼衍王则远遁一千五百里外的枯梧河（今新疆维吾尔自治区阿勒泰地区福海县乌伦古湖），北匈奴已经对边关形成不了任何威胁。西域几乎所有国家闻讯后都归附汉朝，只剩下当年班超所立的焉耆王元孟认为天高皇帝远，不仅拒绝向东汉入贡，还和尉犁、危须两国国王一道组成反汉同盟。班勇奏请朝廷增派援军，讨伐焉耆、尉犁、危须。汉顺帝同意所请。

永建二年（127 年）六月，朝廷决定兵分两路，进攻焉耆：北路军由敦煌太守张朗统率，带河西四郡兵三千人从北道进攻；南路军由班勇统率，征调西域各国部队四万余人，从南道进攻。出征前，双方约定好在焉耆城下会师的日期，打算分进合击，拿下焉耆。

班勇没想到，这将是他最后一次领兵出征，他的那位好同事张朗直接将他坑回老家。

按计划，兵少的张朗应当持重缓行，在约定时间抵达焉耆。但是，张朗之前犯了罪，一直想着戴罪立功，一雪前耻，现在机会来了，张朗遂改变行军速度，率领部队急袭焉耆，在约定日期之前就挺进到门户爵离关（今新疆维吾尔自治区生产建设兵团第二师铁门关市）。

焉耆看到汉军突然抵达，以为敌人是从天而降，吓得目瞪口呆。兵贵神速，张朗抓住机会，派司马直接攻击爵离关，一天之内迅速破城，斩焉耆军二千余。要知道，焉耆全国胜兵也才两万人，这一战就报销了十分之一的兵力。国王元孟慌了，但转念一想，自己以前就和班超等人打过交道，深知若早早投降，王位还是可以保住的，于是拉下老脸装了一把孙子，说动尉犁、危须两国国王，三国一起派使者到张朗大营请降，并答应向东汉入贡、遣质子。

事情果然如元孟所料，张朗高高兴兴地进入焉耆接受降书，许诺只要归附朝廷，一切不变。安抚完毕，张朗带着质子和三国使团撤出国都。等班勇按约定日期赶到焉耆时，战争早已结束。

战争结束后，张朗率先上疏朝廷，说自己按期抵达，独自拿下焉耆，而班勇失期晚到。看到战报和奏疏，汉顺帝想当然地认为张朗有功，班勇有罪。加上班超父子在西域经营了多年，得罪了不少反对出兵西域的重臣，朝廷也害怕班氏父子独霸西域。于是汉顺帝借此机会，下令免除张朗原有罪责，将班勇调回洛阳下狱。不久之后遇到大赦，班勇才从狱中出来。

前几个月还是战功卓著、受西域各国拥护爱戴的汉家长史，转眼就成了阶下囚，所有功业都被强行清零，受此打击，班勇身心俱疲，出狱后没几天就抑郁而终。

班勇虽然黯然离去，但东汉经营西域的决心一直没变，直到魏晋时期，西域长史府依然存在。

第五章

百年羌乱

烧当数叛

第四章的"马革裹尸"一节，我们提到，马援在担任陇西太守时，扫荡了先零羌在湟中谷地的老巢，为祸西北多年的先零羌遭到沉重打击。但这还不算完，马援撤军后，先零羌重返湟中，原以为能好好喘几口气，没想到，另一个羌人部落、原居于黄河沿岸大允谷（今青海省海南藏族自治州贵德县西北）的烧当羌，抓住机会出兵讨伐，毫不费力就将先零羌逐出。

占据了黄河和湟水两块河谷地带后，烧当羌实力日益强盛，滇吾担任首领后，开始琢磨着如何继续扩张。很明显，西北、西南都是蛮荒之地，只有东面汉人的地盘才是膏腴之地。

中元二年（57年），正值光武帝刘秀病逝，东汉处于国丧期，烧当羌首领滇吾与弟弟滇岸率领五千步骑大举入塞，侵入陇西郡。太守刘盱（xū）急忙率郡县兵西进枹罕（今甘肃省临夏回族自治州临夏市西南，枹音 fú）抵挡。

自马援平羌以来，陇西已经二十多年没有经历战火，郡县边防兵战斗力下降得非常厉害，已不复当年奇袭千里的锐气。官军一败枹罕县，再败允街县（今甘肃省兰州市西、湟水北岸），阵亡上千。

在河西边塞服役的羌人深受鼓舞，一齐叛变响应，与烧当军合兵数万，进入金城郡，很快包围了郡治允吾。整个河西岌岌可危，求援文书雪片般飞向洛阳。

金城不容有失！汉明帝急命谒者张鸿持节征调河西各郡兵马解救允吾。张鸿低估了羌人的战斗力，直接率领河西官军驰援允吾，却不知道羌人早就张开大网耐心等待猎物到来。在允吾城下，张鸿部遭遇烧当大部队，全军覆没。

消息传到洛阳，汉明帝极为震惊，开始正视对手。十一月，汉明帝决定再次伐羌，以捕虏将军马武为帅，中郎将窦固为监军，发乌桓部骑兵、中央军黎阳营、三辅募兵、凉州诸郡羌胡兵及刑徒兵，共计四万步骑。这次出征，汉明帝可谓志在必得。

老将出马，果然不同凡响。马武率大军进抵陇西后，并不急于和羌人决战，而是持重缓行，到第永平元年七月，马武才挥师进攻重镇浩亹县（今甘肃省兰州市永登县西南），斩首六百，断了羌人后路。正在围攻金城郡的烧当部见后路被断，慌忙收兵北撤。马武提前在去往湟水上游的必经之地洛都谷（今青海省海东市乐都区北）截击羌军。羌军颇为善战，早有准备的马武还是折兵一千，没占到什么便宜，让羌人顺利出塞了。

之后，马武继续追击。在东、西邯水（今青海省海东市化隆回族自治县西）追上了疲惫的羌军。羌人没想到先前打了败仗的汉军居然那么快追来，大骇，马武挥师掩杀，大破之，斩首四千六百级，活捉一千六百人。烧当羌元气大伤，被迫离开湟中，远遁湟水上游。

此战，马武打出了二十年的和平，烧当再次大举入塞得到建初二年了。

说起来，烧当二入边塞的契机居然与"色"有关，真是色字头上一把刀。

安夷县（今青海省海东市平安区西）一名官吏看上了卑浦部贵族的妻子，并霸王硬上弓强奸了她，丈夫得知后忍无可忍，杀了夺妻的官吏，然后逃亡。

朝廷命官被杀，这还了得？安夷县长宗延率数百兵丁出塞追捕。卑浦部得知汉军突然到来，害怕被大肆诛杀，又想起平日里汉人官吏欺男霸女的恶行，干脆豁出去了，首领号召丁壮迎战，击斩宗延。

开弓没有回头箭，杀了宗延后，卑蒲部直接跟勒姐、吾良部落一起反汉，攻击汉朝边塞，一时间，边塞战火再起。烧当部酋长、滇吾的儿子迷吾见再次入塞的机会来了，立即起兵响应，击败了金城郡太守郝景。又跟封养部落酋长布桥合兵五万，进攻陇西、汉阳（原来的天水郡）二郡，包围了陇西郡治临洮。迷吾俨然成为塞外羌人反汉联军的首领。

河西再次告急。八月，汉章帝派马援次子、车骑将军马防和长水校尉耿恭担任正副统帅，率军平定西羌。汉章帝吸取了前面几次伐羌的教训，决心一次解决问题，因此这次西征特地出动了北军五校尉（越骑校尉、屯骑校尉、步兵校尉、长水校尉、射声校尉）以及各郡弓箭手，共三万人马救援河西。

虎父无犬子，五十多年前，马援在陇西威震羌人，五十年后，儿子马防在陇西又立下平羌大功。

三万大军抵达汉阳郡郡治冀县后，羌人早已解围而去，正在集中精力围攻临洮，形势十分危急。但从冀县到临洮要走三百里山路，车马不能并排走，十分艰险。马防不按常理出牌，玩起了疑兵之计：先派几百名骑兵走山路前往临洮，在距离城池十多里处设下大军营，多树旗帜，并扬言大军将在天亮时进攻。

羌人果然以为汉军人多势众，惊慌不已。第二天早晨，汉军数百名骑兵就鼓噪而进，突入羌人大营，本来就心存畏惧的羌人直接逃跑。这时，马防率领的主力部队也赶到了临洮城下，趁势追击，杀死羌人四千多，迫使烧当投降，临洮之围遂解。

迷吾投降后，封养部落酋长布桥仍不服输，率二万多人盘踞在临洮西南的望曲谷，凭借险要的地形负隅顽抗，并四处骚扰。十二月，布桥还出击和罗谷（今青海省海东市化隆回族自治县黑城沟），杀死数百汉军，截断了黄河与湟水之间的重要通道。

为恢复黄河与湟水交通，马防决心歼灭该敌。建初三年正月，经过缜密筹划，马防决定兵分三路：司马夏骏率领五千人正面进攻；司马马彭率领五千人从小路攻击羌人大营；将兵长史李调率领四千人从西面进攻望曲谷。三路一起攻击，马防则率剩下的人马跟在夏骏之后。

汉军三路同时进攻的策略很快就收到奇效，羌人一下子被打蒙了，弄不清敌人究竟要进攻哪里，感觉分身乏术，被迫撤出了望曲谷，汉军俘斩一千多人，缴获牛羊十多万头。马防领兵急追，和羌人在索西（今甘肃省定西市岷县梅川镇）交战，再破羌军，布桥被迫率本部剩余的一万多人投降。

烧当、封养两部投降后，马防得胜班师，留耿恭驻屯枹罕，继续对付勒姐、卑蒲、烧何等部落。耿恭深知，这些部落和烧当等不一样，是官逼民反，于是恩威并施，先发兵力挫各部，斩首千余，然后派人安抚，各部纷纷投降，河西重新稳定了下来。

过了十年，烧当酋长迷吾再跟弟弟号吾起兵反汉。没想到出师不利，在进攻陇西边塞时，号吾轻敌冒进，被小小的烽燧管理员李章活捉。号吾说："杀掉我一个人，西羌毫无损失，如果放我回去，我当想办法使叛变平息。"权衡了利害关系后，陇西太守张纡下令释放号吾，各部落果然解散，迷吾率烧当部落撤退到逄留大河（黄河流经贵德县至尖扎县境内一段被称为逄留大河）以北。

树欲静而风不止，烧当部落那时想和平，但新上任的护羌校尉傅育却唯恐羌人不反，自己没法立功，于是，派人挑拨羌人和匈奴人关系，企图以夷制夷。时间一长，羌人和匈奴人就看出了汉朝官员的诡计，愤怒之余，纷纷叛变，逃出边塞，投靠塞外最强大的烧当部落，这正中傅育下怀。急于立功的他表面上请求朝廷征发沿边各郡兵马讨伐羌人，内心却不想别人分摊他的功劳。

章和二年三月，傅育没等各郡官兵集结完毕，就单独率三千精骑出塞攻击烧当。迷吾得到消息后玩起了诱敌之计，坚壁清野，率部西撤，傅育果然上当，率部向西越追越远。一天夜里，汉军抵达三兜谷（今青海省黄南藏族自治州尖扎县西北），傅育误以为羌人已经走远，毫无戒备，迷吾突然回军袭击，大获全胜，斩傅育以下八百八十人，剩余的官兵基本被俘。等援军抵达，迷吾早已远去。

护羌校尉傅育阵亡的消息传到京师，举国震动，汉章帝任命在羌人那里有点威信的张纡继任护羌校尉，率军万余人进驻临羌（今青海省西宁市湟源县城关镇）。

七月，迷吾复率步骑七千人进犯金城郡，张纡派从事司马防率千余骑及金城郡兵提前在必经之路木乘谷（今青海省西宁市湟源县巴燕乡）设伏。当羌人大摇大摆地入谷时，伏兵四起，迷吾战败，被迫遣使请降。

张纡不仅同意接纳迷吾投降，还告知羌人首领，打算在临羌设宴，款待各位羌人豪杰。之前，张纡放了弟弟号吾，因此迷吾等人素服张纡，毫无戒心地赴宴。没想到，这是彻头彻尾的鸿门宴。酒没喝几杯，羌人首领纷纷感觉头昏眼花，原来，张纡提前在酒中置毒。趁羌人饮醉之机，张纡以摔杯为号，埋伏多时的武士们冲入堂中，大肆杀戮，诛诸羌首领八百余人，斩迷吾等五人头以祭傅育墓，又纵兵击杀其余众四百余，生俘二千余。

这彻底激怒了羌人，各部落相互解除前仇，结成盟约，会集四万多人，约定黄河结冰后渡河攻打临羌。朝廷非常忧虑，直接撤掉了张纡，改派为政宽厚的开国元勋邓禹的第六子、武威太守邓训担任护羌校尉。

邓训面临的是一个烂摊子，刚上台就碰到棘手之事，烧当羌新首领迷唐率一万余骑迫近边塞。但这只是虚晃一枪，武装示威后，迷唐转兵南向，想扫荡祁连山下亲汉的小月氏诸部落。

为什么迷唐要对付小月氏呢？原来，小月氏拥有精骑三千，骁勇善战，以往和羌人交战都是胜多败少。但小月氏首鼠两端，并没有真心归附朝廷，迷唐想抓住小月氏所有老弱妇孺，胁迫三千精骑跟他们一起反汉。

当迷唐赶到祁连山下时，傻眼了，搜索了好久也没碰到一个小月氏人。跑哪里去了？原来邓训早已把小月氏部落的老弱妇孺全部迁到临羌居住。为了容纳小月氏部落，邓训甚至腾出了护羌校尉官邸。烧当部落抢夺不到物资和老弱妇孺，只好撤退。

其实，邓训做出保护小月氏的决策也是冒了风险的，朝廷很多官员不希望收留小月氏："羌人和胡人相互攻击，对我们有利，不应当过问。"但邓训另有考虑："这次叛乱的根源在于张纡不守信用，擅杀羌人首领，现在正好有机会在他们危险之际施恩，很可能会收到丰厚回报。"

不得不说，邓训这一做法非常有远见，几乎是不战而屈人之兵。烧当部撤退后，许多蛮族部落一致认为"之前汉朝官员都希望我们互斗，而今邓训却如此厚待我们，开城收容我们的妻子儿女，我们受到的是如同父母一样的恩德"。于是向邓训叩头："一切听你的命令！"

当时，由于生产力极端落后，羌人、胡人以病死为耻，病重者通常都会自杀。邓训听说有人病重，就把他抓来绑好，派医生用药治疗，治好的人很多，一传十十传百，许多羌胡百姓感恩他，愿意为他做事。邓训抓住机会，让已经归降的羌人携带金银珠宝去招降仍在反汉的羌人，归降者逐渐增加，就连迷唐的叔叔号吾都带着母亲和本部八百余户到塞内归附东汉。

见归降者越来越多，邓训遂决定出塞讨伐烧当。当时，烧当羌居住于大小榆谷到湟中谷地一带（今青海省海南藏族自治州贵德县东河曲至西宁市湟源县），方圆三百里，土地肥沃，又有龙羊湖、青海湖鱼盐之利。烧当羌凭借这块宝地制霸塞外。迷唐甚至把本部营帐搬到距离临羌城不远的写谷（今青海省西宁市湟源县西），方便入侵。

这次，迷唐就要为自己的傲慢付出代价。

本次出征，邓训大胆起用四千名湟中羌胡以及汉人作为主力。这招效果极佳，有湟中羌人带路，汉军没费什么力气就找到了迷唐的老巢——写谷，大破烧当，杀死并俘虏六百多人，缴获马牛羊一万多头。迷唐被迫逃往颇岩谷。汉军趁羌人群龙无首之机，南下三百里，扫荡了大小榆谷，羌人纷纷败逃，部众几乎尽数溃散。

永元元年春天，迷唐在汉军撤出后，又派部下悄悄回到肥沃的大小榆谷。邓训哪里会给烧当东山再起的机会，命令长史任尚统率湟中羌胡兵六千人讨伐。羌人以为有黄河之险，汉军很难过河，没怎么警惕。哪知道，任尚让士兵缝制皮囊绑在木筏上，解决了过河问题，顺利突破黄河天险。见汉军那么快就渡过黄河，羌人大为惊讶，任尚趁机突击羌人营帐，俘斩众多。羌人不服，重新聚集人马，利用汉军立足未稳之机在夜间劫营。还没等烧当军进入大营，值班的羌胡兵就发现了异常，紧急告警，经过一夜激战，汉军大破偷袭之敌，前后杀敌一千八百多人，抓获俘虏二千人，缴获马牛羊三万多头，迷唐派去重返大小榆谷的羌人几乎全数折损。

大小榆谷回不去了，迷唐只能带着剩下的部众向西远迁一千多里，塞外不少之前归附烧当的部落纷纷到塞下请降，甚至连烧当部落贵族东号也叛迷唐而去。在邓训安抚下，边塞很快恢复了和平，从各郡抽调的守边部队也散回原地，只留两千名犯人负责屯田和修理城郭堡垒。

短暂的和平时光没多久就烟消云散。永元四年冬，邓训因病死于任上。蜀郡（郡治在今四川省成都市）太守聂尚继任护羌校尉。萧规曹随，见前任通过怀柔手段安定西羌，聂尚也想效法，派出翻译官招抚烧当，并许诺，如果烧当投降，就允许他们再回到故地大小榆谷。

迷唐大喜，但他并不想投降，于是假装答应聂尚，表示愿意向东汉称臣，取得聂尚信任后回到了大小榆谷。为了彻底打消聂尚的顾虑，迷唐让祖母卑缺到临羌晋见聂尚，聂尚见迷唐把自己奶奶都送来了，果然丧失了警惕，设宴款待一番后派翻译官田汜等五人护送卑缺回到羌人营帐。

没想到，迷唐见到田汜等人后突然翻脸，把他们活生生剖腹残杀，并说动其他羌人部落一齐起兵反汉，攻击金城郡。边郡战火再起，聂尚被免职。

迷唐不知道，他赶走的聂尚是个软柿子，继任的护羌校尉即将给他沉重打击。

永元五年十一月，居延都尉贯友继任护羌校尉。贯友在东汉最北边的居延塞待了多年，对付胡人经验丰富。到达临羌城后，他仔细研判了羌人情势，发现真正反汉的只有烧当羌，其他部落都是被烧当引诱。既然烧当能引诱他们，我们也可以。于是贯友派人携带大量财物到诸羌部落中，收买首领，挑拨他们与烧当的关系。在金钱攻势下，烧当与其他部落达成的盟约宣告瓦解，开始相互攻击。

贯友利用羌人内乱的机会，派大军直捣大小榆谷，斩俘八百余人，收其麦数万斛。为杜绝羌人继续利用大小榆谷作为反汉根据地，贯友在通往大小榆谷的必经之地——逢留大河筑城坞、作大船、造桥梁，迷唐被迫远遁。

消停几年后，永元八年（96 年），护羌校尉贯友病逝，汉阳太守史充接任。前任功绩太大，搞得史充很有压力，为了立功，史充决定征调湟中的羌胡兵出塞攻击烧当，结果大败，被杀数百人。第二年，朝廷召回了犯错误的史充，命代郡太守吴祉代替。

迎来了久违的胜仗后，迷唐入侵的信心又足了。永元九年（97 年）八月，迷唐率八千人攻击陇西郡，并胁迫定居在塞内的其他羌族部落参加，共凑了三万步骑。陇西郡兵迎战，被人多势众的羌人歼灭，大夏县（今甘肃省临夏回族自治州广河县西北）县长被杀。

建初二年以来，羌人已经有二十年没出动数万人马入侵边塞了。因此败报传到京师，朝廷上下非常震惊。汉和帝急命刘尚担任代理征西将军，越骑校尉赵世为副，发汉羌胡兵三万人讨伐。

汉军兵分两路，刘尚进屯陇西郡治狄道，赵世进屯枹罕。迷唐见汉军大部队来了，非常恐惧，直接放弃部落中的老弱妇孺，退往临洮以南。两路汉军分进合击，追之于高山（临洮以南群山），大破迷唐，斩杀及俘虏一千余人，迷唐逃出塞外。由于汉朝军队在山地进行仰攻作战，伤亡颇重，刘赵二人一合计，放弃了向塞外追击的设想，遂行班师，各自回到狄道、枹罕。迷唐逃过一劫。

见敌人跑了，汉和帝大怒，将刘赵二人下了大狱，改派谒者王信和耿谭为正副统帅，分别驻兵在枹罕、白石（今甘肃省甘南藏族自治州夏河县甘加乡）。为了分化羌人联军，耿谭开出赏格，宣布只对付烧当一部，其余不问，抓到烧当羌人的有大赏。之前还跟烧当一起入侵的诸部落开始不断向汉朝归附，并争先恐后地攻击烧当羌，极大地压缩了烧当羌的活动空间。迷唐陷于孤立，加上连年与东汉朝廷交战，残余的部众人数还不满两千，饥饿穷困，无法生存。

一向不想投降的他只得向现实低头，请求投降。王信、耿谭接受了他的投降，并将剩下的烧当部众迁到金城郡，置于汉军监视之下。十二月，迷唐率各部落酋长到洛阳朝贡。

你以为入朝后的迷唐从此会臣服东汉吗？不！仅仅过了两年，即永元十二年（100 年）九月，迷唐又一次兴兵造反。

年初，汉和帝为了嘉奖迷唐归顺，下诏命迷唐率领他的部落返回大小榆谷故地。但当时形势已变，经过七年的经营，东汉早就在大小榆谷北界逢留大河修筑了桥梁、城堡、船坞，官军可以随时进入大小榆谷，迷唐担心返回后安全不能保障，便推辞说部众没粮食，不能长途跋涉。护羌校尉吴祉信以为真，赏赐给迷唐大量钱财布匹以购买粮秣家畜，催他早日出塞。但这样做反而加深了迷唐的猜疑，他更加认为汉军是有意诱骗烧当部到大小榆谷，然后歼灭。九月，迷唐再叛，裹挟湟中的胡人部落大肆抢掠一番，之后出塞而去。永元十三年（101 年）八月，迷唐亲率精兵攻占了赐支河曲一带（今青海省海南藏族自治州共和县东南黄河弯曲地带），阻截边塞对外的交通。

志得意满的迷唐恐怕没想到，这将是他最后一次反汉了。烧当部因为他的一意孤行，几乎遭遇灭顶之灾。

得知烧当盘踞在赐支河曲后，护羌校尉周鲔和金城郡太守侯霸率领河西各郡羌胡兵三万人出塞攻击。周侯二人没有直接反攻赐支河曲，而是西行千余里，直捣烧当的老巢允川（今青海省青海湖东南、贵德县西北一带）。烧当羌军民原以为远离边塞的允谷非常安全，突遭汉军急袭后大乱，有六千余人直接投降，东汉朝廷分别把他们安置在汉阳郡、安定郡、陇西郡。

听闻老窝被端，迷唐只好放弃赐支河曲，向西南躲避，投靠更加远离边塞的发羌国。很久之后，迷唐病死，儿子率部众投降汉朝。此时，多年制霸塞外的烧当部落只剩下可怜的数十户。

允川之战后，为了防止西羌利用湟中和大小榆谷兴兵作乱，东汉开始将防御端西移，整修位于青海湖一带的故西海郡（郡治龙夷城在今青海省海北藏族自治州海晏县）城堡，并夹着黄河修建了三十四座城堡，将金城郡属国都尉驻地从金城郡移至西海郡城，发内地居民在故西海郡进行屯田。

如果没有意外，青海湖将会重新纳入中原政权版图，可惜，没几年，凉州爆发了规模更大、历时更久的汉羌战争，经略西海郡的行动半途而废。

先零再起

永元十三年允川之战后，举国上下都认为羌乱已经彻底平定，没想到，仅仅过了六年，规模更大、历时更久、破坏更为严重的汉羌战争就爆发了。

当时，归附的羌人散布各郡各县，由于失去了强大部落庇荫，因此成为少数汉人欺负的对象。加上当时吏治腐败，许多官员又是因为在内地犯了法才被贬到河西当官的，自觉升迁无望，于是变本加厉地联合土豪劣绅恶霸向羌人征收苛捐杂税，役使羌人劳作，大失民心。日子一久，官民矛盾逐渐演变成了民族矛盾。

到了永初元年，全面暴乱的导火索终于被点燃。第四章的"三通三绝"一节提到，当年，朝廷下令撤回西域所有人马，派骑都尉王弘征调金城、陇西、汉阳等郡数千羌胡兵，西上接应西域都护段禧等人。郡县征调差役的命令急如星火，于是谣言四起，传播最广的谣言就是，朝廷命令羌人留在西域屯田，不再回乡。许多羌人听到这一"消息"后非常害怕，行军到酒泉郡时，已有不少羌兵逃亡。

按照军法，逃兵要受到非常严厉的处分。为了震慑逃兵，地方郡县纷纷出动部队，不仅沿途拦截，还施行连坐法，严惩出现逃兵的部落。

反了！位于渭水上游的勒姐、当煎等部落同时拔营，涌向塞外，这激起了一位羌人首领称帝称霸的野心，这名"志向远大"的羌人叫滇零，是先零羌一个支系的酋长。自从被烧当羌逐出湟中以来，先零羌无时无刻不想着回到故地，但滇零另有所图，他对偏远的故土不感兴趣，他垂涎汉地的富饶。眼下，原来归附东汉的羌人部落集体出塞，滇零觉得机会来了，于是联合钟羌，招徕出塞的羌人，攻打边塞，在边郡大肆烧杀劫掠，陇坻的道路完全断绝。

这时，因为羌人归化汉朝已久，没有武器，故而有的拿着竹竿、树枝代替铁枪、长矛，有的拿着桌面当作盾牌，有的拿妇女化妆用的铜镜映着日光，假装是杀人刀锋。

羌人武器低劣，但已经多年未经大规模战乱的河西各郡民兵战斗力更为糟糕，官员们心惊胆战，束手无策，每天都有告急和求援文书发往洛阳。

朝廷决定恩威并施，六月二十七日，下诏赦免羌人结党和谋反之罪；十二月，任命汉安帝的舅舅、车骑将军邓骘（zhì）和征西校尉任尚为正副统帅，率左右羽林军、北军五校等中央军精锐以及各郡军队共五万人进驻汉阳郡，讨伐叛羌。朝廷对此次出征非常重视，大军出发前，汉安帝和太后邓绥亲自在平乐观饯送。

作为外戚，邓骘急切地想通过此次作战立下大功，扬名海内，然而事与愿违。在各部军队还没集合的情况下，邓骘提前于永初二年正月抵达汉阳郡。侦知汉阳汉军兵力尚少后，钟羌部数千人主动出击，在冀县以西大破邓骘，杀一千余人，邓骘非常紧张。

这时救命稻草来了，梁慬等人率部从西域回国，刚到敦煌郡，朝廷命他跟他的部队直接留在凉州，作为大军后援。西域兵团战斗力果然强悍，东下过程中接连在张掖、姑臧大破羌人诸部落联军，俘斩八千人，西羌诸部三百多位首领一起向梁慬投降，梁慬在安抚慰问后将他们送回故地。邓骘在汉阳郡的压力大为减少。

但梁慬的辉煌战功把邓骘给刺激了，邓骘认为自己麾下兵强马壮，搞定西羌问题不大。十二月，滇零又率数万羌人袭扰边郡，围攻汉阳郡重镇平襄，邓骘派征西校尉任尚和从事中郎（车骑将军属官）司马钧带着各郡民兵数万人，向先零羌发起总攻，想一举荡平西羌。

谁都没想到，这次进攻会是汉羌战争爆发以来汉军最惨重的一次失败。

数万兵马向北翻山越岭，疲惫不堪，抵达平襄后，还没来得及好好休整，早就张网以待的滇零一声令下，数万羌人从四面八方涌来，很快将汉军分割包围，汉军拼死作战，除了任尚和司马钧等少数人马逃出来以外，大部仍未突围，汉军被杀八千余人。

平襄之战以后，汉军丧失了精锐主力，被迫从全面进攻转向分头应付。而滇零不再满足于在河西小打小闹，把目光投向了更为富饶的关中地区。武都郡的参狼羌和上郡、西河的羌胡也受平襄之战的刺激，在各自的地盘分别响应，将战火扩展至益州和并州，从东、南两路攻击东汉：东路从上郡和北地、西河出发，进入关中，很快就到达武功（今陕西省咸阳市杨陵区）和美阳（今陕西宝鸡市扶风县北）之间，直逼西汉帝陵，梁慬率领西域兵团转战三辅，数战数胜，才将羌人勉强逐出；南路，武都参狼羌大掠益州，杀死了汉中太守董炳。

趁东汉政权手忙脚乱之时，为了避免与据守在汉阳的官军主力正面作战，滇零从陇西挥师东进，攻占了北地全郡，然后南下袭扰关中，切断了内地通往湟中的交通线，导致内地粮秣无法运到，湟中各县粮食价格猛涨，每石值一万钱，百姓饿死的不计其数，就连驻屯于汉阳的邓骘大军也面临着缺粮的窘境，形势对东汉极端不利。朝廷被迫下令车骑将军邓骘返回京师，只留任尚在凉州，尽量使凉州居民迁居三辅，让梁慬的西域兵团屯兵金城。

然而，三辅地区的羌人势力依然庞大，永初三年（109 年）春，汉廷再遣骑都尉任仁督率诸郡兵支援关中，可是，任仁军事才能低劣，援军连战连败，盘踞在塞外的当煎、勒姐二羌在滇零的鼓动下杀入塞内，攻克金城郡破羌县，钟羌则攻克了临洮县。眼看形势越来越糟，为了加强关中守备，永初四年（110 年）二月，朝廷只能把凉州唯一一支中央军——任尚部连同凉州难民撤回长安，并在长安设置了京兆虎牙都尉，在雍县（今陕西省宝鸡市凤翔区西南）设置扶风都尉。

关中及河西的一连串胜利极大地刺激了滇零向汉地扩张的野心。在任尚撤出凉州的当月，滇零以北地郡治富平县为都，自称"天子"，建立了历史上第一个羌人政权。随后，滇零突袭汉中，攻打褒中县（今陕西汉中市勉县褒城镇）。汉中太守郑勤怒不可遏，准备迎击。郡主簿段崇劝阻说："羌人乘胜前进，锐不可当，应坚守城池。"郑勤不理，率三千郡兵出城迎战，果然被羌人全歼。

永初五年（111年）正月，滇零派羌兵由冯翊（治所高陵县在今陕西省西安市高陵区西南）渡过黄河，进攻河东郡，又转兵向南，抄掠上党、河内二郡，威胁到赵国（治所邯郸在今河北省邯郸市）、魏郡，其锋芒直指洛阳。河东及河内二郡百姓惊慌不已，纷纷南渡黄河。

这是东汉建国以来，少数民族兵马第二次打到洛阳以北的黄河边（前一次是建武二十年匈奴人袭扰上党），无异于给朝廷扔了一颗重磅炸弹。朝廷迅速应变，遣北军中候朱宠率京师五营出屯孟津，阻止羌人南渡黄河；急调驻守长安的任尚率军收复上党；诏令魏郡、赵国、常山国（治所在元氏）、中山国（治所在卢奴）等地，迅速修筑防御工事，建起堡垒六百一十六所，以防羌人从河东、河内进入冀州。

任尚不愧是汉军猛将，在上党的战略要地羊头山（今山西省长治市上党区师庄乡）设伏，先零羌之前打得太顺利，没料到汉军居然敢打伏击，大败，失败后更弄不清汉军有多少兵马，只能退出上党，洛阳威胁宣告解除。

洛阳虽然安全了，但是关中及河西的形势日益崩坏，就连汉人也加入先零羌大军了。

原来，永初二年，汉阳郡人杜琦、杜季贡兄弟与同乡王信等发动叛乱，杜琦自称"安汉将军"，自汉阳郡率军南下，攻广汉郡（郡治雒县），驻军于葭萌（今四川省广元市昭化区昭化镇）。朝廷派御史大夫唐喜前去镇压，经年不能取胜；又遣中郎将尹就出兵，亦无功而还。当时，广汉等郡的太守领兵屯聚于涪县，不敢轻举妄动。到了永初五年，杜琦等人觉得待在四川没啥前途，听说凉州一带羌人造反，于是北上攻克重镇上邽，给留守凉州的汉军造成了极大的威胁。朝廷甚至下诏：能得杜琦首级者，封列侯，赐钱百万；羌胡斩杜琦者，给金百斤、银二百斤。重赏之下必有勇夫，十二月，汉阳太守赵博募得杜习为刺客，刺杀了首领杜琦。趁杜军群龙无首的机会，朝廷再派侍御史唐喜出兵讨伐，杀死王信以下六百人。杜季贡在汉阳已无法立足，只得北上投靠滇零。

永初六年，滇零病死，其子零昌继立，因其年纪尚幼，羌人以同部人狼莫为谋主，狼莫颇为看重杜季贡，让他率部驻守富平附近的丁奚城（今宁夏回族自治区灵武市南）。杜季贡在丁奚城一带组织汉、羌军民开垦土地，以对抗汉廷官军的进攻。

羌人已经够让朝廷头痛了，此时，南匈奴又爆发叛乱，朝廷两线作战，压力颇大。已经感觉没办法对付羌人的邓骘召集公卿，决定放弃凉州，集中精力对付南匈奴，邓骘解释说："比如现在有两件烂衣服，如果我们把其中一件烂衣服拿去补另外一件，那么就能保全一件衣服，要不然两件都破烂。"大臣们纷纷表示赞同。

虞诩听闻朝廷要放弃凉州，急忙找到了太傅张禹，力谏不可："若丢了凉州，那三辅就算边塞了，三辅做了边塞，那祖宗的陵园坟墓，就在界外了，这是万万不行的。而且凉州兵丁骁勇善战。现在羌胡之所以不敢全力入侵三辅，就是因为凉州在他的后方。如果放弃凉州，迁走百姓，人民安于故土，不愿迁徙，一定会发生变故。议论的人还拿两件烂衣服打比方，我看凉州放弃后，就像疽溃烂，越烂越宽，没有停止。放弃凉州不是好的计策。现在凉州人情不安，朝廷应该征召凉州的豪杰为掾属，授任地方官员的子弟为郎官，表面上是奖励他们的功勋，实际上让他们相互监视，防止他们作乱。"张禹很赞同他的观点，命令四府都照虞诩之计办事。虞诩一席话保住了凉州，却招致了邓骘的嫉恨，不久之后，朝歌（今河南省鹤壁市淇县）发生叛乱，邓骘借刀杀人，将虞诩调去朝歌当县令。

事实证明，虞诩的判断是正确的，在朝廷提拔了一批凉州本地人士后，凉州军民士气大振。另一方面，滇零病逝后，继任的零昌年幼，先零羌主力暂时停止对东汉的骚扰，开始走下坡路了。

永初七年（113年）七月，护羌校尉侯霸和骑都尉马贤主动出击，在安定郡（郡治临泾县在今甘肃省庆阳市镇原县东南）击破先零羌支派牢羌部落，俘虏一千余人。元初元年，留在河西的先零羌贵族号多率部南下，入侵武都、汉中。在汉中，号多被汉中郡五官掾程信率领板楯蛮打了伏击，损失惨重，被迫撤退。退回枹罕后，又被侯霸攻击，死伤颇多。到了元初二年（115年），接替侯霸担任护羌校尉的庞参不失时机地派人招降号多。庞参之前担任汉阳太守，对羌人比较宽厚，所以很多羌人都服他，在得到庞参厚加赏赐、地位不变的保证后，号多率众七千投降，庞参送他到洛阳朝见。这是大规模羌乱爆发以来，第一位投降的羌人贵族，朝廷大为高兴，直接册封号多侯爵。

号多投降后，河西局势得到极大改善，庞参将护羌校尉驻地从西边的张掖（今甘肃省武威市南）东迁到令居（今甘肃省兰州市永登县一带），重新打通了关中与河西走廊的联系。为了改变战略颓势，零昌派部将吕叔都南下益州，中郎将尹就奉命前去拦截。擒贼先擒王，尹就没有和羌人硬碰硬，而是花钱招募蜀郡勇士陈省、罗横刺杀吕叔都。首领一死，羌人不战而退。

这时，朝廷决策者们被胜利冲昏了头脑，误认为羌人已经完了，开始谋划收复北地。元初二年秋，朝廷派屯骑校尉班雄驻守三辅，作为大军总预备队，派左冯翊司马钧行征西将军，统领右扶风仲光、安定太守杜恢、北地太守盛包、京兆虎牙都尉耿溥、右扶风都尉皇甫旗等人，共计八千多人，从南面进攻北地。护羌校尉庞参率领七千多羌胡兵，从西面进攻北地。

兵来将挡，先零羌决定先对付以羌胡人为主体的庞参军。当庞参率军抵达勇士（今甘肃省兰州市榆中县上堡子城）以东时，遭遇杜季贡率领的羌军主力，庞参麾下羌人基本都是先零羌，因此不愿意出力，战斗打响后便消极应付，汉军失利，庞参被迫率兵撤退。为了掩饰失败，庞参假称自己因为生病才失期。

由于羌人主力去对付庞参了，南路司马钧的进展出人意料地顺利，很快攻占了丁奚城，得到许多战利品。杜季贡击败庞参后迅速回师，见汉军士气正旺，心生一计，率领部下假装逃走，司马钧识破了羌人的阴谋，只命令仲光、杜恢、盛包等人收割城外庄稼，破坏羌人战争潜力。但是，仲光等人违背司马钧的命令，率部追击"败逃"的杜季贡，果不其然中了埋伏，急忙派人向司马钧求援。司马钧恼怒仲光等人不服调度，拒绝援救不听话的部下，仲光等人全部战死，三千多人被杀。司马钧被迫放弃丁奚城逃跑，随后被捕，在狱中畏罪自杀。庞参也因失期入狱。

汉军在关中败多胜少，朝廷十分忧虑，特地派猛将任尚为中郎将，率领羽林军、缇骑、五营的士兵三千五百人，接替班雄驻守三辅。虞诩向任尚建议："现在西羌部队全是骑兵，我们用步兵根本追不上。最好是使各郡二十万民兵复员，让他们每人缴数千钱，二十人买一匹马，就可以拥有一万人的骑兵。用一万骑兵去追击数千人的羌军，他们势必被追得走投无路。"

朝廷采纳了这项建议。没多久，任尚就利用精锐骑兵突击丁奚城，击败杜季贡，斩首四百。汉军第一次在羌人根据地取得胜利。

前一次力劝留住凉州，这一次又建言发展骑兵，每一次都让虞诩说中。虞诩逐渐声名鹊起，就连皇太后邓绥也得知他的大名，任命他为武都太守，负责平定参狼羌。虞诩率军赴任，参狼羌闻讯，提前在陈仓崤谷（今陕西省宝鸡市大散关一带）埋伏，坐等汉军进口袋。

但羌人惊奇地发现，虞诩似乎胆怯了。汉军在谷口停止前进，对外宣称："敌人实力太强，我们只能派人回去请求援军，等援军到了再进兵。"于是羌人放心大胆地分别前往其他各县劫掠。

虞诩等的就是这一刻，羌人分散后，他立刻率部日夜兼程，一天急驰二百余里。令人费解的是，在行军过程中，虞诩命士兵每天每人各做两个炉灶，第二天，每人做四个炉灶，以后每天倍增。有人问虞诩："孙膑当年减灶大破魏军，如今阁下却增灶。而且《孙子兵法》上说部队每天行军不得超过三十里，你每天竟然行军将近二百里，这是为什么呢？"虞诩解释："羌军多，我军少，走得太慢，容易被他们追到，我们迅速挺进，他们就无法知道我们的底细。只能通过查我们留下的炉灶判断，我们增灶，会使他们误认为官军不仅行军快，而且兵力强大，他们必然心怀畏惧，不敢追击。孙膑故意示弱，我们则伪装示强，只因形势不同罢了。"

果然，尾随其后的羌人看到逐日增加的行军灶后被吓坏了，停止了追击，虞诩顺利抵达武都郡治所下辨。

真正的挑战还在后头。

当时，虞诩的部队还不满三千人，而羌军万余人围攻赤亭（今甘肃省陇南市成县西）数十日，情势危急，虞诩带强弩兵杀入羌军包围圈，入城死守。随后，虞诩向守军下令：敌人攻城时不准使用强弩，只能用小弓。第二天，羌军攻城，发现守军射击力度一如以前，以为援军的弓箭射速慢、射程短，不能造成大量伤亡，遂集合所有士兵发动总攻。虞诩见羌人攻势猛烈，判断总攻来了，使出了"王炸"：命每二十张强弩组成一个射击网，集中向一个目标发箭。城头上的弓箭百发百中，羌军死伤惨重，打算撤退，虞诩发现羌人攻势变弱，抓住机会出城反击，大破羌军。

虞诩命全军出城，从东门出，从北门入，入城后立即改换服装，反复数次，羌人遥遥望见，弄不清城中到底有多少守军，误以为汉军大部队来了，军心浮动，首领们打算逃跑。羌军垂头丧气地返回驻地，途经一条河流，准备过河，突然伏兵四起，大败羌军，俘斩无数，许多羌人甚至掉进河流中淹死。

羌人没想到，虞诩早就料到羌军要走，提前派遣五百余人在河道的浅水处设下埋伏，守住了羌军的后路，果然又一次重创了羌人。

参狼羌从此溃散，不能再次集结。虞诩根据各种地势，构筑碉堡城寨一百八十余座，招揽流亡在外的难民回乡，赈济贫穷，开凿从沮县（今陕西汉中市勉县茶店镇）通往下辨的东黑河水道。虞诩最初到任之时，谷价每石一千钱，盐价每石八千钱，仅存户口一万三千户，等到他在任三年之后，米价每石八十钱，盐价每石四百钱，户口也增加到四万多户。人人富足，家家丰裕，从此一郡平安。

参狼羌被平定相当于折了先零羌一臂，加上河西号多投降，先零羌活动范围被极大压缩，声势逐渐衰弱，朝廷开始不断进攻北地。元初三年（116年）五月，度辽将军邓遵率南匈奴部攻击灵州县（今宁夏回族自治区吴忠市），杀八百余人；六月，任尚派军攻克丁奚城，大败先零部落；十二月，任尚花重金募集了一支敢死队，直攻北地，大获全胜，斩零昌的皇后以下七百余人，缴获先零政权大批印绶和文书。

在东汉的一连串军事打击下，先零政权陷入混乱。为了配合正面进攻，任尚趁机搞起了暗杀：元初四年（117年）二月，收买了西羌当闻部落人榆鬼，刺杀汉将杜季贡，东汉朝廷封榆鬼为破羌侯；九月，再买通效功部落人号封，居然成功刺杀了皇帝零昌，东汉直接封号封为羌王。

两次暗杀行动后，先零羌首领只剩下智囊狼莫，决战的时机到了。十二月，汉军兵分两路：任尚率诸郡兵从长安出发，马贤率护军校尉所领羌胡降兵从河西出发，同时进兵北地，夹击先零羌。

狼莫还是老战术，先西后南。西路军马贤抵安定青石岸（今甘肃省平凉市泾川县西北），遭遇羌军主力部队。马贤碰到了和前任庞参一模一样的情况：降兵对同族老乡没有战意，马贤因此失利。打败马贤后，狼莫挥师向南对付任尚。

任尚军进展神速，进占了重镇高平，与狼莫展开激战，正当双方杀得难解难分时，之前吃了败仗的马贤并没有像前任庞参一样直接撤退，而是克服重重困难与任尚合兵一处。得到马贤支援后，汉军实力大增，向羌人发起反击，狼莫抵挡不住，只得引兵北撤。任尚、马贤尾随其后，将先零羌逼迫至黄河岸边，两军相持六十余日，羌人粮尽，被迫出动所有兵力和汉军在富平上河（黄河至青铜峡一带称上河）决战。又累又饿的羌人哪里是汉军的对手，惨败，汉军斩首五千余级，虏获牛马驴羊驼各种牲畜十余万头，狼莫率余部逃往上郡。西河郡的羌人部落得知狼莫惨败后，有一万余人前往度辽将军邓遵处投降，陇右地区全部平定。

元初五年（118年），度辽将军邓遵收买上郡羌族全无部落的勇士雕何刺杀了先零羌领袖狼莫。零昌、狼莫死后，先零羌各部落瓦解，三辅和益州终于迎来了和平，朝廷因此封邓遵封为武阳侯，食邑三千户。邓遵是邓太后的堂弟，所以封赐非常优厚。

但有一个人不服，这个人就是立下赫赫战功的任尚。任尚认为击败先零羌是他经年累月拼死作战的成果，邓遵在打仗方面基本没出什么力，凭什么厚赏邓遵不厚赏他呢？于是上疏朝廷与邓遵争功。

和当朝皇帝的舅舅争功，这还了得？邓家人指使朝廷官员调查任尚罪状，任尚征战多年，树敌无数，加上他为人也不干净，要找罪状总能找得到，最后发现他虚报斩杀羌人数量，接受贿赂，贪污达一千万钱以上。十二月十八日，任尚被朝廷用囚车运到京师，在闹市斩首，并曝尸街头，财产全部被没收。平定西羌的大功臣没死在敌人手里，却死在自己人手里。

自从羌人反叛，十余年间，军费开支共计二百四十多亿，国库枯竭，边疆及内地百姓的死亡人数多得无法统计。仅仅过了二十年，汉羌之间又爆发了第二次大规模战争。

马赵之死

虽然先零羌掀起的叛乱被平定，但凉州一带仍谈不上彻底安宁，其他羌人部落依然和东汉对着干。在任尚被杀后，镇压羌人的担子落到了护羌校尉马贤身上。

很遗憾，马贤作为东汉中期威震西陲的名将，《后汉书》和《东观汉记》居然无传，考古学者也暂时没发现马贤的墓志铭，因此我们无从知晓马贤的家世和早年经历。他第一次出场就是永初七年跟随护羌校尉侯霸在安定郡击破牢羌，斩首及俘获一千人。第二年又跟侯霸击号多于枹罕，斩获颇丰。侯霸病逝后，汉阳太守庞参接任护羌校尉，马贤作为他的部下，参与了元初二年的北地讨伐作战。结果大家都知道，庞参吃了败仗，被逮捕下狱，虽然后来有人求情，庞参逃过一劫，但官当不成了，朝廷任命马贤接替庞参担任护羌校尉。之后马贤作为西路军统帅，在北地与任尚密切配合，将狼莫赶出了富平。

元初七年（120年），战火平息才一年多，凉州狼烟又起。三月，西羌沈氏部落就劫掠张掖郡。六月，马贤率一万人增援张掖，大破沈氏部，杀一千八百人，俘虏一千余人，沈氏部落残余的部众全数投降。

这时，居住在渭水上游一带的当煎部落酋长饥五见汉军主力在西边张掖一带作战，觉得有机可乘，于是袭击了马贤的后方、护羌校尉驻地金城郡令居县，想通过俘虏汉军家属迫使马贤就范。与饥五同种的卢恕、忍良等带一千余户，集结在附近的允街周边，伺机而动。但饥五低估了马贤的能力。在击破沈氏部落后，马贤率部急行军八百里，不到十天就抵达令居城外，城内军心大振，也出城攻击。在内外夹击之下，当煎惨败，狼狈逃窜，马贤追击出塞，杀数千人后才班师。

击败饥五后第二年，即建光元年（121年），马贤假意声称要招抚，召卢恕和忍良到令居会商。卢恕兴冲冲地到护羌校尉官邸晋见马贤，不料，马贤命士兵关闭大门，把卢恕抓起来，当场诛杀，然后攻击他的部众，俘斩二千余人。忍良没有去令居，侥幸逃过一劫，连夜率部逃往塞外。

"烧当数叛"一节提到，邓训担任护羌校尉时，迷唐的叔叔号吾都带着母亲和本部八百余户到塞内归附东汉，被安置在安定郡。号吾死后，儿子麻奴继承了父亲的部落。原以为自己部落较早成建制投降东汉，朝廷会厚待自己，没想到，护羌校尉马贤完全没理会麻奴，更别提什么厚待了，麻奴和其他归汉的羌人贵族没啥两样。日子一久，麻奴心里非常不平衡，自然而然滋生了反汉的想法。

忍良逃出塞外后，联合麻奴向南抄掠湟中故地，又转兵攻击金城郡，一时间，凉州各地到处告警。八月，马贤率领已归附的先零羌部落在金城郡养马场发动反击，但是，被羌人视为常胜将军的他在此战中第一次被羌人击败，被迫退回令居。麻奴趁势围攻令居，并连败增援令居的武威、张掖二郡援兵。见令居久攻不下，麻奴便乘胜裹挟先零、沈氏部落四千余户，沿着祁连山西上，攻击武威。

马贤深知，许多部落并不支持麻奴，比如烧当的世仇先零羌，于是率部出令居尾追麻奴，边追边派人发动政治攻势，招降被裹挟的部落。麻奴所部越走越少，当抵达鸾鸟（今甘肃省金昌市永昌县水源镇）时，已经有数千户不见了。麻奴被迫放弃进攻武威的想法，撤退到湟中故地。

延光元年（122年）三月，紧追不舍的马贤军进入湟中，大破烧当，原来附属于烧当的其他部落纷纷逃散。为了困死烧当，马贤在烧当部落活动区域进行大规模封锁，禁止一粒粮食进入。到了十一月，烧当部落饥饿困窘，麻奴只能决定投降，但因为之前和马贤结下了梁子，肯定没法投降他，于是率领部众投奔汉阳太守耿种。

烧当消停不到四年，永建元年二月，先零羌的一支——钟羌部落在陇西郡发动叛乱，围攻临洮，马贤率部讨伐，在临洮城下大破羌人，杀一千余人，钟羌残余部众全都归附。这时，居住于汉阳的烧当部落酋长麻奴病逝，弟弟犀苦继任。马贤见烧当叛服无常，派兵突袭汉阳郡，将犀苦兄弟关押在令居作人质。失去了首领，烧当短时间内无法组织起成规模的暴动，此后，凉州在八年内再无战事。而马贤因为擅自抓捕归汉的羌人首领，被免去官职，征召回朝。

八年后，阳嘉三年七月，钟羌部落再次反叛，攻击陇西、汉阳。汉顺帝重新起用了在家养老的马贤担任调者，全权负责镇压和安抚羌人各部。阳嘉四年二月，马贤指挥陇西郡县兵、河西羌胡兵和钟羌决战，大获全胜，斩杀酋长良封以下一千八百人，虏获马牛羊五万多头，良封的部属全都向马贤投降。击败了良封后，马贤挥师攻打钟羌另一位首领——且昌，且昌抵挡不住，又不想向仇敌马贤低头，只得率领各部落十多万人向凉州刺史投降。凭借此次战功，马贤再次被朝廷任命为护羌校尉。

马贤踌躇满志，决心消灭一切反汉羌人。当时，武都边关上的白马羌占据险要，造反多年，官军连年不克。马贤不信这个邪，在准备三年后，于永和二年（137年）三月亲率河西羌胡兵和广汉属国部队进攻羌人盘踞的武都边塞，经过激战，拔掉了羌人据守的险要山头，斩杀六百多人，羌人败溃出塞。马贤乘胜追击，杀死大首领饥指累祖等三百人，陇右全部平定。

平定陇右不到两年，永和三年（138年）十月，烧当部落在首领那离的领导下起兵造反，发三千多骑进犯金城塞，马贤率军驰援金城，大挫羌人，斩四百多级，获马一千四百匹，那离逃往塞外。永和四年四月，不服输的那离等人再次进犯金城。这一次他们就没那么幸运了，四月初八，马贤率领一万多湟中羌汉联军奇袭烧当，全歼反叛之敌，斩那离及其部属一千二百人。

在西北奋斗了近三十年后，马贤已经年过花甲，身体状况大不如前，朝廷将他调回弘农郡担任太守。

马贤刚走不到一年，大规模羌人叛乱就爆发了。说起来，这次大规模叛乱，根源和前一次一样，出在贪官污吏身上。

在马贤被调回弘农的同时，来机和刘秉分别被任命为并州、凉州刺史。这两人来路不明，但史书上称他们"天性虐刻"。大将军梁商对此非常担心，在两人赴任前专门找他们来谈话，提醒他们管理羌人要防其大故，忍其小过。但他俩把梁商的话当成耳旁风，到任后虐待羌人不说，还强行征收高额赋税，不顾羌人民力频繁征调。羌人不堪重负，被迫重新拿起武器，且冻部落、傅难部落率先发难，攻击金城郡，陇西塞投降羌人和湟中胡人一齐响应，整个凉州陷入一片混乱，羌胡联军甚至抄掠关中，郡县官员被杀者不计其数。之后，羌军转攻武都，焚毁通往陇右的要隘陇坻，并掠夺朝廷的苑马，有了马匹，羌人实力更强。

面对突如其来的变乱，朝廷仍采取恩威并施的策略，先是撤掉了引发羌人叛乱的祸首来机和刘秉，之后开始大规模调兵遣将，做攻守两手准备：进攻方面，以老将马贤为征西将军，骑都尉耿叔为副，调发左右羽林、五校士等中央军以及诸州郡地方兵共十万人，进兵汉阳郡；防守方面，实行碉堡战术，命地方官在扶风、汉阳、陇道筑坞壁三百座，将散处于各地的汉军收缩于坞壁，形成一个个据点，压缩羌人运动空间。

要马贤出征，其实是汉顺帝的意思，许多人并不赞同。大将军梁商就认为，马贤太老了，不如命担任过西河太守和度辽将军的宋汉为帅。汉顺帝不听，执意要起用这位与羌人打了三十年的老将。

就这样，马贤统率大军从洛阳出发，开往汉阳。年纪越大越谨慎，马贤抵达汉阳后就逗留不进。羌人对河西和关中的抄掠越来越严重，恰好在此时，又来了个和上次羌乱一样的剧本：南匈奴联合乌桓和羌胡等数万人造反，大掠并州和三辅，杀上郡都尉及军司马，甚至将东汉部署在长安的重要军事基地——京兆虎牙营给打掉了。且冻部落听说后，向东开进，打算会合居住于北地、上郡的东羌部落一起东渡黄河，进入并州和南匈奴会合。

这下朝廷坐不住了，如果东西两支羌人进入并州，会合南匈奴南下，那么就会威胁洛阳。汉顺帝急命屯兵于汉阳的马贤率部阻挡羌人过河。诏书不得不从，为了加快追击速度，马贤只点了六千精锐步骑向东急进，于永和六年正月在射姑山追上了羌军主力。

射姑山位于今天的甘肃省庆阳市庆城县马莲河西岸，羌军如果要继续向东，必须渡过马莲河。前有河水，后有追兵，这对羌军来说相当于背水一战。身处绝境的羌人突然爆发了惊人的士气，个个都殊死搏杀。反观汉军，士兵们从汉阳急行军八百里后本来就已经疲惫不堪，加上马贤有一个最大的缺点——不恤军士，当他指挥部队行军到荒野时，即使是深夜也一定要吃山珍海味，左拥美女右抱姬妾，士兵们对马贤早就有一肚子气，平时打顺风仗还好，一遇到战斗意志坚定的敌人纷纷军无斗志。因此，双方在射姑山下交战仅仅一天，汉军就大败而归，马贤及他的两个儿子均战死沙场。羌人克星就此陨落。

马贤之死震动了朝廷内外，指派马贤担任征西将军的汉顺帝尤为伤心，因此马贤身后之事办得非常隆重：赐马贤家属三千匹布、一千斛粮食，册封马贤孙子马光为舞阳亭侯，每年享受一百万钱租税。之后就是严厉问责，安定太守郭璜先前守御不力，坐视羌人进入北地，后又不配合马贤追剿羌人，被下狱处死。

射姑山之战后，汉顺帝先前制定的攻守结合的战略部署已被打乱。居住在陇西、汉阳、湟中的西羌绕开了汉军重兵布防的河西地区，跃进到北地、上郡及并州，和居住在那里的东羌部落会师。会师后的羌军兵强马壮，遂对广袤的汉地开展了迄今为止规模最大的抄掠行动：巩唐羌以轻骑三千先扰陇西，后突袭长安，全歼部阳令任颛（jūn）部，焚毁西汉帝陵，杀死百姓无数，等各路官军气喘吁吁地赶到长安周围时，他们又转兵北向，和罕羌部落会师，大破北地、武都两郡联军；留在河西的叛羌也不甘落后，发九千骑猛攻武威，凉州一片惊慌。

为了加强关中防务，朝廷不得不暂时放弃安定、北地两郡，将郡治分别迁到扶风、冯翊，并任命执金吾张乔为车骑将军，发左右羽林、北军五营兵及南阳、汝南、河内等郡县兵共一万五千人进驻长安。

在一片败报中，只有武威太守赵冲能打胜仗。在羌人蹂躏关中时，赵冲尾随其后，歼敌四百，收降二千余。虽然后来突遭羌人主力，和北地太守贾福一道吃了败仗，但赵冲的突出表现还是引起了汉顺帝的注意，汉顺帝直接让赵冲全权指挥河西四郡官军。赵冲刚走马上任就率四郡兵主力增援老家武威，击退围攻之敌。凉州军心民心总算稳定了下来。

由于长期在武威任太守，赵冲十分熟悉羌人情势，认为对付羌人不能一味依靠武力镇压，得剿抚并用。首先招抚的对象就是盘踞北地，威胁三辅的罕羌部落。赵冲砸重金收买首领，并派人到处散布巩唐部落要夺占北地、赶走罕羌部落的谣言，以离间羌人。这一策略果然收到奇效，汉安元年（142 年）十月，罕羌部落酋长率五千余户向赵冲投降。巩唐部落在北地独木难支，被迫撤出。赵冲兵不血刃就使得关中转危为安。张乔麾下的一万五千名士兵刚待了一年就全体复员。赵冲直接升任护羌校尉，专职镇抚羌人。

升官后，赵冲决心立威，柿子先拿软的捏，第一个就拿破落户烧何开刀。汉安二年（143 年）四月初八，赵冲和汉阳太守张贡一道奇袭烧何部落驻地、安定郡重镇参鸾（今宁夏回族自治区吴忠市同心县），烧何首领丝毫没想到赵冲居然会进攻他们，大骇，部众纷纷溃逃，汉军大获全胜，斩首一千五百级。这是第二次大规模羌乱以来汉军首次大捷，极大地提振了河西军民信心。

此后，赵冲成为新的羌军克星，许多反叛的羌族部落都尽量避免和他交战。这时，凉州连续发生强烈地震，山谷坼裂，城寺败坏，百姓死伤颇多。不少羌人居住于山谷，房屋简陋，伴随地震而来的还有泥石流和山体滑坡，羌人聚居区的房屋大片倒塌，受创严重。赵冲趁机率兵一万逐一讨伐各路叛羌，羌人还没从地震中恢复过来，哪里顶得住汉军这次凶猛袭击，不到一个月，赵冲就轻松击破且冻、傅难等部落，斩四千多人，俘虏数万。

十月，赵冲侦知，烧当羌为了躲避地震，迁往临近安定的汉阳郡重镇阿阳（今甘肃省平凉市静宁县），于是秘密挑选两千轻骑，走山路直捣阿阳，烧当没有任何准备，在汉骑的冲杀下纷纷倒地。此战，汉军杀死羌军八百人，烧当受到沉重打击，被迫远迁塞外。

军事上的节节胜利使东汉政权再次在凉州取得巨大优势，赵冲不失时机地派使者收买羌人贵族和首领，许诺只要投降，一切不问，先前反叛朝廷的羌人部落纷纷投降，半年时间内就有三万多户羌人请求归附。眼看第二次大规模羌乱就要被平定。

赵冲把软硬兼施玩得出神入化，许多叛羌恨之入骨，共同策划了一个连环计。

当时，护羌校尉麾下有一名从事叫马玄，负责管理归降的羌族部落。此人重利贪财，羌人先花重金拉他下水，待到时机成熟时亮明条件，承诺如果马玄能率内附的羌人出塞，就划出一块地皮，并给牛羊马，让他当部落酋长。在羌人的诱惑下，马玄果然心动了，汉安三年（144 年，四月改元建康）三月，带着数万名内附羌人叛逃。

这个消息几乎让所有人不敢相信，从来只有羌人投降汉人，还没有汉人投降的，马玄之叛可谓是头一遭。而且他本人叛变就算了，还拉上了大批内附羌人，弄不好，赵冲几年的心血将毁于一旦。因此，赵冲在闻讯后立即兵分两路：领护羌校尉卫琚率领主力部队在后追击，同时赵冲亲自挂帅，带数千精兵和羌胡混成兵团在鹯阴河（今甘肃省白银市靖远、景泰二县间黄河河段，鹯音 zhān）东岸堵截，阻止马玄过河西去。

卫琚那一路战果不错，羌人只顾着向塞外逃亡，无暇与汉军作战，卫琚带追兵连战连捷，斩首八百，虏获牲畜二十万头。赵冲那一路运气就没那么好了。当赵冲追到鹯阴口时，叛羌已渡河西去。赵冲马上组织部队过河。羌人又提前收买了赵冲麾下的降羌，在过河的关键时刻，羌胡兵团突然发生骚动，有六百降羌叛变，向鹯阴口下游方向逃窜！赵冲大惊，为了不耽误追击马玄，他只让副将带大部分人马继续渡河，自己则率数百精兵追击叛羌。

从鹯阴口往下，大河两岸高山险峻，峡谷相接，很多路段十分崎岖，只能容许一人通过。赵冲连日追击，已是人困马乏，眼看着就要追上叛羌，突然，两侧山上冒出大批羌人。赵冲这才想到，自己中了羌人的埋伏，羌人如此费心费力，就是为了把自己引到绝地。尽管赵冲拼死厮杀，击斩了不少羌兵，但双方兵力相差实在是太悬殊了，汉军又处于被动挨打的不利局面，不到半天时间，赵冲和麾下数百精兵全军覆没。

虽然杀了赵冲，但羌人在此战中也损失不小，可谓是惨胜，更改变不了"衰耗"的大势。永嘉元年（145年），继任护羌校尉的张贡和左冯翊梁并，以"恩信"招诱盘踞陇西的离湳（nǎn）部和狐奴部等五万余户投降。至此，持续三年、耗费八十亿钱军费的第二次汉羌战争终于结束。

剿抚不定

自永嘉元年，盘踞陇西的离湳部和狐奴部等五万余户投降后，凉州和关中迎来了长达十四年的和平时光，这主要归功于三个人，分别是凉州刺史、汉阳太守种暠（Chóng Hào），护羌校尉第五访和安定属国都尉张奂。

种暠原来在富庶之地益州当刺史，政绩非常突出，但他有个"毛病"——看不得官场腐败。当时永昌（郡治不韦县在今云南保山市东北）太守刘君世冶炼黄金铸成文蛇，贿赂权倾朝野的大将军梁冀，种暠得知后马上将其逮捕，以最快的速度向朝廷报告他的罪状。梁冀大怒，找了个由头陷害种暠，打算将他下大狱。但梁太后看中种暠的能力，只是免了他的职。梁冀见硬的不行，于是给他穿小鞋，将种暠调往多灾多难的凉州当刺史，如果不出意外，种暠不是被羌人杀死就是因羌人造反而下狱。但梁冀低估了种暠的能力。种暠最擅长的就是和少数民族打交道。他在益州时就成功地让岷山杂居的部落和西南白狼、槃木、唐菆（zōu）、邛、僰（bó）诸国归附东汉。凉州羌人对他而言只不过是换了个民族而已。果然，才一年时间，种暠就甚得羌汉百姓欢心。朝廷要升他的官，羌人不乐意了，不远千里跑到洛阳请求让他留任。梁太后破例允许种暠留任一年，期满后朝廷干脆让他担任汉阳郡太守，羌胡百姓恋恋不舍地将其送至汉阳郡境内。种暠到汉阳郡后，在羌胡之中传行礼教，禁止他们侵扰汉人，掠夺财物。羌汉百姓又一次和谐相处。

第五访原来当过张掖太守，某年发生饥荒，他没等朝廷命令就打开官仓救济百姓，因此在河西羌汉百姓心中威信极高。张贡病逝后，朝廷任命他继任护羌校尉。第五访在任期间，无论羌汉都服他，加上第五访也施行了不少惠政，汉羌因此无事。

张奂是敦煌郡人，父亲当过汉阳太守，张奂对出生成长的地方自然非常熟悉。而且他胆子大、敢作敢为，小时候学习《牟氏章句》，认为这书废话太多，直接从五十万字删到九万字。后来被任命为安定属国都尉，刚到任就遇到大麻烦：南匈奴贵族左薁鞬台耆、且渠伯德举兵反汉，率七千余人寇掠边境，安定属国境内的东羌部落蠢蠢欲动，准备响应。身为属国都尉，手头上只有二百余名兵士，但他居然准备带麾下士兵主动出击。这可把部下吓坏了，军吏认为兵力悬殊太大，叩头谏止，张奂不听，率兵提前进占上郡龟兹县（今陕西榆林市榆阳区古城滩），先隔断南匈奴与东羌的联系。在上郡龟兹县，张奂一面招兵买马；一面派遣将领王卫以重金拉拢东羌，并阐明利害关系。权衡利弊后，东羌不仅放弃响应南匈奴的计划，还发兵帮助张奂攻打南匈奴叛军，不断取得胜利，且渠伯德十分惶恐，便率众向张奂投降。羌豪帅感念张奂恩德，在到安定属国议事的时候送给张奂上马二十匹、金块八枚，张奂全部收下，之后把主簿召来，将酒洒在地上，说："我一般视马如羊，再多我也不会存入自家的马厩，视黄金如粟，不会把它放入我怀里。"之后将金、马还给他们。看到张奂能洁身自好，东羌贵族也不好意思了，于是威化大行。

到了延熹二年（159 年）十二月，和平局面被打破了。上面提到的三名对羌温和的人物一个个离去：种暠调任辽东太守，第五访卒于护羌校尉任上，张奂则调任使匈奴中郎将。继任护羌校尉的段颎（jiǒng）虽然和张奂一样被后人列入"凉州三明"中，但政见根本不同。段颎之前与鲜卑和农民军作战，屡立战功，相信只有军事手段才能解决一切问题，看不惯前任和张奂的招抚策略，提出对羌人要斩尽杀绝。

段颎就任不到半年就激起烧当、烧何、当煎、勒姐等八个西羌部落联合反叛，河西走廊战火再次被点燃。

叛羌攻击陇西郡、金城郡要塞，段颎非但不害怕，反而认为这是建功立业的好机会，决定围魏救赵。在羌人进攻边塞时，段颎主动率麾下护羌校尉兵及湟中胡人志愿兵共一万二千骑出湟谷，在羌人的根据地烧杀抢掠。叛羌得知老家被端，只能南逃，段颎紧追。越往南，高山险阻就越来越多，段颎让军吏田晏、夏育选募敢于攀登山岩的勇士，先让他们爬上山顶，之后垂下绳索引士卒上山，终于追上了羌人，双方大战于罗亭（今青海省海东市乐都区境内），汉军大胜，斩杀其首领以下二千人，俘获一万余人。

罗亭之捷更加坚定了段颎和羌人战斗到底的决心。延熹三年，不甘心失败的叛羌残余势力联合居住于塞外的烧何贵族，攻击实力相对薄弱的张掖，占领巨鹿坞，吸引了张掖郡内不少内附羌人部落参加，实力大为扩充。但叛羌志不在此，他们的目标是灭掉段颎。

听说张掖被袭，段颎兴奋不已：又能和羌人作战了！于是带着羌汉混合兵团从金城出发，急进八百里增援张掖。经过高强度行军后，汉军到达张掖附近时已经人困马乏，叛羌抓住机会，集中兵力在拂晓奔袭段颎大营。段颎平时十分轻视羌人，这会儿猝不及防，到羌兵突入汉军阵中才下马步战。双方激战至中午，汉军刀折矢尽，濒临崩溃，只要羌人再发力，段颎和麾下人马恐怕就要全部交代在这里了。

出乎意料，在汉军即将全军覆没的关键时刻，羌人突然退走了。原来，叛羌之前预计能迅速全歼段颎所部，没想到汉军极为顽强，打了半天都没能取得决定性胜利，加上叛羌经过一番惨烈的战斗也损失不小，故率先支持不住，退出了战场。

活着的汉军士兵刚想长舒一口气，段颎突然下令：全军追击！士兵们大惑不解，但他们打心眼里敬佩这位能与部下同甘共苦的大帅，于是跟着段颎一道且斗且行，昼夜相攻，饿了就割马肉吃，渴了就煮雪融水喝，连续奋战四十余日，出塞两千余里，在黄河源头的积石山（今青海省阿尼玛卿山）追上了败逃的羌人，斩烧何大帅以下五千余人，反败为胜！

在得胜班师时，段颎觉得不过瘾，又分兵击破居住在石城（今青海省海东市化隆回族自治县西南）的羌人部落，斩一千六百余级，烧当部落有数千人向段颎投降。领军入塞后，段颎再攻白石，俘虏羌人三千余众。

十一月，勒姐及零吾部落出兵包围允街，被段颎击败。此后，叛羌把侵略目标转向关中，绕开段颎。当时，安定太守孙儁（jùn）贪赃枉法，暴虐羌人，引起东羌不满，延熹四年（161年）六月，勒姐及零吾部落东进安定，跟居住于此的先零部落会合，攻击三辅，又跟沈氏部落一起攻击并州，战火在内地蔓延。段颎和凉州刺史郭闳一道出凉州讨伐。本来这是一次正常不过的远征，但还是出事了。

郭闳虽然是凉州刺史，但这两年平羌战功都被段颎拿了，郭闳心里非常不平衡。这次到内地征战，郭闳觉得露脸机会不能再错过了，向段颎提出分享战功，段颎哪里肯给，恼羞成怒的郭闳便故意阻挠此次出征，使段颎无法前进。

段颎麾下的湟中胡人志愿兵由小月氏人组成，之前段颎之所以能在出塞两千里后精准找到羌人驻地，很大程度上就是这支志愿兵的功劳。但现在小月氏人在内地待的时间一长，纷纷害了思乡病，逃回故乡。郭闳趁机公报私仇，弹劾段颎驭下和治军不力，段颎因此被召回洛阳，囚入监狱，后来被发配到左营劳改。许多人为段颎喊冤，过了很久，汉桓帝知道了其中的冤情，召段颎来问缘由，段颎不敢喊冤，只是伏在地上请罪，汉桓帝认为段颎为人忠厚可靠，于是赦免了他，拜为议郎，后提拔他为并州刺史。

罢免段颎后，汉桓帝任命济南相胡闳接任护羌校尉。对比马贤、赵冲、张贡、第五访、段颎等人，胡闳可以说是二十多年来最差的护羌校尉，既没有能让羌人服气的威信，也没有镇压叛羌的谋略。叛羌遂势不可挡，不断攻城略地，招诱其他部落向凉州、关中、并州各郡发动攻击，气焰旺盛，朝廷上下束手无策。

这时，泰山太守皇甫规主动请缨，向朝廷打包票："与其寻访勇猛的将领，不如想办法使当地太平无事；与其选拔精通兵法的将领，不如遴选清廉正直的官员。只要赐给我一个不重要的官职和一辆马车，派我前往三辅和凉州安慰人民，我就能平乱。"

皇甫规之所以如此自信，是因为他之前就和羌人打过交道。马贤统军十万出征时，皇甫规就上疏说马贤战术有错误，而且不恤军士，必败。不久，马贤果然中伏身亡。安定太守才知道皇甫规懂兵略，任命他为功曹，让他率八百士兵，与羌军交战，结果斩首数级，使羌人退出安定。后皇甫规担任上计掾，辅佐太守在安定郡对羌人施行了不少惠政，在羌人中非常有名望。

汉桓帝那时被叛羌弄得焦头烂额，阅罢皇甫规的奏章后大为高兴，直接下诏任命皇甫规为中郎将，持节监督关西所有部队，全权负责征讨叛羌。

和段颎恰好相反，皇甫规的策略是以抚为主，剿为辅。到任后，先对羌人发起军事进攻，大败叛羌，杀八百人，借战胜之机规劝羌人投降，并采取有力措施整顿官场。安定太守孙儁贪赃枉法；安定属国都尉李翕和督军御史张禀滥杀降羌，民愤极大；凉州刺史郭闳、汉阳太守赵熹庸懦无能：这些人全部被皇甫规弹劾撤职。关中和凉州官场大为改观，先零等东羌部落有十多万人携老扶幼前来归降，关中基本平定。

见在关中占不到便宜，沈氏等叛羌于延熹五年（162年）三月进攻防备薄弱的凉州腹地，击张掖、酒泉。皇甫规亲率刚投降的先零部落增援。当时，通往河西的道路已经断绝，更要命的是，军中暴发瘟疫，有四成士兵染病身亡。羌人人心惶惶，援军准备解体。

皇甫规不顾染病风险，亲自到各营帐安抚将士，羌兵都心怀感激，一场哗变无形中被瓦解了，援军顺利抵达张掖。见援军到来，沈氏部落大为惊讶，加上平时他们也慑服于皇甫规威名，遂全军投降。

仅花了一千万钱，凉州羌人大规模叛乱被皇甫规平定。地方兵足够应付剩下的叛羌，比如延熹五年七月，鸟吾羌进犯汉阳郡，只靠金城、陇西两郡官兵便轻松搞定。凭此功绩，皇甫规也被列入"凉州三明"之中。

但好景不长，立了大功的皇甫规被下了大狱，这与他之前整顿官场有关。皇甫规撤掉的五名官员无论在地方还是在京师，关系盘根错节，好几个人甚至和权宦有往来。所以既得利益者们恼怒皇甫规砸了关系户的饭碗，不断有人上疏朝廷，指责皇甫规不会打仗，只会花钱收买羌人首领，浪费国家钱财。攻击皇甫规的人多了，汉桓帝果然信以为真，下诏责备皇甫规，并将其召回京师担任议郎。回到京师后，皇甫规又被另一个人盯上了，这人就是当朝宦官五侯之一、中常侍徐璜。徐璜以为皇甫规在关西掌握军权几年，应该捞了不少油水，派人暗示他给点好处。皇甫规本来就对贪污深恶痛绝，想都没想便直接拒绝。徐璜大怒，认为皇甫规不懂规矩，于是指示党羽罗织罪名，将皇甫规下了大狱。

皇甫规的部下听说老长官因不愿贿赂宦官而入狱，急忙准备了丰厚的大礼，打算进京面见徐璜求情。皇甫规得知后向部下发誓，自己无论被处以何种刑罚，都不会用贿赂的手段讨好当权者。徐璜一听更加生气，到处打点，要重判皇甫规，最终，廷尉判处皇甫规和段颎一样的刑罚——到左营劳改。消息一出，朝野大哗。上至三公宰辅，下到太学学生，纷纷为皇甫规求情。正好碰到大赦，皇甫规才免于劳改。

皇甫规一走，西北局势又重新糜烂。他刚调回京师没几个月，滇那羌六千多人连攻酒泉、张掖、武威。到延熹六年（163 年），叛羌遍布整个凉州，到处攻城略地，杀害百姓，地方官员只能躲在城池里自保，不敢出击，到年底，凉州几乎沦陷。

汉桓帝又想起了常胜将军段颎，下了封紧急诏书，让段颎直接从并州到凉州，接替无能的胡闳担任护羌校尉。

得知恐怖的段颎又担任护羌校尉后，羌人十分害怕。延熹七年（164 年）春，段颎屁股还没坐热，三百五十五名羌人贵族带着封僇、良多、滇那等三千余帐直接投降。但造反专业户——当煎、勒姐二羌誓死不降。

不投降就打。经过大半年的精心准备，这年冬天，段颎挑选一万精兵出征。首先讨伐的是居住在河西走廊腹地的当煎羌。汉军昼夜兼行，直捣当煎主帐，大破之，斩酋长以下四千人。迫使当煎羌远徙湟中。打败当煎后，段颎又挥师进军安夷，讨伐勒姐。

安夷一带地形复杂、沟壑纵横，自西向东横亘有数十座海拔三千一百米以上的高山。勒姐羌依托地形地利，打起了游击。段颎则带着手下兵士从延熹八年（165年）正月至闰五月，辗转山谷，穷追猛打，无日不战，斩首两万三千余级，俘虏数万，降一万，创造了汉军对阵羌人的战绩纪录。勒姐羌遭到沉重打击。

仅仅过了不到一个月，好战的段颎再度进军湟中，目标是全歼当煎羌。当煎羌明白，这是部族生死存亡的关键时刻，因此爆发了旺盛的斗志，无论老弱个个殊死奋战，汉军与之激战整天，惨败，被当煎羌重重包围。

正当段颎陷入绝望之时，突然发现被困在包围圈里的还有著名隐士、南郑人樊志张。樊志张博学多才，俗话说"读万卷书，行万里路"，樊志张不喜欢待在家里种地养花，喜欢游历各地，在湟中游历时恰好落入了羌人的包围圈。

段颎去请教他算是找对了人，走遍西北的樊志张早就发现了包围圈的漏洞，献策道："东南角是羌人最薄弱之处，宜引兵悄然突围，然后还师攻之，便可全胜。"段颎欣然采纳。

被包围的第三天晚上，段颎率汉军趁着夜色衔枚疾进，悄然从东南方向突破羌军重围。羌人自以为围住汉军就高枕无忧，还在呼呼大睡，丝毫没感觉到危险来临。出了包围圈后，段颎命令士兵调转方向，杀入羌军阵后，羌人毫无防备，被打了个措手不及，战局顿时逆转，经过半天激战，汉军反败为胜，斩当煎羌数千。

一年半以后，延熹十年（167年，六月改元永康）正月，剩下的当煎部落集结四千多人，准备进攻武威。这次，段颎没有给他们实现目标的机会，已提前侦知动向的他提兵一万，猛攻当煎部落的出发地鸾鸟县。羌人四散奔逃，段颎纵兵追杀，不留活口，四千羌人基本被歼。从此，西羌彻底平定。

凉州战事告一段落，关中战事却如火如荼。起因是延熹九年（166年）六月，南匈奴叛军与乌桓、鲜卑一道入侵缘边九郡，并派人联络东羌各部共同反汉。居住于上郡的沈氐羌和安定的先零羌集体响应，西进凉州，抄掠武威、张掖，后见新任护羌校尉段颎太厉害，于是转兵向南，围祋祤（Duì Yǔ，今陕西省铜川市耀州区河东堡），掠云阳，甚至再次攻破东汉设在关中的京兆虎牙营和扶风雍营，杀精锐官军千余人，几乎打遍关中无敌手。

俗话说，国难思良将。别看之前汉桓帝苛待有功之臣，此时关中危急，他又想起了闲居家中的皇甫规。延熹九年七月，征召皇甫规担任度辽将军，负责对付东羌。皇甫规接诏后反而上疏推荐张奂。

之前，张奂因为早年被梁冀征辟，在梁冀完蛋后被认定为梁冀死党，被罢免官职，没有一个人为他说话。皇甫规和张奂政见一致，都主张招抚羌人，惺惺相惜，于是连续上疏七次请求朝廷起用张奂，朝廷终于任命张奂当武威太守，从此张奂焕发仕途第二春，一路被提拔到大司农。

这一次，皇甫规在奏章里写道："张奂的才干和谋略适合担任大军统帅，我愿意降级，做张奂的助手。"汉桓帝被皇甫规主动让贤的做法感动了，但没完全批准皇甫规的请求，只是任命张奂为使匈奴中郎将，领中二千石俸，监幽、并、凉三州军事，统御度辽将军大营、乌桓大营，并给予其考核太守以下官吏的权力，让他当皇甫规助手。

正在边郡烧杀抢掠的乌桓和南匈奴叛军一听张奂到来，立马投降，鲜卑见势单力孤，直接逃跑出塞。东羌没了后援，实力大减。延熹九年十月，先零羌再侵三辅，张奂精心挑选锐卒猛将迎战，大挫先零，俘斩万余。打了胜仗后，张奂和皇甫规及时派人到先零、沈氐各部游说，招降两万余落，东羌总算暂时停止抄掠。

在这次反击作战中，有一名司马崭露头角，他力大无双，精于骑射，别人都是佩戴一副箭囊，他却同时佩戴两副，可以边骑快马边左右拉弓，因此射杀羌人最多，被朝廷提拔为郎中，赐九千匹绢布。得到赏赐后，他却把绢布全部给了同事和部下，许多人对他啧啧称赞。此人就是在未来大名鼎鼎的董卓。

段颎捣巢

上文提到，东羌只是暂时停止抄掠，延熹十年正月、四月及永康元年十月，先零羌三次侵略三辅，虽然每次都被张奂击退，但仍给关中百姓带来巨大危害。

看到关中告警文书，汉桓帝十分忧虑，认为张奂和皇甫规招抚策略不能除根叛乱，再想起正月段颎彻底讨平西羌的捷报，内心已经决定换帅，于是下诏书询问段颎对付东羌的策略。

段颎在给皇帝的报告中写道："张奂之所以在关中徘徊不前，只因为已经投降的羌人仍跟叛羌相通，大军一出动，他们就提前得到消息溜了。张奂希望逼迫他们投降，坐着不动便可使敌人崩溃。但我认为，叛羌天生凶残，很难感化，当形势穷困时，他们暂时屈服，一旦官军撤退，他们就继续造反。唯一的办法，只有用长矛直指他们的前脚，用大刀架在他们的脖颈上……要彻底剿灭羌人，我建议出动骑兵五千人、步兵一万人、战车三千辆，用三个冬季跟两个夏季的时间，花费五十四亿，即可大获全胜……第一次羌乱，历时十四年，军费消耗二百四十亿。第二次羌乱，军费消耗八十余亿。前后花了这么多钱，仍然没法彻底剿灭叛羌，如果我们今天不肯使百姓忍受暂时的痛苦，那永远的平安便遥遥无期。"

汉桓帝批阅奏章，看到段颎打包票，只花五十四亿钱，出动一万五千精兵便可平叛，大喜，批准了段颎的请求，在全国挑选一万精兵供段颎指挥。汉桓帝虽然于当年病逝，但此项计划在垂帘听政的汉灵帝太后窦妙的主持下仍然继续实施。

建宁元年（168 年），整个东汉最精锐的一万人马齐聚安定郡重镇彭阳（宁夏回族自治区固原市彭阳县），段颎又花费几个月时间训练他构思已久的阵型，这套阵型将在未来的战役中发挥重要作用。

五月，通过细作情报，段颎得知，先零羌现在居住在高平逢义山（宁夏回族自治区固原市原州区六盘山北垂须弥山）。在进行一番动员后，士兵们携带十五天粮秣，在段颎的率领下轻装奔袭逢义山。

行进七天后，一万汉军抵达逢义山，果然遭遇大批羌人。羌军兵力众多、布满山野，从内地过来的官军哪里见过这种情势，士兵们慌了，想临阵脱逃。段颎不愧是名将，看到左右两旁大头兵面有惧色，便再次进行政治动员，高声疾呼道："我们距内地故乡有几千里，根本跑不掉，向敌人阵地挺进，我们还能成功，如果后退，大家一起完蛋。让我们努力争取功名富贵吧！"听了大帅慷慨激昂的演讲，士兵的情绪总算稳定了下来。

紧接着，段颎命令士兵抓紧时间磨利箭头和刀锋，亮出了秘密"武器"，即步骑配合的新式阵法：将长矛兵排成三列，每一列都有重弩兵掩护，构成长枪方阵，骑兵则部署在左右两翼。这个阵法既可以最大限度地利用步兵战斗力，又可以发挥骑兵包抄配合的机动性。

列好阵势后，段颎命人猛敲军鼓，自己策马在前，跟着骑兵一道从侧翼呐喊着杀向敌阵，并往来督战。士兵们看到主帅那么拼，果然士气大增，个个都爆发了惊人的战斗力。羌人依靠人数和地利发起数次反击均被击退。又经过半天激战，叛羌终于顶不住汉军猛烈进攻，全面崩溃。汉军斩首八千余级，虏获牛羊马等牲畜二十八万头，安定郡叛羌彻底被瓦解了。

因此战功，段颎被朝廷拜为破羌将军，赐钱二十万，任命段颎子弟一人为郎官，窦太后还从皇家内库中拿出钱来补充段颎军费。

羌人不知道，这只是部族灾难的开始。逢义山之战后，先零羌被迫离开安定郡，向上郡撤退，想和活跃在这一带的沈氏羌会合。段颎哪里会给他们这个机会，军队略加休整后就继续追击，连追七百里，于六月进军至上郡要隘桥门谷（今陕西省榆林市靖边县白于山河谷）。细作来报：羌人主力已经向北逃到奢延泽（今内蒙古自治区鄂尔多斯市乌审旗西南）。

当时，士兵们走了七百里路，十分疲劳，段颎在桥门谷没有休息多久就下令奔袭奢延泽，汉军一日一夜行军二百里，到第二天拂晓终于看到了羌人营地。当时羌人还在睡梦之中，根本没料到汉军来得这么快，整场战斗就是汉军单方面碾压，羌人大败，余部南窜落川（今陕西省延安市吴起县吴起街道），再次集结。

为了彻底歼灭这股敌人，段颎这回没有继续轻兵奔袭，而是采取了更为谨慎的分进合击战术，派骑司马田晏率五千人向东，假司马夏育率二千人向西，会击羌军。段颎自带剩下兵马跟在田晏后面充当后援。

对羌军来说，威胁最大的就是田晏这一路，因为实打实地阻挡了羌人东进的道路。羌人要东进，就必须打垮田晏。段颎显然也知道这点，因此特地加强了东路军。东路军出发没多久，果然碰到七千先零羌反攻，但羌人打错了算盘，被严阵以待的田晏杀退，逃到令鲜水一带（今陕西省榆林市定边县）。

虽然打了胜仗，但田晏麾下军士已经十分疲劳，而且又饥又渴，几乎无法行军。但战机难得，故段颎非但没有下令休整，反而严督田晏拿下羌军所占的水源给士兵解渴，田晏只得硬着头皮带着部下继续进攻，一举占领水源。

水源丢失，刚集合起来的羌人果然马上开溜。东面走不通了，羌人只得转向西，段颎率后援部队一路尾追，东西两路大军也调转方向，在三百里外的灵武谷（今宁夏回族自治区银川市西北）将羌人完全包围。

形成包围圈后，段颎没有给羌人喘息和反应的机会，亲自披甲打头阵，勇攀高山，大头兵们虽然在连追多日后已经筋疲力尽，但发现主帅亲自打头阵，将疲惫抛到九霄云外，个个奋勇当先，杀得羌人胆战心惊。先零羌首领只带了少数部落突围，大部被歼。

逃出灵武谷后，先零羌只得重返老家安定郡。但是，段颎似乎像幽灵一般

"一路相随"，在其后花了三天三夜，穷追七百五十里，在泾阳（今甘肃省平凉市西北)追上了叛羌。士兵们由于连追一个多月，脚板和手掌都长了厚茧。羌军情况更为糟糕，之前因为往返数千里，已经出现了大批逃亡者，加上一路上接连失利，被汉军斩杀更多，到泾阳时只剩下四千余落衰弱不堪的部众，面对紧随其后的汉军已无力应战，全部逃散到汉阳郡群山中。

虽然段颎连战连捷，但有人不高兴了，这个人就是使匈奴中郎将张奂。张奂上疏朝廷，明确反对段颎斩尽杀绝的做法，理由有四：其一，羌人是杀不完的，而且羌民族也是生灵，不可以杀光；其二，羌人居住的地方山高谷深，不可能无人居住；其三，伏尸遍地，有伤和睦之气，杀戮太重会遭天谴；其四，段颎为人轻率果敢，万一打次败仗就麻烦了。因此张奂认为应当用恩德招抚羌人，保证永不后悔。

段颎听说后上疏反驳道："我之前指出，东羌部落虽然人数众多，但战斗力弱，容易控制，而张奂却强调羌人强大，难以击破，事实证明我的看法是对的，张奂遂心怀妒忌，无缘无故批评我，动机不纯。以前叛羌部落不知道攻陷了多少座城池，杀了多少百姓，老天爷震怒，才借我的手惩罚他们。桥门谷以西到落门以东，有宫殿和乡镇、城池，并不是什么穷山恶水，这么好的条件，张奂上任两年不能扫平叛羌，居然还提倡放弃武力。我之前向先帝打了包票，三年花五十四亿钱就能彻底解决问题，现在只用了一年，经费消耗不到一半，叛羌就濒临崩溃。目前正是全歼叛羌的大好时机，请求朝廷让我全权负责对付羌人事宜。"

窦太后内心还是倾向于张奂的招抚策略，于建宁二年（169 年）正月派谒者冯禅到汉阳郡去招抚散羌。段颎又上疏反对，认为目前是春耕时节，羌人布满山谷，面临青黄不接的问题，虽然招抚能让羌人短暂投降，但县官如果不能解决他们的粮食问题，恐怕他们还会造反，不如趁他们出来种田的时候将其全部歼灭，一劳永逸地解决问题。

现实情况正如段颎所言，经过半年多的休养生息，散居群山的叛羌陆续走出深山，进行耕种。羌人主力屯聚于凡亭山（今甘肃省平凉市静宁县）。

将在外君命有所不受，还没等朝廷批准，段颎就擅自进兵，在距离凡亭山四十五里处扎下大营，派田晏、夏育率五千湟中羌胡志愿兵作为先锋，突袭凡亭山制高点。羌人听说朝廷要招抚，早就放松了警惕，根本没料到汉军会来进攻，猝不及防，制高点迅速被占。占据制高点后，段颎率部继进，从正面进攻，田晏、夏育则居高临下痛击，很快杀入羌人聚居地纵深地带。

羌人对朝廷背信弃义十分愤怒，尤其仇恨田晏、夏育这两名急先锋和"叛徒"羌胡志愿兵。于是无论男女老少，统统拿起武器反击汉军，边打边骂："田晏、夏育在哪里？湟中义从羌在哪个方向？今天我们要和你们决一死战！"将田夏二人作为反击重点方向。

和羌人作战那么多次，汉军第一次感受到他们强大的士气，非常恐惧。田晏则激励部下："不要怕，好好杀敌，我们一起博取前程！"并一马当先杀入敌阵，汉军军心大振。加上段颎指挥的后继部队也不断向前压迫，羌人渐渐处于下风。

叛羌首领见战局不利，急忙收兵放弃凡亭山，意图西奔出塞，但他们退到西县时，发现出塞之路已被汉军阻断。原来，段颎早就料到打了败仗的羌人会逃到塞外，提前调集重兵堵截。羌人无奈，只能再转向东，转移至险要的射虎谷（今甘肃省陇南市礼县永兴镇捷地村，该村因此战而得名）。

建宁二年七月爆发的射虎谷之战，将成为东羌的绝唱。

见羌人居然钻入谷内，段颎便觉得胜券在握，一个彻底歼灭谷内叛羌的计划迅速浮现在他脑海中。

段颎先派千余人大量伐木，在西县通往射虎谷的道路上修建宽二十步、长四十里的栅栏，封锁羌人西撤之路。随后，抢占东西两面的制高点：命田晏、夏育等领兵七千，趁着夜色悄悄攀上射虎谷西面制高点，在距离羌人一里左右的地方用最快的速度搭营帐、挖战壕，做好坚守准备；命司马张恺等率三千人偷袭东面制高点，将羌人逐出。到第二天天亮，羌人出谷之路被完全断绝。

羌人这时才发现射虎谷东、西两侧制高点已被汉军所抢占，根本无法出谷。为了摆脱困境，羌军遂选择西面作为突围点，向田晏军发起猛攻。幸亏段颎有先见之明，田夏二人麾下足足有七千精兵，羌人可以说是选错方向了。经过数天冲锋，羌人依然没能突破西山。

见正面进攻无法奏效，羌人打算困死汉军，派人断绝山上的汲水道，汉军喝不到水，将会被渴死。

然而，羌人还没高兴多久，汲水道方向就黑压压地杀来大批汉军。原来，段颎见羌人注意力全部在西，决定亲率主力部队立即出击，首先进攻水源地，大败防守之敌，羌人见汉军大部队来了，只得撤围，田晏之危遂解。

解围后，东、西山上的汉军趁势而下，和段颎的主力部队分三路杀入射虎谷内。羌人哪里顶得住汉军如此猛烈的攻势，各自逃散，在谷内到处乱窜，希望能逃出生天。汉军则趁势纵兵追杀，在穷山深谷之中处处破之，斩渠帅以下一万九千级，获牛马驴和裘庐帐什物不可胜数。

侥幸逃出射虎谷的四千羌人被段颎吓破了胆，再也不敢反汉了，直接投降冯禅，分别被安置在汉阳、陇西、安定三郡。绵延十年的第三次汉羌战争终于结束了。

许多人都认为，经过段颎残酷的绞杀，叛羌已经被消灭殆尽，凉州和关中将永远宁静，可仅仅十五年后，第四次汉羌战争爆发了，这次战争比前三次波及范围更广、持续时间更长。

第六章

由盛转衰

鲜卑崛起

第四章的"燕然勒石"一节我们提到，永元三年二月，窦宪派大将军左校尉耿夔带八百精骑出居延塞，直奔北单于驻地金微山，大破毫无防备的北匈奴军，斩杀名王以下五千余人，缴获珍宝财畜无数。从此，北单于再也无法于漠北重建单于庭。

北单于彻底退出，而汉军在捣巢成功后也没有驻守的打算，漠北成了"真空"地带。久居辽东、辽西的鲜卑部落早就垂涎漠北的草原和人口，乘虚而入，没几年就彻底占据了匈奴故地，漠北十余万匈奴人成了鲜卑属民。

从此，东汉北边多了一个强劲的敌人。

鲜卑原是东胡部族的一个分支，最初活动于今天内蒙古自治区东部一带，因大鲜卑山（今大兴安岭北部）而得名。匈奴崛起时，冒顿曾发兵攻打鲜卑，鲜卑无力抵抗，只能离开蒙古高原，远迁辽东塞外。东汉初年，匈奴强盛，势力扩展到辽东，鲜卑沦为附庸，与匈奴、乌桓联合袭扰汉朝辽东边塞。

为了稳定辽东，建武十七年，刘秀特地任命祭遵的堂弟祭肜担任辽东（郡治襄平在今辽宁省辽阳市老城）太守。祭肜到任后，大力整饬防务，厉兵秣马，并且广设探哨，敌人一有入侵迹象，祭肜就迅速做好准备。更难得的是，祭肜本人也是位勇士，能开三百斤的弓，挥刀杀敌自然不在话下，敌人每次侵犯边塞，祭肜都一马当先杀入敌骑，士兵们看到太守亲自上阵杀敌，士气大振。

建武二十一年秋，一万多鲜卑骑兵进犯辽东。当时祭肜手上能集合起来的只有几千郡兵，但他丝毫没有畏惧，而是穿上锁甲，骑着高头大马，率队迎战。鲜卑人原以为自己兵强马壮，歼灭汉军相当于搂草打兔子，哪想到会碰到祭肜等几千硬汉，对战了一阵就逃跑了，落水淹死的超过半数。祭肜带着部下猛打猛杀，追出边塞，打得鲜卑军连兵器和衣服都丢了，光着身子四处逃命。此战，汉军共斩杀鲜卑三千多人，缴获几千匹马。更重要的是，此战给鲜卑人心中留下了极深的阴影，此后多年都不敢进犯辽东。

扭转了辽东形势，祭肜心里并没有感到轻松，因为塞外还有匈奴、乌桓两股势力，一旦三者联合再次入塞，则胜负难料。

后来，匈奴发生内乱，比单于另立单于庭，南下投靠东汉，留在漠南的北匈奴实力大为削弱，鲜卑于是渐渐脱离匈奴势力。

建武二十五年正月，祭肜派人携带大量财物出塞招抚鲜卑。见到祭肜派来招抚的使者后，鲜卑首领偏何也试探性地派使者到辽东郡晋见祭肜，表达了归顺和入贡的意愿。祭肜将鲜卑使者安慰赏赐了一番，并请求朝廷接纳鲜卑。光武帝同意让鲜卑到洛阳入贡，并加倍赏赐。

看到朝廷诚意那么足，偏何干脆带着他手下部落首领到辽东塞下归顺祭肜，表示愿意为朝廷效力。为了试一试鲜卑的真心，祭肜对偏何说："你确实想立功的话，现在有个机会，回去以后为我攻打匈奴，把人头送到我这儿来。"

偏何回去后二话没说，立即发兵攻打北匈奴左伊秩訾王，杀死二千多人，将人头送到辽东郡，祭肜也没让偏何失望，按人头给予鲜卑巨量赏赐。尝到甜头后，鲜卑果然年年攻打匈奴，拿人头来换赏赐。在鲜卑的打击下，北匈奴被迫向西迁徙。右北平、渔阳、辽东等东部边郡原来是对抗匈奴的前线，自鲜卑归附后再无寇警。

匈奴威胁解除了，但居住于渔阳赤山（今内蒙古自治区赤峰市红山）的乌桓部落又来犯边，屡寇上谷。朝廷下诏书严令边郡想办法对抗，并设下高额赏格，求能破赤山乌桓者，但收效甚微。

一心为朝廷分忧的祭肜想起了鲜卑首领偏何，鼓励他通过讨伐乌桓来获得赏赐。永平元年（58 年），偏何发兵出塞千里，在赤山大破乌桓，斩首领歆志贲。班师后，偏何拿着歆志贲人头来见祭肜，果然拿到了丰厚的奖赏。

其他鲜卑部落也眼红偏何，纷纷到辽东塞下归附，顺便讨要赏赐。朝廷下令，青州、徐州每年固定出二亿七千万钱作为赏赐鲜卑的费用。尝到了归顺东汉的甜头，鲜卑果然不想入侵边塞了，汉明帝和汉章帝在位时期，辽东郡并无边患。

归顺东汉只是鲜卑实力弱小时的权宜之计，一旦他们发展壮大，就会入寇汉地。北单于败走后，鲜卑占据匈奴故地，实力更为雄厚。首领们发现，每年领的那点赏赐已经满足不了部族日益增长的需要了，于是开始与东汉为敌。

永元九年，辽东鲜卑撕毁了和东汉达成的和平协议，进犯辽西郡肥如县（河北省秦皇岛市卢龙县北），烧杀抢掠一番后向东入寇辽东。当时辽东太守是祭肜的儿子祭参，俗话说"虎父无犬子"，但祭参没有父亲那么善战，在率兵与鲜卑作战时遭遇惨败，被下狱处死。东北边塞烽烟四起。

永元十三年，鲜卑先杀入右北平，再掠渔阳，被渔阳太守张显击退。五年后，延平元年，鲜卑再寇渔阳，饱掠一番后撤退。太守张显气不过，只挑了数百精兵就想出城追击，兵马掾严授劝阻道："前面道路艰险，而且我们也摸不清鲜卑人到底有多少兵马，不如稳扎稳打，先派轻骑去侦察敌人动静。"脑子发热的张显想都没想就拒绝了，还想以阻碍军心为名杀掉严授，后因左右求情而作罢。

张显率兵越追越远，不知不觉间来到了山高林密的峡谷。突然，伏兵四起，张显麾下精兵看到情况不妙纷纷逃散，只有差点被他杀掉的严授拼死力战，手刃数人，身负重伤而死。张显本人在突围时中了流矢，郡主簿卫福、功曹徐咸见主公有难，奋不顾身前去救援，结果和张显一道阵亡。

自打和鲜卑开战以来，张显是第一位阵亡的郡太守，因此这次惨败震动朝野，太后邓绥特地赐张显六十万钱，以家二人为郎；赐严授、卫福、徐咸各十万钱，以一子为郎。

第二年，凉州爆发了羌乱，邓绥对鲜卑也暂时无能为力，只能以重金招抚为主。没多久，招抚策略就取得了实质性进展，鲜卑大人（首领）燕荔阳亲自到洛阳朝贺。邓绥大喜，打破非刘姓不得封王的惯例，封燕荔阳为王，颁给他一批侯爵印绶，又赏给他三匹马拉的红色马车，准许他的部落居于护乌桓校尉驻地宁城（今河北省张家口市桥东区老鸦庄镇宁远堡村）附近进行互市，并特地在宁城建造了南北两座宾馆。燕荔阳受封为王后，非常满意，于是带动鲜卑一百二十个部落归顺东汉。边关又暂时恢复了和平。

封王带来的和平只维持了八年。元初二年秋，辽东鲜卑攻入辽东，抢掠无虑县（今辽宁省锦州市北镇市南）。这次鲜卑人亏了，州郡官员提前得到消息，早已将人口、牲畜、粮食、财物转移完毕，鲜卑人转了几天什么都没抢到，恼羞成怒，发兵攻破扶黎营（今辽宁省锦州市义县），将官民屠杀一空。

元初四年，辽西鲜卑首领连休烧毁边塞关门，大掠辽西。乌桓首领于秩居与连休一向有仇，趁连休入侵辽西时发兵袭破鲜卑驻地，又联合汉军反攻连休，杀死一千三百人。

为了报复辽西出征失败，元初五年八月，连休发一万多骑转攻防备相对薄弱的代郡，连破数城，烧毁官衙，屠杀官民后扬长而去。自匈奴分裂后，代郡六十多年未经战乱，因此损失尤为惨重。仅时隔不到两个月，十月，鲜卑攻击上谷，突破天险居庸关。

当时羌乱已经结束，朝廷开始大规模向边郡调兵遣将，征调沿边各郡的官兵、黎阳营部、积射士（寻迹而射的士兵），步骑共计二万人，由度辽将军邓遵统一指挥，把守上谷冲要之地，严阵以待，寻找反击的机会。

机会终于来了，元初六年七月，鲜卑攻马城塞（今河北省张家口市怀安县），杀县长吏。邓遵立即派三千积射士会同中郎将马续所统的南匈奴、辽西、右北平等部兵马出塞追击，大败鲜卑，俘获人口及牛羊财物无数。狠狠打击了辽西鲜卑的嚣张气焰。

此战之后，辽西鲜卑首领乌伦、其至鞬率部众向邓遵投降，献上贡品。朝廷册封乌伦为率众王，其至鞬为率众侯，赏给他们大量名贵的彩色丝织品。

这次封王封侯带来的和平只有一年。永宁二年（121 年，七月改元建光）四月，其至鞬再次叛汉，和高句丽一同入侵辽东，辽东太守蔡讽率部追击，在新昌（今辽宁省鞍山市海城市东北）中伏，功曹掾龙端、兵马掾公孙酺（pú）奋身保卫主公，三人全部阵亡。三个月后，其至鞬又攻居庸县（今北京市延庆区），云中太守成严出击，鲜卑人依样画葫芦，假装战败诱使成严落入埋伏圈，全歼汉军，功曹杨穆用身体保卫成严，与成严一同战死。

三个月内连杀两位太守，其至鞬对汉军战斗力非常轻视，乘势包围了驻在马城的护乌桓校尉徐常。辽东形势十分危急。

度辽将军耿夔同幽州刺史庞参迅速征调广阳、渔阳、涿郡三郡官兵，分两路增援马城。到达马城附近时，耿夔派人潜入城中，与徐常约好时间，内外夹击鲜卑。一天夜里，徐常率领敢死队趁着夜色悄悄出城，约定时间一到就猛攻鲜卑大营，鲜卑人还在呼呼大睡，根本没想到汉人居然主动出城进攻，大乱，耿夔等人率领的主力部队也适时跟进，从后方突入，经过一夜激战，汉军迫使其至鞬解围而去。

虽然马城之战遭遇失利，但对其至鞬来说只是小挫，毕竟他手上拥有数万精锐骑兵，只是辽东防守严密，下手变难了，其至鞬遂把进攻重点放在了并州。

延光元年十月，其至鞬进入雁门、定襄，接着绕开边塞坚城，直奔并州腹地太原，大掠一番后撤退，犹入无人之境。

延光二年（123 年）十一月，其至鞬亲自率领一万多骑兵进攻南匈奴和度辽将军驻地曼柏（今内蒙古自治区鄂尔多斯市准格尔旗西北），杀奥鞬日逐王以下一千多人。

延光三年八月，其至鞬又入侵高柳，杀南匈奴渐将王。

永建元年秋，其至鞬入侵代郡，杀太守李超。

至此，已经有三位东汉太守和两位南匈奴王爷死于其至鞬手中。

东汉忍无可忍，逐步强化边防力量：令减免死罪以下刑徒，迁徙边郡，充实边防力量；增派黎阳营出中山国北界，以防鲜卑军突入内地；命幽州刺史督令边郡扩充步兵屯于塞下，构成牢固防线；从北军五校尉中挑选精锐"弩师"，发往边郡，又令每个边郡各推荐五位精通箭术的"弩师"，中央和地方的弩师齐聚边郡担任教官，训练汉军使用弓弩进行防守的技能，有针对性地发展弩兵对付骑兵。此后，鲜卑人入侵已经占不到什么便宜。

从永建二年开始，汉军从东西两线向鲜卑发动大规模反击。

永建二年正月，使匈奴中郎将张国派南匈奴一万多步骑兵出边塞讨伐辽西鲜卑。汉军之前都是被动挨打，其至鞬压根就没考虑汉军会主动出塞，猝不及防，加上南匈奴之前被鲜卑人杀了两个王，与鲜卑人可谓是仇人相见分外眼红。经过激战，南匈奴部大破其至鞬，俘获辎重有两千多种。

二月，其至鞬又发六千多骑兵入侵辽东和玄菟（郡治高句骊县在今辽宁省沈阳市上伯官古城遗址，菟音 tú），护乌桓校尉耿晔果断反击，征调沿边各郡兵和乌桓部落出塞进攻，斩首数百级，获得大量人口、牛、马和各种器物。

两次失利使得鲜卑人非常害怕，三万部众直接到辽东乞求投降，其至鞬实力大为衰弱。尽管如此，之后连续两年，即永建三年（128 年）和永建四年（129 年），鲜卑人还是多次入侵渔阳、朔方。

前两次利用乌桓和南匈奴出塞，战果颇丰，东汉尝到了甜头，大力招募熟悉塞外情况的乌桓士兵，准备再次出塞痛击鲜卑。

永建六年（131 年）九月，耿晔派数千乌桓兵出塞，击破鲜卑人，斩首一千。十二月，渔阳太守又派乌桓军队进攻鲜卑，杀八百人，获得牛、马和人口无数。

阳嘉元年（132 年）冬，耿晔让乌桓亲汉都尉戎朱廆（wěi）独当一面，率咄归等乌桓贵族出塞讨伐鲜卑。戎朱廆兵分三路，两路从左右两翼包抄鲜卑，自领主力部队正面迎战，重创鲜卑部落。

为了鼓励乌桓对付鲜卑，汉顺帝任命咄归等乌桓贵族为率众王、侯、长，赏给他们大量彩缯。乌桓大将扶漱官在对阵鲜卑的战斗中屡立战功，斩获最多，册封其为率众君。

鲜卑后来入侵辽东属国，耿晔为了更好地在辽东抵御鲜卑，将原驻于马城塞的护乌桓校尉营北迁到无虑城。北迁后，鲜卑人果然很长时间不敢再犯辽东。

阳嘉二年（133年）春，使匈奴中郎将赵稠派南匈奴骨都侯夫沈出塞进攻鲜卑，大胜，杀死鲜卑人不可胜计，汉顺帝赐给夫沈金印紫绶和大量彩绸。

为了报复，当年秋天，其至鞬亲率鲜卑主力穿过边塞，破马城塞，败代郡太守率领的汉军。西线局势又重新紧张起来，但没多久，其至鞬病逝，鲜卑入侵次数大为减少。

过了二十来年，东汉碰到一位比其至鞬更难对付的鲜卑首领。此人就是第一位统一鲜卑各部的雄主檀石槐。

永和二年，鲜卑贵族投鹿侯已经在南匈奴军队里服役三年了，思念家乡和老婆的他提前退役回乡，却发现老婆已经生小孩了！傻瓜都知道这孩子怎么来的，投鹿侯十分愤怒，想把小孩杀掉。妻子肯定不舍得杀掉怀胎十月生下来的孩子，编了个谎言："老公，听我说嘛，某个大白天，我在路上走得好好的，突然听到雷响，就抬头张开嘴往天上看，刚好有颗冰雹掉进嘴里，我不小心吞下去了，接着就怀孕，十个月后生下这孩子。这个孩子生得那么奇怪，将来必定有过人的地方，最好暂时抚养他长大。"妻子的这番谎话骗不了投鹿侯，但看到妻子幽怨的眼神，他也心软了，没杀孩子，而是将其随便丢弃。趁老公不注意，妻子私下告诉娘家人，要他们收养孩子，取名为檀石槐。

虽然投鹿侯妻子的这番话只是情急之中编造的谎言，但真让她说中了，檀石槐勇敢健壮，富有谋略。十五岁时，有一个部族的首领抢了外公家的牛羊，檀石槐二话没说，只身骑马追去和他们交战，连斩数十人，将被抢去的牛羊全部夺了回来。自此以后，檀石槐在部落中声名鹊起。没多久，檀石槐又为外公的部落制订严明公平的法令，亲自审理诉讼，没有人敢违犯，东部和西部的部族首领都归顺檀石槐，纷纷推举他为首领。

檀石槐在弹汗山下的歠仇水（今内蒙古自治区乌兰察布市兴和县与河北怀安县境内的东洋河，歠音 chuò）边建立了王庭，距离东汉北边重镇高柳只有三百多里。而后，檀石槐率鲜卑骑兵向南抄掠东汉边郡，向北抵御丁零，向东击退夫余，向西进攻西域大国乌孙，占领了原来匈奴的全部地盘，东西长达一万四千多里，南北宽七千多里，山川水泽和盐池都在其管辖范围内。

檀石槐将地盘分为三部：从右北平以东到辽东，和夫余、濊貊（huì mò）相连的二十多个城邑为东部；从右北平以西到上谷的十多个城邑为中部；从上谷以西到敦煌、乌孙的二十多个城邑为西部。每部各设一名大人管辖。

实力壮大后，鲜卑又开始频繁入塞抢掠。

永寿二年（156 年）七月，檀石槐率领四千骑兵入侵云中。永寿四年（158 年，六月改元延熹），和匈奴、乌桓一道入侵缘边各郡，匈奴和乌桓被张奂劝降，只有鲜卑不服（参考第五章的"剿抚不定"一节），当年十二月再犯北边，张奂统率南匈奴所部击败檀石槐，杀二百人。延熹二年，檀石槐突入雁门，杀官民数百人。延熹六年夏天，鲜卑人在时隔三十年后再发一千多骑兵入侵辽东属国。延熹九年六月，经过精心准备，檀石槐动员数万骑兵分别入侵缘边九郡，战线长达数千里。

张奂再次临危受命，统率大军进攻鲜卑。听闻汉军主力即将到来，鲜卑这才出边塞离去。张奂无功而返。

汉桓帝对鲜卑屡次入侵感到十分忧虑，但凭当时东汉的国力也没法制止，于是又开始进行招抚，派使者封檀石槐为王，并提出和亲之议。檀石槐非但拒绝接受，反而认为东汉软弱无能，对汉地烧杀抢掠越来越严重。到汉灵帝即位初期，鲜卑人入侵频率从一年一两次变成一年三十次，幽、并、凉三个州沿边各郡深受其害。

在屡次失败后，汉军总算迎来了胜利。熹平三年（174 年）十二月，鲜卑入侵北地郡，太守夏育是段颎旧部，在对付羌人期间时常担任先锋，战功赫赫，这次对付鲜卑也不例外，夏育率领麾下的匈奴休著屠各部落出塞力挫鲜卑。

捷报传来，朝廷大喜，命夏育为护乌桓校尉，专职对付鲜卑。夏育到任后，发现边患依然严重，于熹平六年（177 年）上疏朝廷，请求发幽州各郡的部队出边塞攻打鲜卑，并和老上司段颎一样打包票，用一个冬天和两个春天的时间就能消灭敌人。

经过廷议，朝廷否决了夏育出兵之议，但没多久，朝廷又决定出兵。怎么回事？

原来，夏育的老战友田晏在担任护羌校尉时犯了错误被判有罪，虽然后来被赦免，但从此闲居在家。不甘寂寞的他托人找到了中常侍王甫，请王甫帮忙让他重新当上将领。正好朝廷在讨论出击鲜卑一事，王甫认为出兵鲜卑是让田晏立功为将的好机会，于是找了个机会劝说汉灵帝改主意，让田晏和老战友夏育一道征讨鲜卑。汉灵帝那时对宦官言听计从，于是授田晏为破鲜卑中郎将，让他和匈奴中郎将臧旻（mín）、护乌桓校尉夏育分三路讨伐鲜卑。

诏书一出立刻遭到朝廷上下一致反对。议郎蔡邕认为："汉武帝神明英武，底下又有卫青、霍去病那样的良将，财物贡赋充实富足，开拓的土地非常辽阔，但他仍然感到后悔。现在人力物力比武帝时期差远了，而且鲜卑武器锋利，马又速度快，占地广阔，这些因素都超过匈奴。以前段颎是优秀的将领，熟悉军事，善于作战，对羌人用兵尚且打了十多年。现在夏育、田晏虽然是段颎旧部，但他俩的才能谋略未必超过段颎，吹牛说只用两年时间就能成功，如果双方军队交战，失败就会耗尽中原的力量给蛮夷增加实力。即使能打败鲜卑，难道能将他们全部消灭吗？边境的灾难，好比手脚上的疥疮；中原的困乏，好比胸前和后背的毒疮。我们目前不能主动出击，只要保住边关就行了。"

汉灵帝不听，依然坚持己见。八月，夏育由高柳出发，田晏由云中出发，臧旻率领南匈奴兵由雁门出发，三名将领各率一万骑兵出塞二千多里。

兵来将挡，檀石槐命令三部首领各自统率部众迎战。鲜卑当时可以随时动员十万骑兵参战，无论是兵力还是战斗力，都比汉军高出一大截，加上高柳、云中、雁门三路对准的都是檀石槐的核心区域，特别是高柳，距离弹汗山王庭也就三百里，鲜卑人早就在那里安排了重兵。汉军出塞不到百里就分别遭遇鲜卑大部队迎击，大败而回，每路军都阵亡七八千人，就连南匈奴屠特若尸逐就单于都伤重而死。三名汉朝将领各自只带了几十个骑兵逃回塞内，符节和辎重全部丢失。

回来后，夏育、田晏、臧旻被下了大狱，好在他们仨为将多年，多少有点积蓄，家里人用钱赎罪，总算免于杀头，回家当了布衣。

夏育北征是东汉最后一次对鲜卑主动出击，失败后朝中再也无人敢言北伐之事，而檀石槐更加轻视东汉，三个月后就发兵进犯辽西。

当时，辽西太守赵苞派人到故乡接母亲和老婆孩子到郡治，队伍一行途经柳城县（今辽宁省朝阳市朝阳县柳城街道），遭遇一万鲜卑骑兵，全部被俘。鲜卑人发现这群老弱妇孺居然是太守的家属，如获至宝，带着他们杀到辽西郡治阳乐（今辽宁省锦州市义县）。赵苞率轻骑两万迎战。

双方对阵时，鲜卑把赵苞的家属押到阵前，要挟赵苞撤军。赵苞痛苦不堪："儿子打算接您到身边好好孝顺您，想不到反而为您招来大祸。以前，我是您的儿子，现在，我是朝廷命官，不能顾私恩毁坏忠节，只有死一万次才能弥补我的罪过。"赵苞母亲同样深明大义，对儿子说："我生死有命，儿啊，请你不要因为我而不忠不义！"赵苞忍着巨大的悲痛，下令全军出击，鲜卑人以为赵苞会因为家属而投降，想不到汉军居然发起进攻，大败。

吃了败仗后，鲜卑人非常生气，斩赵苞所有家属。赵苞请求护送家属的灵柩回故乡安葬，这一事迹感动了汉灵帝，他特地派使节吊丧，封赵苞为鄃侯。

安葬完亲人后，赵苞告诉他的乡人说："食国家的俸禄而逃避灾难，不是忠臣；杀了母亲成全大义，不是孝子。如此，我还有什么面目活在世界上？"
之后吐血而死。

熹平七年（178年，三月改元光和），檀石槐第一次出动数万骑入侵河西
走廊腹地酒泉郡。之后连续三年（即179年—181年）同时入侵幽州、并州，
沿边各郡百姓饱受荼毒，汉军无能为力。

正当朝野上下对鲜卑一筹莫展之时，好消息来了，光和四年（181年），
鲜卑一代雄主檀石槐因病去世。后续鲜卑首领一代不如一代，因此鲜卑崛起
犹如昙花一现。

继任首领的是檀石槐幼子和连，此人文韬武略远不如其父，对部落赏罚
不公不说，还贪淫好色，搞得部落离心离德，许多原先归附檀石槐的大人纷
纷叛变。更致命的是，没多久，和连率部攻击北地郡，在廉县（今宁夏回族
自治区石嘴山市平罗县暖泉农场）被汉军射死，只留下了年幼的儿子骞曼。
贵族们又推举和连哥哥的儿子魁头即位，埋下了堂兄弟争位的祸根。骞曼长
大后，认为首领位置原本是自己的，现在却被堂兄夺走，十分怨恨，遂带着
父亲的部落攻打魁头，鲜卑再次陷入分裂状态。代郡以西的鲜卑全部另立门
户。代郡以东的鲜卑也分裂为三个势力，魁头的弟弟步度根为其中之一，其
部众分布在并州的太原、雁门等地；其二为占据代郡、上谷的轲比能；其三
为散居于辽西、右北平、渔阳塞外的素利、弥加、阙机等小部落。

黄巾起义

汉顺帝时，琅琊人宫崇来到皇宫门前，声称要向皇帝进献一本神书——
《太平清领书》，厚达一百七十卷。至于来源，宫崇自称是他的老师于吉在曲
阳县泉水上所得。

汉顺帝翻阅了几卷，发现这本书的内容主要是奉事天地、顺应五行，也

有兴国广嗣之术，感觉里面的记载过于妖妄，而且语句怪诞鄙俗，但为了不打击献书人的积极性，汉顺帝没有斥责宫崇，而是将此书送到皇家图书馆——东观收藏，束之高阁。

汉顺帝没想到，这本书将在四十多年后酿成惊天民变。

过了三十多年，延熹九年，平原郡方士襄楷又上书朝廷，推荐《太平清领书》。汉桓帝对这本书更加不感兴趣，直接批复：不合明听。

汉桓帝同样不知道，这本书带来的巨大能量，在十八年后差点把他儿子拉下台。

虽然皇帝不重视，但是《太平清领书》在民间流传很广，两年后，建宁元年，巨鹿人张角偶然得到了这套书，如饥似渴地通读数遍，每次读完后都感觉自己身上有无穷的力量。于是和他弟弟张宝、张梁一道，利用本书内容作为教义，创立了太平道。

建宁元年八月，青、豫、冀、并、兖和司隶发大水，其中张角的家乡冀州最为严重，因为除了黄河决口外，渤海还发生海啸，被溺死的百姓不计其数，灾后又暴发了瘟疫，病死无数。

张角本人精通医术，决定先在家乡传教。他自称大贤良师，自制药水，对着药水念一番咒语，接着让病人饮用，病人喝下药水后果然痊愈，对张角奉若神明，张角再让他加入太平道，传播《太平清领书》上的教义。张梁、张宝则自称大医，凡太平道成员及其信徒，若犯有过失，只要跪拜在他俩面前，承认错误，保证不再犯，再喝掉药水，就能痊愈。

在很短时间内，张角兄弟通过治病就聚拢了数万信徒，其中有数百名核心信徒。张角再派八名骨干分赴各州传教，自称"以善道教化天下"。十余年间，太平道势力遍布青、徐、幽、冀、荆、扬、兖、豫八州，徒众达数十万人。张角将教徒划分为三十六方，大方万余人，小方六七千人，每方有首领。

张家兄弟之所以能吸引那么多人入教，除了医术高明外，还在于他们宣传的教义部分内容在穷人中引起了共鸣。《太平清领书》明确反对有田的地主过度剥削农民，也反对朝廷暴敛财物，主张信徒自食其力，救穷济困；反对强者欺凌弱者，主张扶养社会弱势群体；反对年轻人欺侮老年人，主张敬养老人；反对知识多的人欺侮知识少的人，主张有道德、知识的人应该教育穷人。

张角信徒越来越多，引起了朝廷高官的警觉，大司徒杨赐与掾属刘陶商议后拟好奏章，计划严令刺史及二千石官员派人将流民送回原籍，削弱太平道力量，然后诛杀每方首领，便可不费力地平定。可惜奏折还没呈给汉灵帝，杨赐就被罢免了。光和六年（183 年），刘陶又和乐松、袁贡等人联名上疏，请求汉灵帝下诏重募张角，给予其国士待遇，如果张角回避，则直接杀掉他。汉灵帝觉得他们小题大做了，一个神棍而已，至于吗？因此没有理会，反而让刘陶为自己批注《春秋》。果然，仅过几个月，黄巾起义就爆发了。

张角不是"大善人"，发展那么多信徒不是就为了当什么"大贤良师"，他传教的终极目标就是取代大汉，成为皇帝。现在教徒已遍及全国，达数十万之众，他开始着手准备造反事宜。

首先是造理论。太平道一直在宣传一个观点：按照五行相生相克，汉王朝是火德，代表苍天，但根据推算，苍天大数已尽，太平道是土德，黄天的代表，火生土，苍天死后应当是黄天继承，因此太平道是汉王朝理所应当的继承者。甲子是天干地支纪年循环的开始，甲子年甲子日是双甲子，即光和七年（184 年，十二月改元中平）三月初五，万物更始之日，大吉。合起来就是，"苍天已死，黄天当立，岁在甲子，天下大吉"。

其次就是造舆论。从光和六年开始，张角就命令各方首领指挥信徒用石灰在洛阳城门及州郡官府墙上书写"甲子"等标语口号，最大限度地动员百姓参加起义。

最后谋划暴动。一大方首领马元义派人通知荆州、扬州的信徒数万人，到邺城集中，召集宦官中的太平道信徒——中常侍封谞（xù）、徐奉为内应，在三月初五里应外合，拿下洛阳。参与起义的信徒全部头戴代表土德的黄巾，以便识别。

虽然张角这样干相当于公开准备造反，但当时地方官员害怕上报实情后被朝廷查处撤职，因此集体选择了隐瞒。不但没有向朝廷报告情况，就连州郡往来公文都对太平道只字不提。居于深宫的汉灵帝成了聋子、瞎子。

正当张角静静地等待着双甲子那天到来时，洛阳出事了。光和七年正月，张角弟子、济南人唐周主动向朝廷上书，告发了张角、马元义将在洛阳等地联络起兵的图谋。官员认为事关重大，立刻将奏折呈送到汉灵帝案头。汉灵帝阅罢奏折后暴怒，他怎么都没想到神棍居然会造反，下令官员抓获马元义，在洛阳车裂。为了避免打草惊蛇，汉灵帝将唐周所上奏章交付给三公及司隶校尉，让他们调动掾属和卫兵，交给亲信宦官、掌管皇宫池塘花园的钩盾令周斌指挥。周斌根据唐周提供的线索，率队在洛阳城内开展大搜捕，查到张角信徒后直接诛杀，当天就杀了宫省直卫及百姓千余人，总算稳定了洛阳局势。

瓦解洛阳起义图谋后，汉灵帝紧急向冀州下发诏书，让地方官府追捕张角等太平道首领。官府里的太平道信徒急忙把消息告知张角等人。得知起义计划已被泄露，张角不得已将原定暴动时间提前，派骨干信徒连夜乘车到各郡传达立即暴动的指示，张家三兄弟则坐镇邺城，亲自领导冀州黄巾军。光和七年二月，黄巾起义正式爆发。

太平道讲究天道、地道、人道，因此张家兄弟以此为号，张角自称天公将军，张梁自称地公将军，张宝自称人公将军。七州二十八郡的太平道信徒在同一时间起兵，短短几天内，郡县告急文书如雪片般飞到京师，战火迅速蔓延全国大半。

由于平时官员小吏使劲地压榨平民百姓，黄巾军对官府十分痛恨，每攻下一地就把当地的府衙给烧了，把当官的给杀了，各地官员因此惊慌失措，黄巾军还没来就擅离职守，一走了之。冀州、豫州、幽州一大半郡县先后失守。

在冀州，黄巾军攻克甘陵国（治所甘陵县在今山东省临清市东北）和安平国（治所在信都县），杀两国国相和国王子嗣，俘安平王刘续和甘陵王刘忠，将其关押在广宗（今河北省邢台市威县东南），朝廷后来花重金才赎回。在豫州，汝南郡黄巾军在召陵（今河南省漯河市召陵区）大败太守赵谦所率官军，在会合陈国黄巾军后，向颍川、洛阳方向推进，严重威胁京师。在幽州，广阳郡黄巾军击斩幽州刺史郭勋和广阳太守刘卫，幽州郡县望风披靡。在荆州，张角弟子张曼成号称"神上使"，率南阳黄巾军攻陷郡治宛城，杀太守褚贡。

面对来势汹汹的黄巾军，汉灵帝匆忙部署京师防务：任命舅舅、河南尹何进为大将军，率左右羽林军和北军五校尉部驻防全国中心驿站——都亭驿，防止黄巾军从驿道突袭洛阳。在洛阳周边的八个战略要地，即函谷关、太谷关（大谷关，今河南洛阳市偃师市寇店镇水泉村）、广成关（广城关，河南洛阳市汝阳县临汝镇紫逻山南山腰）、伊阙关（今河南洛阳市龙门山和香山的阙口）、轘辕关、旋门关（今河南郑州市荥阳市高山镇穆沟火车站）、孟津、小平津（今河南洛阳市孟津县会盟镇花园村）增派重兵，设置都尉一员，形成拱卫京师的第一道防线。

随后，汉灵帝召开御前会议，询问大臣御敌之策。刚好入朝述职的皇甫规之侄、北地太守皇甫嵩也在召对之列。皇甫嵩提出，皇帝应当解除党禁，从中藏库中拿出私钱，从皇家马厩里拉出好马，犒赏三军，这样才能鼓舞天下士气。汉灵帝举棋不定，询问中常侍吕强的意见，吕强则提出了比皇甫嵩更为激进的政治改革措施：一是杀掉皇帝身边的贪官，澄清吏治；二是解除党锢，大赦党人；三是全面考察刺史和两千石官员的能力，能者上，庸者下；四是征还在州郡为官的宗亲子弟，平息民怨。

为什么吕强和皇甫嵩都提出要赦免党人呢？这要从党锢之祸说起。

因说了一句"跋扈将军"，年仅八岁的汉质帝被梁冀毒死。之后，梁冀拥立十四岁的汉桓帝即位，继续掌握实权。时间一长，汉桓帝对此极为不满，但苦于身边没有可以信任的人，一直隐忍未发。思来想去，汉桓帝认为贴身宦官唐衡最为可靠，为了避开梁冀耳目，汉桓帝声称要上厕所，指定唐衡陪同。进了厕所，桓帝看看身边确实没其他人偷听，就压低声音问唐衡哪些宦官对梁冀不满。唐衡立即回复："中常侍单超、徐璜、具瑗、左悺（guàn），私下里都对梁冀十分不满，只是敢怒不敢言。"汉桓帝分别找他们几个人秘密谈话，之后，用牙咬破了单超的手臂，六个人歃血为盟。结盟之后，六人制订了周密的政变计划：先由汉桓帝召来司隶校尉张彪，命其调发军队供单超亲自指挥，接着围攻梁冀的大将军府，拿下梁冀，将梁氏外戚集团一网打尽。

　　政变成功后，宦官单超、左悺、徐璜、具瑗、唐衡五个人因谋诛梁冀有功，被同日封侯，世称"五侯"。虽然五侯后来因权势太大逐一被汉桓帝贬斥（左悺自杀，其他四人被贬为乡侯，子弟分封者免官），但汉桓帝依然重用宦官，这就引起了士大夫的不满。河南尹李膺在大赦后处死了蓄意在赦前杀人的张成之子，张成为宦官党羽，宦官集团遂让张成弟子牢修上疏，诬陷李膺等人结党营私。汉桓帝大怒，诏告天下，逮捕并审理党人。太仆卿杜密、御史中丞陈翔等重臣及陈寔（shí）、范滂等士人皆被通缉，唯有太尉陈蕃上疏救援。后来，李膺等人在狱中故意供出宦官子弟。宦官们害怕牵连到自己身上，向桓帝进言大赦天下。党人虽然免遭牢狱之灾，但余生不得再任官职，这就是"第一次党锢之祸"。

　　建宁元年，汉灵帝即位，母亲窦妙被尊为皇太后，她的父亲窦武被任命为大将军，因救援党人被罢免的陈蕃再度被任命为太尉，之前被剥夺政治权利的名士李膺、杜密、尹勋、刘瑜等人重新被起用。宦官首领曹节、王甫等人则利用窦太后偏听偏信干涉朝政。窦武等人联合李膺等人，密谋发动宫廷政变，将干涉朝政的宦官斩尽杀绝，但准备行动前，消息却泄露了。

　　九月初七是窦武的休沐日，窦武出宫回家。安插在窦武身边的宦官趁窦武不在，偷出他的奏折，得知了政变计划，于是宦官们团结起来，先发制人：第一步，杀掉灵帝身边亲近士人的宦官山冰，劫持窦太后，夺取印、玺、符、节，控制了尚书台；第二步，假传诏令逮捕窦武、陈蕃等。陈蕃得知宫中有变，亲率太尉府掾属及支持他的太学生冲入承明门，想夺回尚书台，但很快被宦官掌握的虎贲军和羽林军生擒，当晚全部被杀。窦武则以大将军的身份召集数千北军士兵对抗。当时，护匈奴中郎将张奂恰好率部班师，宦官们启动了第三步计划，假传诏令命张奂率大军会同少府周靖的五营士与王甫所领的虎贲军、羽林军一起进攻窦武。窦武被重重围困，无奈自杀。

政变成功后，宦官们对支持窦武的士大夫恨入骨髓，大兴牢狱，李膺、杜密、翟超、刘儒、荀翌、范滂、虞放等百余人被下狱处死。在各地陆续被逮捕、杀死、流徙、囚禁的士人达到六七百名。由于被株连的党人们名望非常高，因此许多人宁可招致杀身之祸也愿意收留他们，比如曾得罪宦官的张俭靠着众多好人的收留顺利逃往塞外鲜卑部落，因为收留他而被灭门的有数十家之多，因此衍生出一个成语，叫望门投止。

八年后，即熹平五年（176年）闰五月，永昌太守曹鸾上疏为"党人"鸣冤，要求解除禁锢，灵帝不但没有听从，反而收捕并处死曹鸾。接着，灵帝下了一道更加严厉的诏书：凡是党人门生、故吏、父子、兄弟中有任官的，一律罢免，再不任官，并牵连五族。

两次党锢之祸后，宦官更加肆无忌惮。黄门令王甫让门生于郡界拉走榷官财物七千余万，他的养子也不甘落后，担任沛国相时喜欢杀人劫财，五年内杀了上万人。曹节的弟弟曹破石担任越骑校尉时，部下有位伍长的妻子长得漂亮，曹破石向伍长要他的妻子，伍长不敢违拗，但他的妻子非常刚烈，直接自杀明志。汉桓帝的弟弟刘悝被册封为渤海王，王甫、曹节暗示他应该给谢钱，但刘悝知道这和他俩没有一点关系，坚决不给，王曹二人大怒，直接诬陷刘悝勾结窦武等人谋反，刘悝在监狱自杀，一家百口全部死于狱中。

宦官为了巩固权势，还带坏了汉灵帝，使得汉灵帝长大成人后也变得贪图享乐、荒淫无道。为了弥补自己在宫中游玩耗费的巨资，汉灵帝在常侍们的教唆下公开卖官鬻爵，除了被禁锢的党人外，谁都可以花钱买到自关内侯以下至虎贲、羽林等部门职位；官吏的升迁也必须按价纳钱，官位的价格是级别的一万倍，比如两千石职位价格是两千万钱，六百石是六百万钱。为了让利益最大化，汉灵帝还别出心裁地想出了"竞标"的法子，求官的人可以投标，价高者就可以走马上任。就连屡立战功的段颎也得先交足了钱才能当上太尉。可想而知，花大钱买来郡太守和县令的人为了赚回成本，只能靠在地方盘剥百姓，课以重赋。地方吏治大为败坏，民不聊生，只有汉灵帝高高兴兴地将卖官所得用于建设私人游园——西园。

经过汉灵帝二十年的胡作非为，大规模民变终于爆发了。

当时，党人虽然被禁锢在家，但仍是一个不可忽视的在野政治势力，许多人在地方也非常有名望。民变突起，吕强等人非常担心被剥夺政治权利的党人一旦和张角勾结反叛，则黄巾军实力会更强，朝廷更加难以对付，所以提出要大赦党人。

汉灵帝一听，也害怕党人真会变成反贼，只得下诏免除与党人有小功关系者（爷爷的亲兄弟、父亲的堂兄弟、拥有共同曾祖的同辈亲属）的党锢。同时下诏发天下精兵，广选将帅，命令在职公卿每家必须出马、弩，并举荐精通战术的将门子弟和吏民，由官府出公车送到朝廷接受分配。总之，最大限度地动员官府力量镇压起义。

是时，黄巾军中实力最强的有三股：一是张家兄弟亲自指挥的冀州黄巾；二是在豫州、兖州一带攻城略地的东方黄巾，其中波才兵力最多，活跃在颍川，彭脱活跃在汝南、陈国，卜己活跃在东郡；三是活跃在南阳的荆州黄巾，由张曼成指挥。对朝廷威胁最大的就是波才指挥的东方黄巾。汉灵帝和四府（三公加司隶校尉）商议后，决定同时出动重兵讨伐波才和冀州：

任命皇甫嵩为左中郎将、谏议大夫朱儁为右中郎将，各持节，调派北军五校兵和三河（河东、河内、河南）骑兵，大募天下勇士，组成四万多人的讨伐军，先攻颍川，解京师之警；任命议郎卢植为北中郎将，护乌桓中郎将宗员为副，率北军五校部分兵马和天下郡国兵北渡黄河，讨伐张家兄弟。

从黄巾起义爆发，到各路征讨大军出发，朝廷才用了一个多月时间，而且任命的指挥官都是能文能武、尽忠职守、有谋略、有胆识的帅才，汉灵帝似乎醒悟了。

作为将门二代，皇甫嵩少年时便"近水楼台先得月"，饱读《诗经》《尚书》，并且熟习弓马。长大后在官场也是顺风顺水，举孝廉、茂才，为郎中，迁任霸陵、临汾县令，后因父亲去世而丁忧离职。更难得的是，他眼光很毒辣，料到陈蕃、窦武会失败，因此拒绝了二人征辟。汉灵帝听说后亲自以公车征辟其为侍郎，迁北地太守。

朱儁则出身寒门，以孝顺母亲、好义轻财闻名，和他一同被征辟为孝廉的朋友周规为了在面试时给官员留下好印象，曾向公府借钱百万以整饰衣冠，却没钱偿还，朱儁拿母亲的缯帛去为周规还债。此外，他还有惊人的军事天赋。光和元年（178 年），交趾梁龙起兵反叛，南海太守孔芝响应，数万叛军纵横交州，州郡软弱无能。朱儁临危受命出任交趾刺史，从各郡豪强中挑了五千精锐家兵，分两道杀入交趾，牵制梁龙等人，等七郡官兵相继到来后才发动总攻，十天内平定叛乱，斩梁龙，降数万人。

卢植则是出征将帅中名气最大的。他身长八尺二寸，声如洪钟，一看就不是寻常之人。年少时和未来的著名经学家郑玄共同受业于马融。马融是马援从孙，他的家族是关中豪族，家中常有歌女表演歌舞，而卢植在马融家中学习多年，却从未看歌女一眼。步入官场后，卢植先后快速平定了九江和庐江蛮族叛乱，又参与校勘《熹平石经》和"五经"记传，补续《东观汉记》。

卢植在故乡涿县讲学时，底下有一位"差生"，不好好学习，却喜欢狗、马、音乐、华丽的衣服，下课后好交结豪侠。此人就是未来的昭烈帝——刘备。

扯远了，回到正题，先说皇甫嵩、朱儁这一路。

光和七年四月，官军进抵颍川。朱儁原以为敌人都乌合之众，轻敌冒进，率先和波才接战，结果被人多势众、士气旺盛的黄巾军杀得大败。朱儁失利后，左中郎将皇甫嵩见黄巾军士气正盛，难与争锋，为避免被各个击破，只得率军撤往长社死守。

五月，波才乘胜进兵，指挥黄巾军围攻长社，并发起猛烈进攻。长社只是颍川郡下一个小县城，根本经不起黄巾军长期围攻，城内官军兵力也远不如黄巾军，因此守军军心涣散，眼看就要被黄巾军一锅端。只不过波才还是低估了皇甫嵩的能力。作为将门子弟和边郡太守，皇甫嵩有丰富的作战经验，为了观察敌人形势，每次守城作战他都站在城头亲自指挥，久而久之，皇甫嵩发现了黄巾军一个致命的弱点。

农历五月正值盛夏，天气炎热。波才见长社一时难下，于是安排围城部队在草木葱郁之处安营扎寨，方便士兵乘凉。皇甫嵩一拍大腿，立刻召集将领们开会，提出了破敌之策："敌人靠近草木茂盛处扎营，容易因风起火。如果我们趁着夜色火烧敌营，敌人必乱，我们再发兵进攻，就可以成就田单那样的战绩。"

不得不说，老天爷挺眷顾皇甫嵩，在皇甫嵩决定夜袭敌营的当晚，大风突然呼呼作响。天助我也！皇甫嵩一面命令军士各持火把登上城墙，一面派精锐士卒潜出城外，衔枚疾进，神不知鬼不觉地来到黄巾军营寨外面，趁风放火。放火成功后，夜袭军士在营外大声呼叫，城上官军点燃火把呐喊助威。黄巾军大营建在易燃的草木丛中，因此火借风势迅速蔓延，还在营内睡大觉的黄巾军猝不及防，不少人被烧死，没被烧死的听到营外到处都是官军的声音，顿时乱作一团。皇甫嵩抓住机会，亲率主力部队冲出城外，直奔黄巾军营，对早已乱成一团的黄巾军大开杀戒。黄巾军惨败，被迫后撤。

对黄巾军而言，灾难还远没有结束。从洛阳出发的援军在骑都尉的率领下正好赶到长社，先前打了败仗的朱儁也趁势和皇甫嵩会合，三支官军会师后实力更为强大，立即猛攻败退的波长部，黄巾军抵挡不住，数万人被杀。

这名立下战功的骑都尉，就是未来的魏武帝曹操。

长社之战后，实力严重受损的波才只得率余部退往阳翟休整。皇甫嵩、朱儁等人哪里会给波才喘息的机会，带着部队紧随其后，六月，汉军在阳翟再次重创黄巾军，波才不知所终。

讨灭波才后，皇甫嵩、朱儁又转兵进攻陈国，彭脱势单力孤，很快被汉军歼灭。波才、彭脱是豫州黄巾中实力最强的两部，他俩失败后，豫州黄巾大为震动，一个月内有数十万人投降。

平定豫州黄巾后，南路官军兵分两路：皇甫嵩率队休整，准备征讨东郡；朱儁则分兵一万进攻南阳。

休整两个月后，当年八月，皇甫嵩率三万官军转战东郡，进攻东方黄巾最后一股势力——卜己部。卜己带所有兵马列阵仓亭（今山东省聊城市阳谷县北古黄河边），与皇甫嵩决战。这正中皇甫嵩下怀，临时聚集起来的黄巾军哪里是精锐北军的对手。在官军步骑的冲击下，黄巾军几乎全军覆没，七千人被杀，数万人被俘。护军司马傅燮率所部俘虏了卜己、张伯、梁仲宁等首领。

至此，东方黄巾三股势力全部被平定。皇甫嵩奉命挥师北上，驰援北路军。

插个题外话，傅燮在东郡立下大功，却没有被封侯，朝廷只安排他当安定郡都尉，如此赏罚不公与傅燮之前得罪宦官有关。黄巾起义开始时，傅燮主动向朝廷上疏，指责宦官是此次民变的根源，这让赵忠非常不满。要知道，赵忠和张让当时是汉灵帝眼前的大红人，汉灵帝甚至公开表示："赵忠是我爹，张让是我妈。"于是赵忠从中作梗，抹杀了傅燮的战功。由此可见，汉灵帝时期宦官势力嚣张到什么地步。

南阳方面，六月，江夏郡都尉秦颉接替被杀的褚贡当南阳太守，率江夏郡兵和荆州刺史徐璆（qiú）一道进攻宛城。黄巾军首领张曼成自恃麾下有十几万兵马，以为官军就是送到嘴边的肉，决定亲自带数万兵马出城与官军交战。想不到，没有正面作战经验的黄巾军被八千训练有素的官军杀得大败，张曼成阵亡，余部退守宛城，推举赵弘继任领袖，重整队伍。荆州官军对此一筹莫展。

就在这时，朱儁在打完彭脱后率部南下，两军会师后共有一万八千人，实力更为强大，开始围攻宛城。城内黄巾军尽管之前吃了败仗，但兵力仍有十万人，而且个个都嚷嚷着要为主帅报仇，顽强固守，战斗意志极强，加上宛城的确坚固（本书开头就提到，以刘伯升之智勇双全，打下宛城依然花了半年；第三章也提到，邓奉麾下南阳精兵战斗力强悍，围攻宛城大半年不下），故此次官军从六月至八月连续攻城，阵亡者日渐增多，但宛城依然坚挺。

一万八打十万人据守的坚城，明显没那么容易打下来，朱儁进展迟缓也是情有可原。但朝中很多人并不这么想，朝议时，不少大臣指责朱儁作战不力、劳师糜饷、养寇自重，要召他回京，另换他人。汉灵帝也有点动摇了，真打算下诏让朱儁撤回。司空张温听说此事后大吃一惊，急忙上疏劝阻："当年秦用白起，燕任乐毅，都是旷年持久，才能够克敌。朱儁在进攻颍川时立下大功，让他南征南阳也是早就制订好的计划。临阵换将是兵家大忌，我们应该给他时间，让他成功。"

看了张温有理有据的奏章后，汉灵帝这才打消了召回朱儁的念头，但还是派人催促朱儁。在皇帝的压力下，朱儁重新整编了官军，又发动了更为猛烈的攻城作战。这次果然大有收获，官军一度登上了宛城城墙，与黄巾军在城头上激烈厮杀。赵弘见战况不利，带亲兵发起反击，在快把官军赶下城墙时，城外突然射来密集的箭矢，赵弘不幸被流失射中，当场阵亡。

赵弘去世后，城内黄巾军再推韩忠为首领，继续坚守宛城。朱儁第二轮攻势虽然杀了赵弘，但依然没打下宛城，官军战死者每日都在增加。朱儁见正面强攻并不奏效，只得另想办法。某天，他阅读兵书时突然心生一计。

黄巾军惊讶地发现官军解围了，并且开始在宛城西南方向大造营垒，堆土山，打算将土山垒得比城墙还高，这样就可以居高临下打击宛城守军。为了激励士气，官军还不停地敲打军鼓，摇旗呐喊，摆出一副准备总攻城西南的态势。

绝不能让官军的计划得逞！为了阻止土山建成，韩忠下了血本，将城内守军悉数开出，连夜攻打尚在建的土山。依靠兵力优势，黄巾军很轻松就将土山打下了。

等等，韩忠总感觉哪里有什么不对。之前几次和官军正面作战都是失败，怎么这次赢得那么轻松？正当韩忠还在疑惑之时，城内突然跑来一名伤痕累累的士兵："不好啦！敌人从东北面破城了，现在外城已经被官军攻占。"

原来，这一切都是朱儁声东击西之计。朱儁大张旗鼓地命人在宛城西南方向建土山，成功吸引了黄巾军注意力。当黄巾军主力出城攻打土山时，朱儁悄悄率精兵五千进攻宛城东北角，没费什么力气就成功登城。死守了上百天的宛城外郭，就这么丢了。

韩忠只得率部退守宛城内小城，惊惧非常，派人请求投降。荆州刺史徐璆、南阳太守秦颉及朱儁麾下司马张超等皆欲接受韩忠的投降，并以汉初刘邦招降各路军头平定天下为例，但朱儁坚决不同意。朱儁语重心长地对部下说："你们不知道，用兵有形同而实异的地方，不能盲目学习古人的做法。秦末，百姓没有稳定的君主，所以高祖能以厚赏来劝降。现在海内一统，只有黄巾造反，纳降他们不能使人向善，讨伐他们足以惩恶。现在如果接受他们的投降，那就会滋长他们造反的意念，使他们产生对自己有利就反叛、不利就乞降的想法，这是纵敌长寇的策略，不是良计。我决策已定，你们别再说了。"

由此可见，在宛城下吃了太多苦头的朱儁，是铁了心要彻底灭掉南阳黄巾势力。

决定拒绝受降后没多久，朱儁下令官兵乘胜急攻内城，韩忠等人见投降被拒，只得抱着与小城共存亡的决心，带着黄巾军据城死战到底。官军轮番进攻，却连战不克，小城坚如磐石。

为了查找官军攻城不下的原因，朱儁登上土山，侦察城内黄巾军的情况，终于发现了端倪。他对张超说："贼人的外围是我们坚固的包围圈，内部是被逼急的士兵，他们求降不得，想出来也出来不得，所以殊死战斗。万人一心，尚且不可当，何况贼人有十万人呢？强攻的弊端太多，我们不如假装把包围撤除，集合部队进城。韩忠看见包围已经解除了，一定会自己出来，等他们出来，兵心就散了，那正是击破他们的好时机。"

朱儁下令解围，韩忠见以往城下黑压压的官军如今都不见了踪影，大喜，集中城内所有兵马出城突围。黄巾军士兵们得知自己可以离开该死的宛城，非常高兴，挤成一团，争先恐后地逃离城门，丝毫没感觉到灾难即将降临。

韩忠率部还没出小城多远，就遭到官军主力突然袭击，早已不成队伍的黄巾军面对官军到来战意全无，只想着逃跑。官军乘势掩杀，战况基本上是一边倒，黄巾军大败而逃，被朱儁追杀数十里，被杀一万多人。

经历了这次重大失败，韩忠不愿再战，直接投降。眼看南阳黄巾就要完蛋，可官军这回出了昏着：秦颉率领的江夏兵之前在南阳城下死伤惨重，对黄巾军满怀愤恨，看到韩忠来降，二话不说直接将其杀掉。

黄巾军余部见主帅投降后居然落得如此下场，群情激愤，许多原本打算回家的人又重新聚集起来，拥立孙夏为帅，杀入宛城小城内继续固守。但经过两次重大失败，南阳黄巾军已经元气大伤。朱儁再度命令官军发起总攻，这回黄巾军再也抵挡不住。

朱儁麾下有一名佐军司马在本次攻城战斗中身当一面，登城先入，跟在他后面的数百名淮泗精兵像蚂蚁般攀上城墙，与守军展开惨烈厮杀，苦战之后终于打开了一个缺口，官军主力一拥而上，几个时辰内就拿下了宛城小城。朱儁特地向朝廷奏报他的英勇事迹，于是此人被任命为别部司马。这位英勇无畏的佐军司马，就是未来东吴的武烈皇帝、孙权的父亲——孙坚。

宛城陷落后，孙夏率残部向北突围，试图撤退到伏牛山打游击。但朱儁率官军紧追不舍，在西鄂精山（今河南省南阳市卧龙区石桥镇）追上了黄巾军残部，双方再战，官军痛下杀手，来不及逃跑的黄巾军死了数万人。从三月到十一月，坚持了八个月的南阳黄巾军宣告失败。

南面说完了再说说北面战况。在皇甫嵩、朱儁进攻河南黄巾的同时，卢植率另一支官军攻打魏郡，重点进攻张家三兄弟统率的二十万黄巾军。黄巾军人数虽然多于卢植所部，但多由流民组成，装备和组织、训练程度远远不及北军五校兵，加上官军一方还有郡国兵参战，因此北路军并不落下风。一开始，卢植连战皆捷，杀黄巾军一万多人，没多久就逼近河北黄巾的大本营——邺城。

为了避开卢植，防止兄弟三人被一锅端，张角决定放弃邺城，兵分两路北撤老家巨鹿：自己与张梁率主力十余万人退至巨鹿郡南端的广宗，张宝则率偏师保巨鹿以北的下曲阳，双方相距二百五十里，一南一北互相呼应。

卢植紧追张角主力到了广宗城外，立刻部署军队兴筑长墙，挖掘堑壕，将广宗城团团包围，之后征发工匠赶制攻城云梯，打算等时机成熟再行攻城。但卢植万万没想到，还没等立功，自己就先被抓了。

原来，为了制衡前线将领，汉灵帝特地派小黄门（贴身侍从）左丰担任巡视员，到河北军中视察战况。左丰来到卢植军中后，让人暗示卢植送钱贿赂他。一向眼里揉不得沙子的卢植大怒，当即拒绝。左丰本想借巡视之机大捞一笔，没想到碰了壁，对卢植心怀怨恨，回首都洛阳后，向汉灵帝诬告卢植："广宗那一小撮强盗，容易对付。卢植却胆小怕死，只会躲在营垒里，估计是想等着老天爷诛杀张角。"汉灵帝听了"汇报"后极为生气，想都没想就命人用囚车把卢植押解回洛阳，判处减死刑一等的刑罚（即无期徒刑），另派东中郎将、在西北屡立战功的董卓接替卢植指挥北路军。

董卓到任后，认为卢植的策略是错的，应该先易后难，明显最容易突破的就是张宝据守的下曲阳，于是放弃围攻广宗县，率主力北上转攻张宝。

本来官军已经做好了攻打广宗的准备，这会儿又要前功尽弃，北上二百五十里攻打另一座坚城，士兵们怨声载道，攻城时消极应付。而董卓是与匈奴、羌人打野战成名，善于骑射，对攻坚作战一窍不通，之前也没有任何指挥大兵团作战的经验。多种因素加起来，使得董卓围攻下曲阳两个月不下。

张角趁官军主力围攻下曲阳之机又派人在河北四处活动，冀州形势进一步恶化。

见董卓也不顶用，汉灵帝更加生气，于八月初三下诏将董卓从军中押到廷尉接受审判，和卢植一样，被判处减死刑一等的刑罚。如果汉灵帝能未卜先知，知道五年后董卓将肆无忌惮地践踏汉室尊严，估计会气得拿起刻刀将"减一等"划掉，直接判处董卓死刑。

恰逢皇甫嵩在仓亭大破卜己，正为北路军统帅人选而苦恼的汉灵帝眼前一亮，干脆让皇甫嵩率南路军从仓亭北渡黄河，全权负责征剿河北黄巾事宜。

三万汉军在皇甫嵩的指挥下又一次将广宗团团包围。就在这时，黄巾军遭受惨重损失——领袖张角因积劳成疾，去世。士兵们痛哭失声，擦干眼泪后拥立他弟弟张梁统率广宗义军。张梁虽然也是太平道创始人之一，但才干不如其兄。河北黄巾开始走下坡路了。

张角死后，张梁犯了一个巨大的战略错误，他将之前外派的黄巾军精锐全部收回，打算死守广宗，而这正中敌人下怀。皇甫嵩于是纠集全部南路军和部分河北郡县兵专心围攻广宗，另让巨鹿太守郭典统北路军继续包围下曲阳，牵制张宝。这样一来，二十万河北黄巾军直接被官军牢牢控制在广宗、下曲阳两座孤城中。

部署已定，皇甫嵩立刻命令官军猛攻广宗。张宝不甘示弱，从城内黄巾军中挑出数万精锐分赴各个城墙死守。尽管官军出动了云车、投石机等器械，并调集大批弓箭手和弩机向城上射出大量的箭矢，但是守军依然拼死作战，多次打退官军的进攻。在连攻一个月后，官军阵亡甚多，再也无力支撑大规模攻城战斗了。

见强攻无法奏效，皇甫嵩干脆改变战略，让官军停止攻城，闭营休士，打算长期围困，以观其变。双方从八月一直相持到十月，城内十余万黄巾军逐渐缺粮，战斗力大为下降。张梁看到官军四个月没攻城，认为未来不会再有大规模的攻防战，放松了警惕。主帅如此，底下守军的防备也慢慢松懈了下来。

十月的一天，皇甫嵩登上城外高处观察敌情，发现原先在城墙上时刻备战的精锐之士不见了，取而代之的是稀稀拉拉、聊天赌博的散兵。

攻城时机来了！皇甫嵩当即回到大营，挑选敢死队担任攻城前锋，以主力继后，又玩起了之前对付波才的策略——夜袭，将总攻时间定于下半夜鸡鸣之时（即丑时，凌晨一至三点）。

不得不说，皇甫嵩非常精明，凌晨一至三点正是人最困的时候。那时，城墙上的许多黄巾军还在酣睡。

总攻发起后，敢死队小步快走，秘密靠近城墙，接着架起云梯，偷偷爬上了城墙。守军对此浑然不觉，不少人还沉浸在梦乡之中。敢死队在城墙上对熟睡的黄巾军大开杀戒，不出半个时辰就完全控制了城墙。

城门一开，官军呐喊着冲入广宗城内。被惊醒的黄巾军士兵仓促应战，但为时已晚，张梁闻报之时双方已经陷入巷战。为了稳住阵脚，张梁带亲兵反击入城之敌，结果官军越杀越多，身边亲兵一个接着一个阵亡，最后只剩下张梁孤身一人与官军厮杀，寡不敌众，战死。主帅阵亡后，剩下的黄巾军犹如无头苍蝇一般各自为战，被官军分割包围，各个击破。

黎明时，官军终于攻破了广宗城，杀黄巾军三万多人。另有五万多人不愿投降受辱，跳河自杀。

由于官军攻打广宗也付出了巨大代价，许多士兵早就憋着一肚子气。为了满足士兵私欲，皇甫嵩纵兵在城内大肆烧杀抢掠，焚烧辎重车三万余辆，将黄巾军的老婆孩子全部抓起来当奴隶。官军连死去的张角也没放过，开棺戮尸，把人头砍下来送到京师。

攻克广宗后，官军就地休整一个月。十一月，皇甫嵩率得胜之师移兵下曲阳，与巨鹿太守郭典的北路军会合，之后立即发动全面进攻。下曲阳守军同样被困了半年之久，又累又饿，几乎坚持不下去了。官军则如狼似虎，都想着在与黄巾军最后一战中立下战功。势孤力单的张宝指挥饥疲之师力战，终究不敌，下曲阳被官军攻克，张宝阵亡。

入城后，皇甫嵩再次放纵士兵烧杀抢掠，但这回比对付广宗黄巾狠多了，他直接下令屠光所有守军及家属。整个下曲阳城霎时变成尸山血海，粗略估计，官军在城内外一共杀了十多万人。

　　自张角于中平元年二月起兵，到十一月张宝在下曲阳战败，黄巾军主力在冀州、豫州、南阳三地持续作战九个多月，虽然沉重打击了东汉王朝的统治，但在官府的打击下依然遭到失败。然而，黄巾军余部依然活跃在各地，仅史书所载的就有黑山、黄龙、白波、左校、郭大贤、于氐根、青牛角、张白骑、刘石、左髭丈八、平汉、大计、司隶、掾哉、雷公、浮云、飞燕、白雀、杨凤、于毒、五鹿、李大目、白绕、畦固、苦哂（qiú）等部，占据险要的山区与官军对抗，势力大的拥兵两三万人，势力小的也有六七千人。这其中，实力最强的就是黑山军张燕。

　　张燕原名褚燕，常山真定人，赵子龙老乡。黄巾起义爆发时，褚燕聚集身边一帮少年响应，随即转入太行山落草为寇，一年后，昔日几十名少年已经发展到一万多人。中平二年（185年）二月，褚燕返回老家真定，与在博陵郡（郡治博陵县在今河北省保定市蠡县）起兵的张牛角会师。张牛角年长于褚燕，因此被推举为首领。两军合成一股，进兵巨鹿重镇廮陶（今河北省邢台市宁晋县西南），在战斗中，张牛角不幸被流箭射中，身受重伤，临死之前将部队托付给褚燕，褚燕流泪接受。为了纪念恩人，褚燕在接过部队指挥权后直接改姓张，称张燕。

　　张燕勇猛剽悍，而且行军速度过人，打斗时反应也快，像燕子一样，因此军中都称其为"飞燕"。张燕由于英勇善战，很快在河北黄巾军余部中打出了名气，小头领孙轻、王当等人都带着部众归附到张燕麾下，常山、赵郡、上党、河内等地的黄巾军都宣布效忠张燕，很快，张燕所部就号称百万之众。为了更好地发展，张燕吸取了张角等人坚守大城、被动挨打的教训，将根据地设在南临黄河、背靠太行山的黑山（河南省鹤壁市淇滨区庞村镇），进可威胁洛阳，退可遁入莽莽群山，故号称"黑山军"。

　　有了稳固的根据地，张燕开始四处活动。张家兄弟统率的黄巾军主力覆灭后不到半年，冀州又迎来了另一支姓张者领导的黄巾军，州郡"被其害"。汉灵帝闻报后却只能无奈摇头。

原来，在平定冀州黄巾前夕，沉寂了二十多年的凉州先零羌再次叛乱，奉命平叛的湟中羌胡志愿兵也反了，越闹越大（详见下文），朝廷被迫出动大军进剿，实在没有余力对付近在咫尺的张燕。

好在张燕似乎也"识时务"，闹腾一阵后就派使者到京城洛阳请求投降。汉灵帝正为如何对付河北黄巾苦恼不已，见敌人主动归顺，不费"寸兵"就除去心腹大患，心里别提多高兴了，直接任命张燕为平难中郎将，负责管理河北太行山地区。黑山军另一支队伍的领袖杨凤，也被汉灵帝任命为"黑山校尉"，与张燕一起统领诸山贼，可以在辖区内举孝廉、计吏。

张燕和杨凤之所以主动接受招安，并不是突然"良心发现"想当大汉忠臣，而是想利用合法的外衣扩张势力。经过几年发展，张燕的势力甚至进犯河内，扩展到司隶，距离洛阳已经没多远了。

汉灵帝急忙命令张燕撤军，张燕这回不再是朝廷的"平难中郎将"了，拒绝接受诏书。汉灵帝只得起用平南阳黄巾的大功臣朱儁出任河内太守，讨伐张燕。

朱儁赴任时，手头上没有一兵一卒，汉灵帝只给他颁发了委任状，至于军队嘛，由于朝廷用兵地方较多，只能他自己想办法了。

朱儁对河内的地主豪强晓之以理动之以情：一旦张燕完全控制河内，那么你们没好日子过了，不如现在团结起来，共同对敌！地主豪强一听就吓坏了，马上表示服从朱儁指挥。朱儁将他们的私人家兵统一编组，战斗力强悍的数万战兵一下子就有了。朱儁立马挥师北上，和南侵的张燕展开决战，大破张燕，张燕被迫放弃了染指京师的想法，率部遁入黑山，洛阳终于转危为安。

黄巾军势力被暂时压制后，汉灵帝固态萌发，继续胡作非为。

中平二年，洛阳乐成门火灾，这本来是件坏事，但中常侍张让、赵忠却看到了"商机"，建议汉灵帝将全国每亩田赋增加十钱，用于修筑宫殿，并铸造佛像祈福。这种"好事"，汉灵帝想都没想就同意了，举国上下因此不安。

为了营建宫殿，朝廷将木材、山石的采买事务摊派给了各州各郡，让他们统一运到洛阳。地方官累死累活运来建筑物资后，傻眼了，这批东西被黄门常侍以质量差、不合规格为由拒收，为了不白跑一趟，州郡官员除了花钱贿赂黄门常侍外，还被迫将采购价格压到原价的十分之一，黄门常侍收了好处，又见价格狂降，这才同意购买。

这样一来，木材当然不够指定的数量，官员无法完成摊派任务，个个愁眉苦脸。就在这时，宦官们"贴心"地把已验收入库的木材拿出来，高价卖给州郡官员，让他们完成任务，州郡官员自认倒霉，只得再缴一笔钱。验收时，黄门常侍又变了副嘴脸，和之前一样百般挑剔，把价格压到原价的十分之一才同意入库。最后，运到的木材全部腐烂，几年间，宦官利用这一方法勒索了无数钱财。

羊毛出在羊身上，宦官勒索地方官，地方官又变本加厉地压榨百姓。上级布置的采购任务是这么多，到了郡县，直接强行征用远超任务规定数目的木材、山石，民不聊生。

看到宫殿几年都建不成，汉灵帝大怒，宦官们把罪责全推给地方，说是郡县官员不配合开展采购，才导致工期延误。汉灵帝直接派西园骑士前往各州各郡督查采购工作。地方官员为了保住乌纱帽，只好花钱贿赂骑士。

最后，汉灵帝干脆下令，刺史、太守、茂才、孝廉的升迁或调动，全部都要缴纳"助军"和"修宫"费。财力雄厚的郡，官员要缴纳三千万钱，其余的郡按富裕程度依次降低。凡是新官上任，一律先到西园谈价，谈好要缴多少钱才能到任。

河南人司马直一向清廉正直，被任命为巨鹿太守后，宦官知道他没啥钱，于是给了他一个优惠价——三百万钱。司马直拒绝缴纳，向朝廷递上了辞呈。朝廷当然不会放过这棵摇钱树，不予批准。司马直仰天长叹："当父母官，不去造福人民，反而要迎合时代压榨百姓，我不忍心这样干。"在孟津直接自杀。

三年后，即中平五年（188年），百姓不堪重负，重新揭竿而起，黄巾军又开始在各地发展壮大。

二月，西河（郡治离石县在今山西省吕梁市离石区）黄巾军余部在郭太的领导下，在白波谷（今山西省临汾市襄汾县永固乡）起义，号称白波军。他们北攻太原，南破河东，打败过董卓部将牛辅，地主豪强纷纷跑到关中去避难，不到一年白波军就发展到十余万人。郭太病逝后，部队分别由杨奉、韩暹（xiān）、李乐、胡才统率。李傕（jué）、郭汜在长安混战，杨奉等人还护送汉献帝从长安返回洛阳。最后杨奉被刘备诱杀，韩暹在逃往并州途中死于屯帅手中，留守河东的李乐病逝，胡才被仇家所害。

四月，原本在汝南葛陂（今河南省新蔡县西北七十里，陂音 bēi）、颍川一带活动的黄巾军再度集结，攻没郡县，并打败了西园下军校尉鲍鸿。到建安元年（196 年），汝南、颍川黄巾首领何仪、刘辟、黄邵、何曼、龚都、吴霸等各拥众数万，重现了当年豫州黄巾并起的盛况。官渡之战时他们还和刘备一道袭击曹操后方，后被曹操镇压。

六月，益州人马相、赵祗（zhī）以黄巾为号，召集疲于徭役的农民在绵竹起义，攻克县城，杀县令李升。两日内得数千人，起义队伍迅速扩大。后拔重镇雒城，杀刺史郤（Xī）俭，马相自称“天子”，旬月之间，势力范围就遍布蜀、犍为和广汉三郡，人数已在十万人以上。马相又遣兵东向进攻巴郡，杀太守赵部，招诱板楯蛮起兵响应，寇掠城邑。一时间，整个巴蜀地区烽烟四起。但没多久，马相就轻敌了，把所有部队外放去抢占地盘，自己的总部犍为只屯驻有少数卫队。益州从事贾龙恰好有兵数百驻扎在犍为，在侦知马相身边力量薄弱后，发兵奇袭，斩杀马相。益州黄巾失去了首领，没有了统一的指挥，很快被益州的豪强武装一一击败，被镇压下去了。

十月，坚持奉行“汉行已尽，黄家当立”主张的青州、徐州黄巾军重新起义。没多久，董卓入京，关东诸侯讨伐董卓，郡县之兵大部分聚集于河南一带，黄巾军遂趁机攻拔郡县，处处飙起，声威大振，两年后发展到百万人之多。最后这支黄巾军被曹操收服，曹操收其精壮三十万人为青州兵。

河西之变

第五章的"段颎捣巢"一节提到，在建宁二年七月射虎谷之战中，一直坚持反汉的先零羌遭到毁灭性打击，从射虎谷突围出来的四千人投降谒者冯禅，被安置在汉阳、陇西、安定三郡。

部落虽然溃散，但仍然有少数先零羌生活在北地郡，经过十五年的休养生息，实力慢慢恢复。另一方面，东汉吏治腐败程度比二三十年前是有过之而无不及，不堪忍受官府压榨的北地郡先零羌于光和七年冬起兵造反。得知北地郡出事，护羌校尉泠征急调湟中义从胡前往镇压。

还记得第五章的"马赵之死"一节提到的邓训吗？此人在担任护羌校尉期间收服了小月氏部落，抚养其中少年勇者数百人为义从。后来历任护羌校尉延续邓训以夷制夷的方针，不断吸收湟中地区投降的羌人、胡人进入义从胡行列，湟中义从发展到数千人之多，成为护羌校尉麾下一支能征善战的精兵。

有了湟中义从胡的"先进"经验，凉州刺史不甘落后，效法护羌校尉招募河西羌人、胡人为兵，组建凉州义从胡，挑选六郡良家子为将。时间一长，凉州地方官吏越来越依赖羌胡义从对付叛羌。

因此，泠征知道北地有事，第一时间征调湟中义从胡镇压。但他没想到，形势突然来了个一百八十度大逆转。

自射虎谷之战后，湟中义从胡已经十五年没打过仗，早已习惯在老家过安稳的生活，如今突然被命令出征，还是去千里之外的北地郡，个个怨声载道。义从胡行军到枹罕、河关（甘肃省临夏回族自治州积石山县）时，不愿意继续远征的士兵发动兵变，拥立军官北宫伯玉和李文侯当将军。

在汉军中服役多年，北宫伯玉和李文侯深知开弓没有回头箭，造反是株连九族的大罪，干脆一不做二不休，直接奔袭护羌校尉驻地——令居，斩杀泠征，正式竖起反旗。

湟中义从胡反叛的消息很快震动了河西走廊，凉州义从在宋建、王国的带领下也宣布造反，和北宫伯玉、李文侯等人会师。会师后，两股叛军直接包围了交通要道汉阳郡阿阳县，截断陇坻，意图切断关中与河西的联系。

为了讨伐叛军，凉州开始大兴兵募，然而，刺史左昌是个大贪官，不想着怎么召集精兵平叛，而是利用征兵之机虚报军费，将数千万募兵钱揣入自己的腰包。这一切被汉阳郡长史盖勋看在眼里，盖勋非常着急，力劝左昌以大局为重，把精力放在对付叛匪上，不要发国难财。左昌见有人竟然敢反对自己发财，内心极为生气，但盖勋毕竟是自己下属，平时也没啥过失，不好直接弹劾他，在得知叛军有意夺取阿阳后，左昌玩起了借刀杀人之计，直接打发盖勋去驻守阿阳，迎战叛军主力。

当时，阿阳城内只有汉阳郡从事辛曾、孔常两人统率的少量郡兵，盖勋如果死守，必然战死，即便不战死，待其返回后，左昌也可以用军法将他处死。

令左昌始料未及的是，盖勋军事才能特别突出，凭借陇山之险，指挥少数兵马在阿阳血战多日，屡挫叛军锋芒，王国等人损失惨重，却没能打下小小的阿阳城。

见阿阳县无法攻破，叛军转而向西，对金城郡治允吾发动了猛烈进攻。但允吾自西汉以来就是兵家必争之地，城墙坚固，王国等人使出浑身解数强攻大半个月，一无所获，士气极为低落。盖勋认为这是消灭叛军的最佳时机，请求左昌派兵救援金城，夹击叛军。贪财懦弱的左昌不想和叛军正面对决，将盖勋的建议扔到一边。

见允吾久攻不下，叛军又生一计。王国等人直接派使者入城，声称要投降，条件是想见一见城中两位知名贤者——故新安令边允和凉州从事韩约。

韩约知道叛军想要挟持自己，坚决不见，无奈金城太守陈懿为了能顺利招抚叛军，强迫韩边二人出城。不得已，韩边二人只得带着数十名使者入叛军营中受降。

果然，官军使者一入营帐，王国直接下令紧闭大门，埋伏多时的叛军一拥而上，将使者们捆得严严实实。

见韩边二人被擒，王国等人哈哈大笑，趁陈懿还没反应过来，立即攻城。幻想着受降的守军猝不及防，允吾很快沦陷，陈懿逃跑不及，被王国等人抓到令居处死。由于韩约、边允在凉州有盛名，叛军不仅主动释放了他俩，还半求半威胁地请他俩当叛军头头。

金城沦陷的消息很快传遍凉州，官府震动。当时，陇西百姓喜欢用布帛公开展示对人物的态度，是为露布。许多人误以为韩约、边允也参加了叛军，于是大书"贼韩约边允"五字于露布。凉州官府也公开悬赏：能得韩约、边允二人首级的，赏千户侯。

这下彻底断了二人回归朝廷的退路，之前的贤名已经烟消云散，取而代之的是成为反贼的恶名。韩边二人只得认命，答应成为叛军首领，并分别改名为韩遂、边章。

拿下金城后，边章等人乘胜追击，率军包围凉州州治和汉阳郡治所在——冀县。这回，左昌总算为"贪"付出了巨大的代价：冀县内的官兵只有千人，根本抵挡不住叛军围攻。

保命要紧，左昌只能低头向驻守阿阳的盖勋求援。听说要驰援冀县，手握驻防郡兵指挥权的辛曾、孔常坚决不同意：阿阳守军本来就不多，万一在增援的路上被叛军围点打援怎么办？无论盖勋怎么说，他俩都拒绝出兵。盖勋暴怒："齐景公的监军庄贾失期，司马穰苴（ráng jū）就将其斩首，今天你们两个小小从事，难道比以前的监军地位还高？"辛曾、孔常更怕这位郡长史杀人，被迫同意出兵。

盖勋率汉阳郡援军抵达冀县，与叛军对阵。阵前，盖勋斥责边章、韩遂背叛朝廷，杀害长官，不忠不义。边章、韩遂低头不语，待盖勋骂完后才无奈地说："左昌当初要是听您的话，派兵救援金城郡，或许我们还能改过自新，如今我们手上沾了不少汉军的鲜血，自知罪孽深重，已经无法回头了。"

发了一通感慨后，边章等人大哭一场，解除了对冀县城包围。左昌因贪污军费被免职，朝廷改任宋枭为凉州刺史。

宋枭虽然不贪污、不受贿，但有个巨大的毛病——迂腐。此公认为凉州人很少学习儒学经典，所以总是发动叛乱，故而想让凉州每户人家抄写《孝经》，普及道义。盖勋见长官居然想出如此愚蠢的方法，不禁摇了摇头，举例反驳："当初齐国崔杼弑君，鲁国庆父篡位，此二国难道没有读书人吗？现在阁下不急于筹划平叛的方法，而去做一些蠢事，不仅让凉州人怨恨，还会让朝廷取笑，我实在无法理解！"

宋枭不听，上疏朝廷汇报此事，结果被盖勋言中。看到凉州刺史的奏章上这条"想当然"的做法后，汉灵帝二话不说，直接下发诏书问责宋枭，并以平叛不力的理由将其免职，以杨雍接任凉州刺史。

为配合军事打击，汉灵帝又重新起用段颎旧部夏育为护羌校尉，接替阵亡的泠征。前文提到，夏育运气不好，讨伐鲜卑时遭遇大部队，几乎全军覆没。这次，夏育又碰到倒霉事，他还没到凉州上任，关中就出了大事。

撤围冀县后，边章、韩遂等人一商议，决定干票大的。中平二年三月，叛军出击关中，与活跃在北地郡的先零羌一道劫掠三辅。恰好夏育赴凉州就任护羌校尉，路过右扶风畜官，叛军直接将其包围，形势十分危急。

凉州刺史杨雍派盖勋率官兵前往救援，这正中了叛军围点打援之计。韩遂、边章不敢亲自面对老同事盖勋，只派叛羌前去阻击。盖勋部行至狐盘时遭遇叛军大部队，经过一番苦战，汉军寡不敌众，基本损失殆尽。

盖勋集合剩下的百余人，将步卒环绕战车进行疏散配置，摆成鱼丽之阵，让步兵与战车协作，互相掩护，尽可能多地杀伤敌人骑兵。刚摆好阵势没多久，羌人果然以骑兵打头阵，对汉军残部发起最后的冲锋，汉军依托战车抵抗，死伤惨重，盖勋也身负三处刀伤，但他仍然端坐不动，并指着身旁的一棵树对身边的士兵说："我若战死，就将我埋葬在此树下。"

渐渐地，汉军越战越少，最后只剩下盖勋一人。杀到盖勋车前的羌兵准备一刀砍死盖勋，却被句就羌部落首领滇吾用兵器拦住。原来，滇吾素来被盖勋所厚待，虽然现在兵戎相见，但他仍不忍心杀掉盖勋，对羌兵说："盖长史是贤人，你们若杀了他，会遭天谴的。"

赔光了部队的盖勋现在只求速死，于是仰头大骂滇吾："死反贼！你知道什么？快来杀我！"羌人们从没遇到过有人敢骂首领，大惊失色。滇吾知道盖勋想什么，偏不让他如愿，非但没生气，反而亲自下马，把自己的马让给盖勋，盖勋断然拒绝。滇吾才命令众人将盖勋绑起来。"盖长史真是勇士啊！"滇吾由衷敬佩，派人将其送回汉阳郡。

尽管狐盘之战惨败，杨雍还是上奏朝廷，任命盖勋为汉阳郡太守。

见关中情况危急，汉灵帝急忙任命左车骑将军皇甫嵩为帅，镇守长安。皇甫嵩到任后第一件事就是率官军主力解畜官之围，成功救出夏育。之后，皇甫嵩认为叛军战斗力太强，官军目前不宜和其野战，只能扬长避短，于是下令关中各地坚壁清野，在各地都屯驻相当兵力，打算让叛军野无所掠，被迫攻城，然后最大限度利用坚城消耗叛军实力。

双方在关中一直对峙到中平二年七月。边章、韩遂等人在关中来回扫荡，战果寥寥，攻击多座城池均告失利，几乎山穷水尽，准备收兵撤回凉州，就在这时，皇甫嵩突然被免职。

原来，当初皇甫嵩北渡黄河讨伐张角时，途经中常侍赵忠的老家邺城，发现赵忠的私宅逾制，便上奏朝廷予以没收。中常侍张让见皇甫嵩在外统率大军，以为他一定能贪污许多军费，抢掠到许多财宝，于是直接向他索要五千万钱，一向厌恶宦官的皇甫嵩断然拒绝，让张让大为扫兴。官军在关中长期和叛军对峙，进展不大，汉灵帝越来越没耐心。赵忠和张让揣摩圣意后联手弹劾皇甫嵩连战无功，耗费钱粮。灵帝听信谗言，召回皇甫嵩，收回他的左车骑将军印绶，削夺封户六千，改封都乡侯，食邑二千户。

免掉皇甫嵩后，汉灵帝主持朝会，让群臣商议对策，司徒崔烈提出放弃凉州，议郎傅燮站出来，厉声说道："将司徒斩首，天下才会安定！"汉灵帝好奇地问傅燮原因，傅燮解释说："当年匈奴单于冒顿忤逆吕太后，上将军樊哙夸口说'愿得十万众，横行匈奴中'，如此忠君爱国，季布仍然说樊哙可斩。凉州为天下要冲、国家藩卫，高祖与郦商平定陇右，武帝开拓凉州，设立四郡，时人都认为这样好比斩断匈奴人的右臂。如今凉州出现叛逆，天下为此骚动，陛下为此寝食难安。崔烈以宰臣地位，不能为国分忧，却要割弃这块万里疆土。若让异族得到凉州，则会发动更强大的攻势，这是最大的恶果！如果崔烈不知道这道理，那就是愚昧；如果他明知而为，那么他就是对陛下不忠！"

一席话惊醒了汉灵帝，汉灵帝遂决定增援凉州。八月，任命司空张温为车骑将军，镇守长安，统一指挥各路平叛大军，执金吾袁滂为副。为了加强参谋团力量，张温特地以京兆名士、刚解除党锢的赵岐为长史，聘请能文能武的佐军司马孙坚和扬武校尉陶谦为参军。朝廷同时委任中郎将董卓为破虏将军，和荡寇将军周慎俱归张温指挥，调集关东各郡部队齐聚关中。连同关中郡县兵，汉军步骑共计十万余人。

张温一改皇甫嵩持重方针，决心寻敌决战，率十万大军进驻重镇美阳。边章、韩遂正好也率部进军美阳，张温大喜，摆开阵势与叛军正面交锋。

叛军大多是凉州和湟中义从，战斗经验丰富，而且多以部落编组，凝聚力极强。反观官军，由各郡仓促集结，远道而来，战斗力大打折扣。因此尽管叛军兵力处于劣势，依然能正面对战十余万官军不落下风。九月，双方在美阳会战数场，都以官军失败告终。

某日，参军孙坚奉命率一千骑兵在美阳亭北一带活动，突然与叛军遭遇，经过一番血战，汉军几乎全军覆没，孙坚差点战死，连官印都弄丢了，可见叛军之强悍。

正面交锋，官军一点便宜也占不了，张温被迫效法皇甫嵩，以守为攻，双方对峙到十一月。进入深冬后，叛军意识到在关中已经无法继续抢掠。某夜，有流星划过天空，光芒照进叛军军营中，营内的驴马纷纷嘶鸣。叛军中的羌胡十分迷信，认为这是不祥的征兆，准备在第二天白天退回金城。甚至有少数叛军士兵认为天意如此，造反已经没有前途，干脆投降汉军。

想什么来什么，一直想立功的董卓从降人口中得知叛军将在第二天撤退，大喜，没等张温命令就自作主张，于次日率麾下兵马与右扶风鲍鸿一同出击，大破叛军，斩首数千级。边章、韩遂败退榆中（今甘肃兰州市城关区东岗镇一带）。

美阳大捷后，张温决定乘胜追击，分六路讨伐叛军，其中有两路最主要：一是周慎率领三万人围攻榆中；二是董卓率三万兵马讨伐先零羌。

周慎军进入金城郡后，参军孙坚向周慎建议说："叛军据守榆中孤城，缺少粮食，只能从外面运进来。我愿意带一万人截断敌军粮道，将军率两万人作为后援。我相信，叛军必然会因饥饿而不敢应战，退回羌人腹地。到那时，再合力围剿他们，就可以平定凉州。"周慎认为孙坚小题大做，叛军既然已经穷途末路，哪里还用截断什么粮道，直接拿下榆中就完事了，于是拒绝了他的建议，率军将榆中城团团围住，开始攻城。

另一边，边章、韩遂见汉军主力直扑榆中，乐不可支，分兵抢占榆中城西的葵园峡（今甘肃省兰州市桑园峡）。当时官军辎重靠黄河河道运输，边章、韩遂占据葵园峡相当于卡住了官军补给线的脖子。运粮道路被截断，周慎只得督促兵马尽快攻下榆中。面对榆中这座坚城，汉军连攻多日未下，存粮很快见底。不得已，周慎只能放弃一切辎重，仓促撤军。韩遂收兵在后追杀，汉军边打边撤，付出相当大的代价后才退出凉州。

在周慎出征前，董卓就担忧周慎独木难支，建议让自己出兵接应。轻敌的张温不许，反而派董卓带三万兵去安定、北地打先零羌。

董卓让别部司马刘靖率步骑兵四千人进驻安定郡，对外诈称有数万人，应付张温，自己则率主力行军到望垣峡（今甘肃省天水市麦积区新阳镇渭河南岸）。先零羌还真被董卓骗了，误以为董卓带的是偏师，刘靖那路才是主力，于是发兵数万包围了董卓。多日后，汉军粮食吃尽，情势危急。

董卓毕竟久经沙场，且年轻时就和羌人结交，太熟悉羌人的想法了。狡猾的他命士兵在渭河筑起堤堰，对外声称由于粮食短缺，不得已修堰捕鱼虾充饥。羌人看到汉军居然沦落到捕捉鱼虾为食的地步了，十分高兴，首领们甚至认为这距离全歼汉军不远了。可没几天，羌人吃惊地发现，汉军已经全跑了。

原来，董卓修堤堰捕鱼虾是假，偷偷沿堰塘北渡渭河突围是真。等羌人反应过来，董卓不仅成功撤出军队，还将修好的堤堰毁掉，渭河水流顿时变得湍急起来，羌人就是想追也没法追了。董卓率军顺利撤退到右扶风。

当时，张温六路征讨大军有五路遭遇失利，损失惨重，唯独董卓全师而还。朝廷因功封董卓为鳌（tái）乡侯，封邑一千户。

张温用皇帝名义征召董卓，董卓并没有立即前往，而是过了很久才去晋见张温，而且态度骄傲不逊，应答时毫不恭顺，似乎瞧不起指挥不力的张温。参军孙坚看不下去了，上前附在张温的耳边悄声说道："董卓不怕获罪，反而气焰嚣张，口气很大，应该按照军法'受召不及时到达'一条，申明法令，予以处斩。"张温回答说："董卓在陇右一带有威望，今天将他杀死，我们西征还能依靠谁呢？"孙坚说："将军亲自统率皇家大军，威震天下，为什么单靠董卓？我观察董卓的言谈举止，有三条罪状。一、对您不尊重，藐视长官，举止无礼；二、边章、韩遂叛乱一年多，应及时征讨，而董卓却说不可，动摇军心；三、董卓接受委派，无功而回，长官征召时又迟迟不到，而且态度倨傲自大。古之名将受命统军出征，没有不靠断然诛杀得以成功的。如果将军对董卓一味拉拢而不立即诛杀，那么将军您就犯了损害统帅威严、违反军律两项罪状！"张温不忍心动手，便说："你先回去，时间一长，董卓会起疑心的。"孙坚只好告辞。

六路出征惨败后，张温仿佛患上了恐羌症，一反之前积极寻找叛军决战的态度，每天和将领们在长安置酒高歌，不思进取。当然，在谋求官位上，张温不甘落后，花了数百万钱成功拿下太尉一职，成为第一位不在京师的三公。

看到叛军一整年没动静，汉灵帝认为关中大局已定，中平三年（186 年）十二月，将张温召回京师，并解散十余万郡县兵马。

　　叛军之所以一整年都毫无动静，最主要的原因就是凉州发生了严重旱灾。凉州百姓缺少粮食，饿着肚子，甚至到人相食的地步。汉阳太守盖勋征调谷物救援，官仓存粮很快吃光了，只得拿出自己家的存粮来赈灾，救活了千余人。朝廷的地盘都如此之惨，更别提叛军的地盘了。

　　到了中平四年（187年），凉州刺史杨雍被免，耿鄙接任。新官上任三把火，耿鄙雄心勃勃，一心想在任内扫平叛军，于是重整六郡军队，打算彻底消灭边、韩。但耿鄙用人不明，错信治中从事程球，此人贪婪奸诈，很快引起了凉州士人的不满，埋下了未来失败的种子。汉阳太守盖勋料到耿鄙必然失败，直接挂冠而去。

　　中平四年四月，韩遂发动政变，杀掉了边章及北宫伯玉、李文侯三人，拥王国为首领。为了在叛军中立威，韩遂鼓动王国发兵十万进犯陇西。

　　耿鄙见消灭叛军的机会来了，决定亲率六郡兵马增援陇西。但这一决策遭到了汉阳太守傅燮的反对。

　　自在朝堂上怒斥崔烈后，朝廷百官都敬重傅燮的敢言，每当公卿职位有空缺时，大家都推举傅燮担任，但傅燮与宦官关系不好，一直升不上去。

　　汉灵帝命赵忠评定讨伐黄巾有功之臣。执金吾甄举推荐傅燮："傅燮之前随皇甫嵩出征东郡，战功第一，却没有封侯，使天下人失望，如今将军您亲自评定讨伐黄巾军的功劳，应该赏赐傅燮，顺从民望。"赵忠本人也想拉拢傅燮，于是派弟弟城门校尉赵延去拜访傅燮，直白地对傅燮说："只要你以后少管中常侍的事，就算是万户侯也不难封。"傅燮义正词严地说："我未封侯也不过是命运不济罢了，我绝不会私下求官的。"赵忠听说后更加愤恨，利用职权给傅燮穿了小鞋，让他去羌乱的核心地区——汉阳郡担任太守。

　　傅燮到任后，体恤百姓，叛乱的羌人均被他感动，纷纷归降。傅燮将归附羌人安置在城外屯田，筑营垒四十多座。

　　由于和耿鄙同在一城（都在冀县）共事，傅燮和大多数人一样极为反感程球，一有机会就劝说耿鄙。耿鄙根本听不进去。这次陇西被围，耿鄙亲自带兵增援，傅燮又一次苦劝不要出兵，出兵必败。耿鄙觉得这家伙碍事，直接命他负责守冀县。

之后果然被傅燮说中，援军开到陇西郡治狄道县时发生哗变，士兵们杀掉了耿鄙、程球。耿鄙麾下将领、偏将军马腾直接投降叛军，自号"合众将军"。见外援已绝，陇西太守李相如干脆也反了，举郡归降叛军。

拿下耿鄙和陇西后，叛军乘胜进攻冀县。由于主力已经被耿鄙赔光，冀县城中兵少粮尽，傅燮不愿意突围，依然坚守不出。

当时，城外有数千来自傅燮老家北地郡的匈奴骑兵，他们都受过傅燮恩惠，一同在城外叩头，请求傅燮出城投降，保证护送傅燮平安返乡。年仅十三岁的傅干劝说父亲："皇帝昏庸，宦官当道，父亲都不能被朝廷所容。如今凉州已经被叛军控制，我们无法抵挡，不如采纳匈奴人的建议，暂时返回家乡，再征募勇士，等圣人出世，我们再来考虑拯救天下。"

傅燮叹气道："儿啊，你知道我今天为什么必须死在这里吗？商纣昏庸残暴，有伯夷为他绝食而死，孔子称赞伯夷是贤人。如今朝廷还没有商纣王那样残暴，我的品德能超过伯夷？乱世不能培养出浩然正气的人，我拿着朝廷的俸禄又怎能不替朝廷分忧？我既然已经到了这里，就一定要死在这里。你聪明智慧，未来请努力奋斗吧。郡主簿杨会是我的程婴，我将把你托付给他。"

感受到父亲赴死的决心，傅干哽咽了，流着泪与父亲诀别，郡府官员们也痛哭失声。

傅燮毕竟有盛名，王国不想直接攻城，而是先派前酒泉太守黄衍进城劝降，傅燮斥责黄衍："亏你还曾是朝廷命官，反而为逆贼做说客！"

黄衍退出后，傅燮率仅有的士兵出城迎战，战死。

攻占陇西和汉阳后，叛军已经拿下凉州六郡中的三个，并吸收凉州刺史麾下六郡官兵，实力更为强大，小小的凉州已经满足不了他们难填的欲壑了。不久之后，马腾和王国联合起来进犯关中，烧杀抢掠，官军不能制。中平五年（188 年）十一月，叛军更是把触角伸到了关中南部，一举包围重镇陈仓，打算入侵巴蜀。

见关中形势已经严重糜烂，汉灵帝只得重新起用老帅皇甫嵩，任命其为左将军，提拔中郎将董卓为前将军，让他们各率两万士兵拒敌。

皇甫嵩和董卓会合后马上商讨作战计划，董卓提出迅速增援陈仓："聪明人不失时机，勇敢的人不会迟疑。现在赶去救援，陈仓就可以保全；不救的话，陈仓就会沦陷。保全还是沦陷，就在此时。"

皇甫嵩却反驳董卓："不对，《孙子兵法》说，故百战百胜，非善之善也；不战而屈人之兵，善之善者也。现在陈仓虽然小，但城墙坚固、工事完备，并不是兵法所说的九种死地，王国的军队虽然强大，必然无法攻下陈仓，且长期攻城会使其疲惫不堪，我们只要坐等敌人疲惫之机再兴兵进攻，就会收全胜之功，没必要现在救援陈仓。"拒绝了董卓的建议。

战局的发展果然如皇甫嵩判断的那样，从中平五年十一月到中平六年二月，王国率兵围攻陈仓八十多天，但由于陈仓防御严密、城墙坚固，叛军付出巨大代价后也未能攻下，疲劳不堪，只好解围而去。

听到斥候报告叛军撤退的消息，皇甫嵩下令全军追击，董卓这回唱了反调，劝阻说："千万别追啊，兵法说，穷寇莫追。被围困的野兽还要挣扎，蜜蜂蜇人，蜂尾还有毒，何况敌人还有这么多人呢！"皇甫嵩又一次反驳董卓："你说得不对。以前我不出击，是为了躲避敌人锐气。现在敌人已经衰弱，准备逃走，毫无斗志。我们用堂堂之阵，进击溃乱之师，并不是'追穷寇'。"

见仍没能说服董卓，皇甫嵩干脆只带自己麾下的两万兵马独自追击，命董卓殿后。

正当士气低落的叛军拖着沉重的脚步撤退时，汉军突然杀到。王国等人只顾着赶紧回凉州老家休整，根本没对汉军追击做任何预案，这回惊慌失措，只带少数亲信开溜。而一心想回家的叛军此刻也战意全无，一触即溃，皇甫嵩连战连捷，大破王国的部众，斩杀一万多人。董卓又惭愧又遗憾，愈加忌恨皇甫嵩。

陈仓之战是河西之变爆发以来，汉军对叛军的最大胜利。加上之前进攻陈仓的伤亡，叛军此次出征足足损失了两万人之多，元气大伤，底下兵将纷纷指责王国指挥无方，韩遂趁机联合其他将领废除王国，拥立前信都令、汉阳郡人阎忠为首领。没过多久，阎忠病逝，叛军内部很快陷入争权夺利、互相攻伐当中，再也推举不出一名能服众的首领，势力大为衰退。

三年后，初平三年（192年）四月，董卓在强迫汉献帝迁都长安后，自觉实力弱小，无法对付关东联军，于是邀请马腾、韩遂共同对敌，马、韩同意，率兵开赴长安。军队还没开到，长安城内就接连发生两场剧变，一是董卓被杀，二是李傕、郭汜反攻长安得手。

夺权成功后，李傕等人对如何应付马腾、韩遂等人头痛不已，只得退了一步，让汉献帝任命韩遂为镇西将军，让他率部返回金城郡，只留下马腾驻防郿县。

两年后，马腾和李傕、郭汜爆发混战，韩遂来援，马韩二人联手仍不敌李傕、郭汜，大败而归。

更多的精彩故事见《你一定爱读的中国战争史：三国》。

参考文献

[1] 班固．汉书 [M]．北京：中华书局，1962．

[2] 司马光．资治通鉴 [M]．北京：中华书局，2005．

[3] 袁枢．通鉴纪事本末 [M]．北京：中华书局，2015．

[4] 范晔．后汉书 [M]．北京：中华书局，1965．

[5] 吴树平．东观汉记校注 [M]．北京：中华书局，2009．

[6] 司马迁．史记 [M]．北京：中华书局，1982．

[7] 袁宏．后汉纪 [M]．北京：中华书局，2002．

[8] 周天游．八家后汉书辑注 [M]．上海：上海古籍出版社，1986．

[9] 吴树平．风俗通义校释 [M]．天津：天津人民出版社，1980．

[10] 徐天麟．东汉会要 [M]．北京：中华书局，1955．

[11] 杜佑．通典 [M]．北京：中华书局，1984．

[12] 钱大昭．后汉书辩疑 [M]．北京：中华书局，1985．

[13] 惠栋．后汉书补注 [M]．北京：中华书局，1985．

[14] 王铭盛．十七史商榷 [M]．上海：上海书店出版社，2005．

[15] 钱大昕．廿二史考异 [M]．上海：上海古籍出版社，2004．

大事记

公元 8 年（居摄三年、初始元年）
十二月，王莽称帝，改国号为新。

公元 17 年（天凤四年）
王匡王凤起兵于绿林山，号绿林兵。

公元 18 年（天凤五年）
樊崇起兵于莒，号赤眉军。

公元 21 年（地皇二年）
绿林军大败荆州牧于云杜。

公元 22 年（地皇三年）
二月，赤眉军歼灭官军景尚部。
四月，绿林分兵为新市军和下江军，离开绿林山。
七月，平林人陈牧、春陵刘縯相继起兵，与新市兵会师。
十月，赤眉军歼灭官军廉丹、王匡部。
十二月，绿林军在小长安聚惨败。

公元 23 年（地皇四年、更始元年、汉复元年）
一月，绿林军在黄淳水和淯阳歼灭了南阳官军主力，斩甄阜和梁丘赐。
二月，刘玄称帝，改元更始，恢复汉国号。
五月，刘伯升攻克宛城；四十二万官军在昆阳全军覆没。
九月，义军攻克长安，新朝灭亡。
十二月，王郎起兵，在邯郸称帝。

公元 24 年（更始二年、汉复二年）

一月，刘秀从蓟县狼狈南逃，至信都郡安顿。

二月，更始帝从洛阳迁都长安。

三月，刘秀在巨鹿城外大破王郎数万援军，转兵邯郸。

五月，刘秀指挥各路兵马攻克邯郸。

九月，刘秀击溃铜马。

十月，刘秀攻克射犬；河内更始军投降；吴汉设伏邺城，斩更始将领谢躬。

十二月，刘秀北征尤来、大枪、五幡、五校；邓禹率两万精兵西进，占领太行山要隘——箕关，包围河东郡治安邑；刘秀军遭遇顺水之败；更始军偷袭温县失败；冯异攻克河南郡多个城池，击斩更始委任的河南太守武勃。

公元 25 年（更始三年、建武元年、汉复三年、龙兴元年、建世元年）

一月，潞东之战，河北流民武装大部被平定；赤眉军在弘农大破更始军苏茂部，斩首一千。

三月，赤眉军在荔乡大破更始军李松部，斩首三万。

六月，邓禹在解县和安邑城下先后歼灭更始援军樊参、王匡部，攻克安邑；赤眉军越过崤山，西进至西郑、华阴一线，拥立刘盆子为帝；刘秀在鄗县称帝，改元建武。

七月，长安政变，刘玄、李松、赵萌与绿林系将领混战；刘秀亲征洛阳。

八月，邓禹西渡黄河，进入关中；赤眉军攻克长安。

九月，洛阳投降。

十月，刘秀将都城从鄗县迁往洛阳；刘玄投降赤眉，很快被杀，更始政权灭亡。

公元 26 年（建武二年、汉复四年、龙兴二年、建世二年）

一月，真定王刘杨政变未遂，被处决；赤眉军撤出长安，北进安定、北地两郡就粮；邓禹攻克长安；吴汉击灭檀乡流民军。

二月，彭宠在渔阳起兵反汉；汉军横扫洛西本土势力，包围新城。

三月，贾复迫降更始委任的郾王尹尊；淮阳太守暴汜、厌新将军刘茂相继投降；盖延率部讨伐梁王刘永，包围睢阳。

四月，镇守南阳的前更始宛王刘赐、邓王王常投降。

八月，刘秀亲征内黄，重创五校残部，河北流民军势力基本被歼灭；睢阳被盖延攻破；南阳郡爆发叛乱，被吴汉平定；讨虏将军邓奉在南阳起兵反汉。

九月，赤眉军西进陇右失败，返回长安，邓禹被迫撤至云阳；汉中军阀延岑打到杜陵，全歼赤眉军逢安部十万大军；盖延在沛县以西大破梁王联军。

十月，邓禹反攻长安，在稿街惨败；刘秀委派冯异西进关中，接替邓禹。

十一月，岑彭受命担任征南将军，讨伐邓奉。

十二月，赤眉第二次放弃长安东进，与冯异在渑池对峙；朱祐被邓奉俘虏；刘永收复睢阳。

公元 27 年（建武三年、汉复五年、龙兴三年、建世三年）

一月，邓冯二人在回溪阪被赤眉军击败。

二月，冯异在崤底大败赤眉军；赤眉军向刘秀投降。

三月，冯异进入关中，在上林苑击败延岑，延岑逃往南阳；刘秀亲征邓奉；吴汉率部讨伐刘永、苏茂。

四月，汉军在小长安聚歼灭邓奉叛军，邓奉投降被杀；吴汉包围苏茂老巢广乐，大败梁王援军周建部；岑彭南征秦丰。

六月，关中基本平定，河西窦融奉表归附；盖延再次攻克睢阳；梁王刘永被杀；残部拥立儿子刘纡即位，逃往垂惠。

七月，岑彭在黎丘城下重挫秦丰军主力；傅俊率部进军江东，收扬州五郡。

十二月，朱祐大破延岑于东阳聚，南阳彻底平定。

公元 28 年（建武四年、汉复六年、龙兴四年）

一月，田戎增援黎丘；盖延和庞萌再次东进徐州，纵兵楚郡。

五月，董宪麾下大将贲休举兰陵降汉；盖延在兰陵和郯城两战失利。

六月，田戎惨败于黎丘城下，败归夷陵。

七月，刘秀亲临谯县，督捕虏将军马武、偏将军王霸进攻刘纡，包围垂惠。

八月，马成率部讨伐庐江军阀李宪。

九月，陈俊攻克山东军阀张步控制的重镇泰山郡。

十一月，刘秀亲征秦丰。

公元 29 年（建武五年、汉复七年、龙兴五年）

二月，汉军在垂惠城下歼灭援军苏茂部，并攻克垂惠，梁王残部逃往西防；耿弇奉命南征张步。

三月，岑彭消灭田戎主力，攻克夷陵，田戎逃往四川；汉军攻克西防，梁王残部投降董宪。

四月，耿弇连克祝阿、钟城、历下，歼灭张步军费邑所部五万人；彭宠被家奴子密杀害，幽州彻底平定。

五月，耿弇平定济南郡，兵锋直指张步老巢剧县；庞萌举兵造反，歼灭了盖延部汉军，攻克楚郡，并与梁王残部合兵围攻桃城。

六月，秦丰出城投降，全家被杀；刘秀亲征庞萌，在桃城歼灭了庞萌、梁王联军三万人；耿弇攻克临淄。

七月，刘秀挥师攻克昌虑、建阳，歼灭了董宪军大部，随后转兵北征张步。

八月，吴汉攻克董宪老巢郯城，董宪南逃朐县；刘纡被部下所杀；耿弇在临淄重创张步军主力十万余人。

九月，刘秀与耿弇会师，苏茂与张步会师。

十月，苏茂被张步杀害，张步拿苏茂首级投降汉军。

公元 30 年（建武六年、汉复八年、龙兴六年）

二月，吴汉攻克朐县，董宪、庞萌相继被杀，关东彻底平定。

四月，汉军七路讨伐陇右，在新关被隗军击败。

五月，隗军行巡、王元进犯关中失败。

六月，蜀军进犯荆州，被岑彭击败，汉军攻占江州。

公元 31 年（建武七年、汉复九年、龙兴七年）

九月，隗嚣率重兵再犯关中，在阴磐县被冯异击败；隗嚣麾下的大将军王遵投降。

十二月，冯异攻克上郡、北地、安定。

公元 32 年（建武八年、汉复十年、龙兴八年）

一月，来歙袭占略阳。

五月，刘秀亲征隗嚣；隗军瓦亭关大将牛邯投降；陇右隗军势力土崩瓦解，只剩下西城、上邽两城。

八月，刘秀返回洛阳，吴汉、耿弇分任围城军总指挥。

十一月，公孙述援军赶到，汉军在西城惨败，被迫撤出陇右。

公元 33 年（建武九年、汉复十一年、龙兴九年）

一月，隗嚣病逝；刘秀第三次谋划讨伐陇右。

三月，蜀军主力东进，推进到扼上游之险的荆门、虎牙两山。

六月，刘秀以吴汉为帅，大举北伐，在高柳失利。

八月，来歙统军西征，率部围攻洛门；耿弇率部围攻高平第一城；汉军反攻繁峙失败。

公元 34 年（建武十年、汉复十二年、龙兴十年）

一月，吴汉再次北伐，在平城击败匈奴援军，收复代郡。

五月，冯异在陇右大败蜀军援军，当月病逝。

八月，刘秀亲征陇右，高平第一城投降。

十月，汉军攻克洛门，隗嚣的儿子隗纯投降，陇右平定。

公元 35 年（建武十一年、龙兴十一年）

三月，汉军在夷道大破蜀军，歼灭蜀军七万；汉军平定巴郡，围攻重镇江州。

四月，汉军攻克平曲。

六月，来歙包围武都郡郡治下辨；来歙遇刺。

七月，刘秀第三次抵达长安，督军攻打河池、武都二郡。

八月，岑彭率部奇袭武阳，兵临广都；臧宫在沈水歼灭蜀军主力，包围雒城。

十月，岑彭遇刺。

十二月，吴汉奉命率部西进。

公元 36 年（建武十二年、龙兴十二年）

一月，吴汉斩蜀军大将史兴，克武阳、广都。

四月，卢芳率部围攻云中

七月，蜀军攻克江州，斩田戎。

九月，吴汉在锦江两岸大破蜀军。

十一月，公孙述出城作战，重伤而死；吴汉率部攻克成都，巴蜀平定。

公元 37 年（建武十三年）

二月，五原军阀随昱投降，卢芳弃军逃奔匈奴。

公元 40 年（建武十六年）

二月，征侧姐妹在交趾发动叛乱。

八月，卢芳返回塞内。

十月，卢芳奉表投降，被册封为代王，居于高柳。

公元 42 年（建武十八年）

一月，马援从合浦出发，讨伐交趾叛军。

二月，汉军击败交趾叛军主力。

公元 43 年（建武十九年）

一月，二征被杀。

十月，马援分兵水陆南下，抵定九真，杀二征余党都羊、朱伯。

公元 44 年（建武二十年）

五月，匈奴大举入侵，攻入上党、扶风。

公元 47 年（建武二十三年）

武陵蛮首领相单程发动叛乱，歼灭了前来讨伐的官军刘尚部。辽东太守祭肜大败前来进犯的一万鲜卑骑兵，斩三千多人，缴获马匹数千。

公元 48 年（建武二十四年）

匈奴贵族比自称单于，率部内附，居于五原，号南匈奴。

公元 49 年（建武二十五年）

马援率军讨伐武陵蛮；汉军与蛮军在壶头山对峙；马援病逝；武陵蛮杀首领相单程，投降；鲜卑首领偏何投降。

公元 58 年（永平元年）

鲜卑首领偏何发兵出塞千里，在赤山大破乌桓，斩首领歆志贲，拿到了东汉朝廷给予的丰厚奖赏。其他鲜卑部落纷纷到辽东塞下归附。朝廷下令，青州徐州每年固定出两亿七千钱作为赏赐鲜卑的费用。汉明帝和汉章帝在位时期，辽东郡并无边患。

公元 73 年（永平十六年）

二月，汉军四路出塞，讨伐北匈奴，三路无功而返，唯西路军窦固、耿忠攻克伊吾。十一月，窦固率部出塞，攻克车师；班超出使西域，扬威鄯善、于阗。

公元 74 年（永平十七年）

班超收复疏勒国。

公元 75 年（永平十八年）

二月，匈奴攻克车师，围攻金蒲城。

五月，匈奴兵退，耿恭移兵疏勒城。

七月，北匈奴再次兴兵，攻克柳中、它乾城，围攻疏勒城。

公元 76 年（建初元年）

一月，汉军出动，增援疏勒城，救出耿恭；汉军在西域屯戍兵撤回塞内。

公元 78 年（建初三年）

班超攻克姑墨国。

公元 80 年（建初五年）

班超平定疏勒国叛乱。

公元 84 年（建初九年、元和元年）

班超讨伐莎车；疏勒国再次反叛；康居大军来援；班超施计令康居退兵，带走疏勒王忠。

公元 86 年（元和三年）

九月，班超摆鸿门宴，占领损中城，斩疏勒王忠。

公元 87 年（元和四年、章和元年）

班超攻克莎车。

公元 89 年（永元元年）

六月，汉军兵分三路，向北匈奴单于庭驻地——涿邪山出，斩杀北匈奴名王以下一万三千人，俘获马牛羊驼百余万头，窦宪命人燕然勒石纪功。

公元 90 年（永元二年）

三月，大月氏七万步骑进犯西域，被班超逼退。

五月，校尉阎盘率两千多骑兵收复伊吾、车师。

九月，汉军兵分两路，再出漠北，在单于庭所在地河云北重创北匈奴。

公元 91 年（永元三年）

左校尉耿夔率司马任尚、赵博两位副将及 800 精骑，出居延塞五千里，捣北单于驻地金微山；龟兹投降汉朝；西域都护和戊、己校尉重新设立；班超征服焉耆、危须、尉头，西域彻底平定。

公元 92 年（永元四年）

正月，汉朝册封北单于。

公元 93 年（永元五年）

九月，北单于率众叛汉北返，被任尚追斩。

公元 102 年（永元十四年）
八月，班超离开西域，任尚接替。

公元 106 年（延平元年）
西域反叛，西域汉军困守它乾城；河西羌人发动大规模叛乱。

公元 107 年（永初元年）
六月，东汉撤出西域驻军。

公元 108 年（永初二年）
一月，钟羌在冀县以西大破邓骘。
十二月，汉军在平襄被羌人伏击，大败，阵亡八千人。

公元 110 年（永初四年）
二月，滇零以北地郡治富平为都，自称"天子"，建立了历史上一个羌人政权。

公元 111 年（永初五年）
羌人攻入上党，兵临黄河，被任尚击退。

公元 115 年（元初二年）
羌人贵族号多投降；汉军讨伐羌人，在丁奚城惨败，阵亡三千人；虞诩平定武都参狼羌。

公元 116 年（元初三年）
汉军攻克丁奚城；任尚花重金募兵直捣北地，斩羌人皇帝零昌皇后以下七百余人，缴获先零政权大批印绶和文书。

公元 117 年（元初四年）
汉军在富平上河大破羌人主力，斩首五千余级，虏获牛马驴羊驼各种牲畜十余万头。

公元 118 年（元初五年）
先零羌领袖狼莫遇刺，羌人余党投降，第一次羌乱宣告结束。

公元 119 年（元初六年）
敦煌长史索班率部进驻伊吾；鲜卑攻马城塞，邓遵派三千积射士会同中郎将马续所统的南匈奴、辽西、右北平等部兵马出塞追击，大败鲜卑。辽西鲜卑首领乌伦、其至鞬率部众向邓遵投降，献上贡品。朝廷册封乌伦为率众王，其至鞬为率众侯。

公元 120 年（元初七年、永宁元年）
匈奴攻克伊吾，杀害索班，南下围攻鄯善。

公元 121 年（永宁二年、建光元年）
辽西鲜卑首领其至鞬再次反叛，屡次入侵边塞，连杀辽东太守蔡讽、云中太守成严。

公元 124 年（延光三年）
班超的儿子班勇率部重返西域，解鄯善之围，并收服龟兹；班勇率军征服车师前国，并打退匈奴援军。

公元 126 年（永建元年）
班勇率三万大军征服车师后国、东且弥国，卑陆国、蒲类国、移支国投降；班勇急袭蒲类海，俘虏北单于堂兄；汉军在金且谷击败了北单于大军。

公元 127 年（永建二年）
汉军分两路讨伐焉耆，焉耆王元孟投降；使匈奴中郎将张国派南匈奴一万多步骑兵出边塞讨伐辽西鲜卑，大破其至鞬。

公元 132 年（永建七年、阳嘉元年）
乌桓亲汉都尉戎朱庑出塞讨伐鲜卑，重创鲜卑部落。原驻于马城塞的护乌桓校尉营北迁到无虑城。鲜卑人很长时间不敢再犯辽东。

公元 134 年（阳嘉三年）
七月，钟羌部落再次反叛，攻击陇西、汉阳。

公元 135 年（阳嘉四年）
马贤率部与钟羌部落决战，斩杀酋长良封以下一千八百人，虏获马牛羊五万多头。

公元 140 年（永和五年）
河西再次爆发大规模羌乱，朝廷以马贤为帅。

公元 141 年（永和六年）
汉军在射姑山中伏，马贤以下六千步骑全部战死。

公元 142 年（汉安元年）
十月，新任护羌校尉赵冲使用离间计，罕部落投降。巩唐部落在北地独木难支，被迫撤出。关中烽火平息。

公元 143 年（汉安二年）
赵冲和汉阳太守张贡一道奇袭烧何部落驻地、安定郡重镇参㸼，斩首一千五百级；凉州地震，赵冲趁机扫荡羌人部落，屡战屡胜，斩五千多人，俘虏数万。

公元 144 年（汉安三年、建康元年）
护羌校尉从事马玄带着数万名内附羌人叛逃。赵冲追击，在鹯阴口一带被数万羌人伏击，全军覆没。

公元 145 年（永嘉元年）
护羌校尉的张贡和左冯翊梁并以"恩信"招诱盘踞陇西的离浦部和狐奴部等五万余户投降，第二次汉羌战争宣告结束。

公元 167 年（延熹十年、永康元年）
先零羌三次侵略三辅，第三次羌乱爆发。

公元 168 年（建宁元年）

五月，段颎在高平逢义山击破先零羌，斩首八千。

六月，段颎在奢延泽再破先零羌。

七月，段颎在灵武谷歼灭了先零羌大部。

八月，段颎在泾阳彻底击溃先零羌，先零羌遁入汉阳郡群山。

公元 169 年（建宁二年）

三月，段颎在凡亭山设伏，逼羌人向西退入射虎谷。

七月，段颎在射虎谷歼灭了先零羌几乎全部部众，斩渠帅以下一万九千人。突围而出的四千羌人投降冯禅，分别被安置在汉阳、陇西、安定三郡。第三次羌乱平定。

公元 177 年（熹平六年）

八月，汉军发兵三万，分三路讨伐鲜卑，出塞不到百里就分别遭遇鲜卑大部队迎击，大败而回，每路军都阵亡七八千人，南匈奴单于屠特若尸逐就重伤而死。

公元 181 年（光和四年）

鲜卑雄主檀石槐因病去世，鲜卑陷入内乱，入侵次数大为减少。

公元 184 年（光和七年、中平元年）

二月，黄巾起义正式爆发。

四月，朱儁率官军进抵颍川，被波才击败。

五月，波才指挥黄巾军围攻长社，被皇甫嵩杀得大败。

六月，汉军在阳翟重创黄巾军，波才不知所终。转攻陈国，消灭了黄巾军彭脱部，豫州黄巾有十多万人投降，豫州彻底平定。朱儁南下围攻宛城。

八月，皇甫嵩率三万官军转战东郡，歼灭黄巾军卜己部，黄巾军七千人被杀，数万人被俘。

十月，汉军攻克广宗，杀黄巾军三万多人。

十一月，汉军攻克宛城，南阳黄巾失败；皇甫嵩率部攻克河北黄巾最后一个据点——下曲阳，黄巾起义宣告平息。

十二月，先零羌再次起兵反叛；湟中义从胡和凉州义从胡在平叛路上举兵反汉，凉州很快沦陷。

公元 185 年（中平二年）

三月，河西叛军出击关中，与先零羌一道劫掠三辅。皇甫嵩率部进驻关中，与叛军对峙。

七月，皇甫嵩被免，张温率步骑十万余人进驻美阳。

十一月，河西叛军撤退，董卓挥师追击，大败叛军，斩数千。

十二月，张温分兵六路讨伐河西。边章、韩遂在榆中击败官军周慎部。六路官军只有董卓全师而退。

公元 187 年（中平四年）

叛军进犯陇西，歼灭凉州六郡官军，攻占陇西和汉阳两郡。

公元 188 年（中平五年）

十一月，河西叛军进犯陈仓。

公元 189 年（中平五年）

河西叛军在陈仓被皇甫嵩击败，被杀一万多人。韩遂趁机联合其他将领废除王国，拥立前信都令、汉阳郡人阎忠为首领。没多久阎忠病逝，叛军内部很快陷入争权夺利、互相攻伐当中，再也推举不出一名能服众的首领，势力大为衰退。

公元 192 年（初平三年）

董卓在强迫汉献帝迁都长安后，邀请马腾、韩遂共同对敌，马、韩同意，率兵开赴长安。汉献帝任命韩遂为镇西将军，让他率部返回金城郡，只留下马腾驻防郿县。

公元 194 年（兴平元年）

马腾和李傕、郭汜爆发混战，韩遂来援，马韩二人联手仍不敌李傕、郭汜，大败而归。